HISTOIRE GÉNÉRALE
DE LA GUERRE
FRANCO-ALLEMANDE

Tous droits de traduction et de reproduction réservés pour tous pays, y compris la Suède et la Norwège.

LA SECONDE CAMPAGNE DE FRANCE

HISTOIRE GÉNÉRALE
DE
LA GUERRE
FRANCO-ALLEMANDE
(1870-71)

PAR

Le Commandant ROUSSET
DE L'ÉCOLE SUPÉRIEURE DE GUERRE

LE SIÈGE DE PARIS

PARIS
A LA LIBRAIRIE ILLUSTRÉE
8, RUE SAINT-JOSEPH, 8

Tous droits réservés.

LA SECONDE CAMPAGNE DE FRANCE

HISTOIRE GÉNÉRALE
DE LA GUERRE
FRANCO-ALLEMANDE
(1870-1871)

LE SIÈGE DE PARIS

LIVRE PREMIER
L'INVESTISSEMENT

CHAPITRE PREMIER
MARCHE DES ARMÉES ALLEMANDES SUR PARIS

Lorsque, après le désastre de Sedan et l'immobilisation de l'armée du Rhin sous les murs de Metz, les troupes du prince royal de Prusse et du prince royal de Saxe reprirent, dans la direction de Paris, la marche qu'elles avaient dû interrompre pour mettre hors de cause l'armée de Châlons, il n'existait plus en France, comme forces régulières, que *sept* régiments d'infanterie et *dix* de cavalerie. Une émeute que rien, ni l'effervescence causée par les premiers désastres de la guerre, ni les fautes de l'Empire, ni l'affolement du pouvoir ne saurait excuser, en présence des 600,000 Allemands qui foulaient le territoire, venait, comme on le verra plus loin, de renverser le pouvoir légal. « Des hommes — a écrit M. A. Duquet, un historien à qui nous avons souvent emprunté, dans nos deux premiers volumes, de judicieuses pièces documentaires, et que nous mettrons plusieurs fois encore, de la même manière, à contribution dans celui-ci, bien que n'étant pas toujours d'accord avec lui au point de vue des appréciations, — des hommes qui ne devaient qu'à leurs qualités d'opposition leur entrée aux affaires [1] », avaient eu trop facilement raison du gouvernement régulier. La France ne possédait donc plus ni armée ni situation politique reconnue.

Il y avait bien là de quoi justifier les espérances des Allemands qui croyaient tous à la fin très rapprochée des hostilités et ne s'en cachaient nullement. Pour eux, la résistance de Paris semblait ne pouvoir durer que quelques semaines et ils affectaient de considérer comme un simple jeu d'enfants les mesures à prendre pour la briser. Ils comptaient d'ailleurs sérieusement sur trois auxiliaires précieux, savoir : le manque d'approvisionnements, la démoralisation de la garnison et de la population, enfin les mouvements populaires inévitables dans une pareille agglomération si fortement surexcitée.

> La vraie guerre est terminée, écrivait en arrivant devant Paris le correspondant de la *Gazette de Cologne*, Hans Wachenhusen. L'intérêt dramatique a eu son apogée à Sedan ; car, en vérité, une association *de fantaisistes aux mains calleuses* ne représente pas un ennemi digne de nous.

Détrompé rapidement, et témoin, quelques mois plus tard, de la nécessité où se trouvait acculé l'état-major ennemi de bombarder Paris, le même *reptile* écrivait encore :

> Dans huit jours, MM. les Parisiens feront connaissance avec nos obus. Je gage qu'à la première bombe éclatant en place de Grève, ou bien en plein jardin Mabille, ou bien encore dans un café-concert quelconque, le gouvernement de l'Hôtel-de-Ville se hâtera d'abdiquer, car il faut bien se convaincre que tous ces beaux projets de défense nationale dont on nous entretient en ce moment ne dureront que ce que dure un feu de paille.

---

1. Alfred DUQUET, *le Quatre-Septembre et Châtillon*, Paris, Charpentier, 1890, page 146. — Voici d'ailleurs, en dehors de cet ouvrage, ceux du même auteur où nous avons puisé des documents : *Frœschwiller-Châlons-Sedan* (1882) ; *les Grandes Batailles de Metz* (1888) ; *les Derniers Jours de l'Armée du Rhin* (1884) ; *Paris, Cherilly et Bagneux* (1891) ; *Paris, la Malmaison, le Bourget et le 31 Octobre* (1893).

Ce feu de paille a cependant flambé quatre mois et demi. En tenant tête pendant si longtemps, avec ses seules ressources, aux 200,000 Allemands qu'il immobilisait sous ses murs, Paris a permis aux armées de province de se constituer, à la défense nationale de s'organiser, à la France de prouver sa puissance, sa vitalité et son courage, au pays de sauver son honneur.

Le patriotisme français, a écrit un autre journaliste prussien moins aveuglé par la haine, a fait après Sedan, nous l'avouons en toute impartialité, bien plus que nous ne l'avions cru d'abord; il a armé des masses bien plus nombreuses que nous ne le supposions et fait durer la guerre au delà du terme que nous lui avions assigné au début.

Il est donc juste, avant d'entamer le récit de cette seconde partie de la guerre, de saluer d'un commun hommage les hommes qui ont organisé la lutte et ceux qui l'ont soutenue; ceux qui ont levé des armées pour la résistance et ceux qui, plaçant la patrie plus haut que leurs rancunes ou leurs espérances, l'ont sauvée de la honte. Ils ont arraché à un ennemi cet aveu: qu'aucune nation en Europe n'aurait pu faire ce que nous avons fait[1]. Ils ont été les premiers artisans de notre relèvement; ils ont déployé une énergie méritoire et su mettre « les âmes et les résolutions à la hauteur des effroyables périls qui fondaient sur la patrie[2] ». Un moment même, à Coulmiers, ils ont lassé les rigueurs de la fortune et illuminé notre deuil d'un rayon d'espoir. Il n'y a donc pas à regretter les sacrifices qui ont été faits pour les soutenir, si coûteux que ces sacrifices aient pu être, car Napoléon l'a écrit : « Les peuples se relèvent de tous les revers ; ils ne se relèvent pas du consentement donné à leur déshonneur ».

En réalité, c'eût été faillir à notre glorieuse histoire que de mettre bas les armes avant d'avoir tenté l'impossible pour chasser l'envahisseur !

La France de 1870 qui avait à son actif Isly, Alma, Inkermann, Tchernaïa, Sébastopol, Magenta, Solférino, Palikao, Puebla; la France qui avait réduit la Russie, bousculé l'Autriche; dont les aigles avaient plané triomphantes sur la grande muraille de la

---

1. Général baron VON DER GOLTZ. *La Nation armée.*
2. Proclamation de Gambetta, datée de Tours, le 30 octobre 1870.

Chine et au sommet des Cordillères, devait-elle se soumettre après un mois de lutte? La France devait-elle se courber devant l'envahisseur auquel elle avait porté de si rudes coups à Wissembourg, Reichschoffen, Spicheren, Borny, Rezonville, Gravelotte, Sedan...? Non! En faisant après Sedan une paix hâtive, la France manquait à elle-même; elle ne le devait pas, elle ne le pouvait pas[1]!

Le siège de Paris est donc, tant par lui-même que par ses conséquences, un événement grandiose et qui laissera dans notre histoire, malgré son issue malheureuse, une trace lumineuse. Évidemment, il eût été possible de faire mieux, car en utilisant plus complètement et plus habilement les dévouements tumultueux, mais le plus souvent sincères, qu'offrait cette cité de deux millions d'âmes, on aurait probablement obtenu des résultats effectifs grâce auxquels la lutte pouvait prendre une autre tournure. Il y a eu des défaillances regrettables; il s'est trouvé des hommes, des criminels qui n'ont pas craint de profiter des malheurs de la patrie pour prêcher l'anarchie et la révolte, et d'ajouter les désordres de la rue aux dangers de l'extérieur. Il y a eu de fâcheux braillards, des orateurs de club, foudres d'estaminet et déterminés fuyards, à qui les soucis de l'émeute ne laissaient jamais le loisir de paraître sur les champs de bataille; il y a eu des rhéteurs inconscients qui s'imaginèrent bénévolement suppléer à la science guerrière par des phrases creuses ou des proclamations sonores, et rééditer l'épopée de 1792 en ne lui empruntant que sa littérature boursouflée; il y a eu des inventeurs d'engins irrésistibles qui ne les expérimentèrent qu'en rêve, et des énergumènes de sorties torrentielles qui ne quittèrent jamais le boulevard. Mais il y eut aussi une population résignée et courageuse dont la majeure partie fut admirable d'abnégation; une armée qui donna, par la dignité de son attitude, un éclatant démenti à ceux qui, la croyant frivole et tapageuse, espéraient la réduire par la seule intimidation. Il y a eu des soldats valeureux, des hommes dévoués, des femmes charitables, des citoyens héroïques, si bien que Paris,

---

1. Général Ducrot. *La Défense de Paris*, E. Dentu, 1875.

comme l'a écrit le général Ambert, a réuni dans son sein, pendant cette période tragique, toutes les gran-

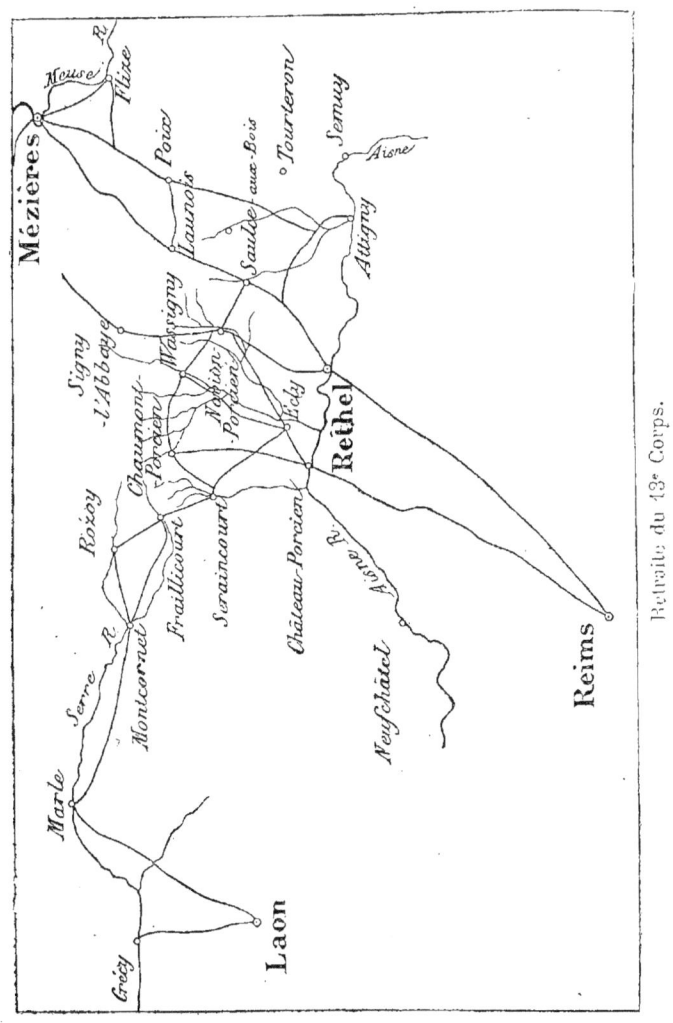

deurs et toutes les bassesses. L'histoire ne peut malheureusement jeter un voile sur celles-ci ; mais l'évocation de nos faiblesses s'évanouira bien souvent, Dieu merci! devant le souvenir des nobles sacrifices que les annales de ce siège célèbre nous feront rencontrer à chaque pas.

I. — Retraite du 13ᵉ corps

Quand, le 3 septembre, les armées victorieuses de l'Allemagne abandonnèrent les environs de Sedan, aucune force française organisée ne tenait plus la campagne. Seul, le 13ᵉ corps, aux ordres du général Vinoy, avait échappé au désastre qui venait d'engloutir l'armée à laquelle il était destiné, mais sa faiblesse numérique ne lui permettait pas de s'opposer, même momentanément, à la marche que l'ennemi allait entreprendre en toute sécurité sur Paris.

Ce corps, on s'en souvient, formé à Paris dans le courant du mois d'août, avait reçu la mission de se porter vers Mézières, sur le flanc droit de l'armée du Prince royal, et d'inquiéter la marche de cette armée. Mais les lenteurs de son organisation, jointes aux difficultés de son transport en chemin de fer dans un moment aussi critique, avaient retardé à ce point sa concentration que le 1ᵉʳ septembre, jour de la bataille de Sedan, il n'avait à Mézières qu'une seule de ses divisions (la 3ᵉ, général Blanchard)[1], tandis que la 1ʳᵉ (d'Exéa) était à Reims, où elle était arrivée le 26 août, envoyant un bataillon à Rethel, et que la 2ᵉ (de Maud'huy), qui venait seulement d'atteindre Laon, s'y embarquait pour rejoindre Mézières.

Nous avons vu précédemment comment le capitaine de Sesmaisons, envoyé à Sedan par le général Vinoy pour y prendre les instructions de l'Empereur, n'en avait rapporté que cet ordre aussi inquiétant que laconique : « Les Prussiens s'avancent en forces. Concentrez toutes vos troupes dans Mézières. » Ceci pouvait faire supposer que la retraite de l'armée de Châlons

---

1. Cette division avait soutenu, dans la journée du 31, diverses escarmouches, notamment à Poix et à Flize. (Voir, pour ce qui concerne le rôle du 13ᵉ corps avant et pendant la bataille de Sedan, le tome II, pages 289 et suivantes.)

devait s'exécuter le lendemain sur ce point. Le général Vinoy, tant pour aider à ce mouvement que pour obéir à ses instructions premières et aussi pour protéger le débarquement de son artillerie qui s'effectuait ce jour même[1], porta donc, le 1er septembre au matin, dans la direction de Sedan, la division Blanchard qui s'avança lentement et avec circonspection par la rive gauche de la Meuse en se faisant éclairer sur la rive droite par un petit détachement. La brigade Guilhem, qui marchait en tête, avait parcouru à peine quelques kilomètres, lorsqu'elle se trouva en face de toute la division wurtembergeoise, laquelle protégeait le flanc gauche des Allemands. Une canonnade assez vive s'engagea aussitôt ; mais, vers midi, le général Vinoy, auquel venaient de parvenir les plus graves nouvelles de la bataille[2], ordonna à la division tout entière de se retirer et informa par télégramme le ministre de la guerre qu'il allait battre en retraite.

C'était, en effet, le seul parti à prendre. Il était impossible, avec une division unique et quelques milliers de fuyards, de songer à traverser les masses ennemies pour se porter au secours de l'armée de Châlons. La forte proportion d'artillerie dont on disposait (12 batteries) ne compensait pas une faiblesse numérique véritablement écrasante et ne permettait même pas d'attendre, en s'enfermant dans Mézières, les attaques des Prussiens. Le général Vinoy et le ministre le comprirent, car, en réponse à sa dépêche, le premier reçut du second carte blanche pour la direction à donner au 13e corps.

Il prit aussitôt ses mesures pour abandonner au plus vite cette région périlleuse. Se débarrassant tout d'abord des fuyards qui l'encombraient, il les fit diriger sans délai sur Rocroi et Avesnes ; de là, ils devaient, par chemin de fer, gagner Laon et Paris. Il envoya ensuite au général de Maud'huy, qui était en route de Laon

1. Cette artillerie comprenait les trois batteries de la division de Maud'huy et les six batteries de la réserve du corps d'armée.
2. Les premiers renseignements avaient été apportés par les habitants des localités voisines du champ de bataille, puis par une masse d'hommes échappés à l'étreinte de l'ennemi, qui, au nombre de 10,000 environ, affluèrent dans la journée sous les murs de Mézières.

sur Mézières, l'ordre de rétrograder dans la première de ces villes et de l'y attendre. Enfin, le général d'Exéa fut pour le moment maintenu à Reims. Quant à la division Blanchard, on l'avisa qu'elle quitterait Mézières le soir même à minuit, qu'elle prendrait la route de Rethel par Launoy et qu'elle chercherait à gagner Laon par Neufchâtel.

Le général Vinoy était un homme de guerre trop expérimenté pour se dissimuler les dangers qu'allait faire courir à ses troupes le mouvement délicat qu'il leur prescrivait. Ignorant la position exacte des corps ennemis, il comprenait cependant qu'il lui faudrait tout d'abord défiler devant la division wurtembergeoise avec laquelle il s'était dans la journée trouvé en contact; il s'attendait, en outre, à être inquiété par la cavalerie et savait que des forces ennemies occupaient le pays entre Sedan et Reims. Il espérait néanmoins pouvoir atteindre Rethel sans trop d'encombre, grâce aux précautions qu'il voulait prendre, puis de là gagner Laon assez facilement. En réalité, le véritable danger n'était pas là où il le croyait, et les emplacements occupés par les différents corps ennemis allaient le forcer à défiler devant des forces qui s'échelonnaient bien au delà de Rethel jusqu'aux environs de Reims. Le 1er au soir, en effet, la division wurtembergeoise était tout entière entre Sedan et Mézières. Le VIe corps prussien, qui occupait Attigny et Semuy, détachait sur Rethel une colonne forte de deux régiments, trois escadrons et deux batteries, qui s'établissaient, le 2 au matin, dans la ville évacuée par le bataillon que la division d'Exéa y tenait depuis le 26. La 5e division de cavalerie, installée à Tourteron, battait l'estrade entre Rethel et Reims. Enfin, la 6e division de cavalerie en faisait autant aux environs de Poix. Ces forces constituaient donc un réseau assez serré, à travers les mailles duquel il allait falloir passer.

Départ de Mézières. — Le dispositif de marche adopté par le général Vinoy pour sortir de Mézières mérite d'être signalé, à une époque où l'on n'était guère coutumier de tant de méthode. Il était conforme aux principes qui depuis ont été réglementés dans notre armée, et présentait toutes les garanties d'élasticité et de sécurité qu'on doit demander à une colonne. Une forte avant-garde, toute l'artillerie en tête du gros, des flanc-gardes suffisantes sur les côtés ; telles étaient les dispositions prises pour être averti à temps du danger, et pour y faire face avec une masse de batteries dont l'intervention semblait d'autant plus nécessaire que le nombre des cartouches d'infanterie, très diminué par les combats soutenus autour de Mézières, était extrêmement limité. En tête et en queue marchaient deux régiments éprouvés, les 42ᵉ et 35ᵉ de ligne, autour desquels patrouillaient les cavaliers du 6ᵉ de hussards[1]. Le commandant de corps d'armée accompagnait l'avant-garde.

C'est dans cet ordre que la division Blanchard quitta Mézières, le 2 septembre, à une heure et demie du matin. Depuis six heures du soir les portes de la ville avaient été tenues strictement fermées pour empêcher toute communication avec l'extérieur. La colonne, longue d'environ 6 kilomètres, s'engagea sur la vieille route de Rethel, par une nuit assez claire, bien que la lune ne brillât point. Elle chemina jusqu'à l'aube sans incident, mais non sans que le retard provenant de la sortie par une porte unique inquiétât un peu le général. Nous allons voir au contraire que ce retard involontaire assura son salut.

Le jour commençait à poindre en effet, que des patrouilles ennemies[2] se montrèrent sur ses flancs, observant la marche. Un régiment de cavalerie entra même dans Launoy à la suite de nos soldats ; puis des estafettes coururent donner l'alarme à la 5ᵉ division de cavalerie et au VIᵉ corps, tandis que le reste des coureurs ennemis s'attachait à nos pas. Malgré la gravité de la situation, le général Vinoy, après un repos d'une heure et demie, fit reprendre la marche. A peine arrivait-il à

---

1. La brigade Guilhem (35ᵉ et 42ᵉ de ligne) formait, en 1870, le corps d'occupation de Rome. Rappelée au début de la guerre, elle constitua le seul corps régulier d'infanterie que possédât l'armée de Paris.
2. Elles appartenaient à la 6ᵉ division de cavalerie.

Saulce-aux-Bois, qu'il apprit la présence à Rethel de fortes masses prussiennes ; c'était la 12ᵉ division (du VIᵉ corps) qui venait de se porter, par une marche de nuit, d'Attigny sur ce point et remplaçait le bataillon français que le général y croyait encore. Notre ligne de marche était donc barrée par une force d'au moins 12,000 hommes, appuyée par une artillerie nombreuse, contre laquelle, sans le retard du début, la division Blanchard eût été buter tout droit!

La position était périlleuse ; les troupes montraient déjà de la fatigue ; elles ne comptaient que deux régiments absolument sûrs et elles manquaient de munitions. Attaquer dans des conditions pareilles eût été folie ; aussi le général Vinoy, abandonnant aussitôt sa route primitive, donna ordre à la tête de colonne de se jeter dans la direction de Novion-Porcien. Le mouvement s'exécuta avec rapidité et précision ; mais, comme l'arrière-garde allait sortir de Saulce-aux-Bois, elle reçut des coups de canon ; quelques obus, tombés dans le village, y incendièrent même plusieurs maisons. Aussitôt, le général Vinoy la déploya, et la fit soutenir par deux batteries, dont une de mitrailleuses ; cette démonstration suffit à arrêter les forces ennemies, qui appartenaient à la 12ᵉ brigade de cavalerie, et à les rejeter dans la direction de Faux et d'Amagne. Ce n'était évidemment là, de la part des Prussiens, qu'une diversion destinée à retarder notre marche. Le général le comprit et fit reprendre le mouvement ; à une heure et demie de l'après-midi, après quelques nouvelles escarmouches sans importance, la division Blanchard arrivait enfin à Novion-Porcien, ayant parcouru trente-deux kilomètres, et ne laissant aux mains de ses adversaires qu'une trentaine de traînards, avec quelques voitures, capturées par l'ennemi dans le village de Machiroménil.

On s'établit au bivouac. La constante inquiétude causée par la poursuite ininterrompue des coureurs ennemis avait fortement déprimé le moral des régiments de marche ; leurs hommes, des réservistes pour la plupart, semblaient affolés et, croyant voir des uhlans partout, tiraillaient au hasard. Les habitants se montraient terrorisés, et l'apparition de nouveaux cavaliers, qui arrivaient déjà jusqu'aux abords des camps, augmentait encore l'énervement général. D'autre part, le général Vinoy ne tardait pas à être informé que de l'infanterie prussienne barrait maintenant, à Ecly et Inaumont, la route de Château-Porcien. C'était la 12ᵉ division (du VIᵉ corps), qui, avertie par les éclaireurs de la 6ᵉ division de cavalerie, s'était portée, dans la soirée du 2, de Rethel sur les hauteurs d'Ecly, tandis que la 13ᵉ division accourait d'Attigny la remplacer à Rethel ; c'est-à-dire que tout le VIᵉ corps était, depuis la veille au soir, posté à une distance de la division Blanchard qui ne dépassait pas trois kilomètres !

Marche sur Montcornet. — Evidemment, il fallait s'attendre à être attaqué dès l'aube, et cette perspective n'était rien moins que rassurante, étant donné l'état matériel et moral de nos soldats. Le général Vinoy fit face à ce nouveau péril avec une décision et une habileté des plus remarquables. Il n'y avait pas une minute à perdre, et la moindre hésitation pouvait devenir fatale. Prenant donc immédiatement son parti, le commandant du 13ᵉ corps résolut d'éviter à tout prix une collision qu'il jugeait funeste et, malgré la fatigue de ses hommes, ordonna de se dérober par une deuxième marche de nuit. A deux heures du matin, la division Blanchard, laissant allumés ses feux de bivouac pour donner le change à l'adversaire, quittait Novion-Porcien, et prenait la route de Chaumont-Porcien, pour de là gagner Laon par Rozoy-sur-Serre.

La nuit était noire, et les chemins défoncés par une pluie torrentielle ; épuisés de fatigue, énervés et inquiets, les soldats tiraillaient en tous sens et à tout instant, au risque de se tuer les uns les autres ; plusieurs défilés, formés par des villages, étranglaient la colonne en certains points, et augmentaient les difficultés de la marche. Malgré tout, on atteignit Chaumont-Porcien à sept heures et demie du matin, sans avoir été inquiétés. Là on s'arrêta, pour donner aux hommes un peu de nourriture, due, en grande partie, à la générosité des habitants. Le général profita de cette halte pour faire réquisitionner d'avance, dans les villages qu'allait traverser la colonne, des voitures destinées au transport des éclopés et des malingres. Puis, comme il venait d'apprendre que la route de Rozoy n'était pas praticable, il ordonna de prendre le chemin de Seraincourt, et de se porter de là sur Montcornet, par Fraillicourt.

Mais, pendant ce temps, les Allemands avaient, de leur côté, exécuté certains mouvements très dangereux pour nos troupes. Il est vrai que, tout d'abord, ils n'avaient pas paru prendre très à cœur la poursuite de la division Blanchard ; car, sur l'avis que des troupes françaises que l'on disait considérables étaient rassemblées à Reims [1], le Prince royal avait, le 2 au soir, ordonné au VIe corps et aux 5e et 6e divisions de cavalerie de se diriger sur cette ville. Cependant, tandis que les deux divisions de cavalerie et une division du VIe corps (la 11e) se conformaient sans délai à cet ordre, la 12e division, au contraire, avait marché, le 3 au matin, sur Novion-Porcien, où elle croyait trouver la division Blanchard [2].

La 12e division, en atteignant vers neuf heures et demie le village de Novion-Porcien, s'aperçut de son erreur ; mais son chef, le général de Hoffman, crut cependant possible d'atteindre les Français en retraite sur la route de Chaumont-Porcien. Il lança donc en avant un régiment de dragons avec deux batteries à cheval, et suivit avec une brigade, tandis que l'autre s'arrêtait à Novion. A midi, l'artillerie allemande canonnait Chaumont-Porcien, où ne restaient que quelques hommes, le reste de la colonne gagnant en ce moment Seraincourt, sous la protection d'une longue crête que les Prussiens avaient négligé de faire reconnaître. La pluie qui les aveuglait depuis le matin, avait, paraît-il, eu raison de leur habituelle activité.

1. *La Guerre franco-allemande*, 2e partie, page 10.
2. Le général de Hoffman, commandant cette division, était déjà parti d'Ecly pour se porter sur Novion-Porcien, quand il reçut l'ordre du Prince royal. D'autre part, l'avis de l'évacuation de ce village, envoyé par une patrouille de dragons, ne lui était pas parvenu. Il crut donc, malgré les prescriptions du prince, devoir continuer le mouvement offensif entamé contre nous.

Encore une fois, la division Blanchard venait d'échapper à un danger grave et d'autant plus menaçant dans le cas présent, qu'une extraordinaire fatalité avait failli l'aggraver encore. Le guide choisi pour diriger la colonne au sortir de Chaumont, au lieu de la conduire sur la route de Seraincourt, l'avait, volontairement ou non (on ne l'a jamais su), engagée sur celle de Château-Porcien, où se trouvait un fort détachement d'infanterie ennemie chargé de préparer la destruction des passages de l'Aisne. Fort heureusement le général Vinoy s'en aperçut à temps et fit rebrousser chemin ; mais on avait perdu trois heures, et si les Prussiens s'étaient montrés plus hardis, ce retard aurait pu avoir les plus funestes conséquences. Car, il faut le constater ici, l'état-major allemand s'est, dans cette circonstance, montré inférieur à lui-même. La division Blanchard était dans une position telle, qu'en dépit des habiles et énergiques dispositions du général Vinoy, elle devait infailliblement finir par être prise, avec un peu plus de vigueur de la part de l'ennemi. Mais il semble que, loin de chercher à anéantir la seule force organisée qui tenait encore la campagne, celui-ci n'ait eu d'autre préoccupation que de hâter sa marche sur Paris. De là une indécision assez surprenante dans cet état-major dont ce n'était point là le défaut habituel ; de là aussi des fautes militaires dont le général Vinoy a su tirer parti avec une grande hardiesse et une remarquable habileté. L'ouvrage officiel prussien est assez embarrassé pour expliquer sa déconvenue en cette circonstance ; il argue de faux renseignements qui ont fait croire à la présence de forces imposantes à Reims et motivé l'ordre formel de cesser la poursuite. Il semble pourtant qu'il disposait d'une cavalerie assez nombreuse et assez libre de ses mouvements pour vérifier sans tarder l'exactitude de ces rumeurs. En tous cas, cette cavalerie aurait dû nous suivre d'assez près pour éviter au général de Hoffman sa fausse manœuvre d'Écly sur Novion-Porcien, et le diriger, le 3 septembre, puisqu'il persistait à vouloir nous atteindre, non pas sur ce point, mais sur Château-Porcien ou sur Seraincourt, où il nous eût barré le chemin. Pour expliquer d'aussi grosses erreurs militaires, l'état-major prussien n'a trouvé que cette excuse, un peu enfantine, il faut bien l'avouer : « Une pluie battante empêchait de distinguer le pays et de se rendre compte de la véritable situation [1]. » Si la pluie gênait à ce point des soldats aguerris, peu fatigués et pourvus du nécessaire, quel pouvait donc être son effet sur des troupes improvisées, déprimées par une retraite exténuante, et n'ayant d'autre stimulant qu'un passé chargé de défaites ou un lendemain gros de dangers ?

Quoi qu'il en soit, reconnaissant l'inanité de ses efforts, le général de Hoffman se décida à obéir aux ordres itératifs du grand état-major, et à suivre, le lendemain, son corps d'armée vers la Suippe. Quant à la division Blanchard, échappée par miracle à une fin lamentable, elle gagna Seraincourt, puis Fraillicourt où elle arriva à trois heures de l'après-midi. Après une halte indispensable, elle reprenait sa marche vers Montcornet qu'elle atteignait enfin à six heures et demie, ayant, dans cette journée du 3 septembre, parcouru 46 kilomètres et laissé seulement 42 hommes aux mains de l'ennemi. Les vieux soldats de la brigade Guilhem avaient payé d'exemple et les autres, se piquant d'honneur, les avaient suivis.

Rentrée du 13ᵉ corps à Paris. — Le 4, au petit jour, on se remettait en route ; en arrivant à Marle, le général Vinoy apprit à la fois et l'évacuation de Reims par la division d'Exéa et son arrivée à Laon. Il y trouva également une dépêche du général de Maud'huy, datée de Laon, qui lui confirmait dans tous ses détails le désastre de Sedan, et un télégramme du gouvernement de la Défense nationale, ainsi conçu : « *La révolution vient de s'accomplir dans Paris. Revenez avec votre corps d'armée vous mettre à la disposition du gouvernement qui s'établit.* »

Le général Vinoy n'était pas seulement un vigoureux capitaine, c'était aussi un soldat dans toute l'accep-

---

1. *La Guerre franco-allemande*, 2ᵉ partie, page 11, en note.

tion du mot. Il n'hésita pas un instant à comprendre toute l'étendue de son devoir. « Dans un pareil moment, a-t-il dit, toute préoccupation politique n'aurait pu être qu'une cause de trouble ajoutée, hélas! à tant d'autres ; l'armée, d'ailleurs, doit toujours y demeurer étrangère. Le général en chef ne pouvait donc qu'obéir au gouvernement de fait qui venait de s'établir [1]. » Il se rendit à Laon, le 5, pour y rejoindre la division de Maud'huy : le même jour, la division Blanchard y arrivait aussi et le 13e corps se trouvait ainsi réuni [2]. Le 9, il arrivait à Paris, où il bivouaquait sur l'avenue de la Grande-Armée et le long des talus des fortifications [3].

La retraite exécutée de Mézières sur Laon par la division Blanchard doit être considérée comme un modèle, et soutient hautement la comparaison avec les opérations tactiques dont les Allemands sont à bon droit le plus fiers. Le général Vinoy, par ses dispositions habiles, son esprit de décision et son indomptable énergie, a su triompher des difficultés sans nombre que présentait une manœuvre aussi délicate, et apporter ainsi à la défense de Paris le concours d'une force considérable dont le noyau était constitué par des éléments d'une inestimable valeur. Il a montré au surplus qu'une situation, si compromise qu'elle soit, n'est jamais désespérée, et qu'un chef d'armée peut toujours trouver dans son activité et une volonté ferme le moyen de lutter jusqu'au bout contre les événements. Comme on l'a vu, l'état-major allemand n'a pas, dans cette circonstance, déployé la même sûreté de vue que d'habitude. Raison de plus pour ne faiblir jamais et ne jamais s'abandonner, puisque d'un simple moment d'oubli chez l'adversaire peut dépendre le succès ou tout au moins le salut.

1. Général Vinoy. *Siège de Paris*, Paris. Plon, 1871. page 88.
2. Les 2e et 3e divisions, avec l'artillerie et les services, à Laon, la 1re à Soissons.
3. Le transport à Paris du 13e corps et des échappés de Sedan disséminés dans les places du Nord a constitué, de la part de la Compagnie du Nord, un véritable tour de force. « Dans les quatre journées des 5, 6, 7 et 8 septembre, cette Compagnie a expédié sur Paris 195 trains spéciaux, c'est-à-dire 34 trains en moyenne par jour. Ces trains ont transporté 43.068 hommes, 13.567 chevaux,

II. — Mouvements des armées allemandes

Revenons maintenant aux forces du roi Guillaume laissées, après la catastrophe de Sedan, autour de l'armée française qu'une faveur inouïe de la fortune venait de leur livrer tout entière.

La première préoccupation du grand état-major, la seule, pourrait-on dire, avait été, après la victoire, de reprendre la marche offensive sur Paris, et c'est dans ce sens que furent lancées par M. de Moltke, le 3 septembre au matin, les instructions dont voici la teneur [1] :

La IIIe armée, qui a porté dans la direction de Reims le VIe corps et la 5e division de cavalerie, laissera provisoirement le 1er corps bavarois et le XIe corps à Sedan, et réglera son itinéraire pour se trouver, le 4 septembre, en avant de la ligne Montigny-Vendresse et, pour le 5, au delà de la ligne Rethel-Attigny. Dans l'armée de la Meuse, les têtes de colonnes feront en sorte de ne pas dépasser Malmy et Stonne, dans la première de ces deux journées, Poix et le Chesne, dans la seconde. Ces mouvements préliminaires accomplis, la IIIe armée s'avancera jusqu'à la hauteur de la ligne Dormans-Sézanne. L'armée de la Meuse, rappelant à elle, par Château-Porcien, la 6e division de cavalerie, marchera, aussi simultanément que possible, jusqu'à Dormans et Laon. Les abords de Poix et d'Attigny devront être dégagés pour le 8 septembre, de manière à laisser place aux corps qui suivent sous le commandement du général von der Tann.

Afin de placer les troupes dans de meilleures conditions pour subsister, la marche offensive devra s'exécuter sur un front très développé et être couverte par de la cavalerie lancée au loin en avant. Cette dernière sera soutenue par de l'artillerie à cheval, et, en cas de besoin, par de l'infanterie transportée en voiture. La route passant par Rethel et Reims est indiquée comme formant la séparation des deux armées.

Le soin de régler le détail des marches est laissé aux commandants des deux armées jusqu'à la hauteur de Laon et de Sézanne. S. M. le Roi se réserve de donner les ordres relatifs aux mouvements à exécuter au delà.

273 voitures ou canons. » (E. Jacqmin, Les chemins de fer pendant la guerre 1870-71, page 145).

1. Pour rendre à chacune des deux armées allemandes (IIIe et armée de la Meuse) ses lignes de communications normales avec l'Allemagne, il était nécessaire de les séparer à nouveau et de faire cesser la confusion que la bataille avait amenée dans leurs éléments. On remit donc en marche d'abord la IIIe, puis l'armée de la Meuse, qui, partant après, vint former l'aile droite.

MARCHE DES ARMÉES ALLEMANDES SUR PARIS 17

En exécution de ces ordres, le mouvement commença dès le même jour. La IIIe armée suivit par son corps de droite (le VIe dont on a vu plus haut les diverses contre-marches exécutées à la poursuite du 13e corps français) la route Rethel-Reims-Dormans ; au sud et à la même hauteur marchaient le Ve corps et le IIe bavarois ; la 2e division de cavalerie couvrait le front. L'armée de la Meuse, protégée en avant et sur son flanc droit par les 5e et 6e divisions de cavalerie, s'avançait au nord et un peu en arrière de la IIIe. Enfin le XIe corps, le Ier bavarois, la 4e division de cavalerie, primitivement laissés à la garde des prisonniers, ainsi que la division wurtembergeoise, chargée de protéger les communications[1], suivirent en arrière, à quelques jours de distance.

Le front de marche était assez étendu : 50 kilomètres pour la IIIe armée, 40 pour l'armée de la Meuse. L'absence, sur le parcours, de toute force française organisée permettait de donner ainsi aux troupes l'espace dont elles avaient besoin pour subsister. Quant à la longueur moyenne des étapes, elle était, pour la IIIe armée, de 20 à 25 kilomètres, avec un jour de repos sur quatre : pour l'armée de la Meuse, de 18 à 20 kilomètres seulement. Mais, du 3 au 16 septembre, cette armée n'eut qu'un seul jour de repos.

La marche s'exécuta au milieu de l'excitation croissante et de l'attitude hostile des populations[2]. A hauteur de Lavanne même, il fallut disperser à coups de canon des rassemblements de paysans armés et des petits partis d'infanterie qui cherchaient à arrêter l'avant-garde de la 11e division (VIe corps)[3]. A Reims, les Allemands reconnurent à des indices irrécusables que la France manifestait la ferme résolution de continuer la lutte[4] ; une patrouille de dragons, entrée en

1. Comme on avait hâte d'amener cette division sous les murs de Paris. M. de Moltke expédia, le 8 septembre, au prince Frédéric-Charles, l'ordre de faire garder par une division du XIIIe corps, récemment arrivé devant Metz, la région à l'ouest de cette place, tandis que l'autre division irait bloquer Toul. C'est ce qui détermina le départ de Metz du XIIIe corps, ainsi qu'on l'a vu précédemment.
2. *La Guerre franco-allemande*, 2e partie, page 16.
3. *Ibid.*
4. *Ibid.*

III.

ville, avait été entourée par une foule furieuse et obligée de se faire jour à coups de fusil[1]. On ne s'avançait donc qu'avec une certaine circonspection, d'autant plus que sur les lignes de communications allemandes tenaient encore des places telles que Toul et Montmédy, dont l'action paralysait l'utilisation complète des voies ferrées. Le 6, le prince royal de Saxe essaya de s'emparer par surprise de cette dernière ville, qu'il supposait, d'après les renseignements reçus, occupée seulement par des gardes mobiles[2], et y envoya le général-major prince de Hohenlohe, commandant l'artillerie de la Garde, avec une brigade mixte très forte en artillerie[3]. Mais, malgré un bombardement violent ouvert à moins de 2,000 mètres de l'enceinte, et la destruction par le feu de la moitié de la ville, il fallut la faire sommer et y envoyer à cet effet le maire d'une localité voisine, Thonnelle, le commandant de place ayant déclaré qu'il ferait tirer sur tout parlementaire prussien. « Ne le voyant pas revenir, les assaillants rouvrirent le feu ; mais au bout d'une heure, persuadés de l'inutilité de leur tentative, ils le cessaient définitivement[4] » et s'en allaient.

Les Allemands, qui avaient lancé 3,812 obus, ne perdirent que 4 hommes. La garnison comptait 3 tués et 19 blessés ; mais il faut dire que celle-ci, formée par une compagnie du 57e de ligne, un bataillon de mobiles de la Meuse, une batterie de mobiles et quelques soldats d'administration, se composait en majeure partie

---

[1]. *La Guerre franco-allemande*, 2e partie, page 16. Cependant un escadron de hussards s'étant précipité dans la ville, le maire accourut lui remettre les clefs.
[2]. *Ibid.*, page 21.
[3]. Le détachement, formé avec des troupes de la Garde, comprenait la 2e brigade, le 3e de uhlans, 2 escadrons du 1er de uhlans, l'artillerie de la 1re division (4 batteries), l'artillerie de corps (8 batteries) et la 1re compagnie de pionniers.
[4]. *Ibid.* page 22. — Voici, d'après cette relation, comment les troupes d'attaque avaient été disposées : une fraction du détachement en avant du bois de Géranvaux ; une autre fraction sur les hauteurs entre les routes de Montmédy et de Fresnoy ; un bataillon et trois escadrons couvrant le flanc gauche au Grand et au Petit-Verneuil. A neuf heures et demie, l'artillerie ouvrit le feu, la grosse artillerie canonnant le front nord, tandis que les batteries légères et à cheval battaient le front ouest. Vers dix heures et demie, ces dernières s'avancèrent jusqu'à la ferme de Vaux, distante de 2.000 pas de la place.

d'hommes sans instruction militaire, et qu'elle ne put riposter avec plus de trois pièces à la fois. Sa résistance lui fait donc le plus grand honneur.

Cet échec ne retarda pas sensiblement les progrès des armées envahissantes, et, le 9 septembre, leur ligne d'avant-postes formait un grand arc de cercle passant par Vertus, Champaubert, Orbain, Dormans, Beaurieux et les environs de Laon, ville dont l'occupation donna lieu, ce jour-là, à un acte d'héroïsme sauvage, qui mérite d'être rappelé avec détails.

Explosion de la citadelle de Laon. — Déjà le 7 septembre, la 6ᵉ division de cavalerie, ayant à sa tête le duc Guillaume de Mecklembourg-Schwerin, s'était avancée jusqu'à Saint-Quentin et avait envoyé un parlementaire au général Thérémin d'Hame, commandant la place de Laon, pour le sommer de capituler. « Le général demanda le temps de la réflexion, bien que la population parût le pousser à céder[1]. » L'attitude de cette population était, en effet, déplorable. Les efforts faits par le général Vinoy pendant les quelques heures passées au milieu d'elle pour la galvaniser un peu avaient, ainsi que ceux du préfet, échoué « devant la terreur et l'inertie générales; c'est à peine si cette population effrayée consentit à ne pas ouvrir les portes au premier uhlan qui se présenterait devant elles[2] ». La foule s'était jetée sur le gouverneur et l'avait retenu prisonnier dans un restaurant où il prenait ses repas, menaçant de le tuer s'il persistait à défendre la citadelle. La municipalité avait voulu le faire arrêter et parlait même de le livrer à l'ennemi[3]!... C'était, dans cette ville affolée et tremblante de peur, à qui donnerait l'exemple, bien rare heureusement dans nos annales, de la plus honteuse démoralisation !

Et cependant la ville de Laon était en admirable position pour se défendre. « Elle s'élève sur un mamelon absolument isolé et qui domine d'environ 90 mètres, et par des pentes fort raides, la plaine environnante.

---

1. *La Guerre franco-allemande*, page 23.
2. Général Vinoy, *loc. cit.*, page 97.
3. *Conseil d'enquête sur les capitulations*, séance du 6 novembre 1871.

Au sud, les approches en sont encore défendues par des marais et de tous les côtés la position est des plus fortes. Une enceinte de vieilles murailles fait le tour de la crête, dont elle suit les sinuosités, et s'appuie d'un côté sur la citadelle, qui est petite mais bien située, et de l'autre sur un grand ouvrage de campagne encore inachevé qui garnit l'extrémité de l'éperon sud-est[1]. » La garnison se composait de 2,000 gardes mobiles environ et d'une section du 55e de ligne. C'était peu assurément, mais assez cependant pour ne pas se rendre sans combattre.

Le 8 septembre, le général Thérémin, sommé de nouveau, obtint encore un délai pour demander des instructions à Paris. Celles-ci arrivèrent le soir, fort vagues, et laissant au commandant de place la faculté d'agir *suivant la nécessité de la situation*. Or, à ce moment, les habitants semblaient de plus en plus impatients d'ouvrir leurs portes à l'ennemi. Leurs réunions tumultueuses, la pression de la municipalité, l'énervement d'une longue et douloureuse anxiété finirent par avoir raison des sentiments militaires du général Thérémin et le 9, dans la matinée, un projet de capitulation fut arrêté par lui, de concert avec le préfet, M. Ferrand, et le maire, M. Vinchon. Vers neuf heures, le chef de bataillon des mobiles allait le porter au duc de Mecklembourg, qui se trouvait à Athies avec une brigade de hussards et le 4e bataillon de chasseurs, transporté en voiture pour appuyer la 6e division de cavalerie[2].

Ainsi une ville merveilleusement située pour barrer, au moins pendant quelques jours, la route à l'ennemi, une ville qui était presque une place forte, se rendait sans résistance et avant même d'avoir reçu un coup de canon! Quel exemple! Et combien nous avons besoin du souvenir réconfortant de l'héroïsme montré quelques semaines plus tard par les habitants de Châteaudun

---

1. Général Vinoy. *loc. cit.*, page 90.
2. Le reste de cette division, avec deux batteries à cheval, était à Eppes. Le bourg d'Athies avait déjà, en 1814, été le théâtre d'un événement déplorable ; c'est là que, dans la nuit du 9 au 10 mars, le corps du maréchal Marmont qui ne se gardait pas fut surpris et mis en déroute par les Prussiens de Kleist et d'York.

pour oublier tant de pusillanimité et de faiblesse !

Le 9 septembre donc, à onze heures du matin, le duc de Mecklembourg entrait en ville, à la tête du 4ᵉ bataillon de chasseurs. Il pleuvait à verse. Une compagnie se rendit à la citadelle, désarma les soldats du 55ᵉ qui étaient prisonniers, et remit en liberté les mobiles, qui, en vertu de la capitulation, ne devaient plus porter les armes contre l'Allemagne de toute la durée de la guerre. Les derniers Français quittaient la citadelle et le général Thérémin remettait son épée au prince allemand, quand tout à coup, une formidable explosion retentit, renversant les murailles du fort et ébranlant les maisons sur leurs fondations. Une fumée noire et épaisse forma sur la ville un nuage sinistre ; des débris de toutes sortes, des pierres, des poutres volèrent dans les airs, pêle-mêle avec des membres humains, des corps sanglants et déchiquetés. Le duc de Mecklembourg fut atteint par un éclat de bois. Le général Thérémin reçut une affreuse blessure dont il devait mourir quelques jours plus tard.

Alors se passa une scène inénarrable. Les Allemands, criant au guet-apens et à la trahison, se ruèrent immédiatement sur les malheureux mobiles qu'ils massacrèrent dans les rues et aux portes des maisons.

« Bientôt paraît le duc de Mecklembourg, traînant son pied blessé. Il pleut à torrents et son visage, son manteau noir ruissellent d'une boue jaunâtre. Un piquet de soldats l'escorte, l'arme prête, regardant de droite et de gauche, visant les rares habitants qui paraissent dans la rue ou montrent aux fenêtres leurs visages effarés. Le cortège arrive à l'hôtel de ville. « Où sont les autorités ? » s'écrie le duc. Le maire se présente. « C'est une honte pour la France, continue le duc, c'est une infamie ! J'en veux tirer une vengeance dont on parlera dans mille ans. » Et comme le maire essaye de parler : « Silence ! c'est moi qui commande ici ! » Les soldats tiennent couchés en joue les conseillers municipaux et les personnes qui sont réfugiées à l'hôtel de ville. L'œil fixé sur leur général, ils n'attendent qu'un signe et leur visage dit qu'ils le désirent. Cependant le maire, d'une voix calme, rejette, au nom de la ville, toute complicité dans l'événement, parle des dépêches qu'il a envoyées au ministre de la guerre pour démontrer que la ville ne pouvait se défendre. Le duc reste muet, le visage altéré par la fatigue, l'émotion, la douleur de sa blessure. On lui offre un verre d'eau. « Je n'ai pas confiance ! » s'écrie-t-il en l'écartant de la main.

Heureusement le comte Alvensleben arrive ; avant de se présenter dans la ville, il y avait, dit-on, passé deux jours sous un déguisement ; il prend la défense de Laon, intercède pour les habitants et fait les plus louables efforts pour calmer le prince. Celui-ci cède enfin[1] ».

Une fois le fracas de la catastrophe apaisé, on se compta. Les Allemands avaient perdu 15 officiers et 99 soldats ; les Français, 19 officiers et 350 hommes. Parmi ceux-ci manquait un employé militaire, le garde d'artillerie Henriot, dont on ne put retrouver aucune trace. C'était un vieux soldat, médaillé de Crimée et d'Italie, un serviteur modeste, dévoué et brave. Chargé de livrer les poudres aux Prussiens, il ne s'était pas senti ce courage. Il avait pénétré dans la poudrière, attendu que la garnison française ait évacué la citadelle, puis, croyant l'ennemi déjà dans la place, il avait mis le feu... Il ne s'était trompé que de cinq minutes !

Certes, l'hécatombe due à son désespoir inconscient était bien inutile, et elle n'empêcha pas l'ennemi d'occuper la ville, ni de s'y emparer de 25 bouches à feu, de 200 fusils, ainsi que d'une quantité considérable de munitions. Mais cet acte sauvage est digne cependant de l'admiration qu'inspire toujours le sacrifice prémédité de la vie, quand cette vie ne peut plus servir au salut commun. Quoi qu'on en ait pu dire, le farouche héroïsme d'Henriot rappelle celui de Bisson, faisant sauter son vaisseau pour ne pas le livrer aux Turcs ; de Rostopchine, incendiant Moscou pour affamer la Grande Armée ; des Sagontais, s'ensevelissant sous les ruines de leur ville plutôt que de la livrer à Annibal. Il a été stérile et sanglant, c'est possible ! Mais en songeant à l'horrible courage de cet homme, qui donc oserait faire entendre une parole de blâme ou seulement de regret[2] ?

1. Ernest Lavisse, *L'Invasion dans le département de l'Aisne* Laon, 1872, page 26.
2. L'autorité militaire, jugeant avec raison que la mémoire devait en être conservée, a fait placer dans la citadelle de Laon reconstruite un médaillon d'Henriot, avec cette inscription :
« A LA MÉMOIRE DE HENRIOT (DIEUDONNÉ), GARDE D'ARTILLERIE, QUI S'EST ENSEVELI SOUS LES RUINES DU MAGASIN A POUDRE DE LAON, EN 1870. »

Échec devant Soissons. — Cependant la marche des forces allemandes se continuait sans autre incident bien remarquable. Tandis que la IIIᵉ armée, gagnant la vallée de la Marne, s'apprêtait à prendre la route d'Epernay à Montmirail et à Coulommiers, l'armée de la Meuse, descendant les vallées de l'Aisne et de l'Oise, s'avançait à la fois par Creil, Compiègne et Soissons. Le 11, les deux corps chargés de garder les prisonniers de Sedan se mettaient en route à leur tour, fortement éprouvés par la maladie[1]. Sur tout le parcours, l'ennemi ne rencontrait d'autre résistance que celle organisée par quelques courageux francs-tireurs.

Le 14, comme déjà les têtes de colonnes de la IIIᵉ armée atteignaient Meaux, où ses patrouilles avaient été, la veille, assaillies par un détachement de cavalerie française, et que celles de l'armée de la Meuse joignaient Crépy-en-Valois et Senlis[2], la 7ᵉ division (du IVᵉ corps) essaya de s'emparer de Soissons, qui, par sa position, paraissait « se prêter parfaitement à un bombardement[3] ». L'artillerie de cette division vint occuper les hauteurs de Tilly, d'où elle canonna la ville et les remparts. Mais le commandant de place ayant répondu par un refus à la sommation de capituler, le prince royal de Saxe reconnut l'inutilité de sa tentative et ordonna de reprendre la marche. Nous verrons par la suite que, malheureusement, le commandant de place de Soissons ne montra pas jusqu'au bout une égale fermeté.

Arrivée des armées allemandes devant Paris. — Mais déjà l'ennemi était aux portes de la capitale. Le 15, la 2ᵉ division de cavalerie, arrivée à Tournan, lançait un régiment d'avant-garde sur Brie-Comte-Robert et faisait procéder à la reconnaissance du cours de la Seine entre Corbeil et Choisy-le-Roi. Les ponts avaient

---

1. Les émanations du champ de bataille avaient provoqué dans leurs rangs une épidémie de dysenterie et de typhus assez grave. Du 1ᵉʳ septembre au 15 octobre, il y eut, au 1ᵉʳ corps bavarois, 1.000 cas de typhus. (*La Guerre franco-allemande*, 2ᵉ partie, page 27.)
2. Senlis était occupé par des francs-tireurs qui l'évacuèrent le 15. En même temps qu'il y entrait, l'ennemi coupait à Creil les trois voies ferrées de Compiègne, Clermont et Beauvais.
3. *Ibid.*, 2ᵉ partie, page 25.

été détruits par nous[1], les routes interceptées par des coupures, et, de la rive opposée, des avant-postes d'infanterie faisaient feu sur les éclaireurs prussiens. Plus haut, des gardes mobiles, ayant franchi la Seine, occupaient le village de Draveil ; un escadron, combattant à pied, réussit à les en chasser ; mais, quand il voulut traverser la Seine à gué, il fut à son tour arrêté par la fusillade partie du poste établi à Juvisy.

Ce même jour arriva l'ordre du grand quartier général qui fixait les dispositions à prendre pour investir Paris. Voici sa teneur entière, sur l'importance de laquelle il n'est pas besoin d'insister :

Château-Thierry, le 15 septembre 1870, 11 h. du matin.

La continuation du mouvement sur Paris a d'abord pour but d'intercepter toute communication de la capitale avec l'extérieur, d'empêcher tout ravitaillement et de faire échouer toute tentative de secours. En général, les troupes éviteront donc de venir à portée du canon des ouvrages, tout en se rapprochant le plus possible, afin de réduire le périmètre de la ligne d'investissement.

L'armée de la Meuse gagnera le côté nord de Paris, de manière à ce que le blocus se trouve établi dans la région située sur la rive droite de la Marne et de la Seine, pour le 19 de ce mois, par le IVe corps, la Garde et le XIIe corps, et dès le 18, par la cavalerie de ces corps d'armée. Argenteuil sera fortement occupé.

Les 5e et 6e divisions de cavalerie feront en sorte de franchir la Seine en aval de Paris dès le 18 de ce mois, si c'est possible, et s'étendront ensuite de Poissy jusque dans les environs de Chevreuse pour donner la main à la cavalerie de la IIIe armée.

Cette dernière armée s'avancera par la rive gauche de la Marne et de la Seine et s'étendra successivement sur sa gauche à mesure qu'elle sera ralliée par les corps qui sont encore en arrière. Un corps d'armée au moins sera laissé entre Seine et Marne.

Comme il est hors de supposition que les troupes de Paris prennent l'offensive, la IIIe armée pourra exécuter son mouvement dès à présent, sans se préoccuper de l'arrivée en ligne de l'armée de la Meuse. Sa cavalerie gagnera les devants le plus tôt possible, tant pour donner la main aux 5e et 6e divisions de cavalerie que pour explorer vers la Loire, en arrière de laquelle l'ennemi paraît s'efforcer de constituer une armée de réserve.

Toutes les voies ferrées débouchant de Paris seront mises hors d'usage, mais seulement par l'enlèvement des rails et des aiguilles sur les points occupés. Les lignes télégraphiques seront coupées également en certains endroits. Afin d'assurer la liaison entre les

---

1. Les ponts détruits étaient ceux de Corbeil, de Villeneuve-Saint-Georges et de Choisy-le-Roi.

deux armées, des ponts nombreux seront construits et assurés en amont de Paris, sur la Marne (armée de la Meuse) et sur la Seine (III⁰ armée). L'accès en sera facilité par l'ouverture de routes stratégiques.

Les troupes d'investissement auront encore pour mission de retrancher la première ligne et de reconnaître avec exactitude les moyens de défense de l'adversaire.

Si des tentatives pour dégager Paris viennent à se produire de la Loire, on restreindra momentanément l'effectif des troupes chargées du blocus et la III⁰ armée se portera avec le gros de ses forces à la rencontre de l'assaillant pour le battre et venir reprendre ensuite son blocus plus rigoureux et plus sûr.

Le grand quartier général du Roi reste, jusqu'à nouvel ordre, à Meaux; la III⁰ armée est chargée du soin de le couvrir.

Signé : DE MOLTKE.

En outre, comme il n'y a jamais pour les Allemands de précautions inutiles, l'armée de la Meuse était chargée de priver la capitale d'une partie de ses eaux potables en détournant le canal de l'Ourcq. Dès le 11 septembre, en effet, la Dhuys à Pargny, la Marne à Crésancy et Chierry avaient été dérivées de leurs lits artificiels ; mais, les Allemands l'avouent eux-mêmes, leurs efforts manquèrent complètement leur but, « car d'autres dispositions assuraient aux Parisiens un large approvisionnement d'eau potable[1]. »

La tâche affectée à chaque armée par l'ordre de M. de Moltke était singulièrement inégale, car, tandis que l'armée de la Meuse n'avait, à proprement parler, qu'à se porter droit devant elle, la III⁰ armée devait, au contraire, pour gagner ses emplacements, exécuter un mouvement fort délicat. Postée, le 16, à Meaux (VI⁰ corps), Moissy-Cramayel (II⁰ bavarois) et Brie-Comte-Robert (2⁰ division de cavalerie), il lui fallait s'étendre de la rive gauche de la Marne à la rive gauche de la Seine en aval de Paris, c'est-à-dire franchir celle-ci en amont et exécuter une longue marche circulaire en prêtant le flanc à l'ennemi. La manœuvre eût été périlleuse si la garnison de Paris avait été assez solide pour l'inquiéter. Il n'en était rien encore malheureusement, et bien que cette manœuvre n'ait pas pu s'achever sans donner lieu à deux combats, elle réussit cependant au delà des

---

[1]. *La Guerre franco-allemande.* 2⁰ partie, page 51.

désirs du chef d'état-major allemand, lequel, d'ailleurs, ne l'avait probablement ordonnée qu'en connaissance de cause.

Le Prince royal avait continué, le 16, à gagner du terrain. Ce jour-là, la 5ᵉ brigade de cavalerie poussa, avec une batterie à cheval, jusqu'à Vigneux, au delà de Villeneuve-Saint-Georges. Elle fit démolir à coups de canon le ponceau du chemin de fer sur l'Orge, situé près de Mons; mais des trains ayant débarqué de l'infanterie, elle fut obligée de se retirer[1]. De même un escadron de hussards qui, venant de Limeil, avait refoulé du carrefour Pompadour jusqu'à Maisons-Alfort un parti de cavalerie française appartenant aux éclaireurs Franchetti, fut chassé par le feu de l'infanterie postée dans ce dernier village. Enfin, un détachement de uhlans bavarois, allant de Nangis à Melun, était obligé, pour traverser Rubelles, de faire canonner le parc du château, et de déployer un bataillon de chasseurs, accouru à la hâte. Le soir, la IIIᵉ armée tenait en première ligne Corbeil, Brie-Comte-Robert et Meaux, en seconde ligne Nanteuil-le-Haudouin et la Ferté-sous-Jouarre, en troisième ligne Reims (XIᵉ corps) et Epernay (IIᵉ bavarois). « Dans toute la région entre la Seine et l'Yonne, ainsi que dans les bois de Donnemarie, les patrouilles allemandes s'étaient heurtées à des bandes de francs-tireurs ou de paysans armés qui surgissaient de tous côtés et se montraient fort entreprenants[2]. »

Quant à l'armée de la Meuse, elle avait sa 5ᵉ division de cavalerie à Dammartin, la 6ᵉ à Beaumont-sur-Oise, les avant-gardes atteignant même Ecouen. Le lendemain, elle porta la 6ᵉ division à Pontoise, et la 5ᵉ au Mesnil-Aubry, poussant des éclaireurs jusqu'au Bourget. Mais des postes français établis entre Gonesse et Saint-Denis refoulèrent ceux-ci sur leurs escadrons de soutien.

Le 17, la IIIᵉ armée, entamant sa marche circulaire, vint se heurter aux troupes du général Vinoy et dut soutenir avec elles un combat assez vif, le premier de la longue série qui commençait. On en verra le détail

---

1. *La Guerre franco-allemande*, 2ᵉ partie, page 18.
2. *Ibid.*, page 20.

par la suite, mais avant d'en aborder le récit, il est indispensable de se reporter sur les lieux que les Allemands venaient de parcourir, afin de se rendre un compte exact et instructif de la façon dont ils assuraient leurs derrières par la prudente organisation des pays conquis.

III. — ORGANISATION DES RÉGIONS ENVAHIES.

Au fur et à mesure que les armées allemandes progressaient sur le territoire français, un service spécial, organisé par armée, et portant le nom d'*Inspection générale d'étapes*, assurait à l'arrière la continuité des communications avec l'intérieur, et la liaison des troupes d'opérations avec les réservoirs d'hommes, de munitions, de matériel et de subsistances constitués sur le territoire national. Moyennant des magasins temporaires, créés de proche en proche, en des points déterminés du réseau ferré, les convois marchant à la suite des corps d'armée se ravitaillaient successivement, et apportaient aux forces de première ligne les objets de toute nature que la réquisition ne pouvait pas leur fournir.

L'exploitation des chemins de fer et des télégraphes du réseau français était assurée par un personnel militaire *ad hoc*, qui, suivant les progrès des armées allemandes, prenait en main immédiatement et sans transition la direction du service. Enfin, des troupes de la landwehr, et au besoin même des troupes de l'armée active assuraient la garde des lignes de communications, dont chaque point important était doté d'un commandement d'étapes, pourvu de son état-major particulier.

Les voies ferrées, surtout celle de l'Est, constituaient, par conséquent, la principale artère des relations établies entre les troupes de campagne et le territoire allemand. Toute mise hors de service, toute coupure opérée sur ce réseau causait à l'ennemi une gêne considérable et des difficultés graves, dont la seule menace provoquait chez lui la plus violente irritation ; et il est.

par suite, très regrettable qu'on n'ait pas songé à coordonner plus étroitement les efforts individuels de quelques courageux partisans, qui ont vu leurs tentatives couronnées de succès. Il faut citer, dans cet ordre d'idées, la destruction trop tardive du pont de Fontenoy-sur-Moselle, dont on verra plus tard les émouvants détails. Par contre, la mise hors de service beaucoup plus opportune du tunnel de Nanteuil-sur-Marne (à l'ouest de Château-Thierry), qui fut exécutée avant l'investissement de Paris, obligea les Allemands assiégeant la capitale à établir une voie de détournement aboutissant à la gare de Lagny. Il y eut de ce fait un retard considérable dans l'approvisionnement, la construction et l'armement des batteries de bombardement, qui ne purent ouvrir leur feu qu'à la fin de décembre. Les difficultés résultant de la rupture de cet ouvrage d'art furent même en grande partie la cause prédominante de l'abandon du projet de siège en règle, primitivement formé par l'état-major allemand ; il fallut, en effet, pour constituer le parc du siège à Villacoublay, près de Vélizy, établir un système de communications par voitures qui exigeait huit jours de route, aller et retour, entre ce point et Nanteuil.

Au point de vue administratif, deux gouvernements généraux avaient été créés après l'invasion. Le premier, institué le 14 août, comprenait les pays conquis de l'Alsace et de la Lorraine. Le second, qui date du 16 septembre, fut installé à Reims et embrassa toutes les autres régions occupées. En outre, chaque département reçut un préfet prussien, et, à la suite de celui-ci, une armée de fonctionnaires plus rigoureux encore que les chefs militaires s'abattit dans nos provinces, mises par eux en coupe réglée.

Il est impossible d'entrer dans le détail du fonctionnement et de l'organisation de ce service de l'arrière, bien que son étude soit des plus instructives et montre à quel degré les Allemands pratiquaient la science de l'invasion. Pour éviter des développements trop considérables et trop techniques, nous nous bornerons à reproduire ici une page intéressante, citée déjà par le colonel Canonge, parce qu'elle montre, sous une physionomie à la fois exacte et vivante, des procédés de guerre que la France de 1870 avait depuis bien longtemps oubliés.

Lorsque l'armée prussienne s'empare d'une ville, son premier soin est de manifester sa prise de possession par une série d'actes que soutiennent les mesures les plus rigoureuses. Dans chaque église, les cordes des cloches sont coupées ; l'usage du tambour est interdit au crieur public ; les portes et les volets des maisons doivent rester ouverts, même la nuit ; et, de plus, chaque fenêtre doit être éclairée. Ordre est donné aux habitants de remettre, dans le délai de deux heures, leurs armes de toute nature, sous les peines les plus graves, en cas de contravention constatée par des visites domiciliaires, et cette mesure est appliquée avec une telle exactitude dans toutes les communes, que, jusqu'aux armes de collections et aux épées rouillées, tout est reçu ou enlevé.

Une ordonnance royale, imprimée d'avance et affichée immédiatement, prévient les habitants que la conscription est abolie dans le département que l'armée prussienne vient d'occuper, fût-ce même sur un seul point, et menace de mort toute autorité française qui en continuerait les opérations, tout individu qui s'y soumettrait. Pour prévenir les infractions à ces ordres, il est enjoint aux maires de dresser un état des jeunes gens de leur commune ; et de fréquentes visites de contrôle sont faites par des gendarmes[1]. Plus tard, cette mesure a été étendue à tous les hommes jusqu'à l'âge de quarante ans, et aucun sauf-conduit n'a pu leur être délivré.

Les francs-tireurs sont mis hors la loi et fusillés sans autre forme de procès.

En même temps que ces publications sont faites, les corps municipaux sont constitués en permanence dans les mairies pour être, à toute heure, sous la main de l'autorité militaire et répondre de la soumission des habitants, l'arrestation des notables étant la formule comminatoire qui suit presque tous les ordres.

Ces mesures prises pour assurer la sécurité de l'armée, le pays est tenu de fournir à tous ses besoins. La première obligation imposée aux habitants, c'est le logement des troupes, même s'il y a des casernes ou d'autres grands bâtiments publics. Lorsque la colonne n'est pas très considérable, l'autorité admet l'usage des billets de logement, sauf à limiter les quartiers dans lesquels il peut être appliqué. Si, au contraire, le nombre d'hommes est trop grand, le logement est fait militairement, c'est-à-dire qu'un fourrier inscrit, à la craie, sur les portes, le chiffre d'officiers et de

---

[1]. « En cas de départ ou d'absence non motivée, les parents ou tuteurs, et à leur défaut la commune, sont frappés d'une amende de 50 francs par jour et par individu absent. » (Lettre du comte Renard, préfet prussien de la Meurthe, aux maires, en date du 20 septembre 1870.)

soldats qu'il attribue à chaque maison d'après ses dimensions apparentes.

La nourriture du soldat est à la charge de l'habitant, en totalité ou en partie. Lorsque la charge fut devenue impossible à supporter pour les populations sans travail, les municipalités ont dû fournir l'alimentation nécessaire dont la quantité est fixée par une ordonnance royale. Elle se compose, par tête, de 750 grammes de pain, 500 de viande, 250 de légumes ou de riz, de café, d'un demi-litre de vin, d'eau-de-vie. Cinq cigares sont dus, en outre, à chaque homme. Pour les garnisons, à défaut de fournitures en denrées, les communes peuvent payer en argent 2 francs par homme et par jour.

Toutes les voitures, tous les attelages de cultivateurs, leurs domestiques de ferme et eux-mêmes sont requis pour conduire, à la suite des armées allemandes, les fourrages, les malades, les blessés, les parcs de siège.

Après les vivres et les transports, viennent les réquisitions de toute espèce pour les autres besoins de l'armée : les cuirs pour les chaussures et les harnais, les fers et les clous pour ferrer les chevaux, les lainages et les draps pour l'habillement des hommes, le bois pour les constructions et le chauffage, les poêles et les fourneaux pour les baraques et les ambulances, les bougies, l'huile, le pétrole pour l'éclairage de tous les services, les fournitures de bureau, le couchage et le linge pour les ambulances.

Quand des commandements d'étape sont établis, les réquisitions faites par les différents chefs de troupes ne sont obligatoires qu'après avoir été visées par le commandant d'étape, qui les transmet au maire tenu alors d'obéir.

D'après les règlements prussiens, le dommage temporaire incombe aux corps collectifs seulement, les mairies devant acquitter le prix des réquisitions faites directement sur les particuliers, *soit en argent, soit au moyen de bons payables à la caisse communale après un certain délai.*

Quant aux contributions en argent, les Prussiens emploient trois procédés. Dès qu'un département est occupé, une administration civile et une administration financière s'installent au chef-lieu, et, à la place de toutes les branches de l'impôt national, une contribution mensuelle unique est établie. Le moyen d'y parvenir est simple. Lorsque la menace ou la force ont déterminé les chefs de service à remettre leurs livres, l'agent prussien fait un bloc des contributions de l'année courante et du produit moyen, pendant les cinq dernières années, des droits d'enregistrement, de timbre et des contributions indirectes (non compris le revenu du tabac, du sel et de la poudre). Le total ainsi obtenu est réparti entre les communes et *doit être considéré comme pesant sur le revenu*. Le contingent exigé est donc forcément réparti entre les propriétaires et les patentes. La perception de cet impôt mensuel a été imposée au maire de chaque commune. De plus, le maire de chaque chef-lieu de canton a été tenu de centraliser la recette cantonale.

Le second moyen d'obtenir de l'argent est l'amende. Toute commune étant en principe déclarée solidaire des actes d'hostilité ou de malveillance commis sur son territoire, *soit que les coupables appartiennent à cette commune, soit que le territoire ait servi à l'action incriminée*, le dommage le plus léger donne lieu à une amende.

La troisième source de produits a été trouvée dans les forêts de l'État.

Pour toutes ces exigences, amendes aussi bien que contributions et charges de toute nature à imposer aux communes, le préfet prussien sert d'intermédiaire entre son gouvernement et le pays; mais il ne connait et ne veut connaitre que les maires des chefs-lieux de canton; chacun d'eux est chargé de l'exécution de ses ordres pour toutes les communes de sa circonscription cantonale. Les actes ou injonctions du préfet sont publiés dans le *Moniteur officiel*, journal imposé aux mairies et dans chaque commune aux hôtels et cafés les plus achalandés. Toute autre feuille publique est supprimée ou sujette à la censure préalable[1]...

On voit sur quoi repose le système : d'une part la force, d'autre part la terreur. Mais quel que soit le ressentiment que nous devions garder de procédés d'une aussi rigoureuse énergie, il faut bien reconnaître qu'il y avait là une organisation puissante, une remarquable discipline, et une étonnante appropriation de toutes les ressources offertes par le pays conquis. En dépit des subtilités d'une philosophie humanitaire qui n'est d'accord ni avec l'histoire, ni avec les exigences brutales de la vie des nations, la guerre a toujours été et sera toujours l'exercice plus ou moins violent du droit du plus fort. Tout réside dans la mesure, et il est constant que les Allemands l'ont dépassée. On ne saurait cependant, sans méconnaître les nécessités qu'entraîne la lutte, s'élever en principe contre des méthodes qui découlent de son exécution même, et sont les conséquences inéluctables d'une ferme volonté de la mener à bien. A nous de faire notre profit d'une leçon si chèrement payée, et de ne considérer les luttes à venir entre deux nations rivales que comme ce qu'elles seront réellement, c'est-à-dire un duel à mort.

1. Colonel F. Canonge, *Histoire militaire contemporaine*, Paris, C. Charpentier, 1882, tome II, page 236 et suivantes. (Citation.)

CHAPITRE

LE 4 SEPTEMBRE

Arrivée à Paris de la nouvelle du désastre de Sedan. — Revenons maintenant de quelques jours en arrière, et voyons quels graves événements s'étaient déroulés à Paris, après que fut parvenue dans la capitale la terrible nouvelle du désastre de Sedan.

Depuis le départ de l'armée de Châlons pour la destination que lui avait assignée le ministre de la guerre, la population parisienne témoignait d'une anxiété visible et suivait avec une passion presque exclusive de toute autre préoccupation, les péripéties du drame dont le dénouement semblait ne pouvoir longtemps tarder. En l'absence de communications officielles, la foule, répandue sur les boulevards, sur la place de la Concorde et aux abords du Palais-Bourbon, commentait fiévreusement chaque jour les racontars plus ou moins fondés que la presse lui jetait en pâture. Les séances de la Chambre se succédaient houleuses et bruyantes, tandis que le gouvernement, malgré l'accablement des premiers désastres, continuait activement les préparatifs de la défense de Paris, au milieu des pénibles angoisses que les rares nouvelles, arrivées de l'armée, ne justifiaient que trop.

Le 3 septembre, dans la matinée, des rumeurs vagues, ayant leur origine à Londres et à Bruxelles, commencèrent à se répandre, annonçant la perte d'une grande bataille, la captivité de l'Empereur, et même la mort du maréchal de Mac-Mahon. Ce même jour, une laconique dépêche, adressée par l'Empereur au ministre de l'intérieur, vint faire connaître au gouvernement toute l'étendue du désastre. Elle était conçue en ces termes : « *L'armée est défaite et captive; moi-même je suis prisonnier.* — Napoléon. » Le doute, hélas! n'était plus permis.

Atterré par l'accablante réalité, le Conseil des ministres essaya de gagner du temps, en en remettant au lendemain la notification officielle. Il se borna à aviser de la situation les présidents des deux Chambres, et à préparer le texte d'une proclamation qui devait être affichée le lendemain. Mais un secret aussi redoutable n'était pas possible à garder. A la Chambre, où beaucoup de députés s'étaient rendus bien qu'ils ne fussent pas convoqués, dans les rues et sur les boulevards, l'agitation fut bientôt extrême; partout on se communiquait la fatale nouvelle, accueillie par des imprécations et des cris de « Déchéance! »; des bandes se formèrent, qui se portèrent vers le Louvre où demeurait le gouverneur de Paris, et les sergents de ville durent dissiper par la force les groupes menaçants qui déjà se ruaient sur leurs postes. Cependant la journée se termina sans autre incident. Quant au Corps législatif, il fut, à la demande d'un grand nombre de ses membres, convoqué par son président, M. Schneider, pour une séance de nuit.

Le gouvernement, qui semblait absolument désorienté, voulait persister encore dans ses atermoiements. A peine la séance ouverte, le général de Palikao vint annoncer la capitulation de Sedan, puis demanda le renvoi de la discussion à midi (il était une heure du matin). Aussitôt Jules Favre se leva; sans répondre au ministre, il déposa, en son nom et au nom de ses collègues de l'opposition, une proposition tendant :

1° A prononcer la déchéance de l'Empereur et de sa dynastie;

2° A nommer une *commission de gouvernement*, prise dans le sein du Corps législatif, investie des pouvoirs souverains, et chargée de la mission expresse de *résister à outrance à l'invasion et de chasser l'ennemi du territoire;*

3° A maintenir le général Trochu dans ses fonctions de gouverneur de Paris.

Chose étrange et qui peint bien le désarroi des esprits, cette motion révolutionnaire, dans laquelle l'appel à la résistance à outrance était précisément fait par un homme « qui, depuis vingt ans, s'évertuait à ruiner nos institutions militaires[1] », cet essai de résurrection d'un comité de salut public, en ce moment où le devoir de tous était de se grouper autour du gouvernement établi, quel qu'il fût, ne souleva d'autre mouvement que la protestation timide d'un député de la droite, M. Pinard. Les ministres demeurèrent muets, et après vingt minutes de séance, on s'ajourna à midi, tandis que la foule massée autour des avenues du Palais témoignait d'une effervescence sans cesse grandissante et menaçait déjà, par instants, d'envahir l'enceinte du Parlement.

Ainsi, tandis que les minutes valaient des heures, tandis que les événements se précipitaient avec une rapidité bientôt exclusive de tout espoir de les diriger, le gouvernement perdait douze heures avant de se résoudre à une décision quelconque. C'était une faute grave, dont les conséquences devaient rapidement s'affirmer. On a beaucoup épilogué depuis sur les résultats qu'aurait eus, au point de vue légal, l'adoption immédiate de la motion de Jules Favre; on a dit que c'était là le seul moyen de prévenir le coup de force du lendemain, et qu'il eût été possible de constituer, sans violences et sans secousses, un *gouvernement collectif anonyme* qui aurait reçu régulièrement le pouvoir des mains de l'Impératrice régente, et présidé aux destinées de la nation jusqu'à ce que celle-ci pût être consultée[2]. Jules Favre a même prétendu qu'il entendait conserver le

---

[1]. *Histoire de la défense de Paris en 1870-71*, par le major H. de SARREPONT (lieutenant-colonel Hennebert), Paris, Dumaine, 1872, page 16.

[2]. *Enquête parlementaire sur les actes du gouvernement de la Défense nationale*, dépositions de MM. Thiers, Daru, Clément Duvernois, Gambetta.

général de Palikao et mettre à côté de lui M. Schneider[1]. Mais outre qu'il est malaisé, une fois les faits accomplis, de faire la part de l'utopie dans les regrets de ceux au gré desquels ils n'ont pas été conduits, il ne semble pas probable que, dans la circonstance, une opposition aussi violente que celle qui combattait l'Empire se soit contentée longtemps d'aussi maigres satisfactions. Ses membres ont reconnu eux-mêmes que la majorité les aurait probablement exclus de la commission qu'ils voulaient faire instituer[2]. Pense-t-on qu'une situation aussi effacée, après la chute d'un régime qu'ils avaient combattu avec tant d'acharnement, eût satisfait leurs appétits et leurs rancunes? Pense-t-on que la masse de la population parisienne et celle des grandes villes, dont l'effervescence était due en grande partie à leur attitude et à leurs discours, se seraient accommodées d'un changement de régime qui, sauf le souverain déjà détrôné de fait, aurait maintenu au pouvoir les mêmes hommes détestés? C'est peu probable, et le souvenir du 31 octobre est là pour témoigner de l'accueil réservé à un gouvernement issu de l'ancienne majorité du Corps législatif. Si donc la Régence, s'appuyant sur cette majorité encore compacte, sur une organisation intérieure à peu près intacte et sur les forces suffisantes dont elle disposait[3], ne montrait pas immédiatement énergie et décision, la révolution était imminente, et aucun atermoiement ne pouvait plus l'empêcher. Or, l'attitude presque passive adoptée par le ministère laissait pour l'instant le champ libre à toutes les revendications et à toutes les surprises, et l'expédient dilatoire auquel il venait de se résigner équivalait déjà à une abdication.

Cependant l'Impératrice, qui, pendant cette triste période, déploya une fermeté remarquable, avait depuis le matin cherché à donner à la situation un autre dénouement. Le pouvoir fut offert par elle à M. Thiers,

---

1. Jules Favre, *Gouvernement de la Défense nationale*, page 61.
2. *Ibid.*
3. Il restait à Paris, outre les gardes mobiles et nationales, une forte police et les dépôts de la Garde impériale, formant un noyau respectable d'hommes sur lesquels on pouvait compter.

qui, s'en tenant au projet de commission exécutive dont ses collègues de la gauche avaient proposé la création, le refusa. Puis, sur le conseil de M. Henri Chevreau, ministre de l'intérieur, elle manda près d'elle le général Trochu ; mais celui-ci, après avoir répondu qu'il se rendrait aux Tuileries dans la soirée, jugea vraisemblablement plus prudent de s'abstenir, en sorte que la soirée et la nuit s'écoulèrent sans que, malgré son désir, la Régente ait pu aboutir à une solution.

Envahissement du Corps législatif. — Le lendemain 4 septembre était un dimanche. « La journée se leva tiède et radieuse, comme une journée de fête, semblant inviter la population de Paris à se rendre dans les rues pour y jouir de son soleil splendide et doux[1]. » Les promeneurs étaient nombreux, et rien dans leur attitude ni dans leurs conversations ne faisait présager une émeute. Ils se rendaient en foule aux remparts, voir les préparatifs de défense et ils « inondaient les rues, les quais et les boulevards, ayant leurs femmes au bras et leurs enfants à la main, sans plus se soucier de l'Empire et des Prussiens que s'ils n'avaient jamais existé[2] ». La séance s'ouvrit à une heure, et le gouvernement, enfin décidé à se montrer, déposa aussitôt sur le bureau de la Chambre la proposition que voici :

ARTICLE PREMIER. — Un conseil de gouvernement et de défense nationale est institué. Ce conseil est composé de cinq membres : chaque membre est nommé par le Corps législatif.

ART. 2. — Les ministres sont nommés sous le contre-seing des membres de ce conseil.

ART. 3. — Le général de Palikao est nommé lieutenant général dudit conseil.

C'était là un moyen terme, qui, comme tous les expédients, ne résolvait rien. L'opposition n'y trouvait pas une satisfaction suffisante, et le gouvernement, qui plus que jamais aurait eu besoin d'être fort, s'amoindrissait lui-même en se mettant sous la tutelle d'un comité législatif. M. Thiers formula alors une motion plus ra-

1. Jules FAVRE, *loc. cit.*, page 64.
2. Alfred DUQUET, *loc. cit.*, page 146.

dicale qui, sans prononcer le mot de déchéance, déclarait implicitement l'Empire aboli. « *Vu les circonstances*, disait ce document, *la Chambre nomme une commission de gouvernement et de défense nationale. Une Constituante sera convoquée dès que les circonstances le permettront.* »

Ecartant à la fois et la première motion faite pendant la nuit par Jules Favre et celle du gouvernement, la Chambre se réunit dans ses bureaux pour nommer des commissaires chargés d'examiner le projet de M. Thiers. Des délégués, parmi lesquels se trouvaient deux anciens ministres, MM. Daru et Buffet, se rendirent aux Tuileries, auprès de la Régente, et lui soumirent le texte proposé à l'acceptation du Corps législatif.

L'Impératrice, qui ne pouvait se méprendre sur sa signification exacte, mais qui comprenait l'impossibilité de résister maintenant au torrent, répondit avec noblesse qu'elle voulait à tout prix éviter l'effusion du sang et qu'elle était prête à tous les sacrifices [1]. Les délégués rentrèrent alors au Palais-Bourbon, et les commissaires nommés par les bureaux [2] adoptèrent presque immédiatement un projet légèrement différent de celui de M. Thiers, mais aboutissant au même résultat.

Il était deux heures et quart. M. Martel, nommé rapporteur, allait monter à la tribune pour y porter le travail de la commission, quand tout à coup un violent tumulte s'éleva. Les portes du palais cédèrent, et une masse d'hommes débraillés, hurlant *la Marseillaise*, vociférant et brandissant des armes de tout modèle, se précipita dans l'enceinte du Parlement, envahissant les couloirs et la salle des séances. Conduits par quelques forcenés, habitués de réunions publiques et orateurs de club, ces misérables avaient bousculé la force armée et la police, dont la résistance était d'ailleurs d'une extraordinaire mollesse, brisé les grilles et les barrières, et maintenant ils se répandaient par toutes les issues de

---

1. *Enquête parlementaire sur la Défense nationale*, rapport de M. Daru.
2. Ces commissaires étaient MM. Buffet, Daru, Dupuy de Lôme, Gaudin, Genton, Josseau, Le Hon, Martel et Jules Simon.

la Chambre, réclamant la déchéance, demandant à grands cris la République, et se livrant sur leur passage à toutes sortes d'excès. Chose triste à dire, c'étaient des députés qui, trouvant que les choses n'allaient pas assez vite à leur gré, avaient excité et pour ainsi dire provoqué les émeutiers à la violation de l'enceinte législative : « Les hommes qui encombraient les tribunes, dit Henri Martin, anciens députés de 48, proscrits du 2 décembre, journalistes républicains, perdirent patience, descendirent sur l'escalier extérieur, du côté du quai, et appelèrent la foule en criant : *Vive la République*[1] ! » — « MM. de Kératry, écrit un témoin oculaire, Glais-Bizoin, Steenackers, Jules Ferry parlementaient avec les groupes, invitaient les municipaux à se retirer et la garde nationale à se rapprocher. MM. Arthur Picard, Charles Ferry et Etienne Arago allaient et venaient du Palais-Bourbon au quai, et chaque fois, faisaient entrer avec eux un petit nombre d'insurgés[2]. » D'autre part, des gardes mobiles accouraient en foule, et prenaient une part active à la manifestation[3]. Le général de Caussade, commandant de la garde de l'Assemblée, ne donnait aucun ordre, en sorte que bientôt les soldats, abandonnant leurs fusils et vociférant de concert avec les insurgés, se débandèrent, et que la populace, libre de ses actions, se trouva maîtresse du monument sans coup férir[4]. Son premier soin fut de planter un drapeau rouge au fronton de la façade, et d'affirmer ainsi sa victoire sur l'ordre et la représentation du pays.

La salle des séances présentait le plus lamentable spectacle. Après une suspension d'un quart d'heure, la délibération avait repris : le président, debout à son fauteuil, essayait vainement de dominer le tumulte, tandis que les députés, épouvantés, s'enfuyaient dans

---

1. Henri Martin, *Histoire de France*, tome VII, page 151.
2. Duc d'Abrantès, *Essai sur la régence de 1870*, Paris, Guérard, 1879, page 403.
3. Général Thoumas, *Les Transformations de l'armée française*, tome I, page 322.
4. *Enquête parlementaire*, rapport de M. Daru.

tous les sens. En vain Gambetta s'élance-t-il à la tribune, d'où, avec sa voix puissante, il adjure les perturbateurs de ne point ternir par la violence la révolution que les délégués du pays sont en train d'accomplir; on l'écoute une minute à peine, puis bientôt le vacarme recommence, et les bancs des représentants se vident presque entièrement. Quelques députés de la gauche, MM. Glais-Bizoin, Girault, essayent de faire entendre raison à ces forcenés qu'ils ont déchaînés eux-mêmes et dont la violence commence maintenant à les inquiéter. On ne les écoute pas, et, sous la nouvelle excitation de certains énergumènes qui se préoccupent uniquement de renverser l'Empire sans s'inquiéter du pays, le désordre arrive bientôt à son comble. Gambetta s'épuise en vains efforts; « dix fois, il développe cette pensée qu'il n'appartient pas à la ville de Paris de prononcer sur la forme du gouvernement; que seule, la France, maîtresse de ses destinées, a le droit d'en décider[1] ». Dix fois il adjure les envahisseurs d'évacuer la salle et de laisser à la représentation nationale la faculté de délibérer. Le bruit des vociférations couvre sa voix, des clameurs furieuses étouffent les protestations du président, dont l'attitude, pleine de dignité et de courage, ne parvient pas à avoir raison de ces enragés. Enfin, à trois heures, épuisé et à bout de forces, M. Schneider lève la séance et se retire à l'hôtel de la Présidence, échappant à grand'peine à la fureur de misérables émeutiers qui lui infligent les plus indignes traitements[2].

Cependant, l'enceinte du Corps législatif continuait à être le théâtre de scènes déplorables. Les députés avaient presque tous disparu, et la salle était complètement envahie. Le général de Palikao, bousculé, insulté et menacé par la foule qu'ameutait contre lui M. Pelletan[3], n'était parvenu à gagner les Tuileries que sous la protection de quelques officiers courageux. Prévenu par M. Crémieux des dangers qu'il courait, et averti du dé-

---

1. *Enquête parlementaire*, déposition du général Le Flô.
2. *Ibid.*, rapport de M. Daru.
3. Général DE PALIKAO, *Un Ministère de la guerre de vingt-quatre jours*, Paris, Plon, 1874, page 133.

part de l'Impératrice, il gagna la Belgique à la nuit. Tandis qu'il fuyait par le quai d'Orsay, Gambetta avait dû chasser du bureau de l'Assemblée les braillards qui s'y étaient installés. Mais voyant alors qu'il ne viendrait pas à bout de l'émeute, il renonça tout à coup à la combattre, et par une tactique qui pouvait être habile, mais jurait singulièrement avec ses déclarations catégoriques de tout à l'heure, il se mit résolument à sa tête, et s'empara de la souveraineté qu'il venait, quelques instants avant, de dénier si énergiquement à ceux aux volontés desquels il cédait maintenant sans réserve. Au milieu d'un tumulte épouvantable, au bruit de clameurs furibondes et d'acclamations sauvages, qu'il dominait à peine de sa voix de tonnerre, il parvint à donner lecture du manifeste suivant, qui reconnaissait le privilège de la souveraineté nationale à ce millier de perturbateurs sans mandat :

Attendu que la Patrie est en danger ;
Attendu que tout le temps a été donné à l'Assemblée nationale pour prononcer la déchéance ;
Attendu que nous sommes et que nous constituons le pouvoir régulier, issu du suffrage universel et libre ;
Nous déclarons que Louis-Napoléon Bonaparte et sa dynastie ont à jamais cessé de régner sur la France !

Il est possible que cette solution ait été imposée par les circonstances, pour éviter de pires malheurs. Il est admissible qu'en présence de la faiblesse du gouvernement et de l'affolement de la Chambre impuissante à se protéger elle-même, Gambetta ait cru devoir ramasser le pouvoir tombé à la rue et que personne ne revendiquait plus à ce moment. Il n'en est pas moins vrai que l'acte qui venait de se commettre constituait un attentat criminel, et le plus coupable qui fût, puisqu'il s'accomplissait en présence de l'ennemi. Ni le Corps législatif, ni la populace parisienne n'avaient le droit de renverser l'Empire. La soi-disant révolution légale, que voulaient faire M. Thiers et la gauche, n'était ni plus ni moins qu'un coup d'Etat parlementaire, puisqu'à la la nation seule, consultée sur ce sujet, appartenait la faculté de changer le gouvernement établi ; à plus forte raison, une bande d'émeutiers, venue des hauteurs de Belleville, ne possédait-elle aucun titre pour imposer sa volonté. « La souveraineté nationale, a dit en effet très justement le rapporteur de la commission d'enquête parlementaire, ne réside pas dans quelques milliers d'individus réunis sur un point donné, ni même dans telle ou telle partie de la nation, dans les habitants des villes ou dans les habitants des campagnes. La souveraineté nationale réside dans la nation tout entière[1]. » Par suite, en dépit de cette affirmation de Gambetta que les individus réunis le 4 septembre au Corps législatif constituaient le pouvoir régulier, « l'établissement de la République, telle qu'elle fut acclamée ce jour-là, à Paris, était un acte révolutionnaire, pas autre chose[2]. »

Constitution du gouvernement de la Défense nationale. — Mais le fait brutal était consommé, de gré ou de force. Jules Favre, apprenant par la clameur publique ce qui venait de se passer, rentra, au comble de la joie, dans la salle des séances, et proposa de nommer un gouvernement provisoire. « A l'Hôtel-de-Ville ! » cria-t-on. Et, suivis de tous ces énergumènes hurlants, les deux députés, auxquels se joignirent Jules Ferry et quelques autres, se rendirent à l'Hôtel-de-Ville, lieu d'éclosion désigné de tous les gouvernements provisoires et de toutes les révolutions que la France avait déjà eu à subir. Jules Favre voulait, a-t-il dit, dégager le Corps législatif (il était bien tard !) et empêcher un égorgement[3].

En route, au pont de Solférino, la troupe rencontra le gouverneur de Paris, qui s'avançait tranquillement vers le Palais-Bourbon, au pas de son cheval. Le général Trochu, que la gravité des événements paraissait n'inquiéter que médiocrement, et qui semblait avoir complètement oublié le rôle dont il était investi, venait, en effet, de se décider seulement à sortir du Louvre, sur la sollicitation pressante de l'un des questeurs de la

1. *Enquête parlementaire*, rapport de M. Daru.
2. *Ibid.*
3. *Ibid.*, déposition de M. Jules Favre.

Chambre, le général Lebreton[1]. Après avoir serré la main de Jules Favre, et appris de lui où en étaient les choses, il fit demi-tour aussitôt et, mettant son cheval au trot, rentra à son quartier général[2]. C'était là prendre bien aisément son parti d'une situation qu'il était un des premiers chargé de prévenir !

On poursuivit donc la marche vers l'Hôtel-de-Ville, où se trouvaient déjà réunis les pires révolutionnaires, Millière, Delescluze, Félix Pyat, Blanqui, hommes compromis dans toutes les émeutes, irréconciliables adversaires de tout ordre social, et dont les deux premiers devaient, quelques mois plus tard, trouver la mort sur les barricades de la Commune. Ceux-là réclamaient à grands cris la constitution d'un gouvernement démagogique, dont, bien entendu, ils auraient fait le principal ornement ; les sectaires de l'Internationale, faisant chorus, couvraient de leurs clameurs bruyantes les protestations énergiques de Gambetta, qui repoussait formellement le nom de Félix Pyat[3]. Au milieu d'un tumulte sans nom, on finit cependant par s'entendre à peu près, la popularité dont jouissait Jules Favre ayant eu finalement raison des revendications de ces forcenés, et la République fut proclamée par acclamations. Tel était le cas qu'on faisait de la souveraineté nationale et des droits qu'aurait eus le pays à être consulté. « Quelques heures auparavant, fait remarquer M. Daru, il s'agissait uniquement de créer un gouvernement de défense ; on réservait à la nation le droit de statuer sur la forme du gouvernement qu'elle se donnerait. A trois heures, on n'en était plus là ; les envahisseurs en avaient décidé autrement[4]. »

Immédiatement, on rédigea un manifeste. « *Le peuple*, y était-il dit, *a devancé la Chambre qui hésitait. Pour sauver la patrie en danger, il a demandé la République. Il a mis ses représentants non au pouvoir, mais au pé-*

---

1. *Enquête parlementaire*, rapport de M. Daru. Déposition du général Lebreton.
2. *Ibid.*, Rapport. — Jules Favre, *loc. cit.*, page 78.
3. Jules Favre, *loc. cit.*, page 79.
4. *Enquête parlementaire*, Rapport.

ril. La République a vaincu l'invasion en 1792 ; la République est proclamée. *La révolution est faite au nom du droit, du salut public.* Citoyens, veillez sur la cité qui vous est confiée; demain, vous serez, avec l'armée, les vengeurs de la patrie. » Puis, tandis que la populace se grisait au dehors de cette phraséologie renouvelée de temps plus héroïques, on se mit en devoir de constituer le gouvernement. A ce moment arrivait, au bruit des acclamations de la foule, M. Henri Rochefort, qu'on amenait en triomphe de Sainte-Pélagie. Il gravit les degrés de l'Hôtel-de-Ville, ceint d'une écharpe rouge[1], et fut reçu par M. Floquet, qui le pria d'entrer, et par Jules Ferry, qui l'embrassa[2]. On porta son nom sur la liste, et, après une courte délibération, on décida que le gouvernement serait composé :

1° De tous les députés de Paris ;

2° De MM. Ernest Picard et Jules Simon, nommés à Paris, mais ayant opté pour des circonscriptions de la province ;

3° Du général Trochu, dont on pensait avoir besoin « pour se concilier l'armée[3] ».

Les auteurs de la révolution croyaient, par cet expédient, avoir éloigné indéfiniment l'avènement de la démagogie. « Il y avait là, dit Henri Martin, l'immense avantage d'écarter les sectaires et les anarchistes[4]. » — « Sans cette heureuse pensée, a écrit M. Jules Simon, nous avions peut-être la Commune ce jour-là et les Prussiens dans Paris huit jours après[5]. » On verra par la suite que l'armée du désordre ne se déclarait nullement satisfaite parce que les députés de Paris s'étaient emparés, par un coup de force, du pouvoir ; car, moins de deux mois après, le 31 octobre, elle esquissait, pour les en chasser à leur tour, une première tentative qui fut bien près de réussir.

---

1. *Enquête parlementaire*, déposition de M. Magnin.
2. *Ibid.*, Rapport.
3. *Ibid.*, Rapport.
4. *Histoire de France*, tome VII, page 154.
5. Jules Simon, *Souvenirs du Quatre Septembre, Origine de la chute du second Empire*, Paris, Calmann Lévy, 1876, page 414.

Quoi qu'il en soit, le gouvernement provisoire ainsi nommé par lui-même avait besoin, pour fonctionner, de notifier son avènement, et de s'assurer le concours de la force armée, personnifiée dans le gouverneur de Paris. Trois délégués, MM. Wilson, Glais-Bizoin et Steenackers se rendirent donc au Louvre pour demander au général Trochu de venir à l'Hôtel-de-Ville. Le général les accueillit fort bien, les suivit sans difficulté, après avoir toutefois retiré son uniforme[1], et, une fois parvenu dans la salle où siégeaient les députés de Paris, leur dit qu'il acceptait de devenir leur collègue, pourvu cependant qu'on fît de lui le président du gouvernement. « Ministre de la guerre ou gouverneur de Paris, dit-il, je ne vous amènerai pas l'armée, et si nous voulons défendre Paris, l'armée doit être dans notre main[2]... » Evidemment, le gouvernement ayant déjà affirmé sa raison d'être par la nécessité de sauver la patrie en danger, il n'y avait rien d'exagéré dans la prétention du général, et la direction du pouvoir revenait de droit à celui qui disposait de l'armée. A l'unanimité donc, on conféra au gouverneur la présidence qu'il réclamait, et c'est ainsi que celui qui, le matin, avait juré à la Régente de la défendre, se trouva, le soir même, chef du gouvernement insurrectionnel.

Il ne restait plus qu'à partager les ministères, ce qui fut fait incontinent. Jules Favre prit les affaires étrangères, Gambetta l'intérieur, Crémieux la justice, M. Jules Simon l'instruction publique. M. Etienne Arago fut nommé maire de Paris, avec MM. Brisson et Floquet comme adjoints. Les finances, le commerce et les travaux publics furent respectivement affectés à MM. Ernest Picard, Magnin et Dorian. A la guerre on plaça le général Le Flô, un proscrit de 1851, et à la marine le vice-amiral Fourichon. Enfin, M. de Kératry reçut la préfecture de police, et M. Steenackers la direction générale des postes et télégraphes. La garde des différents ministères était

---

1. *Enquête parlementaire*, Rapport.
2. Jules Favre, *loc. cit.*, page 80. — *Enquête parlementaire*, Rapport.

confiée à des francs-tireurs, commandés par un personnage du nom d'Aronshon.

A six heures du soir, Gambetta lançait dans les départements la proclamation suivante, où les faits étaient annoncés sous un jour assez inexact :

La déchéance a été prononcée au Corps législatif. La République a été proclamée à l'Hôtel-de-Ville.

Un gouvernement *de Défense nationale* composé de onze membres, tous députés de Paris, a été constitué et *ratifié par l'acclamation populaire.* (Suivaient les noms.)

Le général Trochu, investi des pleins pouvoirs militaires pour la défense nationale, a été appelé à la présidence du gouvernement.

Veuillez faire afficher immédiatement et au besoin proclamer par le crieur public la présente déclaration.

Paris, le 4 septembre 1870.

Pour le Gouvernement de la Défense nationale,

Le Ministre de l'Intérieur, signé: Léon GAMBETTA.

Dire que la déchéance avait été prononcée au Corps législatif prêtait par trop à l'équivoque. C'était bien là en effet qu'elle avait été prononcée, mais nullement par la majorité des représentants de la nation. Quant à l'acclamation populaire, si tant est que ce mode d'élection ait qualité pour donner force de loi à un gouvernement quelconque, elle se bornait dans l'espèce aux vociférations de un ou deux milliers d'énergumènes, qui entouraient le Palais-Bourbon et la place de l'Hôtel-de-Ville. La population parisienne, et le peuple français encore bien moins, n'y étaient absolument pour rien.

Mais le résultat étant acquis, ce n'était plus là qu'une question de discussion historique. Le gouvernement de la Défense nationale existait bien et dûment de fait, puisqu'il n'y en avait plus d'autre. L'Empire s'était écroulé sous le poids de ses fautes et de ses malheurs, sans que personne se levât pour le défendre, et sur ses ruines s'élevait la République, sans difficultés comme sans opposition. Cependant la facilité avec laquelle s'était opéré le changement de régime ne pouvait en aucun cas absoudre l'attentat commis contre la souveraineté nationale et encore moins la série d'actes absolument révolutionnaires dont le nouveau pouvoir marqua son avènement : dissolution du Corps législatif, abolition du Sénat, mise en liberté de condamnés soi-disant politiques, dont certains, comme Mégy et Eudes, n'étaient en réalité que des criminels de droit commun[1]. « Ce fut une orgie d'illégalités, telles qu'on les avait déjà vues au 18 brumaire et au 2 décembre. Au lieu de laisser prendre les mesures par la future Assemblée nationale, les révolutionnaires ordonnaient, et le gouvernement sans mandat exécutait, car il est à remarquer que la violation des lois produit toujours les mêmes effets, qu'elle vienne d'en haut ou d'en bas : l'arbitraire, partant l'injustice[2]. ».

Fuite de la Régente. — Tandis que se déroulaient les événements que nous venons de raconter, le palais des Tuileries avait été encore une fois le théâtre d'une de ces scènes pénibles que notre histoire si troublée a vues se renouveler à des intervalles pour ainsi dire périodiques.

Dès la matinée du 4, l'Impératrice, après avoir présidé un Conseil des ministres, où rien ne fut décidé d'ailleurs, avait reçu la visite du général Trochu, lequel, dans les termes les plus chaleureux, s'était offert pour protéger son trône et sa personne. « — Madame, lui dit-il, je reste à mon poste, et ne vous abandonnerai pas[3]. Votre Majesté ne doit nullement douter de mon dévouement, car je lui en apporte pour garant un triple titre : je suis Breton, catholique et soldat.[4] »

Etait-il sincère ? Nul ne le sait. Il paraît en tout cas, qu'il ne sut pas convaincre son interlocutrice, et que celle-ci conserva après son départ une inquiétude qu'elle ne cherchait point à cacher[5]. De fait, l'attitude expectante du général en présence de l'envahissement du Corps législatif qu'il laissa faire, son indifférence

---

1. Mégy avait tué un inspecteur de police qui venait l'arrêter, et Eudes assassiné un pompier dans la bagarre de la Villette.
2. Alfred Duquet, *loc. cit.*, page 57.
3. Général Trochu, *Une page d'histoire contemporaine devant l'Assemblée nationale*, Paris, Dumaine, 1871, page 49.
4. *Procès Trochu devant la Cour d'assises de la Seine*, déposition de M. Rouher. — Plaidoirie de M. Grandperret.
5. *Ibid.*, déposition de M. Henri Chevreau.

devant les progrès d'une émeute qu'il avait le devoir de prévenir ou tout au moins de combattre, semblent prouver que son dévouement était beaucoup moins absolu qu'il voulait bien le dire.

Quoi qu'il en soit, les échos de l'émeute grossissante ne tardèrent pas à parvenir jusqu'au château. Les dépêches y affluaient, annonçant les progrès de la révolution, la mollesse des troupes et la faiblesse des corps constitués. « Point de guerre civile ! » répétait la Régente, et elle se refusait absolument à donner des ordres répressifs. Un peu après deux heures, arrivèrent MM. Chevreau, Jérôme David et le préfet de police Pietri, qui annoncèrent l'envahissement du Corps législatif et signalèrent les dangers qui menaçaient déjà la personne de l'Impératrice. — « Madame, il faut partir, dit M. Pietri ; hâtez-vous, il n'est que temps[1]. » La souveraine avait auprès d'elle, en ce moment critique, la princesse Clotilde, la duchesse de Malakoff, la maréchale Canrobert et deux membres du corps diplomatique, particulièrement bien accueillis à la cour, le prince de Metternich, ambassadeur d'Autriche, et le chevalier Nigra, ministre d'Italie. Tous insistaient pour qu'elle se décidât à fuir sans délai, afin d'éviter des malheurs à jamais déplorables. Mais elle hésitait encore. Quand enfin elle eut reçu du brave et dévoué général Mellinet l'assurance qu'il allait bientôt falloir recourir aux armes pour protéger sa personne, elle se décida à faire ses préparatifs de départ.

A ce moment déjà, une foule compacte, hurlant la *Marseillaise*, était massée devant la grille qui ferme le jardin réservé, et dont l'aigle venait d'être abattue par un des manifestants. Bientôt la grille fut enfoncée, et la cohue s'avança à travers les massifs, non cependant sans une hésitation prudente, car au même instant un détachement de la Garde impériale se massait devant la grande porte du palais, puis, immobile, attendait là, solidement, l'arme au pied[2]. Deux personnages, dont

1. *Enquête parlementaire*, Rapport.
2. V. Sardou, *Comment j'ai pris les Tuileries le 4 septembre* (*La Lecture*, n° du 10 septembre 1889, page 449).

l'un au moins possédait une notoriété popularisée par son masque caractéristique, MM. Victorien Sardou et Armand Gouzien, amenés là par le hasard, se détachèrent alors de la masse, et, mettant un mouchoir au bout de leur canne, s'avancèrent en parlementaires. Ce fut le général Mellinet qui les reçut, accompagné de M. Ferdinand de Lesseps.

« — Que voulez-vous de moi, messieurs ? s'écria le général fort ému et en proie à une sourde colère, après avoir jeté un coup d'œil sur les cartes qu'on lui tendait... J'ai fait un serment, et je le tiendrai, moi !... »

« La colère a sa raison d'être et le *moi* est significatif, a écrit M. Sardou. Le brave général est sous le coup de cette nouvelle que le général Trochu, attendu aux Tuileries, est en ce moment à l'Hôtel-de-Ville...[1] »

Cependant on apprend que l'Impératrice a quitté le palais, car le drapeau tricolore qui flottait sur sa coupole vient d'être amené. Le général Mellinet, pour éviter de plus graves désordres, accepte donc la proposition qui lui est faite de remplacer la Garde impériale par des mobiles, et donne des ordres en conséquence. Puis, amusant le peuple par une harangue habile, où il fait appel au civisme, à la sagesse et au calme[2], il donne le temps au changement de s'opérer. Quand la foule, voyant enfin la Garde impériale disparaître, veut s'élancer à sa suite dans le palais, elle en trouve toutes les issues gardées par une double haie de mobiles, « qui ne laisse de libre qu'un large couloir entre deux rangs de fusils. Emportés par leur élan et forcés d'aller droit devant eux jusqu'à la sortie, nos braillards se retrouvent sur l'autre face des Tuileries, dans la cour du Carrousel, tout surpris de s'y voir, et déçus, ahuris, comprenant qu'ils sont joués, s'en vont piteusement les mains dans leurs poches. L'affaire est manquée[3]. »

Entre temps, l'Impératrice avait, comme on l'a vu, quitté le château, accompagnée du chevalier Nigra, de M. de Metternich et de Mme Lebreton, sa dame d'hon-

---

1. V. Sardou, *loc. cit.*, page 451.
2. *Ibid.*, page 453.
3. *Ibid.*, page 454.

neur[1]. Elle avait gagné la place Saint-Germain-l'Auxerrois par la galerie du bord de l'eau et l'escalier du sud de la colonnade du Louvre. Là, elle faillit être reconnue, malgré son grand deuil et son voile de veuve, et il fallut toute la présence d'esprit de M. Nigra pour qu'on pût, sans encombre, monter dans deux fiacres qu'avait été chercher M. de Metternich[2]. On partit enfin, et après avoir été demander pour la nuit l'hospitalité à un dentiste américain, le docteur Evans, la souveraine détrônée s'embarqua le lendemain pour l'Angleterre.

Ainsi prit fin, dans cet effondrement lamentable, un règne qui avait connu de si hautes splendeurs. Entraînée dans des désastres dont elle se trouvait virtuellement responsable, la dynastie des Bonaparte était pour la troisième fois déchue du trône qu'elle avait conquis par la violence, mais qu'elle avait environné aussi, pendant des périodes à la vérité trop courtes, d'un incomparable éclat. L'ambition insatiable du premier Napoléon, l'affaiblissement moral et physique du second amenèrent des catastrophes sans précédent dans notre histoire, et chacun d'eux, après des victoires éclatantes, dérivatif momentané aux rigueurs excessives d'un système de compression absolue, laissa la France plus petite qu'il ne l'avait trouvée ; aussi peut-on s'expliquer l'indifférence générale qui accueillit leur chute, et l'effacement significatif de ceux qui se trouvaient associés à leur pouvoir. On connaît la lâcheté du Sénat de 1814 ; celui de 1870, comblé des faveurs impériales, ne donna pas l'exemple d'une fermeté plus grande et se sépara après avoir fait entendre pour la forme une timide protestation. Nulle résistance, ni là, ni au Corps législatif, ni dans les conseils du souverain ; c'était un sauve-qui-peut général

---

1. Mme Lebreton est la sœur du général Bourbaki.
2. Un gamin s'écria, paraît-il : « Voilà l'Impératrice ! » M. Nigra le saisit aussitôt par l'oreille et le bourra en disant très haut : « Ah ! petit misérable, je t'apprendrai à crier : *Vive la Prusse!* » Cette heureuse repartie amena une diversion grâce à laquelle le cocher de la voiture où l'Impératrice avait pris place put faire filer ses chevaux. (Voir, pour les détails de ce départ, l'ouvrage déjà cité de M. Alfred Duquet, *Le quatre Septembre et Châtillon*, pages 46 et 47.)

de ceux qui, de près ou de loin, tenaient au régime attaqué, en sorte que, comme l'a dit M. Thiers, jamais on n'a vu une révolution accomplie plus aisément et à moins de frais[1]. Un moment même on a pu croire que la déchéance allait se faire d'elle-même, par l'adoption pure et simple d'une motion parlementaire contre laquelle le gouvernement de la Régence ne protestait même pas; ce n'était donc vraiment pas la peine de souiller un aussi facile triomphe par la violation d'une Assemblée docile et disposée, autant qu'il était possible, à donner une sanction quasi légale aux désirs de la révolution. L'opposition, déjà en partie responsable de nos défaites, a commis là l'acte le plus grave « qui puisse déconcerter la moralité d'un peuple. C'était la tache indélébile de l'Empire, a écrit un philosophe éminent, tache que plusieurs scrutins populaires n'ont pu effacer, tache que la gloire même, mieux que cela, le bonheur de la France n'aurait pu jamais laver entièrement et qui reparut avec une intensité effrayante dans nos désastres; mais on ne pourra jamais convaincre le pays que l'immoralité du coup d'État ait créé, par contre-coup, la moralité du 4 septembre[2]. » Et un auteur militaire considérable, dont la qualité d'étranger est un garant d'impartialité dans nos discordes intestines, le colonel fédéral Lecomte, a pu dire avec justice que, dans cette action violente, « à la fois le bon sens et le patriotisme étaient outragés[3] ».

Quant à la population parisienne, et plus tard celle des départements, elle accueillit de façons assez diverses la proclamation de la République. Les gens sages acceptèrent le fait accompli, surtout parce que « la guerre civile serait née d'une opposition au nouveau régime[4] ». Au contraire, les démagogues, les révolutionnaires de profession saluèrent leur victoire par de bruyants excès, des désordres et une licence dont le débordement pré-

---

1. *Enquête parlementaire*, déposition de M. Thiers.
2. E. Caro, de l'Institut, *Les jours d'épreuve, 1870-71*, Paris, Hachette, 1872, page 164.
3. Colonel Lecomte, *La Guerre franco allemande*, tome III, page 10.
4. Alfred Duquet, *loc. cit.*, page 73.

sageait les plus fâcheuses journées. Certains hommes même, dont on eût pu attendre plus de modération, étaient à ce point aveuglés de haine pour le régime impérial, qu'ils ne croyaient pas sa chute payée trop cher par les épouvantables malheurs dont la France était déjà la victime. « Nous sommes quittes de l'Empire ! s'écriait M. Vitet, membre de l'Académie française. Eh bien ! l'année qui a eu cet honneur de porter à son compte une telle délivrance, *si meurtrière et si fatale qu'elle soit d'ailleurs, n'est pas une année stérile; il ne faut la maudire qu'à demi et lui lancer l'anathème qu'en y mêlant la gratitude*[1]. » Et Jules Favre ne craignait point d'écrire que « *Paris ne fut jamais plus joyeux*[2] » !

Voilà à quelles aberrations peut conduire la fureur politique. Voilà ce que pensaient des personnages appartenant à une élite, sans s'apercevoir que la patrie agonisait déjà. Ils ne songeaient point, dans la satisfaction égoïste de leurs rancunes personnelles, que la révolution faite ainsi devant l'étranger ne pouvait qu'aggraver une situation déjà singulièrement précaire, et qu'en désorganisant le pouvoir en un moment aussi critique, on employait à semer la tempête un temps qui aurait dû être en entier consacré à s'armer et se recueillir. Ils ne comprenaient pas que le renversement du seul pouvoir reconnu par l'Europe allait complètement isoler la France et lui aliéner définitivement le peu de sympathies qu'elle pouvait conserver encore. Non ! ils avaient jeté à terre leur vainqueur d'hier, et cela suffisait à leur patriotisme ! Tels sont les vrais politiciens.

Heureusement pour l'honneur de la nation française, les manifestations d'une joie aussi indécente restèrent le fait d'une infime minorité. Partout, sauf dans les centres surchauffés de démagogisme, on accepta ce qui était fait, parce que toute protestation eût été déplacée ; on se résolut même à soutenir et à défendre le gouver-

---

1. L. Vitet, *Lettres sur le siège de Paris* (dernières), Paris, 187, page 10.
2. Jules Favre, *loc. cit.*, page 91.

nement nouveau, puisqu'il n'en existait point d'autre, et les hommes les plus opposés aux idées qu'il représentait n'hésitèrent pas à lui apporter leur concours. Aussi bien nul n'était exempt de reproches et chacun, à quelque parti qu'il appartînt, pouvait prendre sa part du désordre existant. C'est ce qu'a très nettement fait ressortir, en ces termes empreints d'autant de sincérité que de justice, un de nos historiens les plus impartiaux : « La situation déplorable faite à la France par le 4 septembre était le résultat inévitable des fautes de l'Empire, de l'opposition des révolutionnaires, de la presse et du pays, qui ont tous à se reprocher une part plus ou moins grande dans cette catastrophe[1]. » Voilà la vérité, et nous verrons bientôt le nouveau pouvoir, chargé du poids de son origine irrégulière, être obligé de lutter à la fois contre les ennemis du dehors et les fanatiques du dedans « qui, en croyant l'avoir fait, prétendaient le dominer ou le renverser[2] ».

Fin de la journée. — Revenons maintenant aux événements. Aussitôt après la prise de possession du Palais-Bourbon par la populace, un certain nombre de députés, parmi lesquels quelques rares représentants de l'opposition, s'étaient réfugiés dans l'hôtel de la Présidence, où ils essayèrent de continuer la séance interrompue. Reprenant la motion Thiers et le rapport que M. Martel n'avait pas pu lire à la tribune, ils commencèrent par en adopter les conclusions, en substituant au préambule : « Vu les circonstances », des mots qui consacraient la déchéance : « *Vu la vacance du pouvoir*[3]. » Puis, une députation dont faisaient partie MM. Grévy, Garnier-Pagès et Barthélemy-Saint-Hilaire se rendit à l'Hôtel-de-Ville, à travers une indescriptible cohue, pour se mettre en rapport avec les membres du nouveau gouvernement. Il était six heures du soir.

Deux heures plus tard, Jules Favre et M. Jules Simon

---

1. L. Dussieux, *Histoire générale de la guerre*, 1870-71, tome Ier, page 171.
2. Ch. de Mazade, *La Guerre de France*, Paris, Plon, 1875, tome Ier, page 324.
3. *Enquête parlementaire*, Rapport.

se rendaient à leur tour à la présidence du Corps législatif, où l'Assemblée siégeait toujours. Le premier se mit en devoir de haranguer ses collègues, et, dans un discours évidemment étudié, leur parla des faits accomplis, « d'un gouvernement issu de circonstances que ses membres *n'avaient pas pu prévenir*, gouvernement, dit-il, dont nous sommes devenus les serviteurs. Nous y avons été enchaînés par un mouvement supérieur qui a, je l'avoue, répondu au sentiment intime de notre âme. » Puis il ajouta cette phrase comminatoire : « Du reste, nous ne pouvons rien changer à ce qui vient d'être fait. Si vous voulez bien y donner votre ratification, nous vous en serons reconnaissants ; si, au contraire, vous la refusez, nous respecterons les décisions de votre conscience, mais nous garderons la liberté entière de la nôtre[1]... »

Mais M. Thiers avait vu le piège. Ne voulant pas s'associer à un acte illégal au premier chef, il se résolut à l'abstention, seule attitude qui lui parût digne : « Il ne convient, dit-il, ni de reconnaître un gouvernement né de l'insurrection, ni de le combattre quand il a à lutter contre l'étranger[2]. » Et sur cette parole si sage, ce qui restait du Corps législatif se sépara en protestant contre la violence qu'il subissait. Dans la soirée, les scellés étaient apposés sur la salle de ses séances par M. Glais-Bizoin et sur celle du Sénat par M. Floquet[3]. La révolution était consommée ; il n'existait plus en France de pouvoir reconnu par les puissances, et les députés de Paris, assistés du général Trochu et de M. Henri Rochefort, allaient avoir seuls à soutenir le poids d'une lutte sanglante, tandis que les sectaires de la Commune, dont ils s'étaient flattés d'empêcher l'avènement en les prévenant à l'Hôtel-de-Ville, leur déclaraient d'ores et déjà une guerre sans merci !

1. *Enquête parlementaire*, Rapport.
2. *Ibid.*
3. *Ibid.*

CHAPITRE III

LES PREMIERS COMBATS

Situation de Paris au moment de l'arrivée des Allemands. — Pendant les journées qui suivirent le 4 Septembre, les vainqueurs, tout à leur triomphe, semblaient ne plus se douter que l'ennemi s'avançât en forces pour investir Paris. « Le *Journal officiel* du 5 et des jours suivants était rempli d'une avalanche de proclamations, de décrets, d'arrêtés, de circulaires, de nominations, de mesures politiques, mais la défense nationale était malheureusement oubliée dans cet enivrement maladif[1]... » Le gouvernement, en effet, formé d'éléments disparates, « uni par le patriotisme, divisé par la politique, se trouvait dans la condition d'un pouvoir novice, incohérent, placé en face de l'inconnu et, à chaque instant, obligé de payer, par des fautes qu'il ne pouvait pas toujours éviter, la rançon de ses propres faiblesses, bien souvent aussi la rançon d'une situation violente dont il avait hérité[2]. » Son chef, le général Trochu, orateur élégant et écrivain connu, était de plus un « fort honnête citoyen, riche en qualités privées, mais n'appartenant ni aux grandes races, ni aux grands esprits, ni aux grands caractères... Il jouissait d'une réputation de capacité militaire assez mal justifiée[3]. » En

---

1. A Duquet, *loc. cit.*, page 130.
2. Ch. de Mazade, *loc. cit.*, tome Ier, page 326.
3. Général baron Ambert, *Gaulois et Germains, Récits militaires; Après Sedan*. Paris, Bloud et Barral, page 13.

outre, il ne croyait pas à la possibilité du succès et faisait preuve d'une hésitation funeste aussi bien dans ses résolutions militaires que dans la répression des mouvements révolutionnaires de l'intérieur. Placé dans une situation exceptionnelle, il aurait eu besoin pour en sortir de déployer des qualités exceptionnelles aussi, la confiance absolue au succès, une indomptable énergie s'appuyant sur une volonté inébranlable, une fixité invincible dans la poursuite du but. Il fallait avant tout, pour tenir son rôle, un homme de la trempe indiquée par le poète latin, *fortem ac tenacem propositi*... Nous n'apprendrons rien à personne en disant que cet homme, le général Trochu ne l'était pas.

A côté du général, brave comme son épée, mais impuissant à tenir tête aux événements, quels qu'ils fussent, s'agitaient des hommes de valeur diverse, tous mieux faits pour briller dans l'opposition que dans le gouvernement : Jules Favre, orateur éloquent, mais esprit peuplé d'utopies et de chimères, dont le caractère était aigri par les difficultés d'une situation privée très délicate, et qui, plus que personne, s'était montré l'irréconciliable adversaire des différents projets de réorganisation de l'armée ; Ernest Picard, avocat sceptique, spirituel, plus fait pour démolir que pour construire ; M. Jules Simon, philosophe sentimental, qui s'était fait, depuis 1863, une spécialité de combattre les armées permanentes au nom du progrès ; Jules Ferry, connu alors seulement par son heureux à peu près des *Comptes fantastiques d'Haussmann* ; enfin M. Rochefort, sur la valeur politique de qui il n'est pas besoin d'insister. Les autres, comparses sans influence, ne devaient leur situation actuelle qu'à leur solidarité avec les personnages marquants dont il vient d'être question, et ne jouèrent dans le drame de la défense nationale qu'un rôle effacé. Quant au principal auteur de la révolution nouvelle, Gambetta, lui seul possédait l'ardeur, la sincérité et l'audace qu'exigeaient les circonstances ; seul, il devait sortir grandi de cette période tragique, parce qu'il allait bientôt concentrer dans sa main puissante la masse énorme des efforts de toute une nation. Sur cet homme, qui ne douta jamais de la France, il est inutile de s'étendre longuement. Les faits parlent d'eux-mêmes, avec leur invincible éloquence, et si, dans leur étude, se relèvent bien des erreurs et bien des fautes, ils laissent au moins l'impression d'une conviction ardente, d'un patriotisme enflammé et d'un désintéressement unique devant qui les rancunes les plus vivaces ont fini par tomber.

C'étaient ces personnages, dont la plupart avaient à grands cris et pendant de longues années réclamé le désarmement, dont l'un s'était presque fait, pendant la guerre du Mexique, l'allié de Juarez, dont un autre avait écrit cette phrase aussi impie que saugrenue : « Inutile au dedans pour la justice, le soldat n'est même pas nécessaire à la frontière[1] », c'étaient ces personnages qui, du jour au lendemain, se trouvaient chargés de la défense d'un pays envahi, et assumaient la lourde tâche de résister à des armées déjà victorieuses de nos meilleurs régiments. On comprend qu'ils aient préféré, dans le début, occuper leurs loisirs à des choses qu'ils connaissaient mieux que la guerre, et fait tout d'abord plus de politique que de préparatifs de combat. C'est en effet ce qui se produisit. On nomma, dans chaque arrondissement de Paris, des municipalités qui devinrent par la suite de petits gouvernements, en opposition presque permanente avec la préfecture de police et le pouvoir central[2]. On envoya des circulaires à l'étranger, et M. Jules Favre, avec une assurance superbe, affirma que la France ne céderait « ni un pouce de son territoire, ni une pierre de ses forteresses[3] ». On invita les électeurs à nommer une Assemblée nationale constituante, mais... pour le 16 octobre seulement[4], c'est-à-dire à une date où il était à peu près certain qu'ils ne pourraient pas se réunir si la guerre continuait. — Enfin, on changea le nom détesté des sergents de ville en celui plus anodin de *gardiens*

---

1. J. Simon, *La Politique radicale*, Paris, 1868, page 181.
2. *Enquête parlementaire*, déposition de M. Cresson.
3. *Journal officiel* du 7 septembre 1870.
4. *Ibid.*, numéro du 9 septembre.

de la paix publique, et on leur retira leurs armes; mais il fallut bien conserver l'ancien personnel, faute d'en trouver un nouveau.

Cependant l'ennemi approchait, et ses coureurs, déjà arrivés aux portes de la capitale, commençaient à jeter l'inquiétude dans les conseils du pouvoir. Il était facile de prévoir que bientôt Paris serait séparé du reste de la France, et que, si le gouvernement restait tout entier dans la ville investie, les départements ne tarderaient pas à se trouver en proie à l'anarchie. Le 12 septembre, la question d'une scission fut agitée, et Gambetta, avec beaucoup de netteté et de bon sens, demanda que seul le général Trochu restât à Paris, tandis que tous les ministres, ou au moins ceux de la guerre, des finances, de l'intérieur et des affaires étrangères, iraient constituer dans une ville du centre, à Tours, par exemple, le gouvernement national. On ne voulut pas l'écouter, ni comprendre qu'en laissant à Paris le ministère des affaires étrangères, on cessait avec l'Europe toute relation diplomatique, et que, de plus, « dans le cas d'une capitulation, on s'exposait à ne pouvoir séparer le sort de Paris de celui de la province, et à entraîner ainsi, presque nécessairement, la reddition de toute la France[1]. » C'est qu'on avait peur des Parisiens ; on craignait de voir le départ du gouvernement qualifié de désertion par des gens qui affectent trop souvent de traiter le reste du pays de quantité négligeable ; en un mot, on était, comme toujours, à la remorque de l'opinion. Il fut donc décidé qu'une délégation, composée de l'amiral Fourichon et de deux vieillards, MM. Crémieux et Glais-Bizoin, dont le dernier n'était à proprement parler qu'un fantoche, se rendrait à Tours, pour y représenter le gouvernement. En même temps M. Sénart, un jurisconsulte qui n'avait rien du diplomate, partait pour l'Italie, où il devait, sans succès d'ailleurs, essayer de raviver dans le cœur de Victor-Emmanuel les souvenirs de Magenta et de Solferino.

Le lendemain, eut lieu une grande revue de la garde

---

1. *Enquête parlementaire*, rapport de M. de Rainneville.

nationale, passée par le général Trochu en personne. 300,000 hommes s'échelonnèrent de la Bastille à l'Arc de Triomphe, sans que ce déploiement inusité de forces présentât, il faut bien le dire, un spectacle très martial. Car « on ne fait pas une armée avec un uniforme et des galons, des acclamations ne remplacent pas l'instruction militaire, et les chants patriotiques ne vont pas, d'ordinaire, avec la discipline, sans laquelle les multitudes les plus innombrables ne sont que des troupeaux[1]. » Néanmoins, le gouverneur félicita les apprentis guerriers par un ordre du jour dithyrambique, où il disait que « jamais aucun général d'armée n'avait eu sous les yeux le grand spectacle qu'on venait de lui donner[2] », et le même M. Vitet, pour qui le 4 Septembre n'était pas payé trop cher par Sedan, écrivit qu'il avait vu 300,000 gardes nationaux, « *rivalisant, à la manœuvre et aux remparts, avec nos meilleurs vétérans*[3] *!* » Puis, le grotesque ne tarda pas à s'allier au tragique. Une commission de vingt membres fut nommée pour réviser les noms des rues de Paris, et effacer tout souvenir se rattachant aux régimes déchus[4] ; on croyait sans doute sauver la France en débaptisant la rue Bonaparte pour en faire la rue du Peuple, et la place Royale pour en faire la place des Vosges ! Pendant ce temps, Victor Hugo et Edgar Quinet foudroyaient l'ennemi de manifestes emphatiques dont les Allemands faisaient des gorges chaudes à nos dépens. On grattait les N impériales[5], et on les remplaçait par la devise connue : *Liberté, Égalité, Fraternité*, qui, dans le moment, n'avait pas grand sens. Enfin, ce qui était plus grave, on décrétait, malgré l'opposition du gouverneur et du ministre de la guerre, que les officiers de la garde mobile seraient nommés à l'élection de leurs soldats[6]. Cette dernière mesure, s'appliquant à des troupes qui, jusque-là, avaient donné

1. Alfred Duquet, *loc. cit.*, page 154.
2. *Journal officiel*, numéro du 25 septembre 1870.
3. L. Vitet, *Première lettre sur le siège de Paris*, page 24.
4. *Journal officiel* du 15 septembre 1870.
5. Alfred Duquet, *loc. cit.*, page 157.
6. *Journal officiel* du 18 septembre.

l'exemple de la plus complète indiscipline[1], allait tout droit à la désorganisation.

Telle était la situation gouvernementale de la capitale le 18 septembre, jour où les avant-gardes ennemies se montrèrent aux abords du camp retranché. Comme on vient de le voir, elle n'avait rien de rassurant, et elle s'aggravait encore de ce fait que, le 16, les ambassadeurs d'Autriche, d'Angleterre et de Russie avaient quitté Paris. Le gouvernement cependant ne paraissait pas en comprendre la gravité, car il multipliait comme à plaisir les actes susceptibles de créer l'anarchie la plus dangereuse. C'est ainsi qu'après avoir, le 18, destitué brutalement le général Ambert, qui commandait un secteur de la défense et s'était rendu coupable de ne pas mêler ses cris à ceux de la foule[2], il laissait les manifestes les plus incendiaires, les proclamations les plus sauvages sortir des officines du socialisme et de la démagogie[3]. Quant à la préparation de la défense, elle se bornait à la destruction désordonnée et irraisonnée de tous les ponts et viaducs aboutissant à Paris, sans s'inquiéter de savoir si l'on pourrait en avoir besoin plus tard.

Fort heureusement, le précédent ministère, beaucoup moins féru de politique, n'avait pas montré la même négligence en ce qui concerne les préparatifs de défense de la cité. A peine arrivé aux affaires, le général de Palikao, prévoyant l'imminence d'un siège, s'était mis à l'œuvre avec une prodigieuse activité, et il laissait la place en état de soutenir une longue lutte. Les moyens d'action que lui et ses collaborateurs léguaient au gouvernement de la Défense nationale étaient les plus puissants que jamais forteresse ait accumulés dans son sein, et venaient s'ajouter à ceux, moins perfectionnés, il est vrai, qui y existaient déjà. Ces moyens, il est nécessaire

---

1. Commandant BONNET, *Guerre franco-allemande*, Paris, Dumaine, 1882, tome II, page 19. — *Enquête parlementaire*, rapport de M. Chaper. — Francisque SARCEY, *Le Siège de Paris, Impressions et souvenirs*, Paris, Lachaud, 1871, page 52.
2. *Journal officiel* du 19 septembre. — Alfred DUQUET, *loc. cit.*, page 162.
3. Voir le *Journal officiel* du 9 septembre, à propos du manifeste de M. Cluseret.

de les étudier avec quelques détails, si l'on veut se rendre un compte exact et impartial de la somme énorme des efforts qui ont été faits.

Le camp retranché de Paris de 1870. — Paris, situé « au centre du bassin géologique auquel il donne son nom, dans une position géographique avantageuse, auprès d'excellents matériaux de construction, sur les bords d'un grand fleuve et au point de réunion de la majeure partie des eaux qui se rendent à la mer par son estuaire[1] », est non seulement la capitale politique de la France, mais encore sa capitale militaire. « Le vaste réseau de communications qui diverge de ce grand centre sur les points les plus reculés du pays, les nombreux chemins de fer qui y aboutissent, les routes et les canaux qui relient deux cours d'eau navigables, la Seine et la Marne, donnent à la métropole française une importance stratégique qu'aucune ville au monde ne présente au même degré[2]. »

Cette importance, confirmée déjà par les événements de 1814, avait singulièrement grandi au fur et à mesure que se développait la richesse commerciale et industrielle de la France, et surtout depuis que la réunion à Paris des principales lignes ferrées du territoire avait fait de ce point le centre des communications rapides de tout le pays. Aussi, dès 1835, le gouvernement de Louis-Philippe s'était-il préoccupé de soustraire le sort de la capitale aux chances d'une bataille perdue. En 1840, M. Thiers étant président du Conseil des ministres, on la dota donc d'une enceinte continue, bastionnée, que renforçaient, à une distance jugée alors assez considérable, un certain nombre de forts détachés[3]. C'est dans cet état que la trouva la guerre de 1870.

1. Colonel Niox, *Géographie : la France*, 4ᵉ édition, page 24.
2. A. Gœtze, capitaine de génie prussien, *Opérations du corps du génie allemand*, Paris, Dumaine, 1873, tome II, page 3.
3. L'enceinte, comprenant 94 bastions, avait une longueur de 34 kilomètres. Circulairement, à une distance de 1.400 à 3.500 mètres, et à intervalles inégaux, était disposée une ligne de forts, dont certains n'étaient à proprement parler que des redoutes. C'étaient *La Briche*, la *Double-Couronne*, les forts de *l'Est*, d'*Aubervilliers*, de *Romainville*, de *Noisy*, de *Rosny*, de *Nogent*, les redoutes de *la Faisanderie* et de *Gravelle* fermant la boucle de la Marne, les forts

Mais ce qui, en 1840, avait pu paraître suffisant pour protéger la ville soit contre un investissement, même contre un bombardement, cessait, trente ans plus tard, de présenter les mêmes garanties devant les perfectionnements considérables de l'artillerie et la masse formidable des armées envahissantes. La plupart des forts, construits d'après une méthode surannée, ne pouvaient résister longtemps à une attaque sérieuse ; leur éloignement de l'enceinte n'était pas assez grand pour préserver celle-ci, voire même les quartiers excentriques, des projectiles de gros calibre lancés par l'ennemi ; enfin ils étaient dominés à peu près tous par la ceinture de hauteurs boisées qui enserre la capitale d'une façon presque continue, sur un rayon moyen de 12 kilomètres environ à partir de son centre.

Le général de Palikao comprit tout ce que cette situation avait de dangereux. Portant tout d'abord son attention sur l'enceinte elle-même, il la fit aménager et garnir d'artillerie ; on dépensa près de 40 millions pour construire là et dans les forts des magasins à poudre, pour rétablir les fossés aux passages des routes et des chemins de fer, établir des ouvrages de protection des portes, ouvrir des embrasures, déblayer les zones de servitude[1]. Mais ce qui ne pouvait se faire, c'était donner aux forts les qualités de résistance qui leur manquaient, y remplacer par des abris invisibles les hautes casernes qui les signalaient de trop loin, augmenter les escarpes, trop faibles pour protéger efficacement les casemates et vues le plus souvent jusqu'au fossé, ni donner aux parapets l'épaisseur nécessaire pour braver les coups de la grosse artillerie. On ne pouvait pas non plus, et ceci

---

de *Charenton*, d'*Ivry*, de *Bicêtre*, de *Montrouge*, de *Vanves*, d'*Issy*, enfin la forteresse du *Mont-Valérien*. (Le *fort de Vincennes*, situé en arrière de cette ligne, n'avait aucune valeur militaire.) Le périmètre donné ainsi atteignait 70 kilomètres et on ne supposait pas alors qu'il fût possible de l'investir. Les travaux furent terminés en 1844 ; à cette époque, les portées ordinaires étaient de 1,600 mètres pour l'artillerie de siège, de 800 mètres pour l'artillerie de campagne, de 400 mètres pour le fusil.

1. Ce fut le général de Chabaud-Latour, dont la coopération à l'établissement des fortifications de Paris en 1840 avait été très active, qui fut chargé de ce travail.

était plus grave, reculer la distance qui séparait les forts de la place; son insuffisance allait obliger la majeure partie de la garnison à se renfermer dans Paris et la mettre ainsi journellement en contact avec une population civile exaltée et impressionnable, à la fréquentation de laquelle la discipline n'avait rien à gagner.

Malgré toutes ces conditions défavorables, les travaux d'aménagement furent menés avec toute la science et l'activité possibles. « Des appareils destinés à éclairer le terrain au moyen de la lumière électrique avaient été installés dans tous les forts; ceux-ci, ainsi que tous les établissements militaires importants situés dans la capitale[1], étaient reliés par un réseau télégraphique établi avec grand soin[2]. » En même temps, le général de Palikao donna des ordres pour qu'on construisît en hâte des ouvrages destinés à combler les vides existant entre les forts, ou à prendre pied sur les positions qui étaient dangereuses pour eux. C'est ainsi que la redoute de *Gennevilliers*, complétée par des batteries annexes à *Colombes*, au *Petit-Nanterre*, etc., devait boucher la trouée, couverte seulement par la boucle de la Seine, qui se trouvait entre Saint-Denis et le Mont-Valérien. Sur le plateau du sud-ouest, où les hauteurs très rapprochées des forts étaient particulièrement menaçantes, on ébaucha des redoutes à *Montretout*, aux *Brosses*, dans le parc de Saint-Cloud, à *Brimborion*, au-dessus de Sèvres, à *Meudon*. Un fort fut commencé à la pointe nord-est du *plateau de Châtillon*; il devait être flanqué par deux ouvrages, au *Moulin-de-Pierre* et au sud de *Bagneux*. Enfin, on établit des redoutes aux *Hautes-Bruyères* et au *Moulin-Saquet*, afin de prendre pied sur le plateau de Villejuif. Du côté de Saint-Denis, on s'était borné à relier par des parapets en terre les trois forts de la Briche, de la Double-Couronne et de l'Est. Quant au secteur est,

---

[1]. Le cabinet du gouverneur, en particulier, communiquait ainsi avec tous les points de la double enceinte. (F. Steenackers, *Les Télégraphes et les Postes pendant la guerre de 1870-71*, Paris, Charpentier, 1883, page 35.)

[2]. *La Guerre franco-allemande*, 2ᵉ partie, page 4.

allant de Romainville à Nogent et naturellement le plus fort, on l'avait laissé tel quel.

Mais, comme cela arrive trop souvent, on n'établit pas à l'avance une corrélation suffisante entre les moyens dont on disposait et la nature des travaux à exécuter. « La plupart de ces ouvrages, dit à ce sujet le général Ducrot, Montretout, Châtillon, Hautes-Bruyères, Gennevilliers, devaient, dans le principe, avoir deux étages de pièces de gros calibre avec casemates. Pour cela il aurait fallu du temps, des hommes. Mais, après Sedan, nous ne trouvions plus d'ouvriers, et d'heure en heure l'ennemi était attendu. Il aurait donc fallu sur-le-champ ne plus songer aux ouvrages de grande fortification et se consacrer tout entier à établir de solides ouvrages de campagne[1]. Laissant de côté les voûtes, les traverses en pierre, on aurait dû faire les plafonds, les abris, avec de la terre, des troncs d'arbres, des poutres, des rails. Il n'en fut pas ainsi ; l'état-major du génie voulut continuer à élever de majestueux ouvrages réguliers et permanents ; le 16 septembre, la veille de l'arrivée des Allemands, on travaillait encore, dans les redoutes de Montretout, de Châtillon, à des traverses en maçonnerie[2]. » D'ailleurs le général Trochu, absorbé par d'autres préoccupations, ne semblait se soucier que médiocrement de la constitution matérielle de la défense. « Depuis le 4, disait-il au général Ducrot le 13 septembre, j'ai eu tant à faire *au point de vue politique* et militaire, que je n'ai pu m'occuper de ces travaux[3]. » Le 19, constatant leur état précaire, il donnait l'ordre d'abandonner tous ceux du secteur sud, en sorte que, quelques jours plus tard, lorsque la nécessité s'imposa de donner de l'air à la défense qui étouffait dans les étroites limites où on l'avait confinée, il fallut reprendre de vive force les redoutes des Hautes-Bruyères et du Moulin-Saquet. Les autres restèrent aux mains de l'ennemi, et l'on verra

---

1. C'est en s'inspirant de ces idées que le général Totleben avait réussi à faire de Sébastopol, en 1855, une forteresse formidable.
2. Général Ducrot, *La Défense de Paris*, tome Ier, page 109.
3. *Ibid.*, page 2.

par la suite combien leur abandon nous fut préjudiciable.

Forces actives de la défense. — Les troupes dont disposait la défense se composaient d'éléments assez hétérogènes, les uns excellents, d'autres détestables, mais formant un total formidable et bien supérieur à celui qu'atteignait l'ennemi. Tout d'abord *la Marine*, dont le rôle, dans la deuxième partie de la guerre, a été si considérable et si précieux, avait fourni un contingent de près de 14,000 hommes, « l'élément le plus solide et le plus sûr de la défense de Paris[1]. » Grâce aux grosses pièces amenées des arsenaux de Brest, de Cherbourg et de Lorient, grâce aussi aux canonniers expérimentés qui les servaient, les forts ont pu lutter jusqu'à la fin. Aucun d'eux ne fut jamais réduit, ni même entouré, et cela malgré la position désavantageuse où ils se trouvaient pour la plupart, malgré leurs courtines démodées et leurs larges terre-pleins qui en faisaient de vrais nids à obus.

Dès le 7 août, l'amiral Rigault de Genouilly, ministre de la marine, avait fait décider par la Régente que les équipages de la flotte non utilisés pour le service de mer seraient appelés à Paris et exclusivement chargés de la défense des forts de Romainville, Noisy, Rosny, Ivry, Bicêtre, Montrouge, ainsi que des batteries de Montmartre et de Saint-Ouen, et qu'une flottille, formée de bateaux légers et de canonnières, opérerait sur la Seine. En même temps, le chemin de fer amenait à Paris le régiment d'artillerie de marine, les troupes d'infanterie restées dans les dépôts, une partie de la gendarmerie maritime et un nombreux personnel d'ingénieurs, de commissaires et de médecins. Huit officiers généraux de la marine, sous les ordres du vice-amiral de la Roncière Le Noury, se partagèrent le commandement de ces forces et prirent chacun la direction d'un des secteurs qui formaient l'enceinte de la place. Quant à la flottille de la Seine, placée sous le commandement du capitaine de vaisseau Thomasset,

---

1. *La Guerre franco-allemande*, 2ᵉ partie, page 43.

elle comprenait 1 yacht, *le Puebla*, 5 batteries flottantes cuirassées, 9 canonnières, 6 chaloupes à vapeur pontées (dites *vedettes*) et 6 canots à vapeur, le tout portant 33 canons et 8 pierriers[1].

Les préparatifs nécessités par le transport du personnel et du matériel, par l'installation des troupes dans les forts, l'aménagement de ceux-ci, leur mise en état de défense, la constitution des approvisionnements locaux, la pose et la mise en train des engins spéciaux qui devaient assurer les communications télégraphiques, électriques et sémaphoriques entre les différents postes, furent rapidement menés et fort savamment dirigés. L'administration de la marine y déploya une activité prodigieuse, si bien que lorsque l'ennemi se présenta, il trouva les forts dans un état matériel de défense qui rendait vain tout espoir de réussir à les enlever par un coup de main. Ces forts étaient considérés par les officiers de marine comme un véritable navire. On avait habitué les matelots, dès leur arrivée à Paris, dit l'amiral de la Roncière, « à y observer les mêmes règlements, à y prendre les mêmes habitudes, à y suivre le même régime, en un mot. On y employait le même langage qu'à bord ; on faisait partie de l'*équipage* de tel ou tel fort, et on ne pouvait en sortir sans demander l'autorisation *d'aller à terre*. Les parapets étaient des *bastingages*, les embrasures des *sabords*[2]... » Les canonniers qui étaient en excédent dans les forts furent employés à servir des batteries de gros calibre, installées en dehors de l'enceinte, soit à demeure, soit d'après les besoins. Quant aux fusiliers, ils furent, après le 10 novembre, groupés en trois bataillons de six à sept cents hommes, de manière à être

---

1. Cette flottille fut empêchée par les circonstances de rendre tous les services qu'on attendait d'elle. Tout d'abord l'encombrement produit dans le lit du fleuve par la destruction des ponts interdit aux canonnières, dont le tirant d'eau atteignait 1^m,50, de dépasser les limites de l'enceinte. Plus tard, les glaces que charriait la Seine apportèrent un autre obstacle à la navigation. Il fallut désarmer la plupart de ces bateaux, devenus inutiles, et employer leurs équipages ailleurs.

2. Vice-amiral baron DE LA RONCIÈRE LE NOURY, *La Marine au siège de Paris*, Paris, Plon, 1872; Avant-propos.

disponibles pour toutes les expéditions; nous les retrouverons au Bourget.

La discipline, la bravoure, la résistance de ces troupes d'élite ont été, d'un bout à l'autre du siège, admirables, et l'on peut dire que, sans elles, le terme de résistance eût été certainement de beaucoup avancé[1].

Les *troupes d'infanterie de l'*ARMÉE DE LIGNE étaient représentées à Paris par les 13e et 14e corps d'armée. Le premier, ramené de Mézières par le général Vinoy au milieu des péripéties que l'on connaît, comprenait deux excellents régiments, les 35e et 42e, qui, seuls de l'ancienne infanterie française, subsistaient dans leur état intégral. Les autres régiments, dits *de marche*, avaient été formés de trois bataillons de dépôt appartenant à des régiments différents et constitués avec des recrues ou d'anciens soldats rappelés. Le 13e corps comptait environ 25,000 hommes. Le 14e corps, placé sous les ordres du général Renault[2] et fort d'un effectif équivalent, « avait une composition plus hétérogène encore. Quand on avait pris les bataillons de dépôt pour les faire partir, comme il fallait bien laisser pour chaque régiment un noyau chargé de concentrer les soldats rappelés au drapeau, on avait conservé au dépôt une compagnie seulement, qui, plus tard, avait été dédoublée. C'était une de ces demi-compagnies que l'on avait ensuite appelée de chaque dépôt, pour former la plupart des régiments du 14e corps. Chaque régiment nouveau contenait ainsi dix-huit compagnies de corps différents[3]. » Malgré les défectuosités de leur constitution, qui leur enlevaient toute cohésion et tout esprit de corps, ces troupes ne tardèrent pas cependant à s'aguerrir et à acquérir une solidité suffisante. Elles

---

1. Le concours si actif et si précieux apporté par la marine à la défense nationale ne se borna pas là. Nous la retrouverons encore en province, où, tandis que ses matelots soutenaient de leur exemple les dévouements parfois hésitants de nos jeunes levées, amiraux et officiers, qui pendant de longues années avaient promené sur toutes les mers du globe nos couleurs triomphantes, prêtaient avec une prodigalité généreuse au gouvernement nouveau l'appui de leur expérience et de leur dévouement.
2. Voir la pièce n° 1.
3. *Enquête parlementaire*, rapport de M. Chaper.

formèrent en réalité, avec la marine, le noyau le plus sérieux de la défense de Paris.

En dehors de ces deux corps d'armée, on forma, avec des éléments divers, un régiment de zouaves de marche, un régiment, le 28ᵉ de marche, constitué avec les dépôts de la Garde impériale, enfin quatre autres régiments, les 36ᵉ, 37ᵉ, 38ᵉ et 39ᵉ de marche, comprenant les dépôts restés à Paris. La gendarmerie à pied de la Garde, la Garde de Paris, les gardes forestiers, les sapeurs-pompiers et les sergents de ville donnèrent un effectif de 12,000 combattants[1]. On arriva ainsi à mettre sur pied à peu près 80,000 hommes d'infanterie de ligne « parmi lesquels on ne pouvait compter que le tiers ou le quart de véritables soldats[2] ».

La *Cavalerie* se composait de la division Champéron, à trois brigades formées de régiments de marche et de régiments de gendarmes à cheval. Elle comprenait environ 3,000 cavaliers.

L'*Artillerie* ne comptait, au début du siège, que les 30 batteries des 13ᵉ et 14ᵉ corps (dont sept seulement étaient d'ancienne formation). Successivement on en créa de nouvelles, et, vers le mois de janvier, on arriva à disposer de 124 batteries de campagne, se décomposant ainsi : 93 de l'artillerie de terre, 16 de la marine et 15 de la garde mobile.

Le *Génie* comptait 9 compagnies auxquelles il faut adjoindre 2 compagnies de pontonniers artilleurs et un détachement de pontonniers de la marine. D'ailleurs, le génie civil, sous la direction éclairée de M. Alphand, devait offrir au service des fortifications des ressources nombreuses qui furent largement utilisées.

Telle était la composition de l'armée active. Mais à côté d'elle se trouvaient d'autres forces qui, mieux employées, auraient certainement pu donner des résultats

---

1. Il eût peut-être mieux valu faire de ces corps d'élite une pépinière de bons sous-officiers dont l'absence, dans les corps de nouvelle formation, se faisait si péniblement sentir. Le général Trochu ne le voulut pas et préféra les laisser constitués en régiments formant une sorte de réserve, dont il ne se servit d'ailleurs que très rarement.
2. Général Ducrot, *loc. cit.*, tome Iᵉʳ, page 82.

plus satisfaisants que ceux qui ont été atteints. C'était la garde mobile, la garde nationale et les corps francs.

La Garde nationale mobile, « privée par l'opposition du Corps législatif des moyens de se réunir et de s'instruire, abandonnée même, après la mort de son créateur, n'existait, au mois de juillet 1870, que sur le papier[1]. » Il fallut toute l'activité déployée par M. Henri Chevreau, pour que, au moment du siège, les hommes de quatorze divisions militaires qui, un mois avant, n'étaient ni enrégimentés, ni équipés, se trouvassent pourvus du nécessaire. C'étaient 100,000 hommes bien intentionnés, sinon bien instruits, qui arrivaient ainsi renforcer l'armée de ligne. Mais à côté d'eux se trouvaient 15,000 gardes mobiles du département de la Seine, que le général Trochu avait eu la mauvaise idée de rappeler du camp de Châlons, sous le prétexte que « *c'était leur droit*[2] », et qui ne brillaient pas absolument par la discipline ni l'esprit militaire. On se rappelle leur attitude première vis-à-vis du maréchal Canrobert. Ramenés au camp de Saint-Maur, ils ne s'étaient pas montrés sous un jour beaucoup plus favorable et continuaient à se livrer à toutes sortes de désordres et d'excès. « Le 12 septembre, ils refusaient d'aller aux avant-postes, parce que la position leur paraissait trop exposée. Le 20, ils évacuaient le Mont-Valérien et laissaient la forteresse sans défenseurs, au risque de la voir occupée par l'ennemi[3]. »

C'était à un pareil contact et à l'influence dissolvante d'une population civile surexcitée qu'on soumettait 100,000 jeunes gens inexpérimentés, un peu ahuris par le spectacle étrange de ce qui les entourait, et susceptibles de tous les entraînements comme de toutes les folies. Le résultat ne se fit pas attendre, car bientôt on s'aperçut que l'ivresse et la débauche « causaient dans leurs rangs presque autant de ravages que

1. Général Thoumas, *Les Transformations de l'armée française*, tome 1er, page 321.
2. Proclamation adressée par le général Trochu aux mobiles de la Seine.
3. *La Guerre franco-allemande*, 2e partie, pages 43 et 144.

le feu de l'ennemi[1] ». Triste résultat d'une négligence coupable, qu'il eût été bien facile d'éviter en faisant camper tout ce monde en dehors de l'enceinte et en le soumettant à un commandement ferme et vigoureux. Malheureusement, il n'était guère question de cela, pour le moment; le vent soufflait ailleurs. Le 16 septembre, le gouvernement, « considérant que les circonstances dans lesquelles avait eu lieu la nomination des officiers de la garde mobile rendaient nécessaire l'élection de ces officiers », acheva de ruiner la discipline dans ses rangs en donnant aux soldats le droit de choisir leurs propres chefs! Chose étrange, cette mesure inqualifiable n'avait trouvé dans le Conseil, à part le gouverneur et le ministre de la guerre, qu'un seul opposant, M. Henri Rochefort, et son promoteur était M. Ernest Picard[2]!

Ce fut le signal d'un désarroi prodigieux. Le vote eut lieu le 19, et l'on vit des bataillons qui se rendaient sur le champ de bataille de Châtillon, s'arrêter en route pour y procéder[3]. Quant aux conséquences générales, elles furent telles qu'on pouvait les prévoir... Ce qui était certain d'avance, surtout pour les bataillons de la Seine, c'était la destitution d'officiers énergiques, sévères, qui avaient pris leur autorité au sérieux, et l'élection d'une foule de beaux parleurs, d'adversaires déclarés de la discipline, et, disons-le enfin, quelque douloureuse que soit la vérité, l'élection, dans certains cas, d'hommes qui, pour conquérir les votes, avaient fait appel aux plus mauvaises passions : la paresse, l'ivresse, etc. « Dans les bataillons des départements, les mêmes faits se produisirent, mais d'une manière moins générale et moins grave... Dans un grand nombre d'entre eux, les anciens officiers furent presque tous maintenus... Mais chaque vacance produite par le feu, les maladies ou les accidents, donnait lieu à une

---

1. Général Ducrot, *loc. cit.*, tome 1er, page 89.
2. *Enquête parlementaire*, rapport de M. Chaper. — Général Trochu, *La Politique et le Siège de Paris*, page 190.
3. Robinet de Cléry, *Les Avant-postes pendant le Siège de Paris*, Paris, Palmé, 1887, page 30.

élection nouvelle. C'était un appât toujours offert aux convoitises, et les moins dignes surtout s'y préparaient... On vit nommer officiers des hommes sans autres titres que d'avoir insulté leurs chefs, des ivrognes avérés[1]. » Cette situation déplorable empira tellement avec le temps que, dès le 19 décembre, il fallut revenir à la nomination régulière des officiers par le gouvernement. Mais le mal était fait et, sans la sagesse de ceux des bataillons de province qui conservèrent à leur tête des chefs en qui ils avaient confiance et qui la méritaient, la garde nationale mobile eût perdu toute valeur.

Quoi qu'il en soit, les 115,000 hommes de cette garde furent, dans le principe, réunis en régiments de trois bataillons; ces régiments étaient répartis en quatre groupes, sous les ordres des généraux de Liniers, Berthaut, Corréard et de Beaufort; mais, dès le 6 novembre, cette organisation était modifiée, et les bataillons de mobile incorporés dans les divisions actives qui constituaient les deux armées de la défense de Paris. Nous en verrons plusieurs se distinguer au cours du siège, et certains de leurs officiers payer noblement de leur personne. Leurs pertes furent cependant peu considérables relativement, puisque, au moment de l'armistice, « il en restait encore 102,000 sous les armes[2] ». Il faut dire que beaucoup d'entre eux ne virent jamais le feu[3].

La GARDE NATIONALE, cette milice citoyenne si chère à la démagogie d'autrefois, et faite, comme l'a dit avec humour Henri Monnier, *autant pour protéger nos institutions que pour les combattre*, se montait, au moment de la déclaration de guerre, au chiffre respectable de 60,000 hommes. C'était plus qu'il n'en fallait pour

---

1. *Enquête parlementaire*, 2ᵉ rapport de M. Chaper.
2. Général Vinoy, *Siège de Paris*, Paris, Plon, 1874, page 121.
3. Voici, d'après le général Vinoy, la liste des départements ayant fourni des gardes mobiles à la défense de Paris : Seine (18); Seine-et-Oise (6); Somme, Ille-et-Vilaine, Finistère (5); Côtes-du-Nord, Loiret, Seine-et-Marne, Seine-Inférieure, Vendée (3); Ain, Aube, Côte-d'Or, Hérault, Loire-Inférieure, Saône-et-Loire, Morbihan, Tarn (4); Aisne, Drôme, Marne, Puy-de-Dôme, Indre, Yonne et Vienne (1).

assurer le service des remparts et la police intérieure de la ville. Mais, par cela même que l'institution jouissait de l'intégralité de la confiance que l'opposition refusait à l'armée active, on jugea qu'il fallait la renforcer. Soixante nouveaux bataillons furent créés, puis soixante autres, si bien qu'on en vint à donner un fusil, un équipement et un franc cinquante centimes par jour à tout homme qui se présentait, quels que fussent ses antécédents et ses références. « Des étrangers, des enfants, des vieillards, des vagabonds, des repris de justice[1], a écrit un homme qui n'est pas suspect en la matière, avaient reçu des armes et figuraient sur les contrôles[2]. » La garde nationale finit par compter 350,000 hommes. Quant aux officiers, nommés, bien entendu, à l'élection, il fallut, pendant la durée du siège, en destituer 495 seulement[3] !

C'étaient les municipalités qui distribuaient elles-mêmes les armes et donnaient souvent les meilleures aux plus mauvais bataillons[4]. Chamarrés de galons et de broderies, les officiers encombraient les cafés, ridiculisant l'uniforme, ou bien sortaient de Paris à la tête de leurs troupes, en tenue de campagne, « avec tambours, fifres, musiques, cantinières, pour y rentrer en désordre, sans avoir rien fait[5] ». Il fallut convenir bientôt que cette force pseudo-militaire était plus gênante pour la défense que redoutable à l'ennemi. Alors, vers la mi-novembre, on forma dans chaque bataillon, à l'aide de volontaires, célibataires ou veufs sans enfants, des compagnies de guerre destinées à coopérer aux opérations extérieures et à monter la garde hors des remparts. Mais la mesure, appliquée inégalement, donna lieu à toutes sortes de plaintes et de récriminations[6].

Ces bataillons de *mobilisés* sortirent pour la pre-

---

1. Il y en avait près de 30,000.
2. Jules Favre, *loc. cit.*, page 212.
3. Général Trochu, *La Politique et le Siège de Paris*, page 93.
4. *Enquête parlementaire*, 2ᵉ rapport de M. Chaper.
5. Général Thoumas, *Les Transformations*, etc., tome 1ᵉʳ, page 316.
6. Général Ducrot, *loc. cit.*, tome 1ᵉʳ, page 107.

mière fois du 20 au 25 novembre. « Nous ne pouvons nous rappeler sans tristesse, a écrit le général Ducrot, le désordre qui régnait dans leurs rangs. Nous ne parlerons que pour mémoire du fameux bataillon de Belleville, qui dut être licencié pour avoir abandonné son poste devant l'ennemi aux tranchées de Maisons-Alfort et dont la conduite fut flétrie par les ordres du jour du général Clément Thomas. A vrai dire, certains bataillons se firent remarquer par une meilleure contenance devant l'ennemi ; mais ils ne valaient guère mieux au point de vue de la discipline. Dans les cantonnements, au bivouac, à la tranchée, leurs habitudes déréglées, leur langage, leur tenue étaient du plus pernicieux exemple pour nos soldats et nos mobiles [1]. » En fait, les uns étaient pleins d'inexpérience et se rendaient dangereux aux avant-postes par leurs fusillades désordonnées, les autres faisaient montre de tous les défauts et de tous les vices. Le bataillon commandé par le fameux Flourens s'est débandé jusqu'à six fois devant l'ennemi [2]. D'autres exigeaient qu'on les relevât des avant-postes avant même d'y avoir reçu un coup de fusil [3].

La garde nationale, telle qu'elle était organisée et employée, n'apporta donc à la défense aucun soutien, ni moral, ni matériel. Elle constitua même plutôt un danger au point de vue de l'exemple ; car, à part quelques rares et honorables exceptions, ses fameux bataillons de fédérés n'ont fait preuve d'énergie que contre les baïonnettes des soldats français. C'est que là une mort certaine attendait les fuyards et les lâches. La Commune de Paris ne plaisantait pas avec ceux qui désertaient sa cause, et le peloton d'exécution ou une balle de revolver avaient bien vite raison des velléités de fuite. Preuve qu'avec de la volonté, de la vigueur et de la discipline, on fût parvenu probablement à faire de ces braillards des soldats passables. Le général Thomas l'a dit excellemment : « La Commune et le second siège de Paris

---

1. Général Ducrot, *loc. cit.*, tome Ier, page 107.
2. *Enquête parlementaire sur l'insurrection du 18 Mars*, déposition du colonel Montaigu, chef d'état-major de la garde nationale.
3. Robinet de Cléry, *loc. cit.*, page 205.

ont prouvé incontestablement que ces mêmes fédérés qui, pendant le premier siège, n'avaient fait que troubler la défense par des tentatives odieuses contre la tranquillité intérieure de la capitale, étaient susceptibles de se bien battre au dehors. Nous avons entendu, dans l'intervalle des deux sièges, un ministre du gouvernement de la Défense nationale, et le plus compétent à coup sûr en pareille circonstance, nous exprimer l'avis qu'on n'avait pas su tirer parti de la garde nationale et que si, au lieu de laisser dans Paris les compagnies soldées servir de prétoriens à Pyat, Delescluze, Flourens, Blanqui et consorts, le général Trochu les avait mises camper en dehors des remparts et accoutumées peu à peu, par de petites rencontres, à la vue de l'ennemi, on aurait eu en elles des troupes aussi bonnes que d'autres [1] ». Rien n'est plus exact, et c'est par suite à la faiblesse du pouvoir, tout autant qu'à la pernicieuse idéologie de certains de ses membres, qu'il faut faire remonter la responsabilité d'une situation qui a enlevé à la défense au moins 200,000 soldats, sans compter les 80,000 qui, par faveur ou négligence, se dispensèrent de toute obligation [2]. Ajoutons qu'outre les 266 bataillons mobilisés et constituant la première armée, aux ordres du général Clément Thomas, la garde nationale comptait une légion d'artillerie (colonel Schœlcher), qui rendit quelques services aux remparts, et une légion de cavalerie (colonel Quiclet), qui n'en rendit aucun.

Les Corps francs, troisième et dernière incarnation des forces improvisées au moment de la guerre, absorbaient, à Paris, comme en province d'ailleurs, un effectif considérable qu'il eût été sans contredit plus avantageux de fondre dans l'armée de ligne, où les hommes qui les composaient eussent rendu des services plus obscurs peut-être, mais plus réels. Au nombre de 33, pour l'infanterie seulement, les corps de francs-tireurs, qui s'équipaient eux-mêmes et à leur guise, ne jouèrent

---

1. Général Thoumas, *Les Transformations*, etc., tome Ier, page 317.
2. *Enquête parlementaire*, 2e rapport Chaper.

en général d'autre rôle militaire que celui que leur assignait leur bon plaisir[1]. Certains même se sont fait remarquer principalement par un goût pour la maraude qui les rendait plus redoutables aux malheureux habitants de la banlieue qu'aux Allemands, et se sont signalés surtout par leurs déprédations et leur allure fantaisiste[2]. Il est donc inutile de citer des noms qui ne rappellent aucun souvenir digne d'être conservé.

Plusieurs exceptions doivent cependant être faites en faveur de corps francs qui s'étaient imposé une mission spéciale et, qui, grâce à leur recrutement, à leur organisation, à leurs chefs, et à l'esprit qui les animait, ont été pour l'armée active des auxiliaires précieux. En tête viennent les *Éclaireurs à cheval de la Seine*, commandés par le brave Franchetti, lesquels en plusieurs circonstances se signalèrent par un courage et une intelligence dignes des plus vieilles troupes, et rendirent des services qu'un juge peu suspect, le général Ducrot, s'est plu à reconnaître en termes solennels. Ce furent ensuite le *Corps d'artillerie des mitrailleuses*, commandant Pothier, le *Corps auxiliaire du génie*, commandé par l'ingénieur en chef Alphand, les *Ouvriers auxiliaires du génie*, sous les ordres de l'ingénieur Ducros, enfin les *Francs-tireurs de la Presse*, et les *Éclaireurs de Poulizac*. Ceux-là au moins ne se bornèrent pas, comme tant d'autres, à parader avec des galons, des bottes et des plumets ; ils firent au contraire une besogne utile, que nous aurons plusieurs fois l'occasion de constater.

Approvisionnements en vivres. — Voyons maintenant de quelle manière avait été assurée la subsistance de tant de bouches, dont le chiffre devait dépasser deux millions par jour. Ici, encore, il faut rendre hommage aux efforts intelligents du ministère Palikao, dont deux membres, MM. Henri Chevreau et Clément Duvernois, se dévouèrent avec une activité prodigieuse à cette tâche colossale, et réussirent à accumuler très rapidement

---

1. *La Guerre franco-allemande*, 2ᵉ partie, page 44.
2. *Enquête parlementaire*, rapport Chaper. — Déposition du général Ducrot.

dans les murs de la cité menacée une si grande quantité de vivres de toute espèce que, dès le milieu de septembre, Paris put envisager sans trop d'effroi la perspective d'un blocus de plusieurs mois.

A peine arrivé au ministère du commerce, le 9 août, M. Clément Duvernois avait institué une commission supérieure des approvisionnements, dont il prit en personne la direction, et qui se mit à l'œuvre immédiatement. Son délégué, le sous-intendant Perrier, passa des marchés de gré à gré avec des commerçants, pour se procurer des blés, des farines, du vin, du sucre, du café et des salaisons ; on fit entrer dans Paris d'énormes troupeaux de bœufs et de moutons[1], et on réquisitionna sur place tout ce que les environs mêmes de la ville pouvaient fournir. « Dans l'espace de trente-cinq jours, dit à ce sujet M. Jacqmin, du 15 août au 19 septembre 1870, date de la cessation du service des lignes de Bretagne et de Normandie, la Compagnie de l'Ouest a fait entrer dans Paris 14,982 wagons chargés de 72,442 tonnes de farines, grains, fourrages, denrées coloniales, et 67,716 têtes de bétail[2]. »

C'était là certainement tout ce qu'on pouvait faire. Malheureusement le Comité des subsistances du gouvernement de la Défense nationale ne montra pas à beaucoup près la même fermeté de vues que son prédécesseur. Il laissa gaspiller le pain au début du siège[3], et négligea certaines ressources que présentaient encore des villages de la banlieue non exploités. Malgré tout, la défense put se prolonger, comme on sait, jusqu'à la fin de janvier, et ceux qui ont assuré l'existence matérielle, précaire ou non, de tant de monde, pendant plus

---

1. Une consommation peu réglée, puis les maladies et les privations ne tardèrent pas à rendre vaine cette précaution. Dès le milieu de novembre, il fallait remplacer bœuf et mouton par de la viande de cheval.
2. F. Jacqmin. *Les Chemins de fer pendant la guerre*, page 155.
3. La ration journalière était maintenue au début du blocus au taux énorme de 1 kilo par jour ; l'administration de la guerre, qui avait à subvenir aux besoins de plus de 300,000 rationnaires, dut céder à la population civile, dans les derniers jours du siège, 73 jours de pain.

de quatre mois du plus rigoureux blocus, ont accompli un tour de force dont la patrie doit leur être reconnaissante et que l'histoire ne saurait oublier.

Matériel d'artillerie, armement, munitions. — Au début de l'investissement, la place et les forts de Paris se trouvaient pourvus d'une énorme quantité de pièces de tous modèles et de tous calibres, dont beaucoup, il faut bien le dire, étaient hors d'état de lutter avec avantage contre le matériel allemand. L'amiral Rigault de Genouilly, avec une décision et une rapidité surprenantes, avait, aussitôt après les premiers désastres, fait venir à Paris environ 200 pièces de la marine; en même temps, le général de Palikao tirait des arsenaux du territoire tout ce qui était utilisable, en sorte que le 16 septembre l'armement d'artillerie de la place comptait exactement 2,627 bouches à feu de place et de siège, se décomposant ainsi :

Sur les remparts: 805 pièces, dont 198 de gros calibre (19 et 16 de marine, et 24 rayées de place) ;

Dans les forts : 1,389 pièces (*id.*);

Dans les ouvrages avancés : 433 pièces.

C'était beaucoup, mais on manquait de canons à chargement rapide. Ce fut l'industrie privée qui les créa, pour la plus grande partie ; ses ateliers et ceux de l'État fournirent 250 pièces de 7 (système Reffye) se chargeant par la culasse, et un nombre considérable de mitrailleuses de tous modèles. M. Dorian, ministre des travaux publics, déploya dans cette circonstance la plus remarquable activité.

Quant à l'armement de l'infanterie, il se composait de 200,000 fusils modèle 1866 (Chassepot) et de près de 350,000 fusils et carabines de modèles divers (fusils à tabatière, Sniders, Remington, etc.). On avait reçu, dans le courant d'août, une quantité considérable de poudre, envoyée par les cartoucheries de province, et l'on put, grâce au concours de l'industrie privée, recompléter constamment l'approvisionnement de cartouches qui se montait, au début du siège, à 90 millions pour fusils modèle 1866, à 32 millions pour les autres. De même, on fit fabriquer sans interruption des gargousses et des obus, en sorte que jamais on n'eut à craindre de manquer de munitions.

C'est encore l'industrie privée, dirigée par des officiers compétents, qui créa les wagons et les locomotives blindés dont il a été tant parlé, mais qui malheureusement ne rendirent que peu de services. C'est elle enfin qui permit de conserver, malgré la rigueur de l'investissement, des relations assurément précaires, mais néanmoins précieuses, avec le reste du pays, au moyen de communications aériennes.

Communications aériennes. — Au commencement d'octobre, le général Trochu, sur la proposition du directeur général des postes, décida que des ballons montés partiraient régulièrement de la ville investie, pour essayer de la maintenir en relations avec le reste du pays. Comme on manquait d'aéronautes de profession, on fit appel au dévouement des marins, et M. Eugène Godard, assisté de quelques maîtres d'aérostation, en particulier MM. Yon et Dartois, fut chargé d'organiser à la gare d'Orléans une école où ces apprentis navigateurs de l'air recevraient les éléments des connaissances techniques qui leur étaient indispensables pour accomplir leur périlleuse mission.

Le nombre total des aérostats lancés pendant le siège a été de 65 ; ils ont emporté 164 voyageurs, 381 pigeons et 2,500,000 lettres, pesant en tout près de 10,000 kilogrammes. 29 d'entre eux étaient montés par des marins, à qui on remettait 500 francs lors du départ, et qui, leur mission accomplie, devaient chercher à rentrer, ou regagner, en cas d'impossibilité, le port le plus voisin. On n'en connaît qu'un seul qui se soit perdu corps et biens, le *Jacquard*, parti le 2 novembre de la gare d'Orléans et monté par le matelot Price ; il parut le lendemain au-dessus de Plymouth, puis disparut dans l'Océan sans qu'on ait jamais pu savoir ce qu'il était devenu. La plupart atterrirent sans encombre, soit à l'étranger, soit dans les parties de territoire non envahies. Trois seulement furent capturés par l'ennemi, mais les dépêches qu'ils portaient furent sauvées par le courage et la présence d'esprit de ceux qui les montaient. Comme d'autre part les Allemands avaient commandé à l'usine Krupp des appareils spéciaux destinés à tirer verticalement sur les ballons, et que M. de Bismarck venait d'annoncer qu'il ferait passer par les armes leurs passagers considérés comme espions, le gouvernement décida, le 18 novembre, que les aérostats ne partiraient plus que de nuit.

Il en est deux particulièrement, le *Tourville* et le *Bayard*, qui purent rendre au gouvernement de signalés services; partis les 27 et 29 novembre, ils atterrirent sans incident, et leurs matelots, Mouttet, du fort de Noisy, et Réginensi, du fort de Montrouge, réussirent à rentrer à Paris, où ils apportèrent des nouvelles de la Délégation de Bordeaux.

Les pigeons voyageurs furent également utilisés; toutefois, l'organisation encore mal assurée de leur service ne donna pas tout ce qu'on en attendait. Ce mode de communication était d'ailleurs absolument improvisé, et rien n'avait été préparé d'avance pour son exploitation, appelée probablement, dans l'avenir, à un grand développement.

Organisation et division du commandement. — Il nous reste à voir maintenant, pour achever ce tableau rapide de la situation politique et militaire de Paris, comment était réparti le commandement supérieur de ses forces, de ses ouvrages et de ses remparts.

Le général Trochu, on l'a déjà vu, cumulait les fonctions de commandant en chef et de président du gouvernement. Il présidait en outre le *Conseil de défense*, composé du maréchal Vaillant, de l'amiral Rigault de Genouilly, d'un certain nombre de généraux et de députés[1], et chargé spécialement de ce qui avait trait à la mise en état de défense de la place. Le généralissime était assisté d'un chef d'état-major, le général Schmitz, qui eut, à partir du 2 décembre, rang de major général[2], du commandant supérieur de l'artillerie, général Guiod, et du commandant supérieur du génie,

---

1. Le Conseil de défense avait été institué avant la révolution du 4 Septembre. Il comptait 21 membres en tout.
2. Le *major général* est le chef d'état-major d'un groupe de plu-

général de Chabaud-Latour. Le vice-amiral de la Roncière Le Noury commandait les troupes de la marine.

Sur un avis du Conseil de défense, en date du 22 août, l'intérieur de Paris et l'enceinte avaient été divisés en *neuf secteurs*, dont chacun était placé sous les ordres d'un officier général de la guerre ou de la marine, et doté d'un état-major. Mais, au-dessous de ces commandants de secteurs, on avait créé des commandements de groupes de forts, au nombre de quatre. C'étaient :

1° *Les ouvrages de Saint-Denis et d'Aubervilliers*, général Carey de Bellemare ;

2° *Les forts de l'Est* (Romainville, Noisy et Rosny), contre-amiral Saisset ;

3° *Les forts du Sud* (Montrouge, Bicêtre et Ivry), vice-amiral Pothuau ;

4° *Vincennes* (avec Nogent, Charenton, Gravelle et la Faisanderie), contre-amiral Ribourt.

Seuls, les forts de Vanves, d'Issy et du Mont-Valérien constituaient des commandements indépendants.

Enfin, il existait des commandements latéraux, exercés par les différents commandants de corps d'armée, et par les commandants des armées, quand celles-ci furent organisées plus tard.

On peut juger de la complication qu'amenait dans la transmission des ordres et l'exécution d'une opération quelconque un système aussi encombré de rouages divers. La moindre affaire prenait des proportions énormes, et « nécessitait l'intervention d'une multitude d'autorités indépendantes. Le déplacement d'une pièce sur les remparts, ne fût-ce que de quelques mètres, n'était possible que par l'accord du commandant des troupes, de celui du secteur, de celui de l'artillerie et de celui du génie [1]. » Si l'on ajoute à cela l'innombrable quantité d'officiers de toutes armes (armée, mobile, garde nationale) et de tous grades qui encombraient les états-majors, paradaient en aiguillettes et faisaient des escortes des généraux de véritables escadrons, on pourra

---

sieurs armées. Il est susceptible d'être maintenu en activité sans limite d'âge, ou d'être élevé à la dignité de maréchal de France.

1. Commandant BONNET, *Guerre franco-allemande*, livre II, page 26.

se rendre compte de la somme de forces vives qui a été gaspillée par négligence ou par faiblesse, et combien l'organisation supérieure du commandement laissait à désirer.

PREMIÈRES OPÉRATIONS.

I. — Combat de Montmesly (17 septembre).

Revenons maintenant aux opérations militaires, qu'il a fallu abandonner pour cette longue, mais indispensable digression. Nous avons laissé la IIIe armée allemande, à la date du 16 septembre, dans les positions suivantes :

2e division de cavalerie, à Brie-Comte-Robert ;
VIe corps, à Meaux ;
V^e corps, à Tournan ;
IIe corps bavarois, à Moissy-Cramayel.

Le 17, ces trois corps reprirent leur marche, couverts en avant par la 2e division de cavalerie, et sur leur flanc gauche par la 10e brigade (4e division) de cavalerie. Ils devaient s'avancer dans la direction du sud-ouest ; le Ve corps, qui marchait au centre, avait pour mission spéciale de protéger l'établissement d'un pont à Villeneuve-Saint-Georges, de faire franchir la Seine à une partie de ses troupes et de cantonner sur les deux rives aux environs de ce point.

La brigade d'avant-garde (la 17e) vint, dans la matinée, prendre position à Limeil et plaça des avant-postes dans les premières maisons de Mesly ainsi que dans les deux fermes de l'Hôpital et de la Tour. C'est là qu'elle se heurta à la brigade Daudel (division d'Exéa), du 13e corps, qui de son côté arrivait à Mesly. Le général Vinoy, ayant appris en effet que des denrées accumulées au château du Piple, près Boissy-Saint-Léger, n'étaient pas encore rentrées dans la place, avait songé à aller les y chercher et à se renseigner en même temps sur les mouvements de l'ennemi qui s'approchait. En conséquence, il avait envoyé dans cette direction la division d'Exéa[1], avec le 1er régiment de chasseurs et quatre

---

1. La division d'Exéa était campée dans le bois de Vincennes.

batteries dont une de mitrailleuses. « La colonne atteignit Créteil sans difficulté, n'ayant rencontré sur son chemin qu'une bande de nos maraudeurs armés qui cherchait à s'emparer d'une ferme et que la cavalerie avait dispersée à coups de plat de sabre[1]. » Là, comme on apercevait au loin les colonnes allemandes, longeant les hauteurs de Limeil, la brigade Daudel fut dirigée avec précaution vers la colline du Montmesly, tandis que la brigade Mattat restait en réserve à Créteil. Le régiment des chasseurs s'établit sur la route de Boissy-Saint-Léger, au nord-ouest de Bonneuil, et l'artillerie se plaça partie face au nord, partie face à l'est.

Il était un peu plus de deux heures quand celle-ci ouvrit son feu, auquel répondirent incontinent une batterie du V° corps, postée près de Valenton, puis une autre, arrivée au nord-est de Limeil. Soutenues par ces feux, neuf compagnies prussiennes dessinèrent alors contre le Montmesly un mouvement enveloppant que nos jeunes soldats accueillirent avec une contenance assez ferme. L'exemple donné par les généraux d'Exéa et Daudel, « qui restèrent constamment à cheval au milieu des tirailleurs [2] », triompha de leur premier malaise, et avec l'appui des mitrailleuses « dont le tir semblait produire un effet considérable [3] », ils purent tenir leurs adversaires en respect.

Mais le général Vinoy, présent sur le lieu de l'action, apercevait distinctement de grosses colonnes ennemies qui défilaient vers le sud. Jugeant que l'opération sur le château du Piple n'était plus possible, que sa reconnaissance offensive l'avait suffisamment renseigné, et que tenir plus longtemps serait exposer ses troupes à être enveloppées, il donna le signal de la retraite et se replia sur Créteil. Malgré une légère panique, le mouvement s'exécuta dans de bonnes conditions, et, à cinq heures du soir, la division d'Exéa regagnait ses bivouacs, ayant 57 hommes hors de combat. L'ennemi avait, de son côté, subi une perte équivalente.

1. Général Vinoy, *Siège de Paris*, page 136.
2. Général Ducrot, *La Défense de Paris*, tome 1er, page 12
3. Général Vinoy, *loc. cit.*, page 139.

L'émotion causée dans Paris par cette première escarmouche ne dura que quelques heures. Mais les gardes nationaux qui montaient la faction sur les remparts de l'est ne parvinrent pas à calmer aussi vite la surexcitation produite en eux par l'odeur de la poudre, qu'ils n'avaient respirée cependant que de fort loin. Ils accueillirent les soldats de la brigade Daudel par une fusillade qui atteignit trois hommes, et pendant toute la nuit tiraillèrent au hasard. On, ne trouva d'autre moyen, pour avoir raison de ces forcenés, que de leur retirer leurs cartouches. Un pareil début n'était guère rassurant[1].

Pendant ce temps, le reste de la IIIe armée avait gagné du terrain en avant. Le VIe corps était venu de Meaux à Noiseau, Pontault et Roissy. Le IIe bavarois, passant la Seine à Corbeil sur un pont jeté par lui, laissait dans cette ville la 4e division, et poussait la 3e jusqu'à la rive droite de l'Orge, à Villemoisson, Saint-Michel et Brétigny. Il barrait en ce dernier point le chemin de fer de Paris à Orléans. En deuxième ligne, l'armée avait le Ier corps bavarois à Orbais, le XIe corps à Dormans, les Wurtembergeois à Nanteuil-le-Haudoin. Par suite, le 17 septembre au soir, la IIIe armée était maîtresse de deux points de passage importants de la Seine (Villeneuve-Saint-Georges et Corbeil). Elle occupait de plus les pentes nord-ouest du plateau de Brie, et jetait ses avant-postes entre la Seine et la Marne, depuis Champigny jusqu'à Choisy-le-Roi, par Ormesson, tandis que ceux de *l'armée de la Meuse* tenaient déjà Pontoise et Écouen. La seule voie ferrée qui restât disponible était la ligne de l'Ouest.

Journée du 18 septembre. — Le lendemain 18, l'ennemi acheva de franchir la Seine et se porta sur les deux rives de la Bièvre. A droite, le Ve corps marchait sur Versailles par Ablon, Wissous et Massy. Le VIe corps, qui servait en quelque sorte de pivot et de point d'appui à ce mouvement, resta sur les hauteurs qui vont de Limeil à Boissy-Saint-Léger, et n'envoya sur la rive

---

1. Général Vinoy, page 143.

LES PREMIERS COMBATS 83

gauche de la Seine qu'une seule brigade, à Villeneuve-le-Roi. Quant à la 2ᵉ division de cavalerie, elle poussa jusqu'à Saclay ; après quelques escarmouches auprès d'Antony, de Petit-Bicêtre et de Sceaux, elle lança des escadrons jusqu'à Versailles et des patrouilles vers Chevreuse. Là fut capturé un convoi de vivres destiné à Paris et que protégeait une compagnie de garde nationale. A Versailles, on trouva les portes fermées et des gardes nationaux qui déclarèrent « ne vouloir se rendre qu'à une troupe plus considérable[1] » ; force fut donc de rebrousser chemin.

Cependant le général Ducrot, informé par le capitaine Faverot, qui commandait une des reconnaissances ayant eu affaire à cette division, que le mouvement des masses allemandes s'accentuait par le sud, avait donné l'ordre à la brigade de Bernis de pousser les escadrons dans le bois de Verrières, afin de pouvoir observer le mouvement de plus près. Le 15ᵉ régiment de marche, avec deux compagnies de chasseurs, devait lui servir de réserve au Plessis-Piquet. Mais à peine les têtes de colonnes de cette brigade avaient-elles dépassé le Petit-Bicêtre, qu'elles se heurtaient à l'avant-garde de la 18ᵉ brigade prussienne (Vᵉ corps), formée par un régiment d'infanterie (le 47ᵉ), deux escadrons de dragons et une batterie. Nos cavaliers furent obligés de se replier sur Châtillon. Les fantassins prussiens, poursuivant leur marche, arrivèrent alors au Petit-Bicêtre ; là ils trouvèrent devant eux les avant-postes du 14ᵉ corps, qui garnissaient la lisière sud des bois de Meudon et de Clamart. Une vive fusillade s'engagea ; l'ennemi, accentuant son offensive, parvint à s'emparer de la ferme de Dame-Rose, très faiblement défendue d'ailleurs, quoi qu'en dise la *Relation allemande,* par les zouaves de marche de la division de Caussade, et y fit une soixantaine de prisonniers[2]. Mais il ne put s'y maintenir, pas plus qu'à la ferme de Trivaux, qu'il avait également occupée, et il dut évacuer ces deux points « devant l'of-

---

1. *La Guerre franco-allemande*, 2ᵉ partie, page 59.
2. Général Ducrot, *loc. cit.*, tome Iᵉʳ, page 19.

fensive dessinée par une forte colonne appuyée d'artillerie qui débouchait du bois de Meudon[1]. » Il avait perdu une dizaine d'hommes en tout.

Ce ne fut pas là la seule résistance que rencontrèrent les Allemands dans leur marche enveloppante. Ils eurent souvent affaire à des partisans hardis et déterminés, qui, par suite de toute absence de direction d'ensemble, ne pouvaient malheureusement fournir que des efforts incohérents, mais dont néanmoins les bandes courageuses harcelèrent sans relâche la cavalerie ennemie, non sans lui infliger de cruelles pertes. C'est ainsi que le 17, tout un peloton, qui cherchait à rallier du côté de Fontainebleau la 4° division de cavalerie, avait été enlevé par les paysans et les francs-tireurs[2]. De même, le 18, les patrouilles de la 10° brigade de cavalerie furent arrêtées près de Courance et du Ruisseau, et obligées de rétrograder, en laissant pas mal des leurs sur le terrain. Il est certain que cette guerre de chicane, bien dirigée et bien coordonnée, aurait dû causer aux envahisseurs le plus grand préjudice. Mais qui alors pouvait l'organiser ?

Positions des Allemands le 18 au soir et le 19 au matin. — Quoi qu'il en soit, le 18 au soir, le V° corps d'armée avait pris pied sur le plateau de Châtillon. Un bataillon du 47° occupait le Petit-Bicêtre, organisé défensivement, tenait le bois du Loup-Pendu et avait ses avant-postes à Villacoublay. Les deux autres bataillons de ce régiment étaient à Malabry et à l'Abbaye-aux-Bois, en cantonnement d'alerte. L'autre régiment de la 18° brigade était installé à Bièvre et Igny. Enfin, le reste du V° corps s'échelonnait jusqu'à Palaiseau, où se trouvait la 10° division avec l'artillerie du corps. Quant au II° corps bavarois, il tenait la droite du V°; ses diverses fractions s'échelonnaient également en profondeur depuis la ligne des avant-postes, allant de la Croix-de-Berny à la ferme de la Belle-Epine, jusqu'à Montlhéry. C'étaient là des dispositions judicieuses et

---

1. *La Guerre franco-allemande.* 2° partie, page 61.
2. *Ibid.*, page 59.

prudentes, qui assuraient, en cas d'attaque, une longue succession d'éléments de résistance. Leur seul inconvénient était de présenter quelques difficultés pour la reprise de la marche du lendemain; encore ces difficultés étaient-elles plus apparentes que réelles, étant donnée la multiplicité des routes qui sillonnent cette partie de la banlieue de Paris.

De son côté, l'armée de la Meuse s'était sensiblement rapprochée de son objectif. La 6ᵉ division de cavalerie, franchissant l'Oise sur le pont jeté à Pontoise, avait gagné Poissy, laissant la place à la 5ᵉ. Le XIIᵉ corps (saxon) atteignait Claye; il devait, le lendemain, en jetant des ponts vers Chelles, sur la Marne, donner la main à la droite de la IIIᵉ armée. La Garde arrivait à Mitry, le IVᵉ corps à Dammartin; la cavalerie était chargée d'opérer la jonction avec la gauche du Prince royal.

On voit que le cercle d'investissement était bien près de se fermer complètement. C'était, pour le moment, le seul but auquel tendît l'état-major allemand, qui n'ignorait pas combien une attaque brusquée contre la capitale aurait eu, malgré la médiocre qualité des troupes de la défense, peu de chances de réussir, et qui espérait même que, sous la pression du blocus, la population parisienne ne tarderait pas à exiger impérieusement la capitulation[1]. D'ailleurs, en l'état actuel des affaires, il eût été assez empêché d'agir autrement, et il ne s'en cache pas. Certes, il n'hésitait nullement devant la solution violente et barbare d'un bombardement; mais pour cela il lui eût fallu des pièces de gros calibre, et la seule voie ferrée dont il pût se servir pour les amener était commandée par la place de Toul, qui tenait toujours; elle était de plus coupée au tunnel de Nanteuil-sur-Marne, qui ne se pouvait rétablir en un jour. C'était donc faute de pouvoir mieux faire jusqu'à nouvel ordre que M. de Moltke se résignait aux fastidieuses péripéties d'un blocus. Il entendait toutefois que celui-ci fût fermé le plus tôt possible, et tenu avec une implacable rigueur.

---

1. *La Guerre franco-allemande,* 2ᵉ partie, page 48.

Les troupes allemandes se hâtèrent donc de terminer leur marche. Le 19, une patrouille du 3ᵉ uhlans franchit la Seine, à Triel, sur un bac, et se dirigea vers Chevreuse, pour y joindre la IIIᵉ armée ; le chemin de fer de l'Ouest, dernière liaison de Paris avec la province, fut coupé, ainsi que le télégraphe, et un pont établi pendant la nuit[1]. Le XIIᵉ corps atteignait Chelles et Sevran. Le IVᵉ, arrivé à Roissy, Le Thillay et Boucqueval, envoyait, vers onze heures et demie, une de ses brigades sur Montmagny, Villetaneuse et Pierrefitte, afin de refouler vers Saint-Denis les troupes françaises qui occupaient ces villages. Cette brigade ne trouva devant elle que de faibles détachements, qui, bien que barricadés, durent se retirer sous la protection du canon des forts. De son côté, la Garde était arrivée à Arnouville, Garges et Dugny ; son bataillon de chasseurs occupa Stains « après une légère escarmouche[2] », tandis que la cavalerie patrouillait dans la plaine du Bourget. Quant au XIIᵉ corps, il avait vu un de ses pelotons envoyé dans Bondy délogé par nos soldats. En somme, les avant-postes de l'armée de la Meuse avaient atteint leurs positions de blocus, et, dans la soirée du 19, l'investissement se trouvait complet sur les faces nord et est de la capitale.

II. — Combat de Châtillon.

Sur les autres, les Allemands n'étaient pas aussi avancés, par suite de la longue marche de flanc qu'ils avaient dû exécuter, et qui aurait pu leur être si fatale. Le 19, le Vᵉ corps devait gagner Versailles ; l'une de ses divisions, la 10ᵉ, par la vallée de la Bièvre, l'autre par le plateau, c'est-à-dire par Bièvre et la ferme de l'Hôtel-Dieu. Mais au moment où, vers six heures du matin,

---

1. Il paraîtrait que ce pont ne fut terminé aussi tard que grâce à la présence d'esprit et au courage de l'éclusier d'Andrésy, qui ouvrit le barrage en amont pendant qu'on le construisait. (Gustave Desjardins, *Tableau de la Guerre des Allemands dans le département de Seine-et-Oise*, Paris, Cerf et Cⁱᵉ, 1882, page 12.)
2. *La Guerre franco-allemande*, 2ᵉ partie, page 55.

les grand'gardes de ce corps, qui, du Petit-Bicêtre et de Villacoublay, avaient tiraillé presque toute la nuit avec les avant-postes du 14ᵉ corps français, allaient s'ébranler, elles furent attaquées par des forces supérieures et obligées d'en venir aux mains.

En effet, le général Ducrot, nommé le 16 septembre au commandement supérieur des 13ᵉ et 14ᵉ corps [1], avait énergiquement insisté pour qu'on ne laissât pas l'adversaire accomplir sans encombre son dangereux mouvement. Il considérait comme une nécessité de premier ordre de faire occuper par les troupes de la défense le plateau de Montretout-Châtillon, et jugeait avec raison que c'était favoriser trop complètement le jeu de l'ennemi que de lui abandonner sans conteste des positions qui dominaient à bonne portée les forts de Vanves, d'Issy et une partie de l'enceinte. D'ailleurs, nous avions là des ouvrages en cours d'exécution, dont il fallait à tout prix, suivant lui, protéger l'achèvement ; par suite, l'obligation s'imposait de prendre pied solidement sur leurs avancées. Bien que le général Trochu, dans son peu de confiance en la solidité des troupes, fût d'un avis contraire, et insistât pour que les positions extérieures fussent abandonnées au profit de la ligne des forts, l'opinion du général Ducrot avait fini par l'emporter, et ce dernier avait, dès le 17, donné l'ordre au 14ᵉ corps de se concentrer sur les pentes nord du plateau de Châtillon, d'occuper les villages de Fontenay-aux-Roses, Clamart et la redoute inachevée, de les

---

[1]. Le général Ducrot, autorisé, après Sedan, à se rendre à Pont-à-Mousson, s'était présenté là à l'autorité allemande ; puis profitant de ce que celle-ci ne le faisait pas garder, il s'était considéré comme libre de tout engagement et avait pris la direction de Paris, où il arriva le 15 septembre. Le général Trochu, qui avait pour lui une vieille amitié, le nomma dès le lendemain au commandement supérieur des 13ᵉ et 14ᵉ corps, au mépris des droits du général Vinoy, son ancien par l'âge, le grade et les services. Ce dernier, profondément blessé, offrit d'abord sa démission, mais la retira bientôt, sur les instances du ministre et du gouverneur lui-même. D'ailleurs, l'exécution de l'organisation projetée ne fut jamais observée, et il fut convenu, pour sauvegarder des susceptibilités respectables, que le 13ᵉ corps, campé à Vincennes, tandis que le 14ᵉ était à Châtillon, conserverait son indépendance tant que les deux corps ne seraient pas réunis pour un but commun.

organiser défensivement, et de construire sur leurs abords des épaulements de batterie.

Le 18, complètement renseigné sur la marche des colonnes ennemies par les reconnaissances et les escarmouches dont il a été question plus haut, il avait demandé à nouveau l'autorisation de tomber sur leur flanc, et de les attaquer avec vigueur avant qu'elles aient pu se réunir. Cette fois encore, le gouverneur fit des réserves. Il consentait bien à ce qu'on esquissât un mouvement offensif, mais seulement pour tâter l'adversaire, et encore avec circonspection ; il jugeait inutile et dangereux de s'engager à fond. Le général Ducrot, qui avait sur lui une certaine influence, due à une très ancienne camaraderie, fit tant et si bien qu'il finit par obtenir gain de cause, et fut laissé libre d'agir comme il l'entendrait.

Aussitôt il donna ses ordres, et mit en mouvement le 14° corps, le 19 septembre, à cinq heures du matin. Ce corps devait marcher en trois colonnes :

A droite, la division de Caussade, précédée par ses compagnies franches, partit de Clamart où elle laissa ses sacs, longea, en colonne serrée par division, la lisière sud des bois de Meudon, et se dirigea sur Villacoublay, Grange-Dame-Rose, enfin Velizy. Elle était couverte sur son flanc droit par le régiment des zouaves de marche, qui venait de Meudon sur Grange-Dame-Rose.

A gauche, la division d'Hugues, laissant également ses sacs près de la redoute de Châtillon, marcha, massée comme la division de Caussade, le long et au sud de la grande route de Versailles, dans la direction de Petit-Bicêtre et du bois de Verrières. Sa gauche était couverte par le 15° de marche (de la division Caussade) établi dans le parc Hachette et le village de Plessis-Piquet.

Au centre, marchaient la cavalerie et l'artillerie. Les 14 escadrons de la brigade de Bernis formaient six colonnes, celle des ailes ayant chacune quatre escadrons, les autres un ou deux, et laissant entre elles un espace suffisant pour que l'artillerie (12 batteries) qui s'y trouvait, pût, le cas échéant, se porter en avant. Cette dernière avait d'ailleurs pour mission, aussitôt que les têtes de colonnes auraient atteint Villacoublay et le Petit-Bicêtre, de couronner les crêtes du plateau et de canonner la vallée de la Bièvre, suivie par l'ennemi.

Enfin, *en réserve*, la division de Maussion occupait Bagneux, pour surveiller les débouchés de la vallée ; un de ses bataillons gardait Fontenay-aux-Roses, un régiment tenait la redoute de Châtillon, armée pendant la nuit de 8 pièces de 12. Deux batteries de campagne (commandant de Miribel) étaient postées sur l'éperon à l'est de Fontenay-aux-Roses.

Début de l'action. — Il faisait un brouillard épais, en sorte que les avant-postes ennemis ne soupçonnèrent pas l'arrivée de nos colonnes et furent surpris par les premiers coups de feu tirés par les compagnies franches. Ils évacuèrent en hâte le Pavé-Blanc, et se réfugièrent dans une tuilerie construite un peu en arrière. Le 7e bataillon de mobiles de la Seine, qui marchait avec la division d'Hugues, les en chassa et jeta à leur suite « des nuées de tirailleurs dans le bois de Verrières[1] ».

A ce moment, notre artillerie se déployait, par groupes successifs, entre la Pointe-de-Trivaux et le Pavé-Blanc. Une batterie prussienne, postée à l'ouest du Petit-Bicêtre, essaya de lui répondre ; elle perdit trois de ses pièces et ne put se retirer que sous la protection d'une autre batterie envoyée au galop par le général qui commandait la 9e division[2]. Notre artillerie, profitant de sa supériorité manifeste, concentra alors ses feux sur le hameau du Petit-Bicêtre et obligea le 47e prussien à l'évacuer. Ce régiment avait, aux premiers coups de feu, porté ses trois bataillons en ligne dans la garenne de Villacoublay, sur la lisière du bois de Verrières et au Petit-Bicêtre. Délogé de ce dernier point, il tenait encore dans les deux autres ; embusqué dans les fossés de la route, il se cramponnait au terrain et tenait tête au premier régiment de la division d'Hugues, qui at-

---

1. *La Guerre franco-allemande*, 2e partie, page 65.
2. *Ibid.*, pages 64 et 65.

taquait cependant avec vigueur. Mais sa situation devenait plus critique de minute en minute, et il allait être finalement rejeté en désordre vers le sud quand l'arrivée de l'avant-garde du II⁰ corps bavarois vint lui apporter un secours dont il avait grand besoin.

Les troupes de ce corps d'armée s'étaient mises en route dès l'aube pour gagner les positions indiquées par l'ordre d'investissement: La 6ᵉ brigade (3ᵉ division), avec 2 batteries et un régiment de chevau-légers, devait se porter de Longjumeau, par Bièvre, sur le Petit-Bicêtre, et y remplacer les éléments du V⁰ corps. Le reste de la 3ᵉ division avait ordre de venir de Wissous, par le pont d'Antony, sur le plateau de Sceaux. La 4ᵉ division et la brigade de uhlans, laissées en deuxième ligne, devaient prendre position près du pont d'Antony et à Fresnes-lès-Rungis[1].

Mais, au moment où la tête de colonne de la 6ᵉ brigade, arrivant près d'Igny, se croisait (preuve que les ordres n'avaient point été parfaitement donnés) avec des troupes du V⁰ corps en marche sur Versailles[2], elle entendit l'écho d'une vive canonnade. En même temps, un officier prussien accourait prévenir son chef, le colonel de Diehl, de la situation des affaires, et celui-ci s'empressait de donner l'ordre à ses bataillons d'entrer en ligne dans le bois de Verrières, au fur et à mesure qu'ils atteindraient l'Abbaye-aux-Bois. Bientôt deux batteries bavaroises, gagnant les abords du Petit-Bicêtre, viennent joindre leur feu à celui des deux batteries prussiennes qui y sont déjà et qui tirent avec fureur, bien que l'une d'elles soit, comme on l'a vu, à moitié désemparée. Grâce à l'appui de ces forces nouvelles, le 47ᵉ prussien peut maintenant continuer sa résistance, et c'est en vain que le 19ᵉ de marche (division d'Hugues), dont un bataillon s'est avancé jusqu'à 300 mètres du Petit-Bicêtre et qui a jeté plusieurs compagnies dans le bois de Verrières, essaye de le déloger.

Il était sept heures et demie. Le brouillard avait com-

---

1. *La Guerre franco-allemande*, 2ᵉ partie, page 65.
2. *Ibid.*

plètement disparu, et les affaires de ce côté paraissaient, malgré tout, en bonne voie. Le 19ᵉ de marche, rassemblé et remis en main, renouvelait déjà son attaque, quand tout à coup l'ordre arriva au général d'Hugues de se replier sur ses positions du matin. Un incident fort grave venait, en effet, de se produire à notre aile droite, par lequel la face des choses était complètement changée.

Panique de l'aile droite. — La division de Caussade, arrivée à la ferme de Trivaux, avait lancé un régiment contre la Grange-Dame-Rose, un autre contre la garenne de Villacoublay. Au moment où ces troupes s'ébranlaient, les zouaves, qui gardaient la droite, et étaient massés vers la lisière des bois, reçurent quelques obus dont le sifflement les affola. Une panique soudaine, invincible, éclata dans leurs rangs ; la débandade la plus complète s'ensuivit, et tous ces conscrits, qui n'avaient des zouaves que l'uniforme, se sauvèrent jusque dans Paris, « en poussant de véritables hurlements[1] ». En vain le général Ducrot et ses officiers font-ils des efforts surhumains pour calmer cette frayeur honteuse ; rien n'y fait ; les compagnies sont rompues, les pelotons essaimés, et la foule des fuyards ne s'arrête que dans l'intérieur de l'enceinte, pour crier à la trahison et semer la terreur[2].

Un pareil exemple, donné à des troupes peu aguerries, ne pouvait être que contagieux. Il le fut trop, malheureusement. De tout le régiment de zouaves, on n'avait pu rallier que trois ou quatre cents hommes. Une partie la plus forte, fut groupée par le commandant du génie Lévy, et, sous la ferme autorité de cet officier supérieur, se maintint jusqu'au bout dans la redoute de Meudon. L'autre, sous les ordres du capitaine Jacquot, dont on lira plus tard la mort héroïque, défendit tant bien que mal le bois de Clamart, près du village de Fleury[3]. Mais les régiments de la division de Caussade restaient fortement impressionnés par cette triste déroute. Soumis à un feu très violent, le bataillon du 17ᵉ,

---

1. Général Ducrot, *loc. cit.*, tome 1ᵉʳ, page 29.
2. *Ibid.*, page 30.
3. *Ibid.*

qui a été lancé contre la garenne, ne peut pas tenir; là, en effet, viennent d'arriver, sur l'ordre du général de Sandrart, le régiment des grenadiers du roi, le 5ᵉ bataillon de chasseurs prussiens, deux escadrons de dragons et deux batteries, « lesquelles prenaient position des deux côtés de Villacoublay, tandis que le régiment des grenadiers s'étendait jusque dans la portion ouest du bois de Meudon[1]. » Le malheureux bataillon français recula en désordre; les autres troupes de la division de Caussade suivirent à la débandade, et le général Ducrot, jugeant que toute action offensive devenait impossible, voyant de plus l'ennemi gagner du terrain et menacer de tourner notre droite, dut se décider à la retraite[2].

Retraite du 14ᵉ corps. — Au moment où l'ordre en parvenait au général d'Hugues, le 19ᵉ de marche, nous l'avons vu, venait de reprendre l'attaque, mais sans succès. Il dut alors abandonner les bois de Malabry, laissant aux mains de l'ennemi une compagnie tout entière, dont presque tous les hommes étaient blessés[3]. Tout ce que nous avions de soldats dans le bois de Verrière recula sur le Pavé-Blanc, pressé par les Bavarois, puis de là sur Châtillon. Le 13ᵉ de marche, posté au Plessis-Piquet, arrêta la poursuite par ses feux[4]. La retraite, commencée vers huit heures, s'effectua sous la protection de l'artillerie, qui avait maintenant affaire à neuf batteries prussiennes ou bavaroises, arrivées sur le plateau. Nos pièces se retirèrent par échelons et par la droite, couvertes par la brigade de Bernis qui se maintint inébranlablement sous le feu[5]; elles prirent quatre positions successives et empêchèrent ainsi le mouvement rétrograde de dégénérer en déroute.

Vers dix heures, elles arrivaient à hauteur de la redoute de Châtillon. A ce moment, le Vᵉ corps prussien était concentré autour de Villacoublay; le régiment de

---

1. *La Guerre franco-allemande*, 2ᵉ partie, page 67.
2. Général Ducrot, tome Iᵉʳ, page 31.
3. *Ibid.*, page 33
4. *La Guerre franco-allemande*, 2ᵉ partie, page 68.
5. *Ibid.*, page 67.

grenadiers du roi pénétrait dans le bois de Meudon et occupait la ferme de Trivaux ; l'artillerie, déployée entre ce point et le Pavé-Blanc, canonnait nos colonnes en retraite. A droite de cette ligne, le II⁰ corps bavarois, malgré la fusillade et les coups de canon dirigés sur lui par la division de Maussion, était parvenu à se déployer entre Malabry et Châtenay. Le général de Kirchbach jugea que, dans l'état actuel de la situation, les Bavarois pourraient se suffire à eux-mêmes, et fit reprendre à son corps d'armée, vers midi, la route de Versailles [1]. Toutefois, à la demande du colonel de Diehl, il laissa à Villacoublay, jusqu'à nouvel ordre, sa 18⁰ brigade avec deux escadrons et deux batteries.

Cependant, le 15⁰ de marche, qui n'avait pas reçu l'ordre de la retraite, tenait toujours dans le parc Hachette et Plessis-Piquet. D'autre part, l'intention du général Ducrot étant de se maintenir à tout prix à l'extrémité nord du plateau et dans la redoute de Châtillon, il avait fait renforcer l'artillerie de la redoute par trois mitrailleuses, trois batteries et ce qui restait des deux batteries à cheval [2], placées sur les glacis ou derrière des épaulements. Aux abords du télégraphe, six batteries et dix mitrailleuses étaient placées également, en sorte que les Allemands avaient encore une rude tâche à remplir, s'ils voulaient nous rejeter sur la ligne des forts. Le général de Hartmann, commandant le II⁰ corps bavarois, se décida néanmoins à l'attaque. Voyant que son artillerie était impuissante à réduire la nôtre et souffrait beaucoup de son action [3], il résolut de s'emparer d'abord de Plessis-Piquet, et lança son infanterie contre le village. Vers midi, les 5⁰ et 6⁰ brigades sortent des bois de Malabry et vont se masser à grand'peine, entre ce point et le Pavé-Blanc, sous la fusillade intense que dirige sur elles le 15⁰ de marche. Protégées par trois batteries, qui viennent se mettre au sud-est du Pavé-Blanc, et par deux pièces qui, du plateau à l'ouest

---

1. *La Guerre franco-allemande*, page 69.
2. Ces batteries avaient été fort éprouvées dans le combat de Petit-Bicêtre.
3. Général Ducrot, *loc. cit.*, tome 1ᵉʳ, page 40.

de Châtenay, canonnent le village, elles réussissent cependant, « après un engagement court et vif[1] », à s'emparer de notre poste avancé de Plessis-Moulin et se portent de là sur le parc Hachette. Mais, malgré les forces trois fois supérieures qui l'assaillent, malgré la menace dangereuse de se voir débordé et tourné par toute la 4e division bavaroise, massée maintenant aux environs de Sceaux, le brave 15e de marche, commandé par un officier énergique, le lieutenant-colonel Bonnet, tient bon. Il faut que le canon fasse brèche dans la muraille du parc pour que celui-ci soit pris, après une lutte acharnée; mais le village tient encore, et le colonel Bonnet le fait défendre pied à pied. Il craint cependant un enveloppement complet; vers deux heures, voyant ses hommes à bout de forces et son effectif fondre à vue d'œil, il se décide à envoyer demander des ordres au général Ducrot, qui lui prescrit de se retirer immédiatement sur la redoute. Il fait alors évacuer la position lentement, par échelons, et se met en retraite sur l'ouvrage de Châtillon, où il arrive à trois heures environ, avec ce qui lui reste de soldats[2].

Pendant que se passait ce glorieux épisode, notre artillerie, bien postée à la redoute et au télégraphe, n'avait pas cessé de canonner les assaillants, et les maintenait à distance. Une batterie bavaroise, qui s'était avancée jusqu'à la porte de Châtillon et tirait sur le cimetière voisin de la redoute, avait subi de telles pertes qu'elle reculait de plus d'un kilomètre. L'infanterie ennemie, qui voulait progresser dans la plaine au bord de la route, avait dû renoncer à son offensive; enfin, les batteries allemandes étaient forcées, pour la seconde fois de la journée, de cesser le feu[3]. A deux heures, elles avaient toutes rétrogradé jusqu'à la portée extrême de leurs pièces[4].

Les trois divisions d'infanterie abandonnent leurs positions. — La situation eût donc été bonne, et le gé-

1. *La Guerre franco-allemande*, 2e partie, page 72.
2. Général Ducrot, *loc. cit.*, tome Ier, page 46.
3. *Ibid.*, page 47.
4. *Ibid.*

néral Ducrot aurait pu conserver l'espoir de garder la redoute de Châtillon, comme il le voulait, si un concours de circonstances déplorables n'était venu bouleverser tous ses plans.

On se rappelle qu'après la débandade de la division de Caussade, la division d'Hugues avait reçu l'ordre de se retirer ; mais sa retraite, dégénérant trop vite en panique, venait de la rejeter en désordre sur les pentes de Bagneux et de Châtillon ; seul, le 21ᵉ de marche, avec une fraction du 22ᵉ, avait été maintenu en ligne par l'énergie du général Paturel et s'était massé dans un pli de terrain qui va du télégraphe à Fontenay-aux-Roses. De son côté, la division de Caussade, tourbillonnant en cohue, avait reculé jusqu'à Clamart, où le général Ducrot la croyait encore. Enfin, la division de Maussion devait toujours tenir Bagneux et Fontenay-aux-Roses, comme elle tenait par le 26ᵉ de marche la redoute et le cimetière de Châtillon.

Le général en chef, tout en comptant pouvoir conserver jusqu'au bout la redoute, avait jugé prudent de prévoir le cas d'une retraite définitive, et pendant le très rude combat d'artillerie dont il vient d'être question, il avait dicté à son chef d'état-major, le général Appert, un ordre en vertu duquel, *dans le cas où l'on serait obligé d'évacuer la position*, la 1ʳᵉ division (de Caussade) devrait aller se placer en arrière du fort d'Issy, la 2ᵉ (d'Hugues) derrière le fort de Vanves, la 3ᵉ (de Maussion) derrière le fort de Montrouge. L'ordre prévoyait même le cas où l'on serait obligé de rentrer dans Paris, et indiquait les routes à suivre pour s'y rendre. Mais cette reculade ne devait s'exécuter *que sur un ordre précis du général en chef*.

Tout à coup, comme l'offensive des Bavarois paraissait précisément arrêtée, le général Ducrot apprend, avec une colère mêlée de stupeur, que la division de Caussade a évacué Clamart et est rentrée dans Paris, découvrant ainsi l'aile droite[1]. Son général, « le même

---

1. Il ne restait de ce côté que quelques débris du 4ᵉ zouaves, réunis, comme on l'a vu, sous les ordres du commandant Lévy et du capitaine Jacquot.

qui, le 4 septembre, avait reçu la mission, dont il s'était si mal acquitté, de défendre le Corps législatif[1] », l'a accompagnée. Quelques instants plus tard, on vient dire au général Ducrot que la division de Maussion, qui couvrait sa gauche, a, elle aussi, abandonné ses positions de Bagneux et de Fontenay-aux-Roses, et s'est repliée sur le fort de Montrouge. Cette fois, c'est à n'y rien comprendre. La division de Maussion occupait des positions formidables ; elle n'a pas été attaquée et c'est à peine si l'artillerie bavaroise, postée à Sceaux, l'a inquiétée quelque peu. Que s'est-il donc passé? Hélas! un de ces faits regrettables, comme il s'en produit trop souvent dans les campagnes malheureuses, quand l'organisation hâtive des forces n'a pas pour correctif un fonctionnement suffisamment assis du haut commandement. Le général Appert, chef d'état-major, avait, sous le coup d'une crainte exagérée et *préalablement aux ordres donnés par le général Ducrot*, prescrit à la division de Maussion de battre en retraite. Puis, ces derniers une fois dictés, il avait oublié d'annuler les siens[2].

Le résultat de ce fâcheux malentendu était fort grave. Déjà découverts à droite, les défenseurs de la redoute l'étaient maintenant à gauche. Immédiatement, le général Ducrot fit réoccuper Fontenay-aux-Roses ainsi que le terrain qui va de ce village à la redoute, par le 21° de marche, de la brigade Paturel, seule force actuellement disponible. Mais, bien qu'à ce moment, le 15° de marche tînt encore dans Plessis-Piquet, ce n'était pas suffisant pour garantir les défenseurs du plateau d'un enveloppement qui devenait menaçant sur les deux ailes.

Le commandant en chef était en proie à une vive in-

1. *Enquête parlementaire*, 2° rapport Chaper.
2. Le général de Maussion, stupéfait d'un ordre qui lui faisait évacuer sans combat des positions magnifiques, demanda qu'il lui fût donné par écrit. Mais l'officier, venu de la part du général Appert, lui ayant dit que sa présence équivalait à un ordre écrit (assertion qu'aucun texte de règlement n'appuie), le général de Maussion se soumit à regret, et partit, emmenant avec lui les deux batteries du commandant de Miribel, qui, de leur admirable position, auraient pu, comme le dit le général Ducrot, « rendre de si grands services pendant le reste de la journée. »

quiétude. Il ne recevait du gouverneur, auquel il avait, vers midi, fait part de la situation, d'autre nouvelle qu'une dépêche signée du général Schmitz, « faisant appel à tous les sentiments de prudence », et le conjurant « de ne pas se laisser cerner ». Comprenant parfaitement, d'après ces instances, « que l'abandon des hauteurs de la rive gauche était chose décidée, arrêtée, non seulement dans l'esprit du gouverneur, mais encore dans celui de son entourage [1] », informé d'autre part, qu'il n'y avait pas une goutte d'eau dans la redoute ou à proximité, et que, par conséquent, il était impossible de s'y enfermer comme dans un réduit [2], il commença, la rage au cœur, à songer à l'abandon du plateau.

Abandon de la redoute de Châtillon. — Il ne pouvait cependant s'y décider tout à fait. Soumis à un feu violent d'artillerie, les Bavarois ne faisaient aucun progrès, et le combat avait dégénéré en une canonnade à grande distance; le 26° de marche, posté dans la redoute et le cimetière, faisait bonne contenance et saluait de ses salves vigoureuses les compagnies ennemies qui se trouvaient à côté de Plessis-Piquet ou de la porte de Châtillon. Dans ces conditions, et en prévision de l'arrivée du gouverneur, qui lui avait été annoncée, le général essayait de tenir encore. Mais voici que, tout à coup, on lui rend compte que les pièces de 12 n'ont presque plus de munitions; bientôt après, il aperçoit des signes d'inquiétude dans le 26°, que le sifflement des balles, tirées un peu en arrière et sur son flanc par le 21°, impressionne vivement...

Il est trois heures et quart; ni le gouverneur, ni aucun renfort ne se montrent. Le général Ducrot, à bout d'illusions, ordonne d'évacuer la position... Les troupes se replient vers Montrouge, avec les batteries du télégraphe et de Clamart, tandis que quelques hommes et les pièces restées dans la redoute font un feu d'enfer. La retraite s'effectua en bon ordre; malheureusement on dut laisser sur place, après les avoir en-

---

1. Général Ducrot, *loc. cit.*, page 48.
2. Le général avait donné l'ordre à l'intendance de faire transporter dans la redoute 60.000 rations de vivres.

clouées, les pièces de 12 de position, dont les avant-trains étaient rentrés dans Paris avec les batteries de campagne.

Ainsi prit fin le premier combat du siège de Paris qui, à vrai dire, et exception faite pour le 15° de marche, « ne fut qu'une longue et vigoureuse canonnade[1] ». Nos 76 pièces (68 sur le plateau, 8 dans la redoute) tirèrent dans cette journée 11,000 coups de canon. Mais le véritable engagement n'avait pas duré beaucoup plus d'une heure, et, par suite, les pertes étaient, de part et d'autre, peu élevées. Elles se chiffraient, de notre côté, par 723 hommes hors de combat, se décomposant ainsi :

    Officiers. . . . 4 tués, 28 blessés, 1 disparu.
    Troupe . . . . 94 tués, 535 blessés, 61 disparus.

Les Allemands avaient perdu 431 hommes :

    Officiers. . . . 8 tués, 11 blessés.
    Troupe . . . . 117 tués, 285 blessés.

« Malgré les quelques défaillances partielles qui se sont produites au début de la journée, le combat de Châtillon n'a rien que de très honorable pour les jeunes troupes qui y ont été engagées[2]. » Les 15° et 19° de marche, le 7° bataillon des mobiles de la Seine, qui ce jour-là même renomma tous ses officiers, se conduisirent très brillamment. L'artillerie a été admirable, et, somme toute, sans une série de circonstances fatales, dont la panique de la division de Caussade est peut-être la moindre, nous aurions pu conserver la redoute. Il est à noter au surplus que, quoi qu'en dise la *Relation allemande*, les Bavarois ne se sont pas emparés de celle-ci, et qu'ils n'y sont rentrés que plusieurs heures après notre départ[3].

Le malheur était que l'opération n'avait pas été menée avec la décision nécessaire pour la faire réussir. On a vu que l'idée tenace du général Trochu était de

---

1. Général Ducrot, *loc. cit.*, page 54.
2. *Ibid.*, page 62.
3. *Ibid.*, page 63 (en note).

s'en tenir à la stricte défense des forts et des remparts. Il ne croyait pas à la force tactique, absolument hors de conteste aujourd'hui, des positions avancées, et c'est pourquoi, s'il avait consenti, malgré lui, à laisser agir le général Ducrot, il ne fit rien pour le soutenir. Ainsi qu'il l'avait fait annoncer par son chef d'état-major, il s'était mis en route pour aller visiter le champ de bataille; mais, à la porte de Paris, il avait rencontré la division de Caussade qui rentrait en cohue, disant qu'on ne se battait plus, que toutes les troupes revenaient. Le général Trochu « s'était alors borné à faire l'inspection des remparts pour préparer la défense [1] ». Ses préoccupations en cette affaire ne dépassaient pas la personne du général Ducrot, car à 4 h. 40 il avait envoyé au commandant du fort de Vanves, une dépêche pour demander de ses nouvelles; ce fut le général Ducrot qui la reçut lui-même en y arrivant. Cet acte était d'un ami, point d'un généralissime.

Il résulta de ces dispositions particulières que le général Ducrot se trouva complètement livré à ses seules ressources pour exécuter, avec un corps d'armée dont certains éléments étaient douteux, une opération, qui, bien menée et énergiquement exécutée, pouvait être très préjudiciable aux Allemands. Les conséquences en furent très regrettables. D'abord, la population amplifia sensiblement les actes de faiblesse de certains de nos soldats; des journaux crièrent à la trahison, d'autres racontèrent que l'armée n'était qu'un ramassis de fuyards. Tout cela n'était pas fait pour relever les courages et ramener la confiance. En second lieu, on perdit la position précieuse du plateau de Châtillon, et non seulement elle, mais toutes celles qu'on occupait en avant des forts. En effet, le gouverneur, en proie à la crainte exagérée d'une attaque de vive force à laquelle les Allemands ne songeaient en aucune façon, tenait à avoir disponibles, auprès de lui, toutes les forces de la défense. Il ordonna en conséquence, le 19 au soir, d'évacuer les positions extérieures à la ceinture des

---

1. Général Ducrot, *loc. cit.*, page 53.

forts, quelles qu'elles fussent, et de se concentrer dans Paris. Tous les ouvrages commencés furent abandonnés, et l'on fit sauter les ponts de Billancourt, Sèvres, Saint-Cloud, Asnières, Clichy, Saint-Ouen; seuls, le pont de Neuilly et le viaduc d'Asnières furent conservés pour pouvoir communiquer avec le Mont-Valérien et la presqu'île de Gennevilliers.

Ce n'était certainement pas là le résultat qu'avait cherché le général Ducrot!

Reconnaissance sur le front du 13° corps. — Pendant que le 14° corps combattait ainsi à Châtillon, l'ennemi, voulant tâter le terrain et reconnaître l'état de nos forces, avait poussé d'assez fortes reconnaissances appartenant au VI° corps contre les positions occupées par la division de Maud'huy, entre la Bièvre et Bercy. Il avait menacé, sans succès d'ailleurs, les redoutes de Moulin-Saquet, Villejuif et les Hautes-Bruyères; sur le plateau de Villejuif, la fusillade se prolongea même une partie de la journée entre les avant-postes.

Dans l'après-midi, le général de Maud'huy voulut à son tour se rendre compte des forces adverses qui étaient devant lui, à l'Hay et à Chevilly. Une reconnaissance forte de huit compagnies et de deux pièces fut donc envoyée, sous la direction du lieutenant-colonel Lespieau, vers ce dernier village; mais, bientôt menacée d'être enveloppée par des forces supérieures, elle dut rétrograder, sous la protection d'une batterie, dans la redoute des Hautes-Bruyères, en abandonnant ses morts et ses blessés, au nombre de 35 [1].

Enfin, dans la même journée, le général d'Exéa exécutait, en avant du fort de Charenton, une reconnaissance qui se bornait à une fusillade sans résultat.

III. — Les Allemands achèvent l'investissement de Paris

Satisfait d'avoir triomphé sans trop de peine des premières résistances opposées à ses projets, l'état-

---

1. Nos pertes totales, sur le plateau de Villejuif, étaient, dans cette journée, de 1 officier tué et 60 hommes hors de combat. Les Allemands comptaient 2 officiers et 39 blessés.

major allemand n'eut d'autre préoccupation que de terminer au plus vite l'investissement de la capitale. C'était pour le moment, le seul but qu'il poursuivît, car M. de Moltke, comprenant les graves dangers d'une attaque brusquée, ne songeait en aucune façon à la tenter[1], et le général Trochu en était, à cet égard, pour ses craintes qui ne reposaient sur aucun fondement. Dès le 19, tandis que les Bavarois achevaient l'affaire de Châtillon, le V⁰ corps se dirigeait sur Versailles, et y entrait à trois heures du soir, sans coup férir. La 18ᵉ brigade, laissée provisoirement, comme on l'a vu, à Villacoublay, arrivait à son tour, vers six heures, dans la ville du grand roi. Paris était investi.

Voyons donc quels étaient les emplacements occupés par les différents corps allemands sur la ligne de blocus, et quelles mesures assuraient la continuité de celui-ci.

LA III⁰ ARMÉE, déployée sur la rive gauche de la Seine et de la Marne, avait son quartier général à Versailles ; elle comptait trois corps et demi :

V⁰ corps, à Versailles, tenant par ses avant-postes une ligne courbe tracée de Bougival-Croissy à Sèvres ;
II⁰ corps bavarois, à Sceaux, occupant le pays entre Bièvre et Sèvres ;
VI⁰ corps, à Villeneuve-le-Roi, entre la Bièvre et la Seine ;
Division wurtembergeoise, entre la Seine et la Marne, du chemin de fer de Lyon à Noisy-le-Grand.

L'ARMÉE DE LA MEUSE répartissait ses forces sur la rive droite de la Seine et avait son quartier général au Grand-Tremblay. (Le 12 octobre, il fut transporté à Margency.) Elle comptait trois corps :

XII⁰ corps (saxon), entre Chelles et Aulnay-lès-Bondy ;
Corps de la Garde, entre Aulnay-lès-Bondy et Montmagny, ayant son quartier général à Gonesse ;
IV⁰ corps, entre Epinay et Chatou, se reliant là à l'aile gauche de la III⁰ armée.

En arrière de ces troupes d'infanterie, déployées suivant un front de 83 kilomètres, directement en face des défenses de Paris et, sur certains points même, jusque

---

1. *La Guerre franco-allemande*, 2ᵉ partie, page 48.

dans la zone des feux de la place¹, une seconde ligne de surveillance et de protection était constituée par quatre divisions et demie de cavalerie, disposées comme suit :

1° Derrière le V° corps, la *6° division*, installée entre Neauphle-le-Château et Chevreuse, et patrouillant vers le sud-ouest ;
2° Derrière le II° corps bavarois, la *2° division*, à Orsay ;
3° Derrière le XII° corps, la *division saxonne*, vers Mesnil-Amelot ;
4° Derrière le IV° corps, la *brigade de uhlans de la Garde* (le reste de la division restait avec son corps d'armée), entre Argenteuil et Saint-Germain ;
5° Enfin, à l'ouest, et couvrant Versailles, la *5° division*, cantonnée entre Poissy et Neauphle-le-Château.

Bientôt après, le 23 septembre, arrivèrent sous les murs de Paris les corps laissés à Sedan pour garder les prisonniers, à savoir le XI° corps et le I⁰ʳ bavarois ; ils furent d'abord affectés au secteur sud de l'investissement ; mais, dès le 6 octobre, l'apparition des troupes françaises sur la Loire obligeant l'ennemi à prendre des dispositions pour couvrir de ce côté les derrières des troupes de blocus², M. de Moltke décida que le I⁰ʳ corps bavarois avec la 22° division (XI° corps) seraient dirigés vers Orléans. Ce n'était là d'ailleurs qu'un affaiblissement momentané, car le 10, la 17° division³ (du IX° corps) arrivait à son tour et s'établissait entre Bonneuil et la Seine ; six jours plus tard, la division de la landwehr de la Garde, venue de Strasbourg non sans peine⁴, par suite du fonctionnement irrégulier de la voie ferrée à peine rétablie aux environs de Toul⁵, s'installait aux environs de Saint-Germain-en-Laye. Pendant ce temps, la 21° division (du

---

1. *La Guerre franco-allemande*, 2° partie, page 79.
2. *Ibid.*, page 171.
3. La 17° division avait été laissée, au début de la guerre, sur le territoire allemand et remplacée au IX° corps, comme il a été expliqué, par la 25° (hessoise).
4. Strasbourg avait capitulé le 28 septembre.
5. Toul, dont la position à cheval sur la ligne ferrée Paris-Strasbourg constituait pour l'ennemi une si grande gêne, s'était rendue le 23 septembre.

XI⁰ corps) avait quitté le secteur sud pour venir s'établir à la droite du V⁰ corps, de Meudon à Sèvres, et la 4ᵉ division de cavalerie, restée aux environs de Fontainebleau, recevait une mission spéciale, qui allait la porter vers la Loire et les plaines de la Beauce, où nous la retrouverons plus tard.

Telle était la disposition des forces allemandes autour de Paris, lesquelles se montaient au chiffre de 168,687 fantassins, 13,000 cavaliers et 672 pièces de canon de campagne. Si considérables qu'elles fussent, elles ne donnaient cependant guère plus de 3 hommes par mètre courant, ce qui était à peine suffisant pour assurer la continuité du blocus. Obligées de s'étendre sur une circonférence de près 120 kilomètres, elles ne pouvaient présenter nulle part une consistance qui les mît à l'abri du danger d'être percées, et elles se trouvaient exposées à subir sur un point quelconque un choc auquel elles seraient impuissantes à résister. Si, profitant des avantages que lui donnait sa position centrale, l'assiégé se ruait à l'improviste et en masse compacte sur une portion de la ligne d'investissement convenablement choisie, celle-ci devait forcément céder, et dès lors les communications des assiégeants pouvaient courir des risques sérieux. La seule chose qui dût rassurer à cet égard l'état-major allemand était le peu de valeur des troupes de la défense, combinée avec les difficultés intérieures que le gouvernement allait avoir à surmonter. Néanmoins, il ne crut pas devoir escompter trop longtemps ces éléments de sécurité relative, et se hâta de donner des ordres pour que ses troupes consolidassent au plus vite la ligne encore fragile qu'elles occupaient. Ce n'est point ici le lieu d'énumérer en détail les travaux formidables qui furent accumulés par nos ennemis autour de la ville assiégée; une pareille étude ne saurait être à sa place que dans un ouvrage absolument technique, et il serait d'ailleurs superflu de l'entreprendre en bloc, puisque nous serons obligés de l'ébaucher par fractions dans le récit de chaque combat. Nous nous bornerons donc à en indiquer les grandes lignes, qui se résument en ceci :

1° Constitution d'une chaîne continue d'avant-postes, de façon à intercepter toute espèce de communication entre la place et l'extérieur ;

2° Établissement d'une première ligne de résistance, au moyen de tranchées, d'abatis, de coupures et d'ouvrages pouvant se soutenir réciproquement ;

3° Aménagement, en arrière généralement, de fortes positions de combat, par l'organisation défensive des points d'appui naturels et des localités, et par la construction de batteries destinées à en battre le terrain d'accès.

Du côté ouest, entre la Seine et Versailles, où se trouvait le quartier général du Prince royal, et où arriva, le 5 octobre, le grand quartier général du roi[1], les défenses avaient été accumulées avec un soin si particulier qu'elles formaient, à la fin du siège, un enchevêtrement inextricable de tranchées, de réseaux de fil de fer, d'abatis, de murs crénelés et de postes fortifiés, à travers lesquels il eût été impossible de se frayer un chemin.

Cette exagération de protectionnisme, jointe au parti pris de se tenir sur une défensive absolue, eut pour les soldats allemands son bon côté. Elle permit de les cantonner partout, dans les nombreux et riches villages de la banlieue, et de les protéger ainsi contre les rigueurs d'un hiver particulièrement pénible. Seuls, les avant-postes bivouaquaient ; encore les grand'gardes étaient-elles le plus souvent abritées sous des baraques ou des gourbis. Quant à l'alimentation et aux réapprovisionnements, ils étaient assurés, d'abord par les réquisitions faites par la cavalerie dans la zone où elle opérait pour son compte, puis par le service de l'arrière, qui maintenait avec les magasins d'Allemagne des communications constantes. Un nombre considérable de ponts, jetés tant sur la Seine que sur la Marne, assurait des rela-

---

1. Le roi s'installa à la Préfecture, le Prince royal dans une propriété particulière située à la porte de Buc et appartenant à M. André. Le chancelier fédéral habitait rue de Provence, n° 12 (aujourd'hui 20), chez Mme Jessé ; M. de Moltke, rue Neuve, n° 85, chez M. Lambinet, juge au Tribunal civil.

tions faciles entre tous les éléments de l'armée d'investissement[1].

« Chacune des deux divisions de corps d'armée devait faire occuper son secteur par une brigade mixte composée de toutes armes. Le reste du corps d'armée, c'est-à-dire deux brigades mixtes et l'artillerie de corps, formait la réserve principale, réserve à la disposition spéciale du commandant de corps d'armée et destinée, soit à renforcer le front, soit à se porter au secours des corps d'armée collatéraux... Les brigades d'avant-postes étaient relevées en moyenne tous les douze jours ; les petits postes, tous les jours à l'aube. Chaque petit poste était commandé par un officier ; sa force était variable et allait jusqu'à 1 officier, 8 sous-officiers ou caporaux, 75 hommes. Chaque escadron de service fournissait aux avant-postes les ordonnances et cavaliers nécessaires pour porter les renseignements ; c'était, en tout, un ou deux pelotons par secteur. La cavalerie qui n'était pas de service aux avant-postes était employée, lors des sorties des assiégés, à contenir la population des cantonnements, parce que le terrain coupé, au sud de Paris, ne permettait guère de la faire charger sur l'ennemi[2]. » En même temps, pour assurer la rapide transmission des ordres, une ligne télégraphique était installée entre tous les quartiers généraux et celui du roi[3]. Des postes d'observation, pourvus de lunettes,

---

1. Ces ponts étaient les suivants : 1° *Sur la Marne* : 1 à Gournay (plus le pont de pierre rétabli pour l'usage de l'infanterie), 1 entre Lagny et Pomponne ; 2° *Sur la Seine* : 5 ponts depuis Orly jusqu'à Corbeil et une traille à Choisy-le-Roi, 1 pont aux Tanneries et 2 bacs sur les deux bras de la Seine à Bougival. La protection de ces passages était assurée par des barrages et des chaînes tendues au moment des hautes eaux. Il est à remarquer, en outre, que par les ponts de Bougival l'ennemi avait accès dans la presqu'île de Gennevilliers, où, depuis l'évacuation des redoutes, nous n'avions personne.
2. Général Pierron, *Méthodes de guerre*, Paris, Dumaine, 1881, tome III, 1ʳᵉ partie, page 259.
3. Les Allemands punissaient avec la dernière rigueur toute tentative faite pour intercepter les communications électriques. Le 25 septembre, ils fusillèrent à Bougival un vieillard de 60 ans, nommé Debergue, qui avait coupé *cinq fois de suite* avec son sécateur les fils télégraphiques reliant le poste de la Jonchère au quartier général de Beauregard. Traduit devant une commission militaire, l'héroïque paysan, à qui on demandait s'il recommencerait encore, n'avait pas hésité à répondre : « *Oui ! parce que je suis Français !* »

devaient donner l'alerte, aussitôt que se produirait un mouvement suspect. Enfin, les mesures les plus rigoureuses étaient prises pour empêcher l'espionnage et les communications avec les assiégés[1].

Escarmouches sur les derrières de la ligne d'investissement. — Affaire de Parmain. — Cependant, les divisions de cavalerie, postées sur les derrières de l'armée, exécutaient déjà reconnaissances et réquisitions, au milieu de certains incidents caractéristiques. Le 22, des uhlans de la brigade Bredow, accueillis par des coups de feu au village de Maizières, près de Mantes, y mettaient le feu, tandis qu'une batterie à cheval canonnait Mantes, ville ouverte. Vers la même époque, se passait aux environs de l'Isle-Adam un épisode qu'il y a lieu de relater avec quelque détail.

Le bourg de Parmain, situé sur les bords de l'Oise, n'est séparé de cette petite ville que par un pont en pierre. Le 21, dans l'après-midi, il recevait la visite de plusieurs soldats allemands, escortant un convoi arrêté à l'Isle-Adam, lesquels s'enivrèrent et se rendirent coupables de nombreux excès. Vivement irrités par cet incident, plusieurs habitants décidèrent de s'armer et de se réunir pour empêcher le retour de semblables désordres ; ils mirent à leur tête un citoyen résolu, le pharmacien Capron, et celui-ci réussit à grouper autour de lui environ 40 hommes, parmi lesquels quelques pompiers possédaient seuls une lointaine notion des principes militaires les plus élémentaires, et dont plusieurs même n'avaient jamais tenu un fusil. Ce n'était point là une troupe bien redoutable ; cependant, dès le lendemain, elle réussit à capturer un convoi ennemi qui

---

1. Par les soins du ministère Palikao, un câble télégraphique avait été immergé entre Paris et Traye, près de la Meilleraye (Seine-Inférieure). Le 25 septembre, avis de ce fait fut donné à l'ennemi par deux misérables, habitants d'une localité riveraine, et un dragage opéré entre Saint-Germain et Bougival permit aux Prussiens de couper le câble. « Les deux traîtres, qui étaient connus dans tout le pays, n'avaient point été inquiétés ; c'est seulement au mois de février 1872 que l'un d'eux, le nommé Dagomet, fut renvoyé devant la Cour d'assises de Seine-et-Oise. Il fut condamné à une peine insignifiante. » (Alfred DAMMON, ancien député. *Notes pour servir à l'histoire de la guerre de 1870*, Paris, Ollendorff, 1888, page 261.)

marchait sur le bord de l'Oise, et envoya à Rouen quatorze voitures avec les chevaux conquis. Un succès en appelle un autre, dit-on. Aussitôt la nouvelle de ce petit fait d'armes connue dans le pays, des volontaires en assez grand nombre, pompiers, gardes nationaux, forestiers et gardes-chasse vinrent renforcer ce petit noyau de braves gens, et M. Capron eut bientôt sous ses ordres une véritable compagnie qui, pendant quatre ou cinq jours consécutifs, harcela les colonnes ennemies, tua leurs coureurs, et décima leurs patrouilles. Impatientés, les Allemands voulurent en finir. Le 27, ils envoyèrent à l'Isle-Adam un bataillon de la Garde, un régiment de uhlans et deux pièces ; mais, assaillies par une fusillade violente, ces troupes durent battre en retraite vers le soir, emmenant plusieurs otages et incendiant quelques maisons. Deux jours après, l'ennemi revenait avec des forces équivalentes, augmentées d'un détachement de pontonniers, qui alla jeter un pont en amont du bourg. Tandis que l'avant-garde attaquait de front le pont barricadé de Parmain, le gros franchissait la rivière, à Mours, prenait en flanc les deux cents braves qui luttaient depuis le matin, et les obligeait à se retirer sur Nesles, où Capron arriva à la nuit close, après un combat de douze heures, dans lequel 200 hommes, armés de fusils de chasse, avaient tenu tête à plus de 1,500 soldats aguerris.

Les Prussiens bivouaquèrent autour de Parmain, n'osant y entrer de nuit ; le lendemain, comme ils envoyaient du côté de Nesles une reconnaissance, Capron, avant de se retirer, leur tua encore un officier et un cavalier. Mais cette suprême insulte d'un insaisissable adversaire devait mettre le comble à la rage de l'ennemi, et attirer sur le malheureux bourg de terribles représailles. Fidèles cette fois encore à leur tactique de terreur, les Allemands incendièrent Parmain au pétrole ; puis ils arrêtèrent une dizaine d'habitants qu'ils conduisirent à Pontoise, nu-pieds, et de là en Allemagne ; enfin, ils fusillèrent dans un champ de betteraves quatre personnes, deux francs-tireurs prisonniers et deux jeunes gens arrêtés sur la grand'route. Les deux francs-tireurs étaient M. Desmortier, vieillard de 71 ans, ancien magistrat au tribunal de la Seine, et M. Maître, propriétaire à Jouy-le-Comte. Ceux-là au moins avaient été pris les armes à la main ; quant aux deux jeunes gens, nul n'a jamais su ce que les Prussiens pouvaient avoir à leur reprocher, et leur exécution sommaire constitue un crime sans excuse et sans nom.

D'ailleurs, les batteurs d'estrade qui opéraient sur les derrières de la ligne d'investissement signalaient presque partout leur passage par des cruautés et des violences que ne justifiait pas suffisamment l'attitude à leur égard des francs-tireurs et des gardes nationaux. Le 24 septembre, des patrouilles de la 5ᵉ division de cavalerie s'étant heurtées, auprès des Alluets, à un parti d'*Eclaireurs de la Seine*, venus d'Evreux sur Mantes avec quelques gardes nationaux, on envoya contre ces maigres forces dix escadrons, deux bataillons et deux batteries [1]. Les Alluets furent incendiés et nos soldats obligés de se replier sur Mantes et sur Vernon. Les jours suivants, la colonne du général de Bredow détruisait la gare de Mantes, où se trouvaient de grands approvisionnements de vivres, et celle de Bonnières. Enfin, avant de regagner ses cantonnements, elle incendiait encore à coups de canon le village de Chérisy, où des gardes mobiles lui avaient opposé une assez vive résistance, et qui était bientôt après réoccupé par nous.

A vrai dire, si les Allemands n'avaient pas encore à soutenir de lutte sérieuse contre des forces organisées, ils ne pouvaient patrouiller nulle part sans se heurter à des bandes de francs-tireurs « dont les forêts étaient infestées [2] ». Mais ce n'étaient malheureusement là que des efforts décousus, insuffisants à briser la force d'impulsion de l'armée ennemie, et qui, faute de direction d'ensemble, ne s'exerçaient pas assez sur les points où ils eussent été les plus redoutables pour l'envahisseur, c'est-à-dire sur ses communications. Les coups de feu

---

1. *La Guerre franco-allemande*, 2ᵉ partie, pages 213 et 214.
2. *Ibid.*, page 215.

que les cavaliers allemands recevaient à l'improviste les exaspéraient, amenaient des représailles terribles, souvent barbares, mais, il faut bien l'avouer sans rien retrancher au mérite des braves gens qui se dévouaient au rôle périlleux de guerillas, ils n'entravaient en rien le développement de leurs conquêtes. Tout autre eût été probablement le résultat si quelque aventurier déterminé s'était chargé de diriger, d'exploiter ces dévouements sincères, mais aveugles ; si, en un mot, il se fût trouvé un chef de partisans. Telle qu'elle s'exerça en 1870-71, l'action des francs-tireurs ne servit, à part quelques rares exceptions, qu'à provoquer des exécutions douloureuses et à produire une exaspération réciproque qui se traduisait par des violences inexcusables. Ce n'est pas en tuant quelques uhlans isolés que l'on pouvait avoir la prétention d'arrêter, fût-ce une heure, les masses énormes qui couvraient le pays ; tandis qu'en harcelant sans relâche les postes, assez médiocres au point de vue des qualités militaires, qui gardaient leurs lignes de retraite, en menaçant constamment les artères qui seules pouvaient assurer leur existence, on avait chance de briser leur élan et leur audace et de ralentir sensiblement leur offensive. Nous n'hésitons pas à déclarer que les francs-tireurs, malgré beaucoup de courage individuel, ont été, en général, plus nuisibles qu'utiles à la défense nationale, et que leur esprit d'indépendance a neutralisé leur dévouement. Quelques régiments disciplinés, valeureux et énergiques, eussent certainement mieux valu que cette nuée de tirailleurs livrés à eux-mêmes, qui dépensaient le plus souvent en pure perte une audace indéniable et versaient inutilement un sang précieux.

Quoi qu'il en soit, les escarmouches se succédaient dans les villages de la grande banlieue. A Milly, aux environs de Melun, à la Ferté-Alais, l'ennemi se venge en brûlant des maisons, en frappant de lourdes contributions et en prenant des otages. A l'ouest de Rambouillet, dans les premiers jours d'octobre, une reconnaissance allemande refoule à coups de canon, sur Epernon, un parti français qui s'est porté sur la route de Chartres ; elle lui met 74 hommes hors de combat, dont 27 tués[1]. Sur leur passage, les Prussiens fusillent, brûlent et pillent, mais n'interrompent ni leurs réquisitions, ni l'établissement de leurs lignes de blocus et de communication, ni la marche des forces que, pour combattre les rassemblements signalés sur la Loire, le général de Moltke vient de diriger sur Angerville, Montlhéry et Arpajon. Laissons donc ces épisodes où trop de braves gens ont succombé sans profit, et revenons aux événements qui signalèrent la première période du blocus de Paris[2].

IV. — Entrevue de Ferrières.

Bien que ne se faisant aucune illusion sur l'appui qu'il pouvait attendre des puissances étrangères, le gouvernement de la Défense nationale avait cru devoir,

---

1. Le commandant Lecomte, des mobiles d'Eure-et-Loir, était au nombre des morts.
2. Les réserves ci-dessus faites sur l'opportunité de l'action diffuse des francs-tireurs, on est heureux de rendre hommage au sentiment de noble dévouement qui les animait pour la plupart. Leur conduite était d'autant plus méritoire que, s'il faut en croire les récits de nombreux témoins oculaires, entre autres M. Gustave Desjardins, archiviste du département de Seine-et-Oise (*Tableau de la guerre des Allemands dans le département de Seine-et-Oise*, Paris, Cerf et Cⁱᵉ, 1882), M. Delerot, bibliothécaire de Versailles (*Versailles pendant l'occupation*, Paris, Plon, 1873) et M. de La Rue, inspecteur des forêts (*Sous Paris pendant l'invasion*, Paris, Furne, 1871), l'attitude de certaines municipalités et de nombreuses populations des environs de Paris a été d'une incroyable bassesse et d'une servilité qui passe toute idée. Des commerçants, des agriculteurs, des industriels de toute nature n'ont pas hésité à trafiquer avec l'ennemi, à se constituer ses fournisseurs attitrés et à s'enrichir dans ce commerce infâme. Des maires, et non des moins en vue, se sont faits les percepteurs des impôts levés par les Allemands et les protecteurs de leur établissement, sous prétexte de sauvegarder la sécurité de leurs propres administrés. Il est au surplus un fait certain, c'est que de nombreux cultivateurs, convaincus d'avoir procuré à l'ennemi des approvisionnements et des vivres, ont eu à répondre devant la cour d'assises de Seine-et-Oise de leur abominable conduite. Nous ne pouvons entrer dans le détail de ces turpitudes ; mais nous signalons à ceux qui voudraient connaître des noms et des faits le vigoureux réquisitoire dressé par M. Alfred Duquet, dans son ouvrage : *Paris, Chevilly et Bagneux* (Paris, Charpentier, 1871), où le scandaleux égoïsme de ces hommes sans patriotisme et sans pudeur est stigmatisé comme il mérite de l'être au nom de la France outragée.

dès le lendemain du 4 septembre, tâter leurs ambassadeurs. Dans un entretien officieux, Jules Favre s'était enquis auprès des représentants de l'Autriche, de la Russie et de l'Italie des dispositions manifestées par les souverains de ces trois pays, mais sans obtenir autre chose que de vagues assurances, plus ou moins sincères, d'intérêt et de compassion. M. de Metternich mettait comme condition à une intervention autrichienne que l'on consultât les Alsaciens sur leur annexion à la Prusse. M. Nigra se bornait à affirmer les bons sentiments de l'Italie à notre égard, bons sentiments qui se traduisaient du reste par la notification immédiate de l'entrée des troupes italiennes dans ce qui restait des États pontificaux. Enfin, le ministre du czar se tenait sur la plus expresse réserve[1].

Jules Favre eut alors une idée heureuse. Se rappelant que M. Thiers, par sa grande notoriété, sa situation personnelle et le rôle important qu'il avait joué à plusieurs reprises dans la politique internationale, conservait dans les chancelleries étrangères des relations précieuses, il le pria de se rendre à Londres pour tâcher d'obtenir de nos anciens alliés de Crimée et de Chine au moins un appui moral. M. Thiers accepta, et offrit même de passer par Vienne et par Saint-Pétersbourg[2]. « Il fut convenu qu'il ne s'occuperait pas de la paix, sujet auquel il ne voulait pas toucher et sur lequel il n'aurait peut-être pas été de l'avis du gouvernement, mais uniquement de rendre des amis à la France, s'il en pouvait trouver, et de faire naître, s'il était possible, l'occasion d'un armistice. Il avait, en fait, des pouvoirs très étendus pour nouer des alliances, mais aucune autorisation, aucune indication même, quant à la paix future[3]. » M. Thiers partit le 12 septembre. Six jours après, Jules Favre prenait le parti de s'aboucher directement avec M. de Bismarck, sans même s'assurer au préalable que le chancelier fédéral fût disposé à le recevoir.

1. Jules Favre, *loc. cit.*, pages 114 et suivantes.
2. *Ibid.*
3. *Enquête parlementaire*, déposition de M. Thiers.

Le 18 septembre au matin, il se dirigeait vers les avant-postes de Créteil, accompagné de deux secrétaires; arrêté là par les sentinelles ennemies, il envoya un officier en parlementaire au général de Tümpling, commandant le VI° corps prussien, et dut attendre vingt-quatre heures, à Villeneuve-Saint-Georges, la réponse de M. de Bismarck à la demande d'audience qu'il lui adressait. Enfin, le 19, à quatre heures du soir, il rencontrait au château de la Haute-Maison le terrible perturbateur de l'Europe, qui lui déclarait net, avant toute discussion, sa volonté bien arrêtée de s'annexer l'Alsace.

Dans l'ouvrage auquel nous avons déjà fait de nombreux emprunts, Jules Favre relate, avec les détails les plus circonstanciés, la conversation tenue ce jour-là à la Haute-Maison, reprise le soir à huit heures au château de Ferrières et continuée dans la journée du lendemain. Il s'y montre tel qu'il était réellement, avocat naïf et sensible[1], cherchant à faire partager son émotion sincère, plaidant avec chaleur et éloquence, mais n'opposant à l'implacable rigueur de son adversaire qu'une argumentation sentimentale qui restait sans effet. Evidemment séduit par l'apparente bonhomie dont se pare le chancelier, captivé par une courtoisie et une feinte bienveillance auxquelles il se laisse prendre au point d'exalter la *droiture*[2] de l'homme de 1866, il met en jeu toutes les séductions fascinatrices de sa parole et les ressources infinies de son talent si souple et si brillant. Peine perdue! M. de Bismarck, sûr de sa propre supériorité, le laisse dire, puis, brusquement, revient à son sujet. « Une cession de territoire, dit-il, doit être admise en principe; toute discussion partant de là. » Atterré, Jules Favre se récrie, offre une indemnité pécuniaire, aussi forte qu'on

---

1. « M. Jules Favre était, dans le sens le plus large du mot, ce qu'on appelait, il y a cent ans, *un homme sensible*... Il lui manquait toutes les qualités du diplomate. Il ne possédait ni les connaissances pratiques, ni la fécondité de ressources, ni surtout le sang-froid qui font les négociateurs... » (Albert Sorel, *Histoire diplomatique de la Guerre franco-allemande*, tome Ier, page 351.)

2. Jules Favre, *loc. cit.*, page 171.

voudra. Mais M. de Bismarck lui fait clairement comprendre qu'il lui faut une garantie plus ferme, car il n'a nulle confiance dans un gouvernement né d'une émeute et qu'une autre émeute peut renverser.

Ceci se passait le 19. Le lendemain 20, le chancelier fut encore plus explicite. Il déclara que, pour accorder une suspension d'armes, l'Allemagne exigeait la reddition immédiate de Bitche, de Toul et de Strasbourg, dont la garnison serait emmenée en captivité ; les hostilités continueraient devant Metz. En ce qui concernait la capitale, le choix était laissé au gouvernement français entre le maintien du blocus ou la remise aux troupes allemandes de quelques forts dominant Paris[1]. Dans le premier cas, la représentation nationale serait convoquée à Tours[2].

Devant de pareilles exigences, le ministre français n'avait plus qu'à se retirer. Le soir même, à minuit, il rendait compte de ses négociations à ses collègues, et ceux-ci décidaient qu'on ne donnerait pas suite aux propositions des Allemands. D'ailleurs, les chefs de la démagogie, toujours à l'affût des occasions de désordre, avaient profité de la circonstance pour se livrer à quelques manifestations ; des discours incendiaires, où il n'était question que de guerre à outrance, étaient tenus dans des clubs par des citoyens plus belliqueux de paroles que de faits, et la garde nationale, en des promenades bruyantes, protestait contre la paix en hurlant la *Marseillaise* sous les fenêtres du gouvernement. Celui-ci, n'osant pas sévir, était bien obligé de faire chorus. Il commença donc par protester, dans une note insérée le 20 au *Journal officiel*, de sa fidélité « à la politique pour laquelle il avait été placé au poste de l'honneur et du péril » ; puis, le 23, il fit adresser à

---

1. D'après Jules Favre, M. de Bismarck avait expressément stipulé la livraison du Mont-Valérien.
2. *La Guerre franco-allemande*, 2ᵉ partie, page 81. — L'Alsace et une partie de la Lorraine ne devaient pas prendre part aux élections. — « Vous avouez par là, dit Jules Favre, que si vous interrogiez les populations, elles seraient unanimes à vous repousser ? — Je le sais parfaitement, » répondit M. de Bismarck. (Jules Favre, *loc. cit.*, page 185.)

M. de Bismarck, par Jules Favre, une dépêche, où il était dit qu'il ne pouvait souscrire aux conditions proposées. Enfin, il publia une relation complète de l'entrevue de Ferrières, relation qui fut accueillie dans Paris par un sentiment d'unanime indignation, et provoqua une recrudescence d'ardeur patriotique que les Allemands ont dû eux-mêmes constater. « L'issue des négociations entamées à Ferrières, dit la *Relation* du grand état-major prussien, vint modifier brusquement la situation acquise par les révolutionnaires. Les exigences du vainqueur, en froissant vivement l'amour-propre national, faisaient oublier momentanément aux Français tout dissentiment de parti et les confirmaient dans leur première résolution de se grouper autour du gouvernement et de lui apporter un concours absolu et sans réserves dans sa mission de résistance contre l'ennemi extérieur[1] ». C'était déjà un résultat; il ne fut pas le seul. La publication du document en question montra à l'Europe ce qu'il fallait croire de l'affirmation du roi Guillaume « qu'il ne faisait la guerre qu'à Napoléon III », et ramena à nous quelques sympathies. Si platonique que soit cette consolation, c'en est une que de forcer l'estime des ingrats, des envieux et des jaloux. Malheureusement, l'échec des négociations eut aussi pour conséquence l'ajournement indéfini des élections à l'Assemblée constituante; en sorte que le gouvernement, né de l'insurrection, conserva, aux yeux intéressés de l'Allemagne, son caractère révolutionnaire et instable, prétexte à toutes les fins de non-recevoir.

Cependant, au milieu des proclamations, des protestations belliqueuses, des manifestations de la garde nationale, les jours s'écoulaient et l'ennemi pouvait à loisir s'installer sur ses positions. Il allait falloir songer à faire la guerre, puisque la paix était définitivement ajournée, et prendre des dispositions pour défendre, à défaut des avancées de la place, les ouvrages existants. Le gouvernement, ou tout au moins le général Trochu, semblait s'en préoccuper, mais cette préoccu-

---

1. *La Guerre franco allemande*, 2e partie, page 143.

pation se traduisait d'abord par une mesure assez ridicule, la constitution d'une commission dite *des barricades*, où, à côté du nom respecté de M. Dorian, se lisaient ceux tout à fait fantaisistes de Rochefort, de Flourens, d'Ernest Blum et de Louis Ulbach. En même temps, le 25 septembre, était instituée, trop tard déjà, une commission des subsistances, où n'entrait, chose étrange, ni un général, ni un intendant militaire[1], et qui ne servit à peu près à rien, puisqu'elle ne décréta même pas le rationnement des vivres, qui devenait de toute nécessité. Enfin, le gouvernement s'occupa de disposer ses troupes de façon à pouvoir parer aux éventualités.

V. — Combats de Villejuif (22 et 23 septembre).

Nous avons vu qu'après l'insuccès de Châtillon le général Trochu, redoutant une attaque de vive force, avait fait précipitamment rentrer dans les murs de l'enceinte les troupes du 14e corps. Seule, la division d'Exéa, du 13e, avec la cavalerie, avait été laissée sur le plateau de Vincennes, où elle occupait Nogent, Joinville et Saint-Maur. Dès le lendemain cependant, ordre fut donné de reporter le 14e corps en dehors des murailles; la 1re division (de Caussade) vint camper à Clichy-la-Garenne, la 2e (d'Hugues) à Neuilly, la 3e (de Maussion) entre Boulogne et le Point-du-Jour. Un régiment était au rond-point de Courbevoie, et les mobiles de la Loire-Inférieure remplaçaient à la garde du Mont-Valérien ceux de la Seine, qui, après la déposition de tous les officiers, avaient, la veille, abandonné honteusement leur poste pour rentrer à la débandade dans Paris. Quant aux divisions Blanchard et de Maud'huy, du 13e corps, elles étaient encore bivouaquées sur les boulevards extérieurs du côté sud, et au Champ de Mars.

Cependant les Allemands, « loin de penser à une

---

1. Cette commission avait la composition suivante : MM. Jules Simon, Jules Ferry, Gambetta, E. Picard, Étienne Arago, Magnin, Cernuschi, Sauvage et Littré.

attaque de vive force, s'occupaient au contraire à se retrancher d'abord sur leurs positions[1] ». On en profita de notre côté pour pousser activement les travaux défensifs, construire une tête de pont sur la rive gauche de la Marne, à Joinville, et organiser une position fortifiée entre Montreuil et Bagnolet. En même temps, on construisait de nombreuses batteries et on entretenait, pour protéger les travaux, un feu incessant d'artillerie contre les avant-postes allemands. « Des patrouilles, des petits partis de troupes françaises battaient sans relâche les abords de la capitale[2] ». La défense témoignait donc d'une activité très louable et semblait vouloir entrer dans la voie plus féconde du mouvement et de l'action. C'est dans cet ordre d'idées que, le 22 septembre, le gouverneur ordonna aux divisions de Maud'huy et Blanchard de réoccuper le plateau de Villejuif, que l'ennemi paraissait ne garder que faiblement.

A l'entrée de la nuit, ces deux divisions se mirent en mouvement. La brigade Blaise (division de Maud'huy) s'empara sans difficulté de la redoute du Moulin-Saquet, que les Prussiens n'occupaient pas, et repoussa à coups de fusil une reconnaissance ennemie qui s'aventurait, quelques instants plus tard, dans ces parages. Un de ses régiments (12ᵉ de marche) occupa Vitry, tandis que la brigade Dumoulin s'installait dans Villejuif et attaquait, sans succès, la redoute des Hautes-Bruyères.

Le 23, à l'aube, les Prussiens lancèrent de l'Hay sur Villejuif un bataillon, pour réoccuper ce village. L'officier qui y commandait, le lieutenant Perrot, ordonna à ses hommes de garnir en silence les barricades, puis, dès que l'ennemi fut arrivé à bonne portée, il fit exécuter un feu de peloton qui jeta par terre une vingtaine d'hommes. Le bataillon prussien recula en désordre, laissant sur le terrain 50 casques et 50 fusils[3]. « Cette échauffourée rend les Prussiens circonspects, et les reconnaissances envoyées du côté du Moulin-Saquet évitent de s'engager; après s'être assurées que l'ouvrage

---

1. *La Guerre franco-allemande*, 2ᵉ partie, page 144.
2. *Ibid.*, page 145.
3. Général Ducrot, *loc. cit.*, tome Iᵉʳ, page 317.

est occupé par nos troupes, elles se retirent, poursuivies jusque dans leurs lignes par les obus du fort d'Ivry[1] ».

Cependant, le lieutenant-colonel Miquel de Riu (9ᵉ de marche) s'était reporté sur la redoute des Hautes-Bruyères. Il la trouva évacuée, mais dans un état déplorable. « Tout, dans cet ouvrage, était à l'état d'ébauche, les parapets inachevés, les embrasures à peine indiquées[2]... » Il l'occupa néanmoins et y fit entrer quatre pièces; mais l'artillerie ennemie les canonna aussitôt avec une telle précision qu'elles durent cesser leur feu. On en plaça alors, aux abords de l'ouvrage, quatre autres qui, de concert avec les grosses pièces du fort de Montrouge, les mitrailleuses de la division de Maud'huy et une batterie de 12 de la marine, répondirent avantageusement aux batteries allemandes; celles-ci postées d'abord en avant de l'Hay, durent reculer à hauteur de la ligne l'Hay-Chevilly-Thiais. Pendant ce temps, notre infanterie prenait pied dans les points d'appui; l'ennemi ne fit plus rien pour l'en empêcher, et même, vers une heure de l'après-midi, cessa presque complètement de riposter.

Ce combat n'avait été, à proprement parler, qu'un duel d'artillerie; nos batteries supportaient donc la plus grosse partie des pertes, qui se montaient à 70 hommes tués ou blessés. Les canonniers s'étaient montrés très vigoureux et avaient beaucoup contribué, par la fermeté de leur attitude, à encourager leurs jeunes camarades de l'infanterie. Quant aux Allemands, ils comptaient 4 officiers et 73 hommes hors de combat. Mais les résultats de l'affaire étaient considérables. Au point de vue moral, le peu d'effet de l'artillerie prussienne, si redoutée que trois jours auparavant nos conscrits s'étaient débandés devant elle, encourageait ceux-ci à la braver désormais avec moins d'effroi, et le succès de la nôtre était, pour les canonniers comme pour les fantassins, un puissant stimulant. Au point de vue matériel, la reprise du plateau de Villejuif, si fâcheusement

---

1. Général DUCROT. *loc. cit.*, tome 1ᵉʳ, page 218.
2. *Ibid.*

abandonné le 19, donnait aux entreprises ultérieures une base excellente. Elle assurait la sécurité des forts de Montrouge et de Bicêtre, le flanquement du fort de Vanves, et rendait très difficiles à l'ennemi les communications par la route de Versailles à Choisy-le-Roi. Celles-ci ne pouvaient plus se faire, du moins en plein jour, que par un grand détour, à Villeneuve-Saint-Georges[1]. Enfin, la ligne d'investissement se trouvait forcément reculée vers le sud.

Aussitôt en possession du plateau, le général Vinoy chercha donc à s'en assurer la conservation. Il fit immédiatement achever par la brigade Blaise la redoute du Moulin-Saquet, et compléter les défenses de Villejuif. En même temps, la brigade Dumoulin remettait en état l'ouvrage des Hautes-Bruyères, construisait aux environs des épaulements de batteries, et organisait défensivement le village de Vitry. La division de Maud'huy s'installait ainsi sur le plateau de Villejuif, qu'elle était chargée de défendre, tandis que la division Blanchard prenait position en arrière des forts de Montrouge, de Vanves et d'Issy. Les régiments de gardes mobiles de la Côte-d'Or et de la Vendée étaient respectivement adjoints à ces deux divisions, et le dernier se cantonnait à Ivry, qu'il organisait défensivement.

De ce côté donc, la situation était bonne ; sur d'autres points encore, la journée du 23 septembre avait été marquée par de légers succès. C'est ainsi qu'en face de Stains et de Pierrefitte, les soldats du général de Bellemare avaient refoulé un instant les postes prussiens établis devant eux, et, bien que ramenés définitivement par des forces supérieures, s'étaient comportés vaillamment au feu. Le 28e de marche en particulier, formé en majorité de dépôts de voltigeurs de la Garde, avait « su conquérir la réputation d'une troupe éprouvée[2] ». Ces deux affaires coûtaient au total, de part et d'autre, environ 200 hommes mis hors de combat.

On voit par là que nos jeunes troupes, bien qu'en-

---

1. Général VINOY, loc. cit., page 186.
2. Major DE SARREPONT, Histoire de la défense de Paris, page 286.

core inexpérimentées, n'avaient besoin que d'une direction ferme et d'un entraînement progressif pour être en état de lutter avec avantage. Par suite, on aurait pu et dû les employer d'une façon plus rationnelle et plus féconde à de fréquentes opérations ayant pour but de troubler l'ennemi dans son établissement et la construction de ses lignes. C'eût été le moyen le plus sûr de leur donner ce qui leur manquait encore, et d'élargir le cercle de l'investissement, de prendre du champ, en un mot, pour les sorties qu'on aurait tentées par la suite[1]. Mais les idées de défensive active n'étaient pas encore assez en honneur pour imposer cette tactique, et donner à ces actions isolées un caractère d'ensemble et d'unité. Pour le moment donc, on s'en tint là, et c'était beaucoup déjà d'en avoir tant fait, étant donnée la passivité qui semblait s'annoncer au début.

Au surplus, bien que le siège fût à peine commencé, on voyait déjà surgir les inévitables conflits de pouvoir qu'entraînait l'organisation vicieuse du haut commandement. Le général Vinoy ayant, le 26 septembre, fait déboiser l'île de Billancourt, souleva les colères et les plaintes du commandant du génie du secteur, le général Javain. Quelques jours auparavant, c'était le général commandant l'artillerie des secteurs du sud qui avait protesté contre le percement d'embrasures sur le rempart en face de Châtillon, percement que le commandant du 13e corps avait fait exécuter sans passer par lui. Le malheur fut que le gouverneur donna tort au général Vinoy, en sorte que l'autonomie proclamée et reconnue de l'artillerie et du génie finit par rendre le service impossible[2]. Combien de difficultés, de confusions et de désordre on peut éviter par les seules institutions mili-

---

[1]. Plus que celles du 13e corps, les troupes du 14e avaient besoin d'être aguerries ; on a vu leur peu de résistance au combat de Châtillon ; le 30, une reconnaissance dirigée sur la Malmaison par le commandant Cholleton, et soutenue par des forces diverses équivalant à une division, se débanda sur un seul coup de fusil, *tiré par un homme de la colonne*, et s'enfuit en abandonnant tous ses outils. (Général DUCROT, pages 240 et suivantes.)

[2]. Général DUCROT, *loc. cit.*, page 254.

taires, et par une organisation rationnelle dont, hélas! nous avions perdu le secret!

Quoi qu'il en soit, la population parisienne, peu soucieuse de ces fâcheux différends, accueillit la nouvelle du succès de Villejuif avec des transports aussi peu raisonnés que l'avait été le déboire de Châtillon. « Le 19 au soir, dit le général Ducrot, on n'entendait à Paris que ces mots : « Nous sommes perdus ; les Prussiens sont « vainqueurs ; ils vont entrer dans Paris... » — Le 23 au soir, on ne parlait que de grande victoire ; il n'était rien moins question que de 25,000 Prussiens faits prisonniers, sans compter les tués et les blessés, qui étaient innombrables... Quelque temps après, les imaginations un peu refroidies, un journal écrivait encore : — Le carnage que l'on a fait ce jour-là a été tellement épouvantable, qu'un *général* (?) disait : « Encore une jour- « née comme celle de Villejuif, et l'armée prussienne est « disloquée [1]! » Exagération déplorable, qui témoignait d'une sensibilité excessive et d'un état nerveux malheureusement incompatible avec les exigences d'une situation qui ne se pouvait sauver qu'à force de sang-froid.

1. Général Ducrot, *loc. cit.*, tome Ier, page 251 (en note).

CHAPITRE IV

CHEVILLY ET BAGNEUX-CHATILLON

Projet de reconnaissance offensive. — Le 28 septembre, le général Vinoy recevait de ses reconnaissances l'avis erroné que les avant-postes prussiens, du côté de Choisy-le-Roi, étaient fournis par des hommes de la landwehr. Pensant qu'ils devaient, par suite, offrir moins de solidité que d'autres. il forma le projet de les enlever, de détruire le pont de la Seine[1], et de refouler ainsi à quelque distance la ligne d'investissement.

Le gouverneur, consulté à cet égard, donna tout d'abord son assentiment à ces projets. Mais dans l'après-midi il se ravisa, et demanda au commandant du 13e corps de surseoir à leur exécution jusqu'au 30 ; il voulait, dit-il, avoir le temps de prévenir tout le monde[2]. Ce retard et les termes dans lesquels il était ordonné indiquaient chez le général Trochu l'intention de donner à l'opération une importance assez considérable et d'y employer des forces sérieuses. Peut-être y avait-il intérêt à la développer ainsi ; mais, en tout cas, la façon dont on s'y prit ne tendait à rien moins qu'à lui ôter tout caractère de surprise, et, par suite, à diminuer d'autant ses chances de succès.

En effet, comme, le lendemain 29, les officiers géné-

---

1. Le général Vinoy se trompait en croyant à l'existence d'un pont de bateaux à Choisy-le-Roi. Il n'y avait là en réalité qu'un bac à traille. Le pont était à 2,500 mètres en amont.
2. Général Vinoy, *loc. cit.*, page 181.

raux du 13ᵉ corps étaient réunis en conseil chez leur commandant en chef, un aide de camp apporta *solennellement*[1] un ordre détaillé du gouverneur, tellement détaillé même que tout, jusqu'aux moindres choses, y était prévu et réglementé. L'attaque devait embrasser le front de l'Hay, Chevilly, Thiais, Choisy-le-Roi, ce dernier point restant l'objectif principal; elle serait faite par quatre colonnes, d'un effectif déterminé, marchant par des chemins fixés d'avance, et dans un ordre prescrit. Elle ne devait commencer qu'après *un feu d'artillerie d'une demi-heure (montre en main)*, exécuté par les forts et les ouvrages. Enfin, le gouverneur n'entendait pas la pousser à fond, car le dernier paragraphe de son ordre était ainsi conçu : « L'opération devra être rapidement conduite; *la retraite devra se faire en bon ordre*, le terrain à parcourir étant très peu étendu. Les troupes désignées à l'avance pour cet objectif réoccuperont en passant le Moulin-Saquet, Villejuif et les Hautes-Bruyères, avec le canon qui garnit les positions ». Il ne restait donc plus rien du projet primitif du général Vinoy : il ne restait plus même à celui-ci la moindre initiative. Le gouverneur fixait l'effectif des forces qui devaient attaquer tel ou tel point, sans savoir si ces forces seraient suffisantes ou excessives; chose plus grave, il ne donnait aucune indication sur le but de la *reconnaissance offensive* qu'il prescrivait, et se bornait à indiquer qu'elle ne serait pas décisive. Enfin, il ne faisait rien pour s'assurer le secret et donnait lui-même dans les forts ses instructions ouvertement. « La nouvelle d'une sortie se répandit; l'ennemi fut bientôt informé, et le soir même nos grand'gardes signalaient le renforcement de sa première ligne[2] ». L'opération débutait mal.

Coup d'œil sur la position ennemie. — La position principale de défense du VIᵉ corps prussien, qui occupait le plateau entre la Seine et la Bièvre sur un front de 5 kilomètres et demi environ, s'appuyait sur les quatre villages que nos troupes devaient prendre comme

1. Général Vinoy. *loc. cit.*, page 183.
2. Général Ducrot. *loc. cit.*, page 256.

objectifs. Constituée là par la ligne d'avant-postes elle-même, puisque les grand'gardes étaient établies à 200 ou 300 mètres seulement en avant des villages, elle se présentait obliquement par rapport à notre base d'opérations, étayée sur les deux redoutes des Hautes-Bruyères et du Moulin-Saquet[1].

Le plateau, dont les Hautes-Bruyères marquent le point culminant, va en s'abaissant du nord au sud; c'est une plaine complètement découverte et sans autres abris que quelques ondulations légères et des pépinières clairsemées tout à fait insuffisantes pour donner des couverts. Les pentes aboutissant à la Seine et à la Bièvre, plantées d'arbres et de vignes, pouvaient masquer davantage les mouvements des troupes, mais avaient l'inconvénient, surtout vers l'Hay, de rendre difficile le réglage du tir exécuté par les ouvrages ou les forts. En arrière, les Allemands disposaient d'une seconde ligne de défense, constituée par les villages ou fermes d'Orly, la Belle-Épine, Rungis et Fresnes-lès-Rungis. Cette ligne était très forte, mais trop éloignée de la première, et l'ennemi devait s'en apercevoir[2]. Quant à la ligne principale, elle était couverte de travaux de fortification que le génie prussien perfectionnait et augmentait chaque jour. « Sur la droite, dit un auteur allemand, on avait fermé, en septembre, les fronts nord et est de Choisy par des abatis, et disposé des murs pour la défense; il avait été procédé de même sur les côtés nord et ouest de Thiais, et les deux villages étaient reliés par un retranchement d'infanterie auprès duquel se trouvaient des épaulements pour 4 pièces. A Chevilly, on choisit pour ligne de défense les murs formant la bordure sud du chemin de Thiais, en rattachant l'église à cette ligne par des barricades et des abatis. Le village de l'Hay fut organisé pour couvrir l'aile gauche. Des épaulements pour 18 pièces fu-

---

[1]. L'Hay est à 1,200 mètres des Hautes-Bruyères, tandis que Choisy-le-Roi est à 2,500 mètres du Moulin-Saquet.
[2]. Aussitôt après l'affaire du 30, les Allemands établirent entre les deux positions une ligne intermédiaire, avec des épaulements pour le canon.

rent installés à l'extrémité est de l'Hay et sur la route de Versailles, de part et d'autre de la Belle-Épine, pour balayer les abords entièrement découverts de nos positions ; enfin les bâtiments du carrefour de Belle-Épine furent disposés pour une résistance énergique[1] ».

Si maintenant nous examinons le dispositif des troupes appelées à défendre cette ligne, nous voyons que la 12ᵉ division prussienne (du VIᵉ corps) avait :

Une brigade et deux batteries à Thiais et Choisy-le-Roi ;

Un régiment et une batterie à Chevilly et l'Hay (5 compagnies au premier de ces villages, 7 compagnies au second) ;

Un régiment et une batterie en réserve à Fresnes-lès-Rungis ;

Le bataillon de chasseurs à la Belle-Épine.

La 11ᵉ division, avec l'artillerie du corps, occupait Orly et Villeneuve-le-Roi.

En outre, le VIᵉ corps pouvait être soutenu, à droite par le XIᵉ corps, cantonné encore à cette date sur la rive droite de la Seine[2], à gauche par le IIᵉ bavarois. On voit que les troupes du général Vinoy allaient avoir affaire à forte partie.

1. — Combat de Chevilly (30 septembre).

Dispositif d'attaque des colonnes françaises. — L'ordre donné par le gouverneur de Paris avait, nous l'avons vu, fixé pour chaque colonne d'attaque sa composition et son objectif. Il prescrivait, en outre, que la brigade Mattat (division d'Exéa) et la brigade Susbielle (division Blanchard) seraient chargées d'opérer une diversion, la première sur la rive droite de la Seine, contre Notre-Dame-des-Mèches, la seconde contre le plateau de Châtillon, par Clamart.

---

1. Capitaine Gœtze, *Opérations du corps du génie allemand*.
2. 4 ponts, dont 3 à Villeneuve-Saint-Georges et un à mi-distance entre ce point et Choisy-le-Roi, établissaient des communications entre les deux corps d'armée.

L'attaque proprement dite devait être faite sur trois colonnes :

1° *A droite*, la brigade Dumoulin (9e et 10e de marche), accompagnée de 2 compagnies de chasseurs, d'une batterie et de 20 sapeurs du génie, et ayant en réserve dans la redoute des Hautes-Bruyères deux bataillons de mobiles du Loiret et une batterie, avait pour objectif l'Hay.

2° *Au centre*, la brigade Guilhem (35e et 42e de ligne), avec une batterie, 20 sapeurs du génie, et, en réserve, le 1er bataillon des mobiles de la Côte-d'Or, avait pour objectifs Chevilly (35e) et la Belle-Épine (42e).

Une batterie de mitrailleuses était établie derrière un petit épaulement à droite du cimetière de Villejuif, pour couvrir sa retraite.

3° *A gauche*, la brigade Blaise[1] (11e et 12e de marche), avec deux batteries et une compagnie du génie, devait se diriger sur Thiais et Choisy-le-Roi. Sa marche était appuyée par deux batteries postées au Moulin-Saquet.

Quant à *la réserve générale*, elle se composait de la brigade Daudel (division d'Exéa), du régiment des mobiles de la Vendée, du régiment de chasseurs à cheval et d'un escadron de spahis. Elle était postée derrière Villejuif.

L'effectif total des troupes ainsi engagées se montait à 20,000 hommes environ, massés entre les Hautes-Bruyères et le Moulin-Saquet. A cinq heures et demie du matin, les forts de Charenton, d'Ivry, de Bicêtre, de Montrouge, ainsi que les deux redoutes du plateau, ouvraient un feu violent d'artillerie sur les positions allemandes ; à six heures précises, ainsi que le général Trochu l'avait ordonné, le canon se taisait, et les colonnes se mettaient en marche.

Attaque de droite. — Le 9e de marche, laissant dans la redoute des Hautes-Bruyères son 3e bataillon, s'avance aussitôt sur l'Hay, ayant à sa droite les deux compagnies de chasseurs à pied, et devant lui un rideau de tirailleurs qui s'étendait de la Bièvre à la route n° 66. La batterie d'artillerie (capitaine Foncin) s'établit à cheval sur cette route et ouvre le feu à six cents mètres

---

1. On remarquera que les deux brigades des ailes, appartenant à la division de Maud'huy, étaient séparées par la brigade Guilhem, de la division Blanchard. Il est difficile de trouver les raisons qui ont pu faire adopter un ordre de bataille aussi défectueux.

contre le village. Le 10ᵉ de marche suit, en deuxième ligne.

Profitant des quelques couverts du terrain, nos soldats réussissent à gagner les premières clôtures de l'Hay, et à en débusquer les défenseurs; mais d'une barricade établie à l'entrée du village, sur la route de Cachan, ainsi que des murs avoisinants, part une fusillade meurtrière qui les arrête; d'un autre côté, quatre compagnies du 9ᵉ qui ont été lancées, à l'ouest du chemin des Hautes-Bruyères, contre la levée de la Vanne, ont dû interrompre leur offensive aussitôt après avoir franchi cette levée, en raison des feux de flanc qui les assaillent du cimetière. De cette position en saillie, les Prussiens flanquent, en effet, très efficacement la lisière nord du village, et nos soldats, fusillés à la fois de face et de côté, sont obligés de reculer.

Le 10ᵉ de marche arrivait à ce moment à hauteur de la première ligne; il essaye de renouveler, avec quatre compagnies, la tentative avortée du 9ᵉ, mais les mêmes causes le font échouer. Tant que le cimetière sera au pouvoir de l'ennemi, il sera impossible de progresser. Le régiment cherche alors à déborder la droite du village et à lancer un de ses bataillons sur le parc de l'Hay (à l'est de la route de Villejuif); vains efforts. Les feux partis de la crête des murs tiennent nos soldats à distance et brisent leur premier élan.

Il était sept heures et demie. La fusillade continuait assez meurtrière de part et d'autre, quand tout à coup on vit arriver sur l'Hay des renforts importants envoyés par le régiment de réserve à Rungis. Une compagnie ennemie chercha à déborder notre droite, tandis que les défenseurs du front poussaient en avant du village. Cette contre-attaque suffit à démoraliser les jeunes soldats de la brigade Dumoulin, qui, sans en attendre davantage, battirent en retraite précipitamment sur les Hautes-Bruyères, poursuivis par les feux violents et continus de l'Hay.

La situation devenait grave, parce que ce mouvement laissait notre droite complètement à découvert. Le général Vinoy, posté à la redoute des Hautes-Bruyères, voulut essayer de conjurer le danger, et ordonna au général Dumoulin de reporter sa brigade en avant ; mais, « fortement impressionnés par les pertes énormes faites à la première attaque, nos conscrits hésitent, se pelotonnent et refusent de pousser au delà. Tous les efforts des officiers restent impuissants ; beaucoup payent de leur vie leur dévouement : les commandants Benedetti et Aubry se précipitent en avant ; ils se font tuer sans parvenir à entraîner leur troupe[1]. » Seuls, quelques tirailleurs du 10ᵉ parviennent à s'approcher de la gauche du village ; ils ne sont pas suivis et se replient immédiatement[2].

Tandis que la brigade Dumoulin faisait sa première attaque, deux compagnies du 10ᵉ avaient été envoyées sur la rive gauche de la Bièvre pour en chasser les postes allemands dont le tir inquiétait le flanc droit de notre colonne. Elles y avaient réussi, mais c'était là un résultat nul, puisque l'offensive de celle-ci était définitivement enrayée. De leur côté, les Prussiens essayèrent de sortir de l'Hay et de poursuivre nos régiments en retraite. Ils furent maintenus en respect par la grosse artillerie des forts.

Attaque de centre. — A huit heures, tout était fini du côté de l'Hay. Mais tandis que la brigade Dumoulin subissait l'échec que nous venons de raconter, la brigade Guilhem, au centre, déployait une énergie et une ténacité dignes des deux vieux régiments qui la composaient.

Partie également à six heures du matin de son point de rassemblement, elle avait marché sur Chevilly et la Belle-Épine dans l'ordre que voici : le 35ᵉ de ligne, ayant en première ligne deux bataillons couverts par des tirailleurs, et en deuxième ligne un bataillon à trois cents mètres derrière l'intervalle des deux premiers, s'était avancé sur la première de ces localités, laissant à gauche la grande route. Le 42ᵉ marchait à l'est de cette même route, à la même hauteur et dans

---

1. Général Ducrot, *loc. cit.*, tome Iᵉʳ, page 274.
2. *Ibid.*

la même formation, suivi par le bataillon des mobiles de la Côte-d'Or. Sur la route était la batterie d'artillerie (capitaine Houeix).

Les avant-postes prussiens furent repoussés sans difficulté, et la ferme de la Saussaye enlevée par le 42e; deux pièces, avec les caissons de la batterie, furent alors laissées là, et le mouvement continua. Le 35e, mettant son 1er bataillon en crochet défensif pour répondre aux feux de l'Hay, appuya à droite, s'élança, en utilisant tant bien que mal la protection des pépinières, contre la face nord-est de Chevilly, chassa les Prussiens des pâtés de maisons compris entre les deux routes de Vitry et de Thiais[1], et s'y établit à leur place. Pendant ce temps, le 42e arrivait à la route de Chevilly-Thiais. Il la franchit, s'empara d'une fabrique occupée par un poste de chasseurs prussiens, et, tandis que son 2e bataillon, resté près du réservoir de la Vanne, engageait une de ses compagnies contre Thiais, le 1er bataillon et les mobiles de la Côte-d'Or ouvraient le feu contre la lisière est de Chevilly, formée par un mur épais qui clôt le grand parc des Pères du Saint-Esprit.

Des créneaux de ce mur partait une fusillade nourrie. Pour l'éteindre, le général Guilhem appelle les quatre pièces restant de la batterie Houeix et les fait placer près du carrefour des deux routes Chevilly-Thiais et Villejuif-Fontainebleau. Elles ouvrent immédiatement le feu, cherchant à faire brèche; malheureusement, le mur, précédé d'un fossé profond, était, en outre, masqué par une épaisse haie, en sorte que la difficulté d'observer les coups rendait le tir peu efficace. Nos troupes souffraient beaucoup, d'autant qu'en plus des feux du village elles avaient à subir celui d'un poste de chasseurs placé près de la grande route, et le tir d'une batterie établie au nord du carrefour de la Belle-Epine. Le général Guilhem, voulant mettre fin à cette situation, et préférant porter ses soldats en avant plutôt que de les laisser dans une inaction énervante, se plaça devant

---

1. Des cinq compagnies prussiennes établies à Chevilly, deux étaient dans le parc au sud de la route de Versailles, trois dans les maisons au nord de cette route.

le 1ᵉʳ bataillon du 42ᵉ et les mobiles de la Côte-d'Or, et, les enlevant de la voix et du geste, s'élança impétueusement avec eux contre le grand mur de Chevilly. Cette offensive hardie fut accueillie par une fusillade meurtrière, et vint se briser contre des murailles que l'artillerie n'avait pas entamées. Le général Guilhem, frappé de dix balles dans la poitrine[1], tomba glorieusement et fut enlevé expirant par les Prussiens[2]. Nos deux bataillons, un peu en désordre, durent se rabattre vers la route de Fontainebleau. Ils vinrent prendre position autour du carrefour, s'abritant derrière le talus de la route, le réservoir et les pépinières d'alentour.

Cependant, dans la partie nord de Chevilly, la lutte avait pris une intensité des plus violentes. Ainsi qu'on l'a vu plus haut, un bataillon du 35ᵉ, le 2ᵉ, commandant Algan, s'était, dès le début de l'action, installé dans le pâté compris entre les trois rues de l'Haÿ, de Thiais et de Vitry. Il y avait là une grande ferme avec quelques maisons, que nous occupions solidement, et contre lesquelles l'ennemi tenta vainement un premier retour offensif. Bientôt maître de la barricade située à l'entrée du village, le commandant Algan chercha alors à progresser vers l'intérieur. Deux tentatives furent successivement faites, la première par la compagnie du capitaine Metzinger, la seconde par le commandant lui-même; elles échouèrent parce que, chaque fois que nos soldats arrivaient en face de l'église, qui formait réduit, les feux croisés qui partaient des maisons, des murs, des barricades, les rejetaient en arrière. Les Prussiens n'avaient, en effet, si facilement évacué la partie nord du village que pour en concentrer la défense à l'intérieur et au sud. Ils occupaient là des positions très fortes, où ils s'étaient solidement retranchés, et d'où il était impossible de les déloger par une attaque de front. Le 3ᵉ bataillon du 35ᵉ, commandant de La Mure, essaye

---

1. Général Vinoy, *loc. cit.*, page 192.
2. Le général Guilhem, transporté à Rungis, y mourut en arrivant. Le soir même, à cinq heures, les Allemands remettaient solennellement aux avant-postes son cercueil couvert de feuillage et de fleurs, et escorté d'un piquet en armes, qui lui rendait les honneurs.

alors de cheminer à travers les maisons, pour en prendre à revers les défenseurs ; mais, manquant d'outils de destruction[1], il ne peut progresser et revient sur ses pas. En attendant que les outils arrivent, il veut tenter de tourner le village par l'ouest ; il est arrêté net, au moment de doubler le saillant nord, par des feux violents qui partent de l'Hay et des pépinières existant entre les deux villages. La retraite de la brigade Dumoulin venait, en effet, juste à cet instant, de rendre disponibles les compagnies prussiennes qui occupaient l'Hay et leur permettait de flanquer efficacement les abords de Chevilly.

Impuissants à prolonger leur offensive, les trois bataillons du 35ᵉ se massent alors derrière la lisière nord-est de Chevilly, tâchant tant bien que mal de s'abriter contre la fusillade ennemie, et continuant à tirailler à droite et devant eux. Aucun renfort ne leur arrive ; la réserve générale, que le gouverneur a prescrit de ne point engager[2], reste immobile derrière Villejuif ; la direction du combat semble abandonnée au hasard, et la lutte prend une allure décousue qui ne présage rien de bon sur son dénouement prochain. Cependant les Allemands, moins passifs, ont envoyé des troupes fraîches au secours des défenseurs de la première ligne. Le régiment établi à Rungis porte deux bataillons vers la Rue et à l'ouest de Chevilly, et un bataillon vers le carrefour à l'est de ce village, sur lequel se dirige également un bataillon de la 11ᵉ division. Deux batteries de l'artillerie de corps s'établissent à la Belle-Epine. A l'aide de ces renforts, l'ennemi reprend alors l'offensive.

Se glissant le long des murs, les Allemands réoccupent, à notre insu, les maisons et le petit parc (situé au nord de la route de Sceaux à Thiais). Tout à coup les barricades, les créneaux, les fenêtres se garnissent de fusils, et le 35ᵉ, massé, reçoit un feu de salve à bout portant. Surpris, ébranlés, les soldats reculent, abandonnant leurs morts, leurs blessés. A quelque distance du village, les restes de notre malheureux 35ᵉ font face en tête ; ils veulent riposter, mais la violence de la mousqueterie est telle qu'il est

---

1. C'est là un fait assez inexplicable, étant donné que la colonne était accompagnée d'un détachement du génie.
2. Général Vinoy, *loc. cit.*, page 193.

impossible de lutter à découvert; nos hommes reculent encore, et ce n'est qu'à 1 kilomètre de Chevilly que le colonel peut rallier son régiment[1].

Tout le temps qu'avait duré cette lutte acharnée, le 42ᵉ, les mobiles de la Côte-d'Or et la batterie Houeix s'étaient maintenus sous les feux convergents de Thiais, de Chevilly et de la Belle-Epine, faisant de vains efforts pour venir au secours du 35ᵉ. Bientôt, ces troupes se trouvèrent elles-mêmes dans une position critique. Les chasseurs prussiens, revenant à la charge avec l'appui d'un bataillon de la réserve, avaient repris la fabrique située au sud de la route de Thiais; la retraite du 35ᵉ découvrait le flanc droit de la vaillante colonne, et la batterie Houeix, décimée, se désemparait peu à peu[2]. Il fallut battre en retraite, et celle-ci s'exécuta en très bon ordre, par échelons, les hommes s'arrêtant tous les cent pas pour faire feu, et les canonniers poussant les pièces qu'il n'y avait plus assez de chevaux pour traîner[3]. Quelques instants après, la brigade Guilhem était rassemblée à nouveau, mais singulièrement réduite, entre les Hautes-Bruyères et Villejuif. Les Prussiens avaient bien cherché à lui couper la retraite, en lançant de Chevilly sur la Saussaye une assez grosse colonne d'infanterie; mais la batterie de 12 des Hautes-Bruyères avait enrayé aussitôt cette pointe hardie. Par contre, la brigade de cavalerie Cousin, déployée dans la plaine pour protéger la retraite, était ramenée par le canon de la Belle-Epine à son point de départ.

Tandis que s'accomplissait notre mouvement rétrograde, un drame émouvant se déroulait dans Chevilly, d'où n'avait pas bougé le bataillon français commandé par l'intrépide Algan.

L'ennemi ayant réoccupé entièrement le village, raconte le général Ducrot, le commandant Algan se trouvait complètement

---

1. Général Ducrot, *loc. cit.*, page 263.
2. Cette batterie, qui pendant la retraite ne cessa pas de s'arrêter et de faire feu, avait déjà perdu 7 servants sur 16; le capitaine, contusionné par un éclat d'obus, et 9 servants, dont 3 plus ou moins légèrement atteints, restèrent à leur poste jusqu'au bout. (Général Ducrot, *loc. cit.*, page 265.)
3. *Ibid.*

cerné dans la ferme au nord-est de la route de l'Hay à Thiais. Déjà le capitaine Rameau, avec quelques hommes, a voulu s'élancer de ce bâtiment pour chercher du secours..., lui et les braves qui l'accompagnaient ont été frappés à mort...; tous les débouchés, toutes les issues sont gardés, il ne faut pas songer à percer, on n'a plus qu'à vendre sa vie... Cette centaine de soldats lutte avec le courage du désespoir.. Chaque homme en vaut dix; par les portes, par les fenêtres, par les créneaux, ils font un feu terrible; les abords de la ferme sont jonchés de cadavres et de blessés... Cependant le nombre des Prussiens ne cesse de s'accroître; dans la rue, dans les maisons, devant, derrière, l'ennemi est partout... Notre poignée d'hommes diminue rapidement, la moitié est hors de combat... les munitions s'épuisent... Notre tir devient moins vif, les Prussiens s'approchent de la ferme et y mettent le feu; à un signal donné, brisant les portes, ils se précipitent dans la cour en poussant leurs hurrahs... nos soldats font une décharge, s'élancent à la baïonnette et les rejettent hors du bâtiment... Mais l'incendie n'a pu être éteint... Un des locaux de la ferme est en feu... Les quinze hommes qui l'occupaient avec le sous-lieutenant Bozonnat, grièvement blessé, en sont chassés par les flammes; les autres défenseurs ont brûlé leurs dernières cartouches; épuisés, anéantis, à bout de forces, ils cèdent, ils se rendent... A la tête de ces braves étaient Algan, chef de bataillon[1], Rameau, capitaine, tué; Nolard, capitaine, Thomas, sous-lieutenant, Bozonnat, sous-lieutenant, blessé[2].

Ce trait de constance héroïque mit fin à la lutte de ce côté : le 35ᵉ comptait 25 officiers et 759 hommes tués, blessés ou disparus; le 42ᵉ avait perdu 4 officiers et 174 hommes; le 1ᵉʳ bataillon de mobiles de la Côte-d'Or, 5 officiers et 53 hommes. C'était, comme on le verra, la moitié du chiffre total des pertes!

Attaque de gauche. — Voyons maintenant ce qui s'était passé à gauche, sur le front Thiais-Choisy-le-Roi. La brigade Blaise, chargée de l'attaque de ces villages, s'était mise en marche, comme les autres, à six heures du matin. Le 12ᵉ de marche avait pris comme point de direction Choisy, tandis que le 11ᵉ se dirigeait contre le saillant nord de Thiais. Entre eux, les deux batteries de la colonne s'établissaient d'abord au moulin d'Argent-Blanc; puis l'une d'elles (batterie Salle) poussait à quelques centaines de mètres en avant; elles canonnaient les lisières nord des deux villages. La

---

1. Blessé.
2. Général Ducrot, *loc. cit.*, tome Iᵉʳ, page 263.

compagnie de génie qui marchait derrière cette colonne était munie des engins nécessaires pour faire sauter le pont que l'on croyait à Choisy-le-Roi.

Tout d'abord, les avant-postes prussiens sont délogés et refoulés sans difficulté. Les tirailleurs du 11ᵉ ripostent avec avantage au feu des défenseurs de Thiais et parviennent même à réduire au silence une batterie ennemie postée derrière un épaulement en avant de Thiais, et dont presque tous les servants sont mis hors de combat[1]. Puis, sous la protection de la batterie Salle, nos bataillons s'approchent de Thiais. Malheureusement, l'ennemi, prévenu par nos préparatifs trop apparents, se tenait sur ses gardes et s'était préalablement renforcé. Il accueillit par une grêle de balles si épaisse les premières lignes du 11ᵉ de marche, que celles-ci cherchèrent immédiatement à gagner, pour se défiler, les pentes qui descendent sur Choisy. Elles se heurtèrent là aux tirailleurs du 12ᵉ, et la confusion qui s'en suivit arrêta net nos progrès sur Thiais. La batterie prussienne que nous avions désemparée profita de ce répit pour se remettre en état, et bientôt les pièces du capitaine Salle furent obligées à leur tour de rétrograder sur le moulin d'Argent-Blanc. De là, et avec le concours de celles du capitaine Salin, elles purent reprendre la lutte, et même avec un tel succès que la batterie prussienne cessa son feu pour la seconde fois.

Aussitôt, le 1ᵉʳ bataillon du 12ᵉ, conduit par le lieutenant-colonel Lespieau, ramassant les fractions du 11ᵉ éparses sur les pentes, se jette sur Thiais à la charge. Son élan bouscule l'ennemi qui abandonne ses tranchées, ses abris et emmène son artillerie jusqu'à la route de Versailles, laissant deux pièces entre nos mains. Le reste du 11ᵉ suit le mouvement; mais les feux qui partent du cimetière, très en saillie comme celui de l'Hay, le contraignent bientôt à s'arrêter. Toute la brigade est immobilisée, et un retour offensif de l'ennemi finit par avoir raison de son énergie; les deux régiments se replient alors, abandonnant leur

---

1. Général DUCROT, *loc. cit.*, tome Iᵉʳ, page 268.

capture, qu'ils n'ont pu ni enlever, ni détruire faute d'attelages et d'outils. Une compagnie du 42ᵉ, se portant du réservoir de la Vanne sur Thiais, essaye d'aborder le village de flanc, pour faire diversion; elle ne peut y réussir. Du côté de Choisy-le-Roi, le 12ᵉ de marche avait fait quelques progrès; la résistance de Thiais, qui dominait la vallée, ne lui permit pas de les pousser à fond.

Il était neuf heures. Un retour offensif de notre part n'était possible qu'avec l'appui de la réserve; or on sait que le gouverneur avait interdit de l'engager. Il ne restait donc qu'un seul parti à prendre, se retirer. Le général Vinoy donna l'ordre à ses trois colonnes de cesser la lutte et de regagner leurs positions du matin. La retraite, protégée par l'artillerie de campagne et celle des redoutes, s'effectua sans désordre, et l'ennemi ne songea pas à l'inquiéter.

Diversions des brigades Mattat et Susbielle. — Il nous reste à jeter un coup d'œil sur les opérations exécutées par les deux brigades chargées, comme il a été dit plus haut, de faire diversion sur les flancs de l'ennemi.

A l'est, la brigade Mattat, accompagnée des deux régiments de cavalerie du général de Bernis, et du régiment de chasseurs à cheval, franchit le pont de Charenton à quatre heures du matin. La colonne, précédée par deux escadrons, fut obligée de prendre la route de Maisons-Alfort, car celle de Créteil, complètement obstruée par un inextricable fouillis d'arbres renversés, n'était pas praticable[1]. De Maisons elle gagna Créteil en suivant un chemin de terre, et s'empara sans coup férir de ce village, où le poste prussien s'était laissé surprendre. De là elle lança ses tirailleurs sur la ferme de Notre-Dame-des-Mèches, d'où fut également délogée sans difficulté la grand'garde ennemie. Il était six heures du matin.

---

1. C'était là une des plus graves conséquences des idées de défensive passive qui avaient prévalu jusqu'ici. On se couvrait de défenses accessoires, et quand on voulait tenter une opération quelconque, on se trouvait arrêté, ou obligé à de longs déblaiements.

Après qu'eurent été prises les dispositions de protection nécessaires autour des points conquis, l'avant-garde, formée par deux compagnies de chasseurs à pied, poursuivit sa marche vers le carrefour Pompadour; mais là elle fut arrêtée un instant par le feu d'une batterie ennemie, qui ne tarda pas d'ailleurs à être démontée par douze pièces de 4 que le commandant de Cossigny amena au grand trot de Notre-Dame-des-Mèches; ce que voyant, le général d'Exéa songea à pousser de l'avant. Il fit donc avancer par échelons les troupes qu'il avait laissées entre Créteil et Maisons-Alfort, tandis que celles qui gardaient Créteil engageaient une fusillade assez vive avec les tirailleurs ennemis postés sur les pentes de Montmesly. Deux escadrons patrouillaient dans la plaine, le long du chemin de fer de Lyon. Mais l'ennemi était prévenu; brusquement, il fit sortir de Pompadour et de la ferme de l'Hôpital des groupes nombreux appuyés par une batterie. Les mitrailleuses du capitaine Lefrançois, placées entre Notre-Dame-des-Mèches et Créteil, produisirent heureusement dans ces petites colonnes de tels vides, qu'elles se dispersèrent en désordre dans la campagne.

Aussitôt, le général d'Exéa envoie le capitaine Rouvière, de son état-major, chercher un escadron pour charger les Prussiens débandés; malheureusement notre cavalerie se trouvait à quelque distance en arrière et, lorsque l'escadron arrive près des Mèches, les groupes ennemis sont déjà loin; nos cavaliers lancés trop à gauche, sont accueillis par une formidable décharge venant des premières maisons de Mesly; un certain nombre d'hommes et de chevaux sont atteints... l'escadron se replie, accompagné par la fusillade et les obus[1].

Cet échec, dû à des dispositions tactiques défectueuses, et à l'habitude qu'on avait alors de tenir la cavalerie massée en arrière des lignes de bataille, mit fin à l'action. Le général d'Exéa n'entendait plus rien sur la rive droite de la Seine; pensant que l'affaire principale était terminée, il jugea inutile de poursuivre une lutte qui menaçait de mal tourner, et que les Allemands reprenaient

---

1. Général Ducrot, *loc. cit.*, page 201.

maintenant à coups de renforts et de nouvelles batteries. Il ordonna donc la retraite, en garantissant son flanc contre un mouvement débordant, par l'envoi entre Maisons-Alfort et la Seine d'un bataillon chargé d'appuyer les deux escadrons qui s'y trouvaient déjà. Il fit en outre placer la batterie de mitrailleuses dans une position dominante et, sous la protection de son feu, ramena ses troupes par la route déjà suivie le matin. Or, cette route, bordée de murs, présentait en un point un passage dangereux ; sur une longueur de près de 20 mètres, le mur faisait brèche du côté de Montmesly et cette particularité n'avait pas échappé aux Allemands. Ils dirigèrent là un feu violent d'artillerie, bientôt parfaitement réglé et qui aurait pu nous faire beaucoup de mal, si on n'avait pas fait franchir l'espace découvert par petites fractions et à toute allure. En fait, nous n'eûmes là que fort peu de monde atteint. A onze heures et demie, tout le détachement était rentré dans son bivouac ; il comptait 45 hommes hors de combat.

En même temps que ces événements se passaient dans la plaine de Charenton, le général de Susbielle avait, à l'ouest, tenté quelques mouvements vers Clamart, Meudon et Bellevue. Tout d'abord, les chaloupes canonnières embossées près du Point-du-Jour couvrent de projectiles, dès cinq heures du matin, les positions avancées de l'ennemi, vers Meudon et Bellevue ; le 1er bataillon du 13e de marche se dirige ensuite sur ce dernier village[1], parvient à s'y embusquer derrière des murs crénelés, et s'y maintient jusqu'à la nuit, en dépit des efforts de forces supérieures, en infligeant aux Prussiens des pertes sérieuses. Le 3e bataillon de ce régiment avait en même temps gagné Clamart, en en chassant les avant-postes ennemis, et y restait embusqué toute la matinée ; le 2e était en réserve près du fort d'Issy. De son côté, le 14e de marche s'était avancé en vue des deux villages de Châtillon et de Bagneux. « Rien n'apparaissant, le régiment ne s'engage pas ; deux compagnies

---

1. Il avait enlevé en entier un avant-poste de 15 hommes, appartenant au 7e régiment de grenadiers du roi. (Le général Vinoy dit, par erreur, page 196 : *de la Garde royale prussienne*.)

seulement échangent quelques coups de feu avec l'ennemi du côté de Châtillon¹. » A midi tout était terminé, et la brigade Susbielle rentrait dans ses cantonnements ayant eu 3 morts et 4 blessés.

Ce n'était certainement pas là ce qu'on peut appeler une diversion; dès l'instant que le mouvement opéré par cette brigade avait pour but d'immobiliser les forces allemandes de ce côté et de les empêcher de se porter au secours de l'Hay et de Chevilly, elle aurait dû nécessairement attaquer ces forces avec vigueur. Il faut qu'une opération semblable donne avant tout le change à l'ennemi et le laisse incertain sur le point réel de l'offensive principale; si ce résultat n'est pas atteint, et si, comme dans le cas présent, la démonstration se borne à quelques tirailleries sans importance, elle ne sert à rien, et l'ennemi ne se dérange même pas pour y répondre. C'est ce qui arriva à Bagneux et à Châtillon.

Résultats du combat de Chevilly. — L'affaire était donc terminée partout avant le milieu de la journée, et bien que ses résultats fussent nuls, elle nous coûtait des pertes très sensibles. Nous comptions, dans le combat de Chevilly proprement dit, 74 officiers hors de combat (19 tués, 50 blessés, 5 disparus) et 2.046 hommes tués, blessés ou disparus². Les Allemands n'avaient que 28 officiers et 413 hommes hors de combat. Nos pertes, qui se montaient à peu près au cinquième des effectifs ayant combattu, étaient donc cinq fois plus fortes que celles de l'ennemi, et cette énorme disproportion s'explique aisément, quand on pense que nos soldats ont dû combattre constamment à découvert contre des forces abritées, et aborder de front des ouvrages et des murailles que l'insuffisante action de l'artillerie n'avait pas entamés. En faisant bombarder les villages pendant une

---

1. Général Ducrot, *loc. cit.*, page 287.
2. Le soir, on convint avec l'ennemi d'un armistice pour enterrer les morts. Il s'y produisit ce fait curieux, que le général Schmitz, chef d'état-major général, s'étant présenté pour assister à l'opération, avec la nombreuse escorte qui accompagnait toujours alors nos généraux, les Prussiens refusèrent de le laisser approcher, en lui signifiant même très catégoriquement qu'il eût à se retirer au plus tôt. (Général Vinoy, *loc. cit.*, page 200.)

demi-heure, *montre en main*, le général Trochu n'avait obtenu d'autre résultat que de prévenir l'adversaire de se mettre sur ses gardes, sans préparer en quoi que ce fût l'attaque de l'infanterie. Mieux eût valu ne pas tirer un seul coup de canon que de faire cette démonstration vaine. Cependant l'attitude de nos jeunes troupes avait été bonne, en général; sans parler des deux vieux régiments, 35° et 42°, dont la bravoure « fut héroïque[1] », les 11° et 12° de marche, les mobiles de la Côte-d'Or se montrèrent pleins d'entrain et de vigueur. Quant à l'artillerie, elle avait déployé, comme toujours, une valeur remarquable, et la batterie Houeix, en particulier, s'était couverte de gloire et d'honneur.

Si maintenant nous examinons la façon dont l'opération fut engagée et conduite, nous voyons qu'elle ne pouvait guère aboutir qu'à un échec. D'abord, la direction supérieure faisait défaut, puisque le général Vinoy était lié par les instructions formelles du gouverneur, et que celui-ci n'assistait même pas à l'action[2]. En second lieu, le champ de bataille était mal choisi; car, de deux choses l'une, ou bien on voulait faire une simple reconnaissance, et alors il ne fallait pas se heurter à des villages fortifiés, ou bien on cherchait à reculer la ligne d'investissement ennemie, et, dans ce cas, il était nécessaire d'appuyer par de fortes réserves les troupes chargées d'attaquer. Le projet primitif du général Vinoy ne comportait qu'une action de détail, une de ces petites opérations de défensive active dont nous avons déjà maintes fois signalé l'opportunité, et qui ont des résultats d'autant plus féconds qu'elles sont plus fréquemment renouvelées. Il avait été malheureusement remplacé par un autre, dont on ne voyait pas nettement le but, et qui mettait en ligne, sur un front

---

1. Général Ducrot, *loc. cit.*, page 277.
2. « Le gouverneur de Paris, dit le général Vinoy, s'était transporté le matin même, *vers dix heures*, au fort de Bicêtre. Il avait été témoin du calme et du sang-froid des troupes pendant leur retraite, et il adressa des éloges au général commandant le 13° corps, sur la fermeté qu'avaient montrée ses soldats, qu'il félicita d'ailleurs par un ordre du jour inséré au *Journal officiel* du surlendemain. » (Général Vinoy, *loc. cit.*, page 196.)

trop étendu, des forces insuffisantes pour aborder des positions aussi redoutables que les quatre villages de l'Hay, Chevilly, Thiais et Choisy-le-Roi.

Le seul résultat de cette opération manquée avait été d'appeler l'attention de l'ennemi sur la valeur, à laquelle il ne croyait pas jusque-là, de l'armée de défense. « De ce jour, les Allemands comprirent que la grande place avait, dans ses murs et autour d'elle, des troupes avec lesquelles il leur faudrait compter. Dès lors, ils pousseront, avec une fiévreuse activité, tous leurs travaux d'investissement, et, sans rien changer aux emplacements de leurs lignes, ils les amélioreront sans cesse et, désormais, *se tiendront toujours sur leurs gardes*[1]. »
Il est douteux que ce soit dans un pareil but et pour arriver à une solution aussi peu favorable, que le général Trochu ait livré son premier combat sérieux, et sacrifié plus de 2,000 hommes, parmi lesquels on comptait 1000 de ses meilleurs soldats !

II. — Nouveaux plans de défense. — Projets du général Tripier.

L'attitude purement défensive gardée par les Allemands pendant et après le combat du 30 septembre venait de clairement démontrer qu'il n'entrait décidément pas dans leurs intentions de tenter une attaque de vive force. Se borneraient-ils à bloquer étroitement la capitale jusqu'à ce que la famine les en rendît maîtres ? Allaient-ils au contraire entamer un siège en règle contre un ou plusieurs secteurs du camp retranché ? Aucun indice ne permettait de le prévoir ; le seul fait certain, matériel et palpable était leur installation de plus en plus solide, et l'amélioration progressive des lignes derrière lesquelles ils s'abritaient. La situation pouvait donc se prolonger telle quelle jusqu'à la dernière bouchée de pain ; l'inertie voulue des assaillants entraînait celle de la défense, et, si celle-ci ne tentait pas quelque chose, l'immense garnison de la capitale risquait de

---

1. Général Vinoy, *loc. cit.*, page 198.

rester sous ses murs, l'arme au pied, inutile et livrée à une oisiveté honteuse, jusqu'au jour, marqué presque d'avance, de la capitulation.

Cette considération fit concevoir aux généraux Trochu et Ducrot la possibilité d'exécuter des sorties ou tout au moins la nécessité d'en tenter ; il fallait rompre le cercle d'investissement, aller joindre, avec la majeure partie des troupes accumulées dans Paris, celles qui étaient levées en province, et tenir ensuite la campagne avec des forces assez imposantes pour arrêter les progrès de l'envahisseur. Cependant, avant de se lancer dans une entreprise qui pouvait être féconde, mais était certainement périlleuse, il devenait indispensable de préparer le plus complètement possible les voies et moyens, d'étudier les terrains favorables à une action de ce genre, en un mot de tout régler d'avance pour que rien ne restât livré au hasard. C'était donc un temps assez long qu'il fallait gagner, temps pendant lequel il eût été dangereux et malsain de laisser l'armée dans l'inaction. A ce moment, précisément, fut présenté au gouverneur, par un des officiers généraux de la défense, un projet de travaux et d'opérations très rationnel, qui concorde trop complètement avec les théories d'activité qui nous sont chères, pour que nous ne nous étendions pas quelque peu à son sujet.

Il y avait à Paris, où il s'était trouvé retenu par le siège, un officier du génie de grand mérite, qui avait joué un rôle important dans l'attaque de Sébastopol, le général Tripier[1]. Se souvenant du remarquable emploi fait par les Russes, pendant ce siège mémorable, des travaux de contre-approche, frappé en outre des pertes que nous avions subies le 30 septembre, en agissant à découvert contre des localités fortifiées, imbu enfin de ce principe, alors méconnu, aujourd'hui adopté sans conteste, que la garnison d'une place assiégée doit être sans cesse agissante, et sans cesse harceler l'ennemi, il

---

1. Le général Tripier, du cadre de réserve, était alors sans emploi. A la réorganisation des forces de la défense, il reçut le commandement du génie de la 2ᵉ armée, placée sous les ordres du général Ducrot.

proposa d'utiliser sur le plateau de Villejuif, qui paraissait très fortement occupé, le système dont les Russes avaient tiré en Crimée si grand profit. Il s'agissait de s'avancer sur cette vaste plaine unie, par des boyaux de tranchées défilés de l'ennemi et reliés entre eux par des parallèles; on eût ainsi fait, pour ainsi dire, le siège régulier des petites forteresses par lesquelles les Allemands protégeaient la route de Versailles, si utile à leurs communications; on eût pu réussir, dans un temps plus ou moins long, à s'en emparer. Ces points d'appui, retournés contre leurs premiers occupants, fussent devenus pour nous des acquisitions précieuses, d'où, sous la protection des ouvrages situés en arrière et de la grosse artillerie de la place, il eût été possible de prendre l'offensive pour chercher de proche en proche à occuper des positions plus avancées. C'était là une manifestation de ce qu'on désigne aujourd'hui sous le nom de *défense extérieure active*, dont seule on admet l'efficacité, et qui a fait ses preuves suffisantes à Sébastopol d'abord, puis à Belfort et à Plewna. Nous avons vu que les idées du général Ducrot étaient conformes à son principe, puisque ce général voulait avant tout maintenir à la défense la possession des plateaux de Châtillon, de Montretout et de Meudon; mais nous savons aussi que le général Trochu en avait d'autres, et que sa seule préoccupation était de conserver la ligne des forts. L'échec du 19 septembre réduisit à néant les espérances du général Ducrot, et il ne fallut rien moins que la démonstration absolue de l'extrême prudence des Allemands, pour qu'elles reprissent corps un moment, grâce à l'intervention du général Tripier.

Il est à remarquer, au surplus, qu'à cette période du siège les Allemands n'avaient avec leur base d'approvisionnement, très éloignée, que des communications assez précaires. La rupture du tunnel de Nanteuil reculait d'un grand mois l'arrivée de leur parc de siège; et, pour le moment, ils n'avaient que leurs pièces de campagne à opposer aux canons de gros calibre dont nous disposions; de même les remplacements d'hommes et de munitions s'opéraient avec difficulté et lenteur, en sorte que, pour y pourvoir en grande quantité sur une partie quelconque de la ligne d'investissement, il leur eût fallu de toute nécessité, le cas échéant, dégarnir les corps voisins ou s'adresser aux troupes opérant en province. Il y avait donc, dans l'adoption immédiate du plan du général Tripier, une menace sérieuse pour la continuité du blocus, et pour nous la promesse d'avantages considérables qui devaient s'augmenter de toute la valeur acquise, dans cette lutte incessante, par les jeunes levées de l'armée de Paris. Enfin, le point choisi pour le mettre à exécution semblait particulièrement favorable. En effet, l'Hay et Chevilly conquis par nous (et ce n'eût certainement été là qu'une affaire de jours avec les procédés d'attaque régulière), l'ennemi était forcé d'abandonner Choisy-le-Roi. Le VI° corps perdait ainsi la route de Versailles, dont il avait tant besoin, entraînait dans son recul le II° corps bavarois, qui ne pouvait évidemment plus rester dans ses positions avec son flanc droit complètement à découvert, et la ligne d'investissement se trouvait ainsi affaiblie précisément sur le point où il nous était le plus avantageux qu'elle le fût, c'est-à-dire du côté même d'Orléans, où s'organisaient les forces de la province.

Ces considérations diverses semblèrent tout d'abord favorablement impressionner le gouverneur. Il donna son assentiment complet aux projets que lui présentait le général Tripier et fit commencer les travaux dès les premiers jours d'octobre. Au préalable, on s'était emparé de deux points sur lesquels le général Tripier voulait appuyer ses lignes, Cachan et les maisons Plichon et Millaud[1]. La double opération, confiée pour Cachan à la brigade de la Mariouse (ancienne brigade Guilhem), pour la maison Millaud aux mobiles de la Côte-d'Or, fut exécutée les 7 et 10 octobre, avec une entière réussite, et ces localités, organisées défensivement aussitôt, devinrent le point de départ des lignes de contre-approche. Celles-ci étaient tracées comme suit: une tran-

[1]. Les maisons Plichon et Millaud sont situées à la croisée de la route de Bourg-la-Reine avec le chemin de Bagneux à Cachan.

chée profonde reliait le fort de Montrouge à la Grange-Ory, contournait les maisons Plichon et Millaud, suivait la lisière sud de Cachan, montait sur le plateau en passant à 300 mètres du saillant nord de l'Haÿ, puis de là se dirigeait droit sur le moulin d'Argent-Blanc, où elle s'appuyait sur une redoute. Redescendant ensuite les pentes à l'est, elle aboutissait à la Seine par la lisière sud du Petit-Vitry. Cette tranchée constituait, à proprement parler, la première parallèle, sur laquelle devaient se ramifier les boyaux de cheminement; mais ceux-ci ne furent jamais entamés. Les préoccupations du gouverneur s'en allèrent ailleurs; le plan du général Tripier fut insensiblement délaissé, et bientôt il ne resta de cette idée, qui aurait pu être féconde, que la trace laissée par les tranchées vides, tranformées par l'hiver en marécages boueux.

Escarmouches à Rueil, la Malmaison et Maisons-Alfort. — Progrès réalisés par les troupes. — Sur les autres points, les travaux défensifs se poursuivaient avec une certaine activité et l'armement des ouvrages était complété. En même temps, les troupes exécutaient des reconnaissances partielles sur leur front, reconnaissances malheureusement décousues et de peu d'importance, mais qui ne laissaient pas de les aguerrir peu à peu.

Dans les premiers jours d'octobre, les Allemands avaient essayé, sans succès, d'incendier le village de Rueil. « Par contre, le 13, l'artillerie du Mont-Valérien mettait le feu au château de Saint-Cloud, et les flammes, activées par le vent, le consumaient si rapidement que l'on ne parvenait à sauver qu'une minime partie des œuvres d'art réunies dans cette résidence[1] ». Le 7,

---

1. *La Guerre franco-allemande*, 2ᵉ partie, page 172. — Il est assez difficile de savoir exactement comment et par qui fut brûlé le château de Saint-Cloud. On vient de voir la version allemande. Le général Ducrot (page 368) affirme qu'elle est fausse et que c'est seulement pendant l'armistice, *alors que les hostilités avaient partout cessé*, que les Prussiens mirent volontairement le feu à Saint-Cloud, à Garches, Montretout, etc. Le général Vinoy pense que l'ennemi a aidé, sinon allumé l'incendie. D'autres auteurs, témoins oculaires, sont partagés entre les deux opinions. En résumé, la question reste encore à éclaircir.

des troupes du 14ᵉ corps, cantonné le long de la Seine, depuis Billancourt jusqu'à Saint-Ouen[1], avaient tenté une petite opération dans la plaine de Rueil.

Préparée par une violente canonnade qui fut exécutée dans la journée du 5 par le Mont-Valérien, la batterie flottante du parc de Suresnes et toutes les pièces de front ouest, et qui força l'ennemi à abandonner momentanément ses travaux[2], cette opération avait été précédée, le 6, d'une forte reconnaissance de cavalerie opérée vers Bezons. Le 7, le général Ducrot mit en mouvement trois petites colonnes pour voir jusqu'à quel point le parc de la Malmaison était fortement gardé. La première, forte de 800 hommes environ, tant mobiles que francs-tireurs de Paris, était accompagnée de 3 batteries, dont une de mitrailleuses ; elle se porta par la route du Mont-Valérien vers le tertre du Moulin-des-Gibets, qui domine toute la plaine. La seconde, comprenant 4 escadrons et une batterie à cheval, sous les ordres du colonel Bonaparte[3], se posta entre Nanterre et Rueil, observant Chatou et Croissy. La troisième, composée des francs-tireurs volontaires[4] (ligne et mobile) du Mont-Valérien et de quatre compagnies de mobiles, fut dirigée par Bois-Préau sur la lisière ouest du parc de la Malmaison, tandis que les volontaires des 1ʳᵉ et 2ᵉ divisions du 14ᵉ corps, précédés des francs-tireurs de Paris, cherchaient à aborder le même parc par l'est.

A deux heures et demie, le Mont-Valérien ouvrait son feu et nos colonnes abordaient le parc ; l'ennemi, ne s'y sentant pas en force, l'évacua aussitôt. Seules, ses batteries envoyèrent quelques obus à nos escadrons. Alors, le général Ducrot, fixé sur ce qu'il désirait savoir,

---

1. « En avant du fleuve, dit le général Ducrot, nous avions les têtes de pont de Neuilly et d'Asnières ; nous occupions Courbevoie, le Rond-Point, Puteaux, reliés avec le Mont-Valérien, et nos postes allaient jusqu'à Suresnes et Nanterre. »
2. Général Ducrot, *loc. cit.*, tome Iᵉʳ, page 361.
3. Le colonel Bonaparte était le petit-fils du prince Jérôme, le plus jeune frère de Napoléon. Il était issu du mariage que Jérôme avait contracté à Baltimore, en 1803, avec Mˡˡᵉ Paterson, et qui avait été rompu par ordre de l'Empereur.
4. Compagnies franches prélevées sur chaque corps de troupe et composées d'hommes choisis, mais de bonne volonté.

et n'ayant d'autre but, comme il l'a écrit lui-même, que de « relever le moral et d'exciter l'émulation de ses jeunes soldats[1] », les fit rentrer dans leurs cantonnements.

Deux jours après, nouvelle reconnaissance, opérée par le commandant Cholleton vers le Petit-Nanterre et Bezons. Le 13, la général Berthaut[2] dirige sur la Malmaison, par Bois-Préau, Nanterre et Rueil, deux colonnes composées de franc-tireurs, de mobiles et de zouaves, tandis que le commandant Cholleton portait au pied du Mont-Valérien, à la Maison-Brûlée, une troisième colonne formée avec des troupes appartenant aux régiments de marche. On se borne à reconnaître l'emplacement d'un retranchement établi à la jonction de la route de la Jonchère avec le chemin de fer américain, retranchement qui était garni de canons, puis on revient aux cantonnements.

Certaines de ces escarmouches, qui se renouvelèrent les jours suivants sur tout le front du 14ᵉ corps, eurent une issue assez heureuse, qui exaltait l'amour-propre et l'ardeur de nos soldats. C'est ainsi que dans la nuit du 12 au 13, le capitaine de La Rochethulon, commandant la compagnie de francs-tireurs volontaires des mobiles du Mont-Valérien, qui s'était embusqué avec ses hommes dans l'avenue de Bois-Préau, y surprit une patrouille prussienne, tua le sous-officier qui la commandait et la dispersa[3]. Les résultats obtenus étaient satisfaisants, en ce sens que les positions occupées par les Prussiens de ce côté étaient maintenant parfaitement connues et que le général Ducrot possédait des éléments sûrs pour baser les projets de sortie qu'il préparait, comme on le verra plus loin, par l'ouest de Paris. L'aspect des troupes avait changé aussi ; leur activité constante, si conforme aux nécessités de la

---

[1]. Général Ducrot, *loc. cit.*, page 363.
[2]. Le général Berthaut venait d'être mis à la disposition du général Ducrot, avec une brigade de nouvelle formation, composée du régiment des zouaves, du 36ᵉ de marche et des 2ᵉ et 3ᵉ bataillons de gardes mobiles du Morbihan.
[3]. Général Ducrot, *loc. cit.*, page 368.

guerre, l'habitude qu'elles prenaient du feu et les exercices continuels auxquels on les assujettissait pour compléter leur éducation militaire, tout cela leur avait donné une attitude qui contrastait déjà avec leur timidité du début et permettait de fonder sur leur résistance quelque confiance et quelque espoir.

Sur l'autre côté de la place également, la division d'Exéa, qui, avec un certain nombre de bataillons de mobiles[1], était cantonnée en arrière du front Maisons-Alfort-Rosny, exécutait chaque jour de petites reconnaissances en avant de ses positions. Le 7e de marche surveillait attentivement et gardait le débouché de la presqu'île de Saint-Maur, entourée d'avant-postes prussiens. Un pont de chevalets fut jeté sur la Marne, en amont du pont de pierre de Joinville, et permit à nos patrouilles de passer sur la rive gauche. Le 16, la brigade Mattat exécuta à Créteil un fourrage qui fit rentrer dans nos lignes une grande quantité de paille et de foin. Enfin, les mobiles du colonel Reille poussèrent des pointes fréquentes vers Neuilly-sur-Marne, Villemomble et le plateau d'Avron, tandis que les troupes de ligne exécutaient, le 21 octobre, une série de démonstrations vers Créteil, le rond-point de Plaisance et Champigny, démonstrations dont on lira plus loin les détails.

Mais si la majorité des troupes, entraînées par cette activité salutaire, gagnaient ainsi chaque jour en hardiesse et en confiance, il n'en était malheureusement pas de même de certains bataillons de mobiles de la Seine, qui continuaient à donner l'exemple de la plus fâcheuse indiscipline. Déjà, le 25 septembre, ceux de ces mobiles qui constituaient la garnison du fort d'Issy avaient abandonné leur poste pour se répandre dans les guinguettes avoisinantes avec leurs parents et amis accourus pour les voir, et on avait eu toutes les

---

[1]. C'étaient d'abord les mobiles du Tarn et le 2e bataillon de la Drôme, sous les ordres du lieutenant-colonel Reille. C'étaient ensuite des bataillons qu'on faisait successivement sortir de Paris pour les former au service des avant-postes.

peines du monde à les faire rentrer au fort[1]. Le 12 octobre, il se passa un fait plus extraordinaire encore et à peine croyable. Une reconnaissance, exécutée par une fraction de ces mêmes mobiles et commandée par un officier, « s'était rencontrée avec un poste de soldats bavarois, et une sorte d'armistice momentané ayant été consenti entre les deux troupes, elles avaient fraternisé dans un cabaret de Clamart. Le commandant en chef (général Vinoy) signala aussitôt au gouverneur de Paris cette grave infraction à la discipline, en lui demandant la répression la plus sévère. Mais le gouverneur préféra, cette fois encore, user d'indulgence, et cette affaire, qui, en temps de guerre, amène toujours de terribles conséquences, dut, par ses ordres, en rester là[2]. »

A voir les résultats produits par les deux méthodes, celle du général Ducrot et celle du général Trochu, il n'est pas difficile de décider quelle était la meilleure, celle qu'il eût fallu employer partout et toujours !

III. — État de Paris durant cette période.

Cependant la population parisienne, à qui ses journaux jetaient en pâture les nouvelles les plus fantaisistes et les moins contrôlées, passait sans transition, et plusieurs fois par journée, des espérances les plus folles à l'abattement le plus complet. La presse, déchaînée et sans frein aucun, commentait à sa façon les moindres événements militaires et en tirait des déductions souvent décevantes, toujours erronées, dangereuses parfois par suite de la divulgation de faits dont l'ennemi faisait son profit. Un écrivain qui n'est pas suspect, Henri Martin, avoue que ses indiscrétions étaient encore plus à craindre que les excentricités des clubs[3]. Quant à la sûreté de ses informations, on peut en juger par ce fait que peu de jours après avoir annoncé faussement la rupture du tunnel de Saverne,

---

1. Général Vinoy, loc. cit., page 171.
2. Ibid., page 210.
3. Histoire de France, tome VII, page 201.

elle était obligée d'enregistrer, officiellement cette fois, la reddition de Strasbourg et de Toul ! Puis, tandis que des écrivains pompeux, Louis Blanc, Edgar Quinet, et, hélas ! le grand poète Hugo lui-même[1], se ridiculisaient par une série de proclamations déclamatoires, la garde nationale, véritable maîtresse de Paris, continuait des manifestations qui, de fastidieuses au début, devenaient maintenant intolérables. Dans la journée du 5 octobre, le gouverneur de Paris était obligé de recevoir à l'Hôtel-de-Ville un énergumène de carrefour, devenu le meneur des bataillons de Belleville, le nommé Flourens, de parlementer avec lui, et de créer en sa faveur les fonctions, inconnues jusque-là, de *major de rempart*[2] ! C'est à de pareilles faiblesses que les coryphées de la révolution contraignaient le gouvernement à s'abaisser, pendant que l'ennemi ne perdait pas un instant pour augmenter la puissance du cercle de fer qui enserrait la capitale !

Départ de Gambetta. — Ce même jour, fut prise une décision qui devait avoir sur les suites de la guerre une importance décisive. Dans le but de soulever la province et, peut-être, d'empêcher les élections[3], le gouvernement prit le parti de faire sortir de Paris un de ses membres, et ce fut sur Gambetta que, fort heureusement, tomba son choix[4]. Le 7, à onze heures du matin, celui qui allait devenir pendant quatre mois le dictateur de la France quittait la place Saint-Pierre, à Montmartre, à bord du ballon l'*Armand-Barbès*. Il avait avec lui M. Trichet, aéronaute, et son ami intime M. Spuller. Après une traversée assez mouvementée, les voyageurs finirent par atterrir à Epineuse, près de

1. Voir Alfred DUQUET, *Chevilly et Bagneux*, page 182.
2. *Enquête parlementaire sur les actes du gouvernement de la Défense nationale*, rapport de M. Chaper.
3. *Ibid*, rapport de M. Daru.
4. Jules Favre, dans son ouvrage déjà cité, dit que Gambetta, « qui était loin, à ce moment, de briguer le rôle de dictateur, céda aux volontés du gouvernement » (page 261). — Mais le général Trochu a déposé devant la Commission d'enquête, non sans malice pour ses anciens collègues, que le choix de Gambetta fut dû à ce fait unique, « qu'il était le seul qui pût envisager le voyage en ballon sans en être troublé. »

Montdidier. De là, ils gagnèrent Amiens, où ils passèrent la nuit, et partirent le lendemain pour Tours, par Rouen et le Mans.

Un autre départ, dont les conséquences furent moindres, se produisit presque en même temps, celui de M. de Kératry. L'ancien député au Corps législatif avait donné sa démission de préfet de police, par dégoût, a-t-il dit, de certains de ses collaborateurs, tel Raoul Rigault, et aussi parce qu'il ne voulait pas s'associer à la faiblesse que le gouvernement montrait pour les partisans de la Commune[1]. Le rapporteur de la Commission d'enquête lui prête des vues autrement vastes... : Enrayer en province les progrès d'une *grande conspiration légitimiste et cléricale qui était à redouter*..., aller chercher en Espagne une armée de 80,000 hommes, moyennant la garantie par la France de l'unité ibérique et de la possession de Cuba...[2] ! On verra par la suite ce qui a été réalisé de ces beaux projets ; pour l'instant, leur auteur fut remplacé à la préfecture de police par M. Edmond Adam.

La mission Burnside. — Enfin, vers cette époque, survint un événement qui, toutes proportions gardées, présente certaines analogies avec la ténébreuse affaire Régnier, et montre encore combien la diplomatie de M. de Bismarck était large sur le choix de ses moyens.

Le 2 octobre, deux officiers américains, le général Burnside et le colonel Forbes, étaient présentés à Jules Favre par M. Washburne, ministre des États-Unis. Ils venaient du camp prussien, et même étaient porteurs d'une lettre adressée par le chancelier fédéral au ministre des affaires étrangères français. Sans s'étonner de ce que pouvait présenter d'insolite cette façon de pénétrer dans une place assiégée, le général Trochu reçut à son tour les deux Américains, et accueillit l'étrange demande qu'ils lui adressèrent de se rendre compte des moyens de défense de la capitale. « Il s'empressa de déclarer qu'il ferait son possible pour que

---

1. *Commission d'enquête*, déposition de M. de Kératry.
2. *Ibid.*, rapport de M. Chaper.

leurs investigations fussent complètes et faciles[1] », mit à leur disposition un de ses officiers et recommanda même de ne leur montrer que les parties les plus fortes du camp retranché.

Ainsi renseignés bénévolement sur des choses que d'habitude on s'efforce de tenir absolument secrètes, les deux Américains retournèrent à Versailles, malgré les instances de Gambetta, qui pensait très justement qu'on devait les retenir ; mais, en prenant congé de Jules Favre, ils lui firent certaines insinuations qui montraient que leur visite n'avait pas qu'un simple but de curiosité. « Ils étaient très sympathiques à la France, dirent-ils, et ils avaient voulu chercher, en venant à Paris, un moyen de conciliation[2]. » A quoi Jules Favre répondit que « bien que décidé à résister, le gouvernement ne l'était pas moins à ne négliger aucune occasion d'arriver à une transaction honorable. »

Quelques jours plus tard, ils revenaient tous deux, porteurs des propositions de M. de Bismarck, qui offrait une trêve de deux jours pour laisser passer délégués et candidats à l'Assemblée nationale, et la faculté de faire les élections dans les départements occupés, *sauf en Alsace et en Lorraine*. Cette dernière restriction empêcha les négociations d'aboutir, et les deux étranges diplomates retournèrent à Versailles, définitivement cette fois.

Si cette extraordinaire histoire n'était affirmée par les documents les plus authentiques et les plus probants, si les témoins attristés ne nous en avaient pas laissé des récits qui se corroborent, on aurait vraiment peine à y croire. Ces touristes qui, sans mandat aucun, passent en toute liberté d'un camp à l'autre, étudient sur place les moyens de défense de l'assiégé, faisant ainsi du véritable espionnage avec l'estampille officielle ; ces étrangers, qui, on ne sait pourquoi, servent d'intermédiaire entre les gouvernements belligérants et jouent le rôle de courriers de cabinet, n'est-ce point là

---

[1]. Comte d'Hérisson, *Journal d'un officier d'ordonnance*, Paris, Ollendorff, 1885, page 165.
[2]. Jules Favre, *loc. cit.*, page 277.

un spectacle unique dans l'histoire des guerres? Que
M. de Bismarck leur ait donné toute facilité pour
entrer chez nous, cela s'explique de reste. Mais que
nos gouvernants aient cru devoir les accueillir et les
qualifier presque du rôle de chargés d'affaires, voilà qui
passe toute idée. C'est assurément, dans cette période
étrange de notre vie nationale, un des épisodes les plus
fantaisistes qui se puisse relever !

IV. — Combat de Bagneux-Chatillon (13 octobre).

Revenons maintenant aux opérations militaires.

Dans la nuit du 12 au 13 octobre, écrit le général Vinoy, *à minuit un quart*, le 13ᵉ corps reçut du quartier général l'ordre d'entreprendre une grande reconnaissance sur le plateau de Châtillon. *Aucun autre détail sur la durée et le but de l'opération ne nous étant donné*, nous dûmes supposer qu'il s'agissait sans doute de s'assurer seulement si les troupes ennemies occupaient toujours fortement le plateau. Cet ordre fut expédié aussitôt au général Blanchard ; mais comme la nuit était très obscure, il ne put, à cause de la difficulté des chemins, lui être remis au lycée de Vanves, où était son quartier général, *qu'après deux heures du matin et il en était quatre* quand il parvint aux généraux de la Mariouse et Susbielle... Il fut décidé que l'attaque commencerait à neuf heures. On n'avait point trop de temps pour relever tous les petits postes et les grand'gardes, préparer l'artillerie et réunir les troupes nécessaires, qui occupaient un front si étendu [1].

Cette citation suffit à montrer la façon dont l'opération était préparée. Il est donc inutile d'insister sur ce sujet ; mais il est nécessaire de connaître les motifs qui avaient dicté au gouvernement une décision aussi inopinée.

Les mouvements exécutés du 1ᵉʳ au 10 octobre par les Allemands, mouvements dont il a été question plus haut, et qui provenaient de l'arrivée de nouveaux corps ou du remplacement de ceux qui partaient vers Orléans, avaient fait supposer au général Trochu que l'ennemi préparait une attaque contre les fronts sud de Paris.

1. Général Vinoy, *loc. cit.*, page 201.

Ces fronts furent, en conséquence, renforcés en artillerie. Puis bientôt de nouveaux avis arrivèrent, donnant les motifs réels de ces allées et venues, mais ne précisant pas suffisamment les nouvelles dispositions des forces ennemies. En outre, le bruit courut que les Prussiens se disposaient à livrer le 14 octobre, jour anniversaire de la bataille d'Iéna, un assaut général. Le gouverneur voulut être mieux éclairé, et donna l'ordre que l'on sait.

Positions occupées par l'ennemi. — Les positions qu'on allait aborder dans cette journée du 13 étaient gardées par le IIe corps bavarois, qui avait ses deux divisions accolées, entre la vallée de la Bièvre et Meudon. A l'aile droite, les avant-postes de la 4e division, partant du cours de la Bièvre, passaient en avant de Bourg-la-Reine et suivaient la lisière nord des villages de Bagneux et de Châtillon. (Un bataillon occupait chacun de ces villages, un troisième tenait Fontenay-aux-Roses.) A gauche, la 3e division étendait ses avant-postes depuis Châtillon jusqu'à Meudon en passant par Clamart et la lisière nord des bois. (Elle avait deux compagnies dans l'ouvrage de Châtillon retourné contre nous.) Deux lignes de défense successives avaient été organisées sur le front : d'abord la ligne des avant-postes, renforcée par des tranchées, des barricades, des abatis, etc. ; ensuite une position principale constituée sur la crête du plateau et dont le centre de résistance était la redoute de Châtillon. En outre, comme les points d'appui de la ligne d'avant-postes n'étaient pas distants des forts d'Issy, de Vanves et de Montrouge de plus de 1,500 mètres au maximum, les Bavarois y avaient construit pour leurs grand'gardes des abris blindés ; enfin, ils s'étaient appliqués à créer des cheminements défilés, pour leurs colonnes, entre les postes avancés et les points de rassemblement désignés. C'est ainsi qu'un chemin reliant Bagneux à la Croix-de-Berny avait été ouvert à travers le parc de Sceaux et dans le vallon au sud de Bagneux. A ces avantages résultant pour l'adversaire d'aménagements judicieux, il faut aussi ajouter ceux que lui assurait la situation dominante, par rapport à l'attaque, des deux villages de Bagneux et de Châtillon, et l'étendue des champs de tir qu'ils avaient devant eux. L'enlèvement de ces lignes n'était donc pas chose aisée, et l'on peut voir, par ces considérations, combien il était regrettable qu'on n'eût pas pu conserver la possession du plateau de Châtillon.

Dispositions d'attaque. — Dans le peu de temps dont il disposait pour prendre ses dispositions et donner ses ordres, le général Vinoy décida que l'attaque se ferait sur quatre colonnes ; les deux extrêmes étant chargées de faire des diversions pour maintenir l'ennemi sur ses positions.

1° *A droite*, 2 bataillons du 13° de marche, une compagnie de chasseurs, 5 compagnies de gardiens de la paix, une batterie et une section de génie, sous les ordres du lieutenant-colonel Pottier, du 13° de marche, avaient pour objectifs Fleury et Clamart.

2° *Au centre*, le général de Susbielle, à la tête du 14° de marche et du 3° bataillon du 13°, devait attaquer Châtillon, ayant en réserve, au Petit-Vanves, le 42° de ligne et le 4° bataillon des mobiles de l'Aube.

3° *A gauche*, le régiment des mobiles de la Côte-d'Or et le 1er bataillon des mobiles de l'Aube, sous le commandement du général de la Mariouse, marchaient contre Bagneux, soutenus en arrière par le 35° de ligne, qui, avec un détachement de 40 sapeurs, était posté à la Grange-Ory [1].

4° Enfin, *à l'extrême gauche*, la brigade de la Charrière (division de Caussade) se tenait entre Bagneux et la maison Millaud, pour observer les troupes ennemies de Bourg-la-Reine.

La *réserve générale* était constituée par la brigade Dumoulin, postée derrière le fort de Montrouge, et ayant encore derrière elle le régiment des mobiles de la Vendée.

Le tout formait un effectif de 25,000 hommes environ, disposant de 80 pièces de canon.

Colonnes extrêmes. Prise de Clamart. — Voyons tout d'abord le rôle joué par les colonnes extrêmes, qui, dans cette journée, n'eurent que fort peu à s'engager. Au signal de deux coups de canon tirés à neuf heures du matin par le fort de Vanves, tout le monde s'était mis en mouvement à la fois. Le colonel Pottier s'empara

---

1. On voit combien peu, ici comme à Chevilly, on s'était préoccupé de respecter l'unité des liens tactiques.

de Clamart sans coup férir, et fit mettre le village en état de défense par ses sapeurs, tandis qu'un bataillon était envoyé à Fleury pour couvrir la droite de la colonne. Puis ses tirailleurs, s'avançant vers le sud, cherchèrent à gravir les pentes du plateau de Châtillon et réussirent même à donner la main à la droite de la colonne Susbielle. Mais, malgré la protection de leur artillerie, ils furent bientôt arrêtés par les troupes bavaroises postées sur la position principale de défense établie à la lisière nord du bois, et pendant toute la journée tiraillèrent contre elles. La situation se prolongea telle quelle, sans résultats appréciables, jusqu'au moment (trois heures) où, comme on le verra plus loin, fut donné l'ordre de la retraite; la colonne Pottier se retira alors en bon ordre et rentra dans ses cantonnements.

La colonne de la Charrière, à l'extrême gauche, ne fut même pas engagée; elle couvrit, en avançant un peu, le flanc gauche des troupes du général de la Mariouse, qui avaient pris Bagneux, et ce fut tout.

Colonne de gauche. Attaque et prise de Bagneux. — A gauche, l'affaire avait été plus chaude. Après que le fort de Montrouge eut, en détruisant les obstacles avancés de Bagneux, préparé l'action de la colonne de la Mariouse, celle-ci s'était portée vivement en avant. Les mobiles de la Côte-d'Or débouchèrent de la maison Millaud, ayant à leur gauche le bataillon de l'Aube, et suivirent d'abord le chemin de Cachan à Bagneux; profitant avec assez d'adresse de tous les abris de terrain, haies, fossés et carrières, ils parvinrent ainsi sans subir trop de pertes jusqu'aux premières maisons du village, s'en emparèrent et prirent pied dans la barricade qui barrait le chemin de Cachan. Mais là ils commencèrent à éprouver une vive résistance; malgré l'appui de notre artillerie, placée en avant de la Grange-Ory, les mobiles n'avançaient que très lentement, et il fallut les faire appuyer par un bataillon du 35ᵉ de ligne, qui s'était rapproché. Ce bataillon se porta résolument sur la partie droite de Bagneux, fit abattre par les sapeurs du génie les clôtures ou portes barricadées qui entravaient sa marche, et, entraînant avec lui les mobiles, se lança dans l'intérieur de Bagneux, où il fit prisonniers une quarantaine de soldats bavarois[1]. Il arriva sur la place de l'église en même temps que les mobiles de la Côte-d'Or et que les mobiles de l'Aube, qui, de leur côté, venaient de conquérir la portion sud-est du village.

Ces derniers, en effet, avaient gagné Bagneux à travers champs, et enlevé les maisons placées sur le versant sud-est du coteau, « en dépit du feu dirigé dans leur flanc par des contingents bavarois embusqués derrière la levée du chemin de fer de Sceaux[2]. » Malheureusement, à l'instant même où ils enlevaient la dernière barricade, non loin de l'église, le brave commandant de Dampierre, qui les conduisait, tombait mortellement frappé[3]. Il était onze heures environ. Bagneux se trouvait tout entier en notre pouvoir, et ses défenseurs avaient dû se replier sur une position de retraite à cheval sur la route de Fontenay et occupée par un bataillon de réserve[4]. Nos troupes s'établirent alors solidement dans le village, barricadant les rues et crénelant les murs sur les lisières qui faisaient face à l'ennemi. En même temps, deux batteries arrivaient sur la place de l'église et des pièces étaient établies pour enfiler les rues par lesquelles l'ennemi pouvait accéder. Mais les Allemands, occupant encore les maisons et les jardins entre Bagneux et Châtillon, continuaient de là à exécuter sur nos soldats qui essayaient de déboucher du premier de ces villages une fusillade meurtrière. On dirigea contre eux le tir de l'artillerie ; puis les deux autres bataillons du 35°, qui s'avançaient de la Grange-Ory, reçurent l'ordre de les déloger ; mais arrêtés par

1. « Le soldat Le Gouil, du 35°, enfonçait avec deux de ses camarades les portes d'une maison où il faisait dix prisonniers. Le soldat Gletty, du même régiment, entrait seul dans une autre, et forçait à rendre les armes trois Bavarois, dont les compagnons s'enfuyaient au plus vite. » (Général Ducrot, loc. cit., page 329.)
2. La Guerre franco-allemande, 2° partie, page 175.
3. Général Ducrot, loc. cit., page 329 : « Je donne ici à ce vaillant officier, disait le gouverneur dans son ordre du jour du lendemain, des regrets que l'armée partagera tout entière. »
4. La Guerre franco-allemande, 2° partie, page 175.

les difficultés de terrain, pris en flanc par le feu des tirailleurs embusqués dans les premières maisons de Châtillon, ils ne purent y parvenir et furent bientôt contraints de se réfugier dans Bagneux.

Des tentatives réitérées, faites alors pour déboucher du village, échouèrent successivement. Les trois bataillons bavarois qui occupaient Fontenay-aux-Roses, Châtillon et toutes les maisons isolées situées au nord et à l'est de ces villages, faisaient converger leurs feux sur les tirailleurs français et les rejetaient dans Bagneux, tandis qu'en arrière la 4ᵉ division bavaroise, mise sur pied dès nos premiers mouvements[1], accourait avec son artillerie pour les soutenir.

La situation sur ce point resta donc dans le *statu quo*. La brigade Dumoulin était, entre temps, venue se masser derrière Bagneux, où un de ses bataillons (du 10ᵉ de marche) avait même pénétré. Quant à la brigade de la Charrière, elle était depuis quelques instants déployée au sud du pont du chemin de fer de Sceaux, sa gauche à la grande route, mais s'abstenait de toute attaque contre Bourg-la-Reine et ses occupants[2].

Colonne du centre. Attaque de Châtillon. — Cet arrêt dans une offensive qui avait si bien débuté, était dû uniquement à la conservation de Châtillon par l'ennemi. Là, en effet, nous avions subi un échec, et, par suite, nos troupes de Bagneux se trouvaient soumises à des feux de flanc qui leur interdisaient tout mouvement en avant. Voyons donc ce qui s'y était passé.

Le général de Susbielle, chargé d'opérer de ce côté, avait divisé ses troupes en deux colonnes. L'une, destinée à l'attaque de front et placée sous son commandement direct, comprenait une compagnie de chasseurs, deux bataillons de marche (un du 13ᵉ, un du 14ᵉ) une batterie d'artillerie et une section du génie. L'autre, chargée de procéder à une attaque de flanc contre la

---

1. Dès huit heures du matin, les avant-postes et les patrouilles de l'ennemi avaient signalé la présence de masses considérables au nord de la maison Plichon, et des troupes en mouvement de ce point dans la direction de Bagneux. (*La Guerre franco-allemande*, 2ᵉ partie, page 173.)
2. *Ibid.*, page 175.

lisière est du village, était constituée par les deux bataillons restants du 14°, sous les ordres du lieutenant-colonel Vanche. Le village de Châtillon était à ce moment occupé par cinq compagnies bavaroises qui en garnissaient les lisières et tenaient le réduit, formé par l'église, une grande maison voisine et les barricades adjacentes.

A neuf heures précises, le général de Susbielle fait ouvrir le feu contre les premières maisons de Châtillon par deux pièces d'artillerie postées au sud du fort de Vanves. Les chasseurs à pied, soutenus par le bataillon du 13°, s'emparent de ces maisons, et pénètrent dans la grande rue ; mais ils trouvent tout à coup devant eux une barricade élevée à environ 200 mètres de l'entrée nord du village, et sont obligés de s'arrêter. Aussitôt le général de Susbielle, donnant l'ordre à ses deux pièces d'avancer, fait ouvrir contre cette barricade un violent feu à mitraille ; les Bavarois, décimés, l'évacuent et nos soldats en prennent possession, tandis que l'adversaire se replie dans la partie sud où débouchent ses renforts. Une autre barricade, située dans une rue perpendiculaire, tombe également entre nos mains [1].

Cependant nos progrès étaient lents ; de toutes les maisons, des barricades encore au pouvoir de l'ennemi, partaient des feux croisés qui arrêtaient les assaillants et les empêchaient d'accéder à la rue de la Fontaine, menant à l'église et barricadée elle-même à son extrémité. D'autre part, la préparation de l'attaque par l'artillerie avait été à peu près nulle, puisque seulement deux pièces y avaient coopéré et que les gros canons des forts n'avaient pu tirer que quelques coups avant que notre infanterie abordât le village. Dans ces conditions, le général de Susbielle songea à faire appel aux sapeurs du génie, et demanda à leur chef, le capitaine de la Taille, de lui ouvrir un passage à travers les maisons.

1. En dirigeant cette attaque, le général de Susbielle reçut un coup de feu à la jambe gauche. « Cette blessure, heureusement sans gravité, dit le général Ducrot, ne l'empêche pas de diriger nos jeunes soldats qui, à la vue de leur général blessé, redoublent d'ardeur. » (*Loc. cit.*, page 333.)

Aussitôt les sapeurs se mettent à l'œuvre. A coups de hache et de pioche, ils pratiquent des brèches dans les murs de clôture, dans les haies des jardins, et arrivent ainsi, venant du nord-est, jusqu'à la rue de la Fontaine; mais ils s'aperçoivent qu'il n'y a pas possibilité de la traverser.

Les défenses de l'église l'enfilent dans toute son étendue, une grêle de balles la sillonne de toutes parts... Alors le capitaine de la Taille et les sapeurs poursuivent leur marche d'habitation en habitation, trouent les murs, brisent les cloisons et se prolongent sur le côté gauche de la rue de la Fontaine en se taillant à coups de pioche une sorte de galerie. Trois compagnies du 42e de ligne, sous les ordres du commandant Charpentier, marchent pas à pas derrière les sapeurs; trois compagnies du 14e de marche, servant de réserve, les remplacent à mesure qu'ils avancent. Tout en gagnant du terrain, on fait le coup de feu par les portes, les fenêtres, avec les Allemands, qui, de l'autre côté de la rue, nous suivent parallèlement de maison en maison. Dans cette lutte pied à pied, l'ennemi, qui occupait aussi les habitations à travers lesquelles nous cheminions, perd du monde; nombre de ses tués et de ses blessés encombrent les chambres, que nous enlevons une à une; plusieurs Bavarois, cachés dans les caves, se rendent ou tombent sous nos coups [1].

Tandis que, grâce à cet heureux expédient, nous progressions un peu dans Châtillon, la colonne du lieutenant-colonel Vanche avait pris comme axe de sa marche le chemin qui, partant de Montrouge, passe entre ce village et Bagneux et pénètre dans Châtillon par le nord-est. Mais elle avait, dans cette attaque, subi des pertes sensibles et perdu son chef, grièvement blessé. En outre, en arrivant dans le village, elle était arrêtée net par les feux du réduit et la grêle de balles qui partaient des maisons situées dans la partie haute du pays. « A gauche, comme au centre, nous étions arrêtés au milieu du village, par des obstacles qui se multipliaient à mesure que nous avancions [2]. »

Fin de l'action et ordre de retraite. — Cependant la lutte continuait à travers les maisons. Des fractions importantes du 42e, qui formait la réserve, étaient

---

1. Général Ducrot, loc. cit., page 334.
2. Ibid., page 335.

venues, appuyer les assaillants ; deux pièces installées presque dans le village tiraient contre le réduit. Mais, de leur côté, les Bavarois recevaient des renforts sérieux ; cinq compagnies nouvelles, accourues de Sceaux, prenaient position dans la partie sud et dans le réduit, s'y établissaient solidement et tentaient même quelques retours offensifs, grâce auxquels elles nous reprenaient plusieurs maisons. L'artillerie ennemie couronnait le plateau et entamait une lutte fort vive avec les forts, qui ne prenaient le dessus qu'avec peine [1]. Une dernière tentative, faite par le 14ᵉ de marche pour s'emparer du réduit de Châtillon, sans la possession duquel il fallait renoncer à pousser plus loin, venait d'échouer, et nos pièces de campagne, dont un caisson avait sauté, blessant et tuant autour de lui des hommes et des chevaux, étaient obligées d'abandonner la position avancée qu'elles occupaient aux abords du village.

Ces attaques réitérées, énergiques, mais sans succès, l'accroissement perpétuel des masses ennemies, l'épuisement des troupes, tout dit qu'il faut renoncer à enlever d'assaut cette position inexpugnable... Le général de Susbielle veut cependant encore tenter de l'arracher à l'ennemi par le feu ; il s'entretenait des moyens incendiaires à prendre avec le capitaine du génie, dans une maison située à quelques mètres seulement de la place de l'église, quand l'ordre de cesser le combat lui fut apporté, à trois heures du soir, par le capitaine Del Cambre [2].

Ce n'est pas que le général Vinoy n'eût été très désireux de conserver Bagneux, que nous tenions solidement avec quatre bataillons de mobiles [3] et trois d'infanterie. Il jugeait très utile la possession de ce village, fort peu distant du fort de Montrouge, et comptait en faire le point d'appui d'une reprise ultérieure de l'offensive, soit le lendemain, soit plus tard. Il l'avait même, dans cette pensée, fait organiser défensivement, aussitôt

---

1. Cependant, à gauche de Châtillon, une batterie bavaroise qui cherchait à établir ses pièces de façon à tirer sur Bagneux, fut heureusement contenue par une seule pièce de 24 placée au saillant sud-ouest du fort de Montrouge, et chaque fois qu'elle se mettait en batterie, la précision du tir du fort la forçait aussitôt à rétrograder. (Général Vinoy, *loc. cit.*, page 215.)
2. Général Ducrot, *loc. cit.*, page 330.
3. Trois de la Côte-d'Or, un de l'Aube.

tombé entre nos mains. Mais il ignorait les intentions du gouverneur à cet égard, car l'ordre de mouvement n'en soufflait mot, et, à une dépêche envoyée au général Trochu un peu après onze heures et ainsi conçue :

« Nous sommes maîtres de Bagneux, je prends des mesures pour nous y maintenir ; voulez-vous le conserver ? »

Il n'avait reçu, à une heure cinquante-huit minutes, que cette réponse assez confuse :

« Blanchard tiendra dans le bas Châtillon, *sans dépasser la route de Clamart ;* je lui annonce que vous le soutiendrez de Bagneux par votre canon, qui devra tirer entre le télégraphe et le haut Châtillon. Sous cette protection, Blanchard fera sa retraite *quand il le jugera à propos* ou quand vous le direz. »

Ce n'était point là répondre à la question ; c'était tout au plus laisser entendre que l'on « ne tenait pas à continuer la lutte jusqu'à l'enlèvement de la hauteur de Châtillon[1] ». L'embarras du commandant du 13ᵉ corps était donc le même, quand, vers deux heures et demie, le général Blanchard, usant de la latitude à lui laissée, rendit compte qu'en présence de l'accroissement et des progrès de l'artillerie ennemie, il prenait ses premières dispositions pour se retirer. Il n'y avait plus qu'une chose à faire, le suivre, et c'est à quoi se décida, une demi-heure plus tard, le général en chef.

La retraite s'opère en bon ordre. Dans Châtillon, nos troupes se retirent lentement en suivant le cheminement pratiqué par les sapeurs ; pour ralentir le mouvement de l'ennemi, elles établissent des barricades avec des tonneaux, du bois de chauffage, et reculent progressivement de l'une à l'autre, tenant toujours l'adversaire en respect. En arrière, le 42ᵉ de ligne protège le mouvement, et la batterie qui l'accompagne n'a même pas à faire sentir son action. Les Bavarois réoccupent la lisière nord du village, aussitôt que nos soldats l'ont quittée, mais sans chercher à en déboucher.

Du côté de Fleury et Clamart, l'opération s'exécute de même.

A Bagneux, il avait été nécessaire de prendre quel-

---

1. Général VINOY, *loc. cit.*, page 217.

ques précautions, en raison de l'existence d'un grand parc, situé au nord du village, très en saillie par rap-

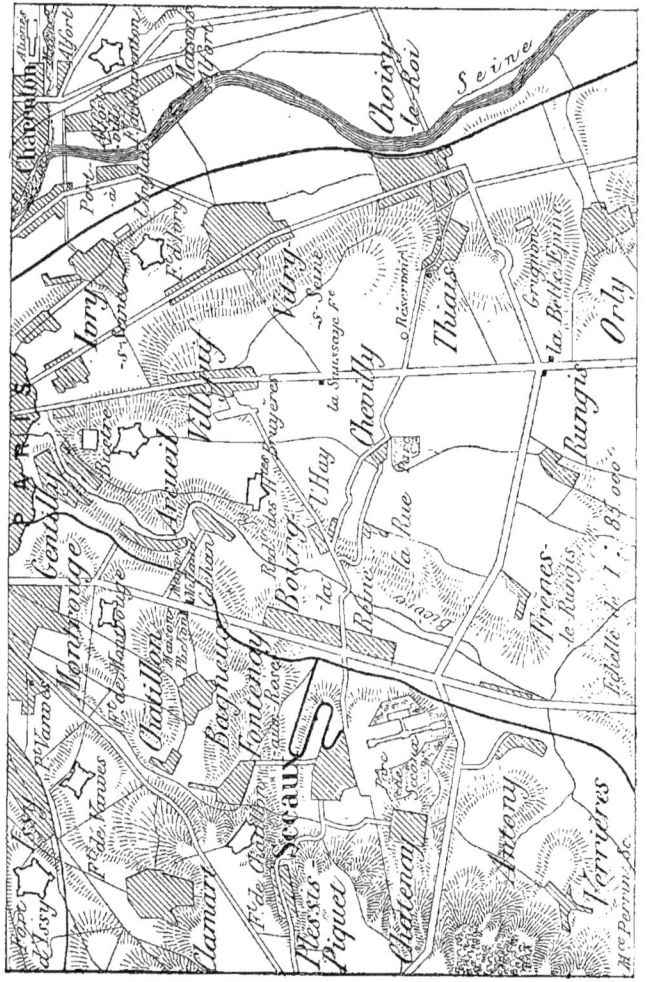

Combat de Chevilly et Bagneux-Châtillon.

port à celui-ci et clos de murs d'où l'ennemi aurait pu singulièrement molester notre retraite. Le général Vinoy avait fait sortir 400 marins du fort de Montrouge, sous les ordres du capitaine de frégate d'André, avec mission d'abattre ces murs dangereux. La précaution n'était pas inutile, car les Bavarois, voyant notre mouvement rétrograde, avaient amené sur le plateau toute l'artillerie de leur II° corps, qui balayait la plaine malgré les efforts faits pour l'éteindre par les gros canons des forts, et ils reprenaient l'offensive au fur et à mesure que nous leur abandonnions le terrain ; en même temps, la 3° division bavaroise s'approchait de Clamart. Fort heureusement, les obus de l'ennemi ne furent pas très meurtriers, et son infanterie, gênée par les barricades que nos soldats avaient construites, ne progressa que très lentement dans la partie nord du village, « toujours opiniâtrement défendue par l'adversaire [1] ».

Nos troupes purent donc se retirer sans encombre ; la brigade Dumoulin rentra aux Hautes-Bruyères en passant derrière le fort de Montrouge ; la brigade de la Charrière se maintint à la maison Millaud, ripostant énergiquement au feu de l'artillerie ennemie par celui de ses batteries. Quant aux occupants de Bagneux, ils quittèrent le village au moment même où les marins finissaient de jeter bas les murs du parc ; ces marins fermèrent la marche et couvrirent la retraite. Les Bavarois ayant voulu sortir du village et se lancer à notre poursuite, nos colonnes s'arrêtèrent, firent demi-tour, et, par des feux de mousqueterie et d'artillerie, les rejetèrent en désordre dans Bagneux [2]. A quatre heures et demie, tout le monde était à l'abri ; seul le canon des forts tonnait encore, lançant ses gros projectiles sur les partis ennemis qu'on apercevait çà et là.

Pertes et conclusion. — Les pertes étaient à peu près équivalentes des deux côtés. Elles atteignaient, pour nous, 5 officiers et 82 hommes tués, 9 officiers et 320 hommes blessés ou disparus : au total, 416 hommes hors de combat. Les Bavarois avaient 4 officiers et 96 soldats tués, 6 officiers et 199 soldats blessés, enfin

---

1. *La Guerre franco-allemande.* 2° partie, page 176.
2. Général Ducrot, *loc. cit.*, page 341.

64 prisonniers : en tout, 366 hommes hors de combat. Ici, comme à Chevilly, les troupes du 13ᵉ corps avaient eu à attaquer directement des localités fortifiées, que l'artillerie n'avait pas, au préalable, suffisamment entamées. Mais ces localités ne constituaient qu'une avant-ligne ; par suite, elles étaient moins fortement retranchées et aussi plus faiblement gardées que les positions principales de l'Hay, Chevilly et Thiais. En outre, chaque attaque avait combiné deux opérations simultanées de front et de flanc ; et si faible qu'ait été son action, l'artillerie y avait tant soit peu coopéré. Enfin, les troupes du génie avaient été pour l'infanterie de précieux auxiliaires, et c'est à leurs cheminements à travers les maisons, autant qu'à leurs travaux de fortification rapide qu'on devait d'avoir pu prendre pied dans Châtillon. Ces diverses considérations expliquent le succès relatif qui avait couronné une action exécutée sans but défini, sans objectif déterminé, et entachée des mêmes erreurs tactiques que le malheureux combat de Chevilly.

Quant aux troupes, elles avaient montré des qualités de vigueur et d'entrain assurément fort remarquables. Toutes, aussi bien celles de la ligne que celles de la mobile, rivalisèrent d'ardeur et de courage ; toutes se comportèrent également bien. Cependant, si l'on peut dire avec le général Ducrot que l'affaire du 13 octobre a été vigoureusement exécutée, il semble difficile d'admettre, comme il le fait, qu'elle ait été bien conçue... Peut-être que si le gouverneur s'était trouvé sur le champ de bataille[1], il aurait mieux compris toute l'importance que pouvait avoir, pour les opérations ultérieures, la conservation de Bagneux, et il aurait alors profité de l'avantage acquis sur ce point pour essayer, le lendemain, de reprendre pied sur le plateau de Châtillon. La tentative faite le 13 aurait, de ce fait, été logique,

---

1. « Le gouverneur de Paris, *arrivé à la fin de la journée sur le théâtre de la lutte*, fut témoin de notre retraite et du retour offensif si vigoureux que nous avions opéré. Il adressa de chaleureuses félicitations aux mobiles qui s'étaient très bravement battus. » (Général Vinoy, *loc. cit.*, page 218.)

féconde même, et l'on n'aurait pas eu à regretter les pertes qu'elle aurait pu coûter. Mais faire prendre des villages pour les évacuer ensuite, de son plein gré, est une opération qui ne se justifie guère, fût-ce par le désir de s'assurer que l'ennemi n'a pas quitté ses positions derrière eux !

CHAPITRE V

LA MALMAISON ET LE BOURGET

I. — Projet de sortie par la basse Seine.

Depuis le commencement d'octobre, le général Ducrot, tout à ses idées de sortie, cherchait un terrain favorable, sur lequel « pourraient être dirigés avec le plus de chances de succès [1] » les efforts de nos soldats. Après avoir étudié très en détail la constitution de la ligne d'investissement, sur laquelle il possédait des renseignements exacts, il s'était convaincu de ce fait qu'il existait en tout quatre théâtres d'opération offrant quelque chance de réussite. C'étaient : le plateau de Villejuif ; la presqu'île de Champigny ; la plaine de Saint-Denis ; la presqu'île de Gennevilliers.

Partout ailleurs, les défenses accumulées par l'ennemi sur des positions déjà fortes par elles-mêmes, formaient une barrière puissante, qu'il eût été téméraire d'aborder, et devant laquelle, au surplus, on manquait d'espace pour se déployer ; mais encore, entre ces quatre champs de bataille, y avait-il un choix à exercer, car tous ne semblaient pas présenter des avantages égaux. L'attaque du plateau de Villejuif, bien que son adoption parût au premier abord la plus rationnelle et la plus tentante, (étant donné la région où se formait alors la masse principale des forces de province que l'on voulait re-

---

[1] Général Ducrot loc. cit., tome I⁰ʳ, page 295.

joindre), obligeait nos troupes, dont certaines n'avaient pas acquis encore toute la solidité désirable, à aborder en terrain découvert des positions redoutables ; car, depuis l'affaire du 30 septembre, les Allemands avaient puissamment renforcé leurs travaux défensifs de ce côté, fait sauter la ferme de la Saussaye, qui pouvait être utilisée par l'assaillant comme point d'appui, constitué une ligne intermédiaire entre leur position principale et leur position de repli, enfin complété l'organisation des trois villages de l'Hay, Chevilly et Thiais. De notre côté, les tranchées entreprises d'après les plans du général Tripier n'avaient pas été poussées assez avant pour permettre d'arriver à couvert jusqu'aux ouvrages ennemis, et d'ailleurs, loin de voir en elles un moyen d'offensive, on semblait ne les considérer que comme une protection nouvelle et un obstacle de plus à opposer aux attaques de l'adversaire [1]. Enfin, le général Ducrot regardait comme dangereux de lancer à nouveau de jeunes troupes sur un terrain où elles avaient subi un échec dont le souvenir n'était point effacé.

Le choix du débouché, soit par la presqu'île de Saint-Maur, soit par la plaine Saint-Denis, semblait devoir être également écarté, en raison des difficultés de ravitaillement qu'aurait éprouvées l'armée française une fois sortie des lignes, et aussi des dangers qui l'attendaient seule au milieu des forces allemandes, sans secours à espérer des troupes des provinces, trop éloignées du théâtre de ses opérations.

Restait donc la presqu'île de Gennevilliers. De ce côté, on savait, par les reconnaissances et les rapports des espions, que l'ennemi, se considérant comme suffisamment couvert par la forêt de Saint-Germain, les hauteurs de Cormeilles et le double repli de la Seine, n'avait que peu de travaux défensifs. Le très long secteur qui s'étend de Chatou à Pierrefitte n'était gardé que par un seul corps d'armée, et, par suite, la densité des forces y était forcément moindre que partout ailleurs. Enfin,

---

1. « Dès le 11 octobre, dit le général Ducrot, ces travaux étaient assez avancés *pour permettre de soutenir vigoureusement une attaque* » (*loc. cit.*, page 324).

cette direction menait presque immédiatement l'armée française dans une région riche, non encore épuisée par l'ennemi, et de là, vers la mer, base d'approvisionnements précieuse, dont la flotte nous assurait la possession incontestée. Ce point de vue spécial acquérait une haute importance, par ce fait que nos colonnes étaient obligées, pour l'action de vive force qu'elles devaient entreprendre, de marcher sans trains ni convois.

Telles sont les considérations, assez concluantes, il faut le reconnaître, qui guidèrent les généraux Trochu et Ducrot dans leur choix. Ils établirent un projet d'opérations en conséquence, et en donnèrent connaissance à la Délégation de Tours par l'entremise de M. Ranc, parti de Paris le 14 octobre, à bord du ballon le *Guillaume-Tell*. Il s'agissait de « jeter une armée de 50 à 60,000 hommes, pourvue d'une nombreuse artillerie, sur la Basse-Seine, pour aller rejoindre à Rouen une armée de secours qu'on espérait y trouver réunie, et des convois de vivres préparés à l'avance. On aurait ensuite essayé de revenir en forçant de nouveau les lignes ennemies, pour faire pénétrer ce ravitaillement dans Paris[1] ». Pour cela, on demandait le concours des armées de province et la concentration de forces imposantes en Normandie.

Passons maintenant aux moyens d'exécution. Le corps de sortie devait se rassembler dans la presqu'île de Gennevilliers, entre le Mont-Valérien et Courbevoie, puis franchir la Seine entre Carrières-Saint-Denis et Bezons. Là se trouvaient en effet une digue qui longe le fleuve, et une île assez longue, dite l'île Marante, qui le sépare en deux bras étroits. Le matériel de pont aurait été transporté par voie ferrée jusqu'à l'embranchement de Colombes, et la flottille aurait prêté son concours au passage du fleuve. La protection de l'opération devait être assurée par une forte batterie de mortiers, qui, installée derrière la digue, bombarderait Argenteuil, de façon à le rendre intenable, et aussi par 80 bouches

---

1. *Enquête parlementaire*, 2ᵉ rapport de M. Chaper.

à feu de gros calibre, distribuées dans des ouvrages à construire tout le long de la presqu'île, du Mont-Valérien à Saint-Denis, pour couvrir de projectiles la rive ennemie.

Un corps de 40,000 hommes, débouchant de Saint-Denis, et marchant sur Épinay et Sannois, était chargé de couvrir le flanc droit du corps de sortie ; le flanc gauche paraissait suffisamment garanti par le Mont-Valérien et ses batteries annexes, d'autant plus que de ce côté l'ennemi, qui n'avait que deux ponts sur la Seine, ne pouvait pas jeter des forces bien considérables.

On comptait ainsi prendre pied dans la presqu'île de Houilles. Une fois là, les troupes de sortie auraient tenté d'enlever les hauteurs peu fortifiées de Sannois et de Cormeilles, en combinant une attaque de front avec un mouvement de flanc et de revers exécuté par le corps de Saint-Denis. Puis, une fois en possession de cette base, elles se seraient dirigées à marches forcées d'abord sur Pontoise, puis sur Rouen, en suivant la rive droite de la Seine, et en se couvrant sur leur flanc gauche par leur cavalerie, qui aurait mission de rompre les ponts au fur et à mesure des progrès accomplis.

Tels sont les projets qui, préparés dans le plus grand secret, et connus de trois personnes seules, le gouverneur, le général Ducrot et le général Schmitz, furent communiqués à la Délégation de Tours. Mais, loin de recevoir de celle-ci l'accueil qu'on espérait, ils soulevèrent au contraire des objections graves, dont certaines n'étaient assurément pas sans valeur. Gambetta, en particulier, faisait observer qu'aucune force organisée n'existant alors en Normandie, il fallait, pour seconder les vues du général Trochu, diriger de Bourges sur Rouen les corps qui se réunissaient derrière la Loire. Or, un pareil mouvement de flanc, exécuté par de jeunes troupes nullement aguerries, sur un aussi long parcours, et sous l'œil des contingents ennemis qui commençaient à se masser aux environs de Chartres, lui paraissait, non sans raison, constituer une manœuvre grosse de périls. Les ouvertures du gouverneur de Paris non seulement, donc, n'enthousiasmèrent pas le jeune dictateur, mais elles ne furent même pas (du moins cela résulte des dires de M. de Freycinet[1]) mises en discussion. En vain le gouvernement revint-il à la charge dans plusieurs dépêches, dont quelques-unes fort pressantes ; en vain le général Trochu menaça-t-il d'agir seul[2]. Rien ne put triompher des répugnances de Gambetta pour cette aventure, ni le décider à faire quelque chose en vue d'en aider l'exécution.

Quand on examine en toute impartialité la situation où se débattait alors la Délégation de Tours, obligée de tout improviser, de tout créer, de constituer une armée avec rien, et de donner de la cohésion, si peu que ce fût, à des corps de troupes composés de pièces et de morceaux, on comprend assez qu'elle ne se soit souciée que médiocrement d'exposer ainsi à une destruction complète les levées qu'elle venait à grand'peine de réunir. Tout naturellement, le général Ducrot, inventeur du projet, estime que sa réalisation eût produit d'admirables résultats, et qu'elle n'avait rien que de très aisé. « Ce mouvement, dit-il, facilité par la voie ferrée Tours-Le Mans-Alençon-Caen, *jetait dans le Calvados 100,000 hommes environ ;* soit par mer, soit par ligne de fer Lisieux-Bernay, cette armée venait s'établir en avant de Rouen sur le plateau de l'Andelle et dans la forêt de Rouvray, où nos 60,000 hommes de Paris allaient les rejoindre *après avoir brisé la ligne d'investissement de la presqu'île d'Argenteuil.* Ces 160,000 hommes donnaient la main aux 25 ou 30,000 de l'armée du Nord et nous avions ainsi une concentration de près de 200,000 hommes entre Rouen et Amiens ; ce seul fait eût produit, est-il besoin de le dire, un effet moral des plus puissants[3]. »

Assurément, si tout se fût ainsi passé, c'eût été la

---

1. C. DE FREYCINET, *La Guerre en province*, page 78.
2. « ... — Nous pouvons agir efficacement dans quinze jours ; *il faut que vous ayez, à ce moment, 120,000 hommes de vos meilleures troupes au point convenu.* » (Dépêche de Jules Favre à Gambetta, du 25 octobre.) — « ... Si rien de tout cela n'est possible, j'agirai seul du 15 au 18 courant, mais c'est périlleux. » (Dépêche du général Trochu, du 10 novembre.)
3. Général DUCROT, *loc. cit.*, tome II, page 107.

réalisation d'un beau rêve. Reste à savoir maintenant si les Allemands auraient laissé transporter, sans y mettre obstacle, 100,000 hommes, d'une seule traite, du Cher dans le Calvados ; leur hâte à jeter du monde vers Orléans et Chartres, pour contenir nos premières velléités d'offensive, permet d'en douter. Reste à savoir également si les 60,000 hommes de Paris auraient réussi à percer la ligne du blocus, et si, une fois sortis, ils auraient pu gagner Rouen sans être détruits en détail. Des opérations aussi scabreuses, possibles à la rigueur avec des troupes aguerries et solides, deviennent extrêmement hasardeuses avec des levées n'ayant encore vu que peu ou point le feu. Le général Ducrot jugeait les forces provinciales d'après les siennes, qu'il avait eu le mérite de transformer progressivement par une constante activité. Ceux qui voyaient sur place, dans les départements, nos pauvres régiments de conscrits, de réservistes et de mobiles, à peine habillés, à peine dégrossis, à peine militarisés, et n'ayant d'autre valeur que leur résignation et leur courage encore passif, ceux-là ne pouvaient ni partager sa confiance, ni risquer les suites par trop problématiques de ses plans audacieux.

Mais, à l'époque du siège où nous sommes arrivé (mi-octobre), les résistances du gouvernement de Tours n'étaient pas encore connues à Paris. Là, on était tout ardeur pour la sortie par la Basse-Seine, et on entamait déjà les travaux préparatoires avec activité. Nous avons vu d'autre part que le général Ducrot tenait en haleine, par des reconnaissances et des escarmouches continuelles, les troupes du 14e corps et de la garde mobile qui occupaient la face ouest du camp retranché. C'était ces mêmes troupes qui étaient chargées de la construction des ouvrages à élever dans la plaine de Gennevilliers, et elles y consacraient tout le temps que leur laissait le service actif. L'esprit toujours tendu vers ce projet, le général Ducrot l'entourait de tous ses soins, lui donnait une scrupuleuse et vigilante attention [1].

Justement, il avait remarqué que, du côté de Rueil,

---

1. Général Ducrot, *loc. cit.*, tome 1er, page 374.

les avant-postes prussiens semblaient gagner du terrain peu à peu. Comme la configuration du sol les mettait à l'abri des feux du Mont-Valérien, ils pouvaient cheminer progressivement jusqu'à Rueil, voire même peut-être jusqu'à Nanterre, d'où ils auraient gêné singulièrement et le rassemblement de notre corps de sortie et le passage de la Seine vers Bezons. Il y avait urgence à les refouler vers Bougival. En conséquence, le général Ducrot résolut d'exécuter de ce côté une opération un peu plus importante que les précédentes, à la faveur de laquelle il établirait sur les pentes nord-ouest du Mont-Valérien, au lieu dit le *Moulin-des-Gibets*, une forte batterie destinée à fouiller les parties du terrain échappant aux vues du fort, et à battre de plus près que celui-ci les points de Carrières-Saint-Denis et de Chatou. Il poursuivait également, a-t-il dit, un but *tout moral*. Avant de tenter la grande épreuve, il voulait à la fois éprouver sérieusement la solidité de ses troupes, et relever définitivement leur courage, qui, depuis le malheureux combat du 19 septembre, ne s'était pas encore complètement raffermi.

II. — Combat de la Malmaison (21 octobre).

Dispositif de l'attaque. — L'ordre de mouvement, soumis le 20 au gouverneur et approuvé par lui, fixait aux troupes deux objectifs successifs, le parc de la Malmaison d'abord, la hauteur de la Jonchère ensuite, mais il leur interdisait de dépasser, sous quelque prétexte que ce fût, le pont de Bougival. Cette restriction indiquait chez le général Ducrot la volonté bien arrêtée de ne pas laisser la lutte sortir des proportions qui ont été indiquées ci-dessus.

Deux colonnes étaient spécialement chargées d'aborder ces deux points :

La 1re, *placée sous les ordres du général Berthaut*, et forte de 3,400 hommes, 20 bouches à feu et 1 escadron, devait attaquer la Malmaison par le nord, en s'avançant dans la plaine, entre Rueil et le chemin de fer de Saint-Germain.

La 2°, commandée par le général Noël, comptait 1,350 hommes et 10 pièces. Elle devait se masser dans le parc Richelieu et attaquer la Malmaison par le sud.

La réserve, confiée au général Paturel, était massée derrière la redoute des Gibets ; elle se montait à l'effectif de 2,000 hommes, 28 bouches à feu et 2 escadrons.

En même temps que les forces se concentraient pour l'attaque de front, d'autres troupes étaient disposées sur l'aile menacée, avec mission de couvrir celle-ci ou d'y opérer des diversions. C'est ainsi qu'à gauche, le lieutenant-colonel Cholleton devait, avec 1,600 hommes, 18 pièces et 1 escadron, attaquer le parc et le château de Buzenval, tandis qu'à l'extrême gauche, le général Martenot, avec 2,600 hommes, 18 bouches à feu, prenait position entre la *Briqueterie* et le chemin de fer de Versailles, pour observer la redoute de Montretout.

Par une disposition assez singulière et qu'il est malaisé de justifier, la composition de ces différentes colonnes était tout à fait hétérogène. Il y entrait pêle-mêle des bataillons, des compagnies de tous les corps de la ligne ou de la mobile, des francs-tireurs, des éclaireurs, des compagnies franches, etc., etc. On avait opéré, pour les constituer, un triage dans tous les éléments que l'on considérait comme les plus solides, en sorte que moins que jamais les liens tactiques se trouvaient respectés. Il devait se présenter, de ce fait, pour la direction du combat, des difficultés sérieuses, et fort heureusement que l'intention du commandant en chef n'était pas de poursuivre la lutte à fond, car avec des troupes aussi dépourvues d'homogénéité, il ne l'eût probablement pas pu.

Répartition des forces ennemies. — Les collines de la Jonchère, que l'on se disposait à aborder, constituaient une position très forte, mais sur laquelle les Allemands, en raison même de sa valeur naturelle, n'avaient exécuté que peu de travaux. La ligne des hauteurs boisées et extraordinairement coupées de jardins, de clôtures, de parcs, qui s'étend entre Bougival et le ravin de Sèvres, semblait défier toute attaque directe ; aussi l'ennemi s'était-il borné, au début, à organiser sur ses ailes une première ligne de défense, s'occupant surtout de fortifier son centre, afin de garantir le grand quartier général. L'organisation de l'aile gauche, celle qui nous occupe, consistait uniquement, le 21 octobre, en une barricade, protégée par des abatis, qui barrait le débouché oriental de Bougival, et en quelques tranchées creusées sur le plateau de la Jonchère pour ébaucher des travaux de deuxième ligne non encore complètement tracés.

Sa garde était confiée, le 21 octobre, à la 19ᵉ brigade prussienne (10ᵉ division, Vᵉ corps). Un régiment (le 6ᵉ), cantonné à la Celle-Saint-Cloud, avait un bataillon aux avant-postes depuis Saint-Cucufa jusqu'à la Jonchère exclusivement. L'autre régiment (le 46ᵉ), posté à Bougival, avec 3 pelotons de dragons et 1 batterie, avait également un bataillon aux avant-postes, de la Jonchère à Bougival [1]. La réserve principale était formée par la 20ᵉ brigade, 3 escadrons, 3 batteries montées, 2 batteries à cheval et 2 compagnies de pionniers ; elle était cantonnée à Rocquencourt et devait, en cas d'alerte, se rassembler à Beauregard. Quant aux flancs, ils étaient couverts : celui de gauche par la Seine et la division de landwehr de la Garde, stationnée à Saint-Germain ; celui de droite par la 9ᵉ division, qui occupait la Bergerie et le parc de Saint-Cloud.

Début de l'action. Attaque de la colonne Berthaut. — A une heure et demie, les différentes colonnes françaises ayant gagné leurs points de rassemblement, le Mont-Valérien donne, par trois coups de canon tirés à trente secondes d'intervalle, le signal de la canonnade générale. Les batteries des cinq colonnes, disposées sur deux lignes [2] et appuyées par les grosses pièces du

---

1. 1 compagnie à la Jonchère, 2 dans la villa Metternich, 1 à la barricade de l'entrée est de Bougival, avec un poste avancé, commandé par un sous-officier, dans le parc de la Malmaison.
2. La première ligne, allant de la station de Rueil à la Briqueterie, comprenait 36 pièces et 4 mitrailleuses. C'étaient les pièces des colonnes Berthaut, Noël et Martenot, placées respectivement sous les ordres des chefs d'escadron Warnesson, de Miribel et Mathieu. La

Mont-Valérien, ouvrent sur Bougival, la Jonchère, la Malmaison et Buzenval, un feu violent qui se prolonge jusqu'à deux heures et quart, sans que les Allemands puissent y répondre. A ce moment, conformément à l'ordre du général Ducrot, elles cessent de tirer pour permettre à l'infanterie de se porter en avant[1]. Seules deux batteries (capitaines Déthorey et de Chalain) de la colonne Berthaut, en position entre la Seine et Rueil, continuent à canonner Bougival et la Jonchère[2]; placées sur le flanc des colonnes, elles ne risquaient pas de les atteindre de leurs obus.

Aussitôt quatre compagnies de zouaves, conduites par le commandant Jacquot, débouchent de Rueil; mais, arrêtées sur la grande route par le feu de la barricade de Bougival, elles se blottissent derrière les murs, et s'égrènent par petits groupes pour traverser la route. Une seule, la 6ᵉ, pénètre avec le commandant dans le parc de la Malmaison, refoule devant elle le poste prussien et le poursuit, en longeant le mur nord, jusqu'à la mare bordée d'abatis épais qui s'étend le long du mur ouest. Son élan n'est brisé que par ce dernier obstacle, qu'il lui est impossible de franchir.

Au même moment, entraient dans le parc, par la grande grille et les brèches pratiquées par le génie dans le mur oriental, les premières compagnies du bataillon du 36ᵉ de marche, avec la compagnie franche de ce régiment et les francs-tireurs de Paris. Ces troupes sont accueillies par une fusillade meurtrière[3]; au lieu d'avancer franchement, elles hésitent, se pelotonnent et s'a-

---

seconde, qui occupait le bord du plateau dominant Rueil et Nanterre, depuis le Moulin-des-Gibets jusqu'au delà de la Maison-Brûlée, comptait 42 pièces et 4 mitrailleuses appartenant aux colonnes Paturel et Cholleton, et commandées par le colonel Villiers et le commandant Viguier.

1. Le signal de cette cessation de feu fut donné par un grand drapeau tricolore, levé trois fois à la Maison-Brûlée.

2. Il y avait, entre Rueil et le chemin de fer, 3 batteries, dont une de 4; celle-ci, dont la portée était insuffisante pour battre la Jonchère, fut laissée provisoirement avec une section de mitrailleuses à la station de Rueil.

3. Par une coïncidence fâcheuse, notre attaque s'était produite juste au moment du relèvement des postes. Il y en avait donc, dans le parc de la Malmaison, deux au lieu d'un.

britent tant bien que mal derrière les massifs ; une partie même recule ; leur chef, le lieutenant-colonel Colonieu, fait demander au commandant Jacquot de hâter l'entrée en ligne de ses autres compagnies... Enfin, le général Noël envoie à leur secours deux compagnies franches (du 25ᵉ et du 26ᵉ) et une compagnie de mobiles de la Loire-Inférieure, qui, cheminant à travers les fourrés, prennent les Prussiens en flanc et les repoussent jusqu'au fond du parc.

Cependant le commandant Jacquot, à la tête de sa seule compagnie de zouaves, était parvenu à contourner par le sud l'obstacle formé par la mare et les abatis, et à trouver dans le mur ouest une brèche pratiquée par les Prussiens. N'écoutant que sa bravoure et sans se préoccuper de savoir s'il sera soutenu, il la franchit avec une soixantaine d'hommes, traverse le ravin, gravit la pente opposée, couverte de vignes, et ne s'arrête qu'à quatre-vingts mètres des tranchées ennemies, contre lesquelles il engage une fusillade énergique. Avec le concours des deux capitaines Ducos et Colonna d'Istria, il maintient sa troupe dans cette position périlleuse, et cette poignée de soldats, jetée ainsi, pour ainsi dire, au milieu des lignes ennemies, attend sans faiblir l'arrivée de ses renforts [1].

Mais voici que tout à coup retentit dans l'intérieur du parc la sonnerie de : *Cessez le feu !* que des officiers du 36ᵉ, impuissants à arrêter le tir désordonné de leurs soldats (tir qui pouvait atteindre les zouaves embusqués sur les pentes de la Jonchère), venaient de malencontreusement ordonner. A ce signal, les Prussiens croient à notre retraite, ils retrouvent leur confiance un peu ébranlée par la brusque attaque du commandant Jacquot, et dessinent contre lui un retour offensif, qui menace de le couper de la brèche par où seule il peut se replier... Les zouaves, pressés de front et de flanc, sont bientôt près d'être enveloppés ; cependant leur brave chef, qui ne veut pas abandonner la partie, les maintient en ligne avec une admirable énergie, tandis qu'il

[1]. Général Ducrot, *loc. cit.*, tome II. page 390.

envoie au général Berthaut le capitaine d'Istria, pour réclamer du secours.

Pendant ce temps-là, les francs-tireurs du 36ᵉ, revenus de leur premier émoi, ont gagné du terrain dans le parc et atteint le mur ouest; enlevés par deux compagnies de zouaves qui arrivent enfin, ils franchissent avec elles la brèche et commencent l'escalade des pentes... Mais le commandant Jacquot n'y est plus... Obligé de céder à un adversaire dix fois supérieur en nombre, il a dû reculer progressivement avec sa poignée d'hommes et, pour éviter d'être complètement cerné, il s'est replié sur l'angle sud-ouest du parc, sans toutefois repasser le ravin. Aussitôt qu'il aperçoit les premiers soldats du 36ᵉ hors du mur, il leur fait signe de le joindre; une vingtaine à peine peuvent répondre à son appel, les autres étant occupés à faire le coup de feu avec les Allemands qui descendent les pentes... N'importe! à l'arrivée de ce léger renfort, l'héroïque commandant Jacquot, mettant son képi au bout de son sabre, fait sonner la charge et s'élance en avant... Trois officiers[1], une soixantaine d'hommes le suivent et gravissent les pentes de la Jonchère au pas de course[2]. Vains efforts! Les Prussiens, en force maintenant dans les tranchées de la crête et sur la lisière du bois Béranger (ils y avaient amené quatre bataillons, tandis qu'en arrière un régiment de la réserve accourait de la Celle-Saint-Cloud, et que cinq compagnies de landwehr venues de Saint-Germain arrivaient à Bougival), les Prussiens font pleuvoir sur nos hommes une grêle de balles, qui ont rapidement mis la moitié des zouaves hors de combat. Le commandant Jacquot, bien que blessé à l'épaule, encourage toujours ses soldats de la voix et du geste; il espère encore qu'on va venir à son secours... Quand il voit qu'une plus longue résistance ne réussira qu'à faire envelopper sa petite troupe, il se décide à reculer. Les zouaves redescendent donc pêle-mêle, à travers un ouragan de plomb, ces pentes

1. Capitaine Ducos, lieutenant Deschamps et un autre officier dont le nom est resté inconnu.
2. Général Ducrot, *loc. cit.*, tome II, page 392.

qu'ils ont si audacieusement escaladées ; pour la deuxième fois, le commandant Jacquot est frappé d'une balle, qui l'étend à terre, et le capitaine Ducos, qui s'est précipité pour l'emporter, tombe à ses côtés atteint de deux coups de feu. Alors « le sergent-major Petit de Granville se dévoue, court à son commandant et le met sur ses épaules. A peine a-t-il fait quelques pas qu'il tombe frappé à son tour[1] ».

La situation des survivants devenait critique ; des tirailleurs prussiens, qui s'étaient glissés par un sentier couvert jusqu'à l'angle sud-ouest du parc, menaçaient de leur couper la retraite. Heureusement, la compagnie franche du Mont-Valérien[2] (capitaine L'Iopis), qui tenait la droite de la colonne Noël, celles des 20e, 26e et 36e de ligne, qui avaient, ainsi qu'on l'a vu précédemment, débouché du parc par la brèche dans le ravin de Saint-Cucufa, enfin les zouaves du bataillon Jacquot envoient du monde de ce côté ; la fusillade s'engage avec une extrême violence, « chacun se bat en désespéré et fait des prodiges de valeur[3] » ; mais bientôt apparaissent sur les hauteurs de la Jonchère des masses épaisses, précédées de lignes serrées de tirailleurs ; c'est la landwehr de la Garde qui arrive et prend l'offensive contre nous. La lutte devient par trop inégale et la résistance cesse d'être possible ; tout ce que nous avons de soldats à l'ouest du parc, zouaves, francs-tireurs de la ligne, fantassins du 36e, sont obligés de reculer précipitamment, pour courir à la brèche, sous une avalanche de balles qui creuse dans les rangs des sillons sanglants. Il ne reste plus un officier debout. « Serrés de près, acculés au mur du parc, n'ayant pour toute retraite qu'une ouverture de deux mètres de large battue par un feu roulant[4], » ce qui survit de ces braves gens va être massacré ou pris, quand enfin les secours tant es-

---

1. Général Ducrot, *loc. cit.*, page 393.
2. Les francs-tireurs du Mont-Valérien avaient été formés de volontaires pris dans les compagnies de dépôt résidant au fort. Il formaient une compagnie à l'effectif de 100 hommes.
3. Général Ducrot, *loc. cit.*, page 394.
4. *Ibid.*, page 395.

pérés arrivent, juste à temps pour soustraire le petit groupe à un anéantissement complet.

On se souvient que le commandant Jacquot, au moment où la sonnerie si malencontreuse de *Cessez le feu !* venait de ramener sur lui les Prussiens un peu déconcertés par son offensive hardie, avait envoyé son adjudant-major, le capitaine Colonna d'Istria, demander du renfort au général Berthaut. Aussitôt prévenu, et voyant d'autre part la retraite du bataillon du 36°, qui, à ce moment, évacuait le parc et se blottissait derrière le mur, cet officier général envoya chercher le 1er bataillon des mobiles de Seine-et-Marne, laissé en réserve derrière la caserne de Rueil, et ordonna au lieutenant-colonel Colonieu de reporter en avant le 36°, soutenu par un bataillon des mobiles du Morbihan. Les mobiles de Seine-et-Marne avaient à parcourir, de Rueil à la Malmaison, une course assez longue, près de deux kilomètres. Ils n'arrivèrent sur le plateau face à la Jonchère, ainsi qu'on vient de le voir, que juste à l'instant où s'effectuait la retraite précipitée des troupes jetées en avant du parc, et se déployèrent aussitôt, sous la protection de deux mitrailleuses qui tiraient contre le bois Béranger. Leur intervention arrêta l'offensive ennemie et permit au petit nombre d'hommes qui restaient encore debout près de la brèche, de la franchir. Leur chef, le lieutenant-colonel Franceschetti, essaya même de les jeter sur les pentes ouest du ravin. Mais les forces prussiennes grossissaient tellement, que cette tentative fut arrêtée net et n'aboutit qu'à leur infliger des pertes sensibles. Quant aux autres troupes qui occupaient le parc de la Malmaison, à savoir le bataillon du 36°, le bataillon du Morbihan, les francs-tireurs de Paris, puis, pêle-mêle, des zouaves et des mobiles de la Loire-Inférieure, il fut impossible au général Berthaut de les reporter en avant. Le feu dirigé sur le parc par les soldats prussiens de la Jonchère était tellement violent que ces jeunes troupes, au lieu d'avancer, cherchaient uniquement à se couvrir derrière les massifs et les murs, et ne parvenaient pas à surmonter l'émotion qui les clouait sur place. Le général Berthaut dut se convaincre qu'il ne réussirait pas à reprendre l'offensive, et qu'il lui fallait se résoudre à abandonner la partie ; il fit alors pratiquer, dans la partie sud-est du parc, une vaste brèche par laquelle s'écoulèrent les soldats, puis, contenant tant bien que mal l'ennemi qui s'avançait de toutes parts, il évacua la Malmaison et ramena ses troupes vers Rueil.

Ce furieux combat de la Jonchère, où pendant deux heures 300 hommes à peine résistèrent si vaillamment à la valeur d'une forte brigade, réhabilita les zouaves de marche et effaça le souvenir de leur honteuse faiblesse de Châtillon. D'ailleurs, toutes les troupes qui y prirent part[1] furent admirables. « La 6ᵉ compagnie du 3ᵉ bataillon de zouaves, celle qui marcha la première avec le commandant Jacquot, perdit ses deux officiers *et 38 hommes sur 70 combattants*. L'une des compagnies du 36ᵉ eut également ses deux officiers blessés et *45 hommes hors de combat sur 70*. La compagnie des francs-tireurs du Mont-Valérien (capitaine L'Iopis), qui, après avoir énergiquement lutté dans le ravin de Saint-Cucufa, était venue porter secours au commandant Jacquot, avait perdu *2 officiers sur 3 et 52 hommes sur 100*[2]. » Quant au valeureux commandant, dont la bravoure avait été déjà si brillante le 19 septembre, et qui, le 21 octobre, « se conduisit en véritable héros[3] », il mourut des suites de ses blessures. Sa perte fut un deuil général pour l'armée[4].

Les troupes dont il vient d'être question étaient les seules de la colonne Berthaut qui eussent pris une part active à la lutte ; les autres avaient été maintenues soit en réserve, soit en soutien de l'artillerie, soit enfin en observation sur le côté nord de la route, à la villa Dollinger et vers la station de Rueil. L'artillerie de la colonne portée en avant de cette station avait, ainsi qu'il

---

1. Il n'est question ici que des troupes qui franchirent la brèche et le ravin. D'autres au contraire donnèrent des signes regrettables de faiblesse, en particulier dans le parc.
2. Général Ducrot, *loc. cit.*, page 397.
3. *Ibid.*
4. *Ibid.*

a été dit plus haut, continué à tirer sur Bougival et la Jonchère, même après que toutes les autres batteries eurent cessé leur feu de préparation ; prenant d'écharpe une batterie prussienne établie sur le versant ouest du coteau, au-dessus de Bougival, et combinant son tir avec les grosses pièces du Mont-Valérien et les canons de 12 du plateau des Gibets, elle parvint, après une heure de lutte, à la chasser du champ de bataille ; cela fait, réunie tout entière sous les ordres du commandant Warnesson, elle se porta en avant, par échelons, et poussa sa première ligne jusqu'à moins d'un kilomètre de Bougival. Elle ne cessa le feu qu'à la retraite définitive.

Attaque de la colonne Noël. — Bien que moins mouvementée que celle de la Jonchère, l'action de la colonne Noël avait cependant été fort vive. Tandis que trois de ses compagnies franches, envoyées, on s'en souvient, au secours de la colonne Berthaut, partageaient la fortune et suivaient la retraite de celle-ci, les autres fractions, massées dans le ravin de la maison Crochard, s'étaient, au signal de l'attaque, portées vers la gauche, entre le parc de la Malmaison et la porte de Longboyau, précédées de tirailleurs, et donnant la main, vers le sud-est, aux compagnies de francs-tireurs de la colonne Cholleton qui avaient pour objectif le château de Buzenval. A trois heures, c'est-à-dire au moment même où le commandant Jacquot franchissait le ravin de Saint-Cucufa, les tirailleurs de la colonne Noël, environ 4 compagnies (francs-tireurs du Mont-Valérien[1], tirailleurs de la Seine, éclaireurs du 28° mobile), garnissaient le versant oriental de ce ravin, depuis l'angle sud-ouest du parc de la Malmaison, jusqu'au mur nord du parc de Buzenval vers la porte de Longboyau. A leur gauche, les francs-tireurs de la 2° division du 3° corps (colonne Cholleton), qui, conduits par le capitaine Faure-Biguet, avaient pris pied dans le château de Buzenval, en en chassant le poste prussien, s'étendaient de la porte de

---

1. On a vu plus haut que cette compagnie se trouva bientôt englobée dans l'action de la colonne Berthaut.

Longboyau à l'étang de Saint-Cucufa, et se fusillaient avec les tirailleurs prussiens, à une distance de moins de 100 mètres.

Pendant ce temps, les batteries Nismes (6 pièces de 4) et Pinel de Granchamp (4 mitrailleuses) avaient, sur l'ordre du commandant de Miribel, quitté la première position qu'elles occupaient dans le parc Richelieu pour se porter de 400 mètres en avant. Trois pièces et les quatre mitrailleuses se mirent en batterie à la croisée des routes de Saint-Cloud et de Longboyau, d'où elles prirent pour objectif les abords de la Jonchère, empêchant l'artillerie ennemie de s'y établir. Les trois autres pièces vinrent se poster plus à droite, tout près du parc de la Malmaison.

Sous la protection de cette artillerie, la colonne Noël essaya de pousser de l'avant; mais, ayant obliqué trop à gauche, elle se trouva bientôt en butte à un feu des plus violents parti de la Bergerie et de la lisière du bois Béranger, en sorte qu'au lieu d'aller donner la main aux zouaves du commandant Jacquot, embusqués dans les vignes sur les pentes ouest du ravin, elle fut obligée de riposter sur place. Malgré de lourdes pertes, elle se maintint cependant en position, et résista aux efforts de l'ennemi qui se renforçait à vue d'œil. Soutenue elle-même par deux compagnies de chasseurs à pied et deux compagnies de mobiles de la Loire-Inférieure, qui venaient d'accourir, elle parvint à reformer ses lignes déjà entamées, et à contenir les efforts que faisaient les Prussiens pour la refouler. Mais elle ne put faire aucun progrès nouveau.

Le commandant de Miribel, voyant cette impuissance, et gêné lui-même par cette ligne de tirailleurs qui restait immobile devant ses batteries, pensa alors à porter de nouveau son artillerie résolument en avant ; sur son ordre, les trois pièces de la batterie Nismes et deux mitrailleuses du capitaine de Grandchamp vinrent se placer au milieu même de la chaîne, près de la porte de Longboyau, et prirent d'écharpe les troupes prussiennes qui occupaient le plateau de la Jonchère. C'était le moment où le bataillon des mobiles de Seine-et-Marne entrait en ligne pour dégager les derniers hommes du commandant Jacquot. Encouragés par sa vue autant que par l'offensive hardie de l'artillerie, nos soldats reprennent une nouvelle ardeur. En un instant, le ravin se garnit de monde, et la fusillade prend une terrible intensité. Les lignes prussiennes s'épaississent de plus en plus ; nos troupes font cependant bonne contenance, et on ne peut prévoir l'issue de cette lutte acharnée, quand tout à coup, pour la seconde fois de la journée, retentit en arrière la sonnerie de *Cessez le feu !* Ce sont des officiers de la deuxième ligne qui viennent de l'ordonner, pour mettre un terme à des tirailleries qui font plus de mal à nos hommes qu'à l'ennemi !

A ce signal, on voit les soldats hésiter ; leur chaîne devient flottante et le bruit de la mousqueterie s'éteint. L'ennemi en profite pour se jeter en avant ; devant nous, il franchit le ravin de Saint-Cucufa ; son offensive, un moment arrêtée, est reprise sur tout le front, tandis qu'à notre gauche, un bataillon du 50° (3° de Basse-Silésie), envoyé par la réserve spéciale, fait irruption dans le bois de Longboyau et en chasse les occupants. Partout, nous battons en retraite. Les Prussiens, couronnant alors la crête des murs près de la porte et surgissant sur le versant oriental du ravin, se précipitent sur nos pièces, qui, fusillées à bout portant, et laissées presque sans soutien, sont obligées de filer en toute hâte à leur tour.

Retraite de l'artillerie. — Ici se place une série d'épisodes, dont le principal a été illustré par un pinceau célèbre, et dont le général Ducrot a fait en termes colorés le dramatique récit. Nous citerons intégralement ces pages émouvantes, dont la lecture réconforte et fait trêve, pour un moment, au triste tableau de nos revers.

La pièce n° 5 de la batterie Nismes[1], la plus rapprochée du parc, est emmenée en longeant la muraille ; mais les deux pièces n°s 4 et 6, n'ayant plus ni servants ni chevaux, sont abandonnées.

---

1. On a vu qu'il y avait là, près de la porte de Longboyau, 3 pièces de la batterie Nismes, et 2 mitrailleuses de la batterie Grandchamp. La pièce n° 5 (pièce de gauche) était à 20 mètres environ de la muraille, dans un rentrant de celle-ci.

Les deux mitrailleuses, bien qu'établies à peu de distance du mur (une centaine de mètres environ), avaient peu souffert, les chevaux et le matériel de la batterie de 4 ayant fait rempart. L'une d'elles, cependant, faillit rester sur le terrain. Comme on cherchait à la remettre sur l'avant-train, le lieutenant Darolle est atteint d'une balle à la poitrine ; un des deux sous-officiers, frappé mortellement, tombe sous les roues de la voiture, son cheval se jette sur l'attelage ; un autre cheval touché se dérobe ; les autres, effrayés, se traversent, l'avant-train tourne ; les servants, fort impressionnés, commencent à se décourager. Il faut toute l'énergie du capitaine de Granchamp pour faire ramener l'avant-train et enlever la pièce. Poursuivis par la fusillade, nos artilleurs se replient au galop.

Près de la brèche, en avant de Longboyau, tiennent encore : francs-tireurs de la ligne, chasseurs et mobiles. Ces braves tentent un instant d'empêcher l'ennemi de faire irruption par cette ouverture ; mais, criblés par la fusillade, ils sont obligés de céder. Longeant le pied de la muraille pour se protéger des coups qui partent du sommet, ils arrivent à la porte à claire-voie de Longboyau que soutenaient de leurs épaules quelques francs-tireurs du 24e de ligne, pendant que l'ennemi, poussant de l'autre côté, cherchait à la défoncer à coups de crosse. A travers les grilles, les créneaux, Français et Allemands se tuent à bout portant ; le capitaine Glück, du 24e, est blessé : assaillis de toutes parts, écrasés par le nombre, nos hommes se replient au pas de course, s'abritant dans les vignes et les plis de terrain.

Sur le plateau également, la retraite est à peu près générale. Cependant un certain nombre de chasseurs à pied, de francs-tireurs de la ligne et quelques artilleurs tiennent autour de nos deux pièces de 4. Maintenus par d'énergiques officiers, ces braves gens, au milieu des arbres, des haies, des vignes, se réunissent par petits groupes et luttent avec le dernier acharnement. Déjà ils ont permis au capitaine de Granchamp de se replier avec ses pièces ; ils veulent sauver encore les deux canons qu'on a été obligé de laisser sur le terrain... Sans se préoccuper de la grêle de balles qui vient de toutes parts, ils rendent feu pour feu, et leur tir, bien dirigé, arrête les efforts opiniâtres de l'ennemi. Tout à coup, une compagnie prussienne débouche de la porte de Longboyau, à trente pas à peine, et court sur eux. Les capitaines Nismes et Lalier[1], suivis de quelques hommes, se jettent en avant de nos pièces, font une décharge et foncent à la baïonnette. Le lieutenant prussien est tué, plusieurs de ses soldats tombent morts ou blessés, le reste de la compagnie prussienne s'arrête, et nos pièces sont encore sauvées.

Mais de nouveaux groupes ennemis accourent ; le feu recommence plus violent que jamais ; le sol est balayé par les projectiles ; les balles, ricochant sur les canons, frappent de tous côtés... Cependant nos hommes tiennent encore ; morts et vivants for

1. Du 12e bataillon de chasseurs.

ment un dernier rempart autour de nos pièces ; les sous-lieutenants Goudmant[1] et Schmit[2], tombent grièvement blessés ; chasseurs, soldats de la ligne, canonniers jonchent le sol de leurs cadavres... Écrasés par le nombre, épuisés, anéantis, ces braves se replient. Le capitaine Nismes, le capitaine Lalier, *avec huit hommes*, restent encore et font feu jusqu'à la dernière cartouche. Frappé de cette audace, l'ennemi n'ose aborder ces vaillants, qui ne se retirent qu'à toute extrémité[3].

Retraite générale. — Il était cinq heures ; la nuit approchait, et devant les progrès constants des Allemands, nos deux ailes se voyaient près d'être débordées. Le général Ducrot ordonna la retraite qui s'effectua en bon ordre. Elle était protégée, à gauche, par un bataillon du 19ᵉ de marche, de la colonne Cholleton, déployé au sud de la route de Saint-Cloud, face à Buzenval, et par les mitrailleuses du capitaine de Granchamp, postées à la maison Crochard et à la Maison-Brûlée. A droite, elle était déjà en pleine exécution. Les Prussiens, fatigués eux aussi et fortement éprouvés par la lutte, ne cherchèrent nullement, d'ailleurs, à l'entraver.

Quant aux troupes placées à l'extrême gauche (colonne Martenot), après avoir pendant quelque temps fait occuper par un bataillon de mobiles l'ouvrage de Montretout, et canonné la partie orientale du bois de Buzenval, où ne se montrait cependant personne, elles regagnaient de leur côté le rond-point de Courbevoie.

Pertes. — *Conclusion.* — Nos pertes, sans être très considérables, n'étaient certainement pas en proportion avec les minces résultats que le général Ducrot avait obtenus. Assurément ces résultats paraissaient tels qu'il les désirait. Rueil était évacué par les petits postes avancés qui s'y aventuraient ; dans la suite même, les Prussiens se maintinrent sur leur principale ligne de défense, qu'ils fortifièrent d'ailleurs très solidement, sans jamais tenter de pousser plus avant[4]. En outre,

---

1. Du 21ᵉ de marche. M. Goudmant fut emporté par le caporal Otto, qui le chargea sur ses épaules.
2. Du 12ᵉ bataillon de chasseurs. M. Schmit fut également sauvé par un de ses hommes, le chasseur Halfflermeyer, qui l'emporta sur ses épaules au milieu d'une pluie de balles.
3. Général Ducrot, *loc. cit.*, tome 1ᵉʳ, pages 404 et suivantes.
4. Trois lignes de défense successives, fortement constituées,

les troupes engagées s'étant en général comportées bravement, et ayant montré, sinon une grande solidité, du moins un certain élan, on pouvait croire, après cette expérience, qu'en utilisant cette dernière qualité, on avait quelque chance d'employer ces mêmes troupes avec succès dans une action brusquée et rapide, telle qu'une sortie. Cette perspective assez aléatoire, jointe à la conquête d'une bande de terrain sans grande importance, puisque la vraie ligne de blocus n'était pas entamée, valait-elle les pertes qu'elle coûtait[1]?

Nous comptions en effet 541 hommes hors de combat : 8 officiers et 139 hommes avaient été tués ; 22 officiers et 372 soldats avaient été blessés ou pris. Les Allemands, mieux abrités, n'avaient perdu que 411 hommes (9 officiers tués, 12 blessés, 129 tués, 261 blessés).

Au surplus, bien que le général Ducrot se félicitât hautement des conséquences de l'affaire[2], celles-ci

---

barraient de ce côté l'accès de Versailles, où se trouvait le grand quartier général. La première, partant de Bougival pour aboutir à Sèvres, passait par la Jonchère, la lisière du bois Béranger, le mur crénelé de Buzenval, le village de Garches, la porte de Villeneuve-l'Étang, et le mur du parc de Saint-Cloud. — La seconde, beaucoup plus forte, partait également de Bougival, passait par la Celle-Saint-Cloud, le haras Lupin, transformé en véritable forteresse, Vaucresson, l'hospice Brézin, le château de la Marche, Marnes et Ville-d'Avray. Enfin, la troisième, qui couvrait directement Versailles, s'étendait de Louveciennes à Vélizy, en passant par Louveciennes, le château de Beauregard, le Butard, la ferme de Jardy, la butte de Picardie et Chaville. On voit combien peu les Allemands avaient à redouter de ce côté une attaque de vive force, et à quel point sont exagérés les racontars qui représentent le grand quartier général comme affolé à la seule nouvelle de l'attaque de la Malmaison. La vérité est que le bruit de l'action avait attiré sur les hauteurs de Marly le roi de Prusse, son fils, M. de Moltke et quelques hauts personnages du grand état-major, qui suivirent de là les péripéties d'une affaire qu'ils pouvaient considérer comme le prélude d'une sortie générale. Il y a loin de ce fait tout naturel à la panique dont les habitants de Versailles ont propagé la légende, très amplifiée certainement par leur imagination.

1. « Dans le feu de l'action, dit le général Ducrot, on perdit de vue le but assigné ; en se laissant entraîner au delà, on occasionna des pertes sérieuses. » (*Loc. cit.*, page 409.) — Le but assigné se trouvait cependant bien au delà des points atteints, puisqu'il n'était limité que par le pont de Bougival.
2. « Quoi qu'il en soit, le résultat avait été supérieur à ce que nous pouvions espérer, vu la faiblesse numérique des troupes *et leur variété.* » (*Ibid.*).

étaient plus apparentes que réelles. Il ne faut pas oublier que, seules, des fractions choisies avec soin[1] avaient pris part à la lutte ; de leur bonne attitude on ne pouvait donc pas conclure que toutes les troupes de la défense fussent capables de faire aussi bien. Quant aux deux pièces de la barricade de Bougival, s'il est vrai que les Allemands les enlevèrent, ce fut pour les reporter, le cas échéant, sur la Jonchère, d'où elles avaient des vues meilleures. En somme, les positions ennemies demeurèrent les mêmes, furent renforcées, et la Malmaison, où nous avions perdu tant de monde pour rien, resta le poste avancé qu'elle était auparavant.

Cependant, dès le lendemain, 22 octobre, on commença les travaux du Moulin-des-Gibets. Une forte redoute, armée de grosses pièces, y fut construite, et dans la presqu'île de Gennevilliers on entama les travaux préparatoires à la sortie de la Basse-Seine. Cette sortie, on comptait la faire vers le 15 ou le 20 novembre ; mais, à la date du 15, on s'aperçut qu'on était encore loin de compte ; les tiraillements que nous avons déjà signalés entre les différents services causaient dans la construction et l'armement des ouvrages des retards considérables, en sorte qu'on disposa de plus de temps qu'on ne le pensait pour achever l'instruction et l'organisation des troupes qui devaient y prendre part. Quant à la disposition des forces sur le périmètre du camp retranché, elle était alors la suivante : Le 14e corps, à la disposition complète du général Ducrot, s'étendait de Villeneuve-la-Garenne au Point-du-Jour. Le 13e corps allait d'Issy à Rosny. Ces troupes avaient avec elles, ou derrière elles, des régiments de mobiles, ceux-là mêmes que nous avons vus se distinguer dans les précédents combats. Les secteurs de Rosny à Aubervilliers et d'Aubervilliers à Saint-Denis continuaient à être gardés par des troupes placées sous les ordres du contre-amiral Saisset et du général de Bellemare ; elles étaient composées, comme les deux corps précités, de

---

[1]. « Pour cette opération, nous avions choisi dans chaque division ce qu'il y avait de plus sûr, de plus solide. » (*Loc. cit.*, page 400.)

régiments de marche, de gardes mobiles et de fusiliers marins.

Démonstration vers Champigny. Le sergent Hoff. — Le jour même du combat de la Malmaison, avait lieu, dans la direction de Champigny, la petite démonstration dont il a été question au précédent chapitre, et qui faillit devenir sérieuse un moment. Cette opération, dirigée par le colonel Galland, du 5ᵉ de marche, avait été confiée à deux bataillons de ce régiment, à un bataillon du 7ᵉ de marche et à une cinquantaine de volontaires de la garde nationale accompagnés d'une section de *carabiniers parisiens*.

Après avoir traversé la Marne sur le petit pont de chevalets, ces troupes refoulèrent devant elles les postes allemands qui bordaient la rivière en avant de Champigny, puis se déployèrent sur deux lignes dans la presqu'île, depuis le Tremblay jusqu'en face du parc de Saint-Maur. La première ligne, après une fusillade assez vive, parvint à gagner les premières maisons de Champigny. Mais alors arrivèrent aux avant-postes prussiens l'appui de leurs réserves ; les murs crénelés du village vomirent une pluie de balles ; le Plant se garnit également de défenseurs, et, malgré les obus lancés (de trop loin) par le fort de Nogent, l'ennemi parvint à arrêter net nos soldats. Il se disposait même à prendre l'offensive à son tour, quand le général d'Exea, appelant une batterie de mitrailleuses postée derrière la Faisanderie, l'établit partie à la redoute de Saint-Maur, partie à Nogent, et réussit à disperser les groupes ennemis qui commençaient à nous serrer de près. La retraite put alors s'effectuer sans encombre ; mais nous laissions là 36 hommes, dont heureusement 3 seulement avaient été tués[1].

Des démonstrations analogues, mais moins importantes encore, avaient été faites sur le front du 13ᵉ corps, pendant le combat de la Malmaison. On peut juger de leur valeur d'après l'ordre suivant, donné en ce qui les

---

[1]. Parmi les blessés on comptait trois officiers, un médecin et cinq gardes nationaux.

concerne, par le général Trochu : « Il ne se fera, dans le 13ᵉ corps, *aucun mouvement d'artillerie attelée; l'infanterie seule se mettra en route*, vers onze heures, et devra rentrer dans ses bivouacs lorsque le feu du général Ducrot sera éteint, c'est-à-dire vers la tombée de la nuit[1]. »

C'est aussi vers cette époque qu'on commença à parler dans Paris des exploits d'un brave soldat, devenu une des notoriétés du siège. C'était un sergent, Alsacien d'origine, nommé Hoff, et appartenant à la compagnie franche du 7ᵉ de marche. Dès le 24 septembre, il avait tué de sa main, au pont de Bry, une sentinelle prussienne. « Le 5 octobre, embusqué avec une quinzaine d'hommes, il laisse arriver presque à bout portant une troupe d'infanterie et de cavalerie... Fusiliers et cavaliers, surpris par un feu à brûle-pourpoint, s'enfuient laissant leurs morts et leurs blessés. Le 13 octobre, monté avec quatre hommes sur le toit d'une maison voisine de la Marne, il tue ou blesse plusieurs cavaliers ennemis. « Laissé libre de ses mouvements, chaque nuit le sergent Hoff, accompagné de quelques soldats, était dehors. Toujours posté dans des endroits différents, il ne cessa de tenter des coups de main hardis qui le rendirent célèbre même dans les rangs de l'armée allemande[2]. »

III. — Combats du Bourget (28 et 30 octobre).

Situation à Paris dans le courant d'octobre. — Cependant, tandis qu'autour de la place les travaux défensifs étaient poursuivis partout avec une activité qui garantissait définitivement la capitale contre tout danger d'une prise d'assaut[3], tandis que tous ces combats sté-

---

1. Général Vinoy, *loc. cit.*, page 456.
2. Général Ducrot, *loc. cit.*, tome 1ᵉʳ, page 355.
3. Le capitaine du génie Gœtze avoue qu'à cette époque, *Paris ne pouvait plus être pris que par la famine*. Quant à M. de Bismarck, témoin des impatiences de l'Allemagne et de la lassitude de l'armée, laquelle commençait à trouver bien longue cette guerre, dont elle avait cru voir la fin à Sedan, il faisait écrire dans le *Staatsanzeiger*.

riles mettaient en évidence la bravoure de beaucoup de nos jeunes régiments, et même l'héroïsme de certains d'entre eux, à l'intérieur, l'armée de désordre, conduite par quelques meneurs que le gouvernement avait le grand tort de ménager, organisait peu à peu la révolution. Le pouvoir, tombé aux mains d'utopistes qui trouvaient admirable le spectacle « d'une multitude de près de deux millions et demi d'hommes en proie aux privations les plus dures, à d'indicibles souffrances, à de fiévreuses agitations, *et à laquelle cependant toute liberté de penser, d'écrire, de parler, de se réunir, était laissée*[1] », le pouvoir était sourdement miné par une poignée d'agitateurs de carrière, qui entendaient le confisquer à leur profit, et donner à Paris un conseil municipal souverain, c'est-à-dire *la Commune*. « Chaque jour avait sa manifestation : tantôt c'était une *promenade patriotique* à la statue de Strasbourg ; tantôt on se rendait à l'Hôtel-de-Ville, au Louvre, pour demander, au nom de la volonté du peuple, une mesure militaire ou civile[2]. » La garde nationale, dont le grand pontife était le *major de rempart* Flourens, commandant un des bataillons de Belleville, « sorte de fou dangereux, ayant la monomanie de l'émeute[3] », prenait à ces mouvements une part beaucoup plus active qu'à la défense, et formait comme la garde prétorienne des coryphées du désordre[4]. Il y avait là une situation tout à fait anormale et inquiétante, qu'il eût été du devoir du gouvernement d'enrayer net. Mais celui-ci, autant par faiblesse que par impossibilité de renier brusquement ses origines, témoignait pour les entrepreneurs d'insurrection d'une condescendance qui était déjà de l'abdication. Le 8 octobre, il faillit lui en coûter.

---

journal officiel de la Confédération, que « la tâche des armées allemandes était une des plus difficiles dont l'histoire militaire du monde gardât le souvenir ».
1. Jules FAVRE, *loc. cit.*, page 187.
2. Général DUCROT, *loc. cit.*, tome II, page 30.
3. *Ibid.*, page 31.
4. Flourens, trouvant apparemment que le grade de chef de bataillon était inférieur à ses mérites, avait, de sa propre autorité, pris celui de colonel, et en portait les insignes.

Ce jour-là, la place de l'Hôtel-de-Ville fut envahie par 4,000 gardes nationaux descendus en armes des hauteurs de Charonne et de Belleville et réclamant à grands cris la Commune. Le gouvernement, bloqué et menacé, ne dut son salut qu'à l'intervention spontanée de deux bataillons restés fidèles à la cause de l'ordre, et d'un régiment de mobiles bretons. On décida l'arrestation de Flourens et de Blanqui, mais... on ne l'opéra pas ; pas plus d'ailleurs qu'on ne condamna, comme il le méritait, un nommé Sapia, commandant du 146° bataillon, qui avait lui-même distribué des cartouches à ses hommes, pour les conduire à l'assaut de l'Hôtel-de-Ville ! « Il n'y eut pas de répression », dit à ce sujet Henri Martin[1], en sorte que les émeutiers, sûrs de l'impunité, purent continuer à comploter à leur aise.

Un incident, tout à fait imprévu, devait, en se combinant avec la rentrée de M. Thiers à Paris et la nouvelle de la capitulation de Metz, faire éclater l'incendie qui couvait, et mettre les hommes du 4 septembre à deux doigts de leur perte. Ce fut la première affaire du Bourget.

Dispositions des forces sur le front nord-ouest. — On sait que la défense, sur la partie du camp retranché comprise entre Saint-Denis et le fort de Rosny, avait été confiée à deux détachements distincts, placé respectivement sous les ordres du général Carey de Bellemare (Saint-Denis) et du contre-amiral Saisset (Rosny).

Le général de Bellemare tenait les ouvrages de Saint-Denis (fort de la Briche, de la Double-Couronne, de l'Est) et le fort d'Aubervilliers. Il avait sous son commandement trois brigades, dont voici la composition :

1re brigade (colonel Lavoignet) : 34° de marche ; 14°, 15°, 16°, 17° et 18° bataillons des mobiles de la Seine ; francs-tireurs de la Presse.

2° brigade (général Hanrion) : un détachement de fusiliers marins ; 35° de marche ; 1er, 2°, 10° et 12° bataillons des mobiles de la Seine.

---

1. *Histoire de France*, tome VII, page 201.

3ᵉ brigade (colonel Martin) : 28ᵉ de marche[1] ; 2ᵉ et 13ᵉ bataillons des mobiles de la Seine.

Ses avant-postes étaient à la Courneuve.

Le contre-amiral Saisset, avec des marins et quelques bataillons de mobiles, occupait tout le terrain compris entre les forts d'Aubervilliers et de Rosny, avec les villages de Bobigny et de Bondy.

Vis-à-vis de ces forces, le corps de la Garde prussienne s'étendait, sur un front de 4 kilomètres environ, du village de Montmagny à celui d'Aulnay-lès-Bondy.

Jusqu'à cette époque, il n'y avait eu de ce côté que des escarmouches d'avant-postes et aucun des deux adversaires n'avait cherché à gagner du terrain en avant de son front. Mais le général de Bellemare supportait impatiemment son inaction, et se montrait, paraît-il, l'adversaire résolu du système des attaques décousues et stériles qui semblait à l'ordre du jour. » Il aurait voulu lui substituer des expéditions qui auraient élargi notre ligne de défense en affaiblissant celle de l'investissement[2]. » Voyant, à la fin d'octobre, que le village du Bourget, placé en flèche devant sa ligne d'avant-postes, n'était gardé que très faiblement, il donna au commandant Rolland, des francs-tireurs de la Presse, l'ordre de s'en emparer[3].

Prise du Bourget (28 octobre). — Vers quatre heures du matin, les 250 hommes composant ce corps[4] pénètrent dans la partie sud du village, et en chassent le poste prussien. Appuyés par le tir de deux pièces de 12 établies

---

1. Le jour même de la prise du Bourget, 28 octobre, le gouverneur prit une décision assez heureuse au point de vue de la constitution de l'armée. Les régiments de marche devinrent des régiments de ligne et reçurent enfin une autonomie qui ne pouvait qu'être favorable au développement de leur cohésion et de leur esprit de corps. Le 34ᵉ de marche devint le 134ᵉ de ligne ; le 35ᵉ prit le numéro 135, le 28ᵉ le numéro 128, etc.

2. Jules Favre, *loc. cit.*, page 314. — J. Favre ne paraît pas comprendre, d'ailleurs, tout ce que cette idée avait de juste.

3. Ces francs-tireurs, cantonnés à la Courneuve, n'y servaient plus à rien, depuis que l'inondation du Crould avait envahi la plaine devant eux. (*Rapport du général de Bellemare sur la prise du Bourget.*)

4. C'était là tout l'effectif, beaucoup d'hommes ayant déserté. (Alfred Duquet, *Paris, la Malmaison, le Bourget et le Trente et un Octobre.* Paris, Charpentier et Cⁱᵉ, 1893, page 106.)

à la Courneuve, aidés par deux bataillons du 135ᵉ de ligne qui abordent le Bourget par l'est, tandis que le 14ᵉ bataillon de mobiles de la Seine s'avance par l'ouest, ils se rendent bientôt maîtres du village, sans avoir rencontré de résistance bien sérieuse. La compagnie allemande se retire sur Pont-Iblon, poursuivie par les feux de deux pièces de 4 et d'une mitrailleuse qui ont pris position sur le chemin de Blanc-Mesnil. D'ailleurs ces pièces, contre-battues elles-mêmes par les batteries de la Garde établies au Pont-Iblon, sont bientôt obligées de se retirer.

Aussitôt maître du village, dont cette surprise vigoureusement menée venait de lui donner la possession, le général de Bellemare songea à prendre les dispositions nécessaires pour garder sa conquête et résister à un retour offensif de l'ennemi. Il fit donc occuper le Bourget par le bataillon des francs-tireurs de la Presse et le 14ᵉ bataillon des mobiles de la Seine. Outre cette garnison permanente, un détachement de trois bataillons d'infanterie et de quelques pièces, à relever toutes les vingt-quatre heures, formait là comme une forte grand'garde et constituait l'appoint principal de la défense[1]. Ordre était donné d'ailleurs à toutes les troupes d'occupation de se retrancher fortement, de créneler les murs, d'obstruer les issues par des barricades et d'organiser les bâtiments ; une section du génie leur était adjointe dans ce but. Enfin, deux bataillons du 135ᵉ de ligne, à la Courneuve, avaient pour mission, à la première tentative de l'ennemi, de se porter sur la Mollette avec deux pièces, pour couvrir le flanc gauche. De son côté, l'amiral Saisset, prévenu par le général de Bellemare, avait fait occuper et fortifier le Drancy par deux bataillons de mobiles et par les éclaireurs Poulizac, sous les ordres du capitaine de frégate Salmon, afin de protéger d'une façon permanente le flanc droit, que ne garantis-

---

[1]. Le 28, à midi, ce détachement comprenait un bataillon et demi du 134ᵉ, un demi-bataillon du 128ᵉ (formé des dépôts des voltigeurs de la Garde), le 16ᵉ bataillon de mobiles de la Seine, 2 pièces de 4 et une mitrailleuse. Le tout était sous les ordres du colonel Lavoignet.

saient pas suffisamment, en raison de la distance, les grosses pièces du fort d'Aubervilliers.

Malgré toutes ces précautions, la configuration et la situation du Bourget rendaient assez dangereuse une attaque dirigée contre lui par le nord, et il eût été nécessaire, pour s'en assurer la possession définitive, d'adopter des mesures plus efficaces. Construit en bordure de la route de Lille, sur les deux rives de la Mollette, le village ne se prêtait que médiocrement à la défense, tant en raison du peu de largeur de sa lisière nord, que de sa profondeur d'un kilomètre. Il constituait en outre le centre du demi-cercle enveloppant occupé autour de lui par l'ennemi. Malgré tout, il y avait à le garder un puissant intérêt (nous verrons plus loin que le gouverneur n'en jugeait pas ainsi), et cela pour les raisons multiples que voici. Tout d'abord sa possession protégeait nos ouvrages de Saint-Denis contre des attaques directes qui, ainsi qu'on l'a su depuis, et qu'on a pu peu après le deviner d'après l'acharnement que l'adversaire a mis à nous reprendre notre conquête, entraient dans les projets de l'état-major allemand[1]. En second lieu, elle privait la Garde prussienne du seul poste d'observation que celle-ci possédât en avant de son front, et devenait une menace constante pour toute l'étendue de sa position[2]. Enfin elle élargissait d'autant l'espace dont nos troupes disposaient en avant de leurs lignes.

Or, s'il y avait des difficultés réelles à conserver le Bourget, ces difficultés n'allaient pas jusqu'à l'impossi-

---

1. « Le commandant de l'armée de la Meuse, dit la *Relation allemande*, concevait le projet d'un mouvement en avant contre la face nord de Saint-Denis. Son plan consistait à faire tomber d'abord le fort de la Briche par une attaque régulière, puis à prendre la Double-Couronne par la gorge et à établir ensuite, auprès de Saint-Denis, des batteries au moyen desquelles on devait contre-battre le fort de l'Est, ainsi que les positions ennemies auprès de Saint-Ouen et de la presqu'île de Genevilliers. » (*La Guerre franco-allemande*, 2ᵉ partie, page 189.)
2. « Nous n'avions pas d'autre poste d'observation en avant de la longue ligne comprise entre Aulnay-lès-Bondy et Dugny, et, d'un autre côté, il était à craindre qu'une fois en possession définitive du village, l'ennemi n'y établît des batteries de gros calibre pour menacer notre position tout entière le long de l'inondation. » (Capitaine Gœtze, *Opérations du corps du génie prussien*, tome II, page 35.)

bilité, loin de là. La conformation du village, tout en longueur, avons-nous dit, excluait le flanquement de la face nord, et les villages de Drancy et de la Courneuve, trop éloignés, ne remédiaient à cet inconvénient que dans une mesure insuffisante. Il eût donc fallu échelonner le long des flancs une série de tranchées rapides, et construire sur la rive sud de la Mollette une deuxième ligne, largement débordante, faite d'ouvrages de campagne et d'épaulements de batteries. Il eût fallu armer ces ouvrages d'une artillerie puissante, empruntée à l'enceinte où il y en avait à ne savoir qu'en faire. « Si l'on eût commencé les batteries le 28, elles auraient pu être armées le 29, et dès le 30 on aurait pu opposer à l'ennemi une vingtaine de pièces de siège, sans compter les batteries mobiles »[1]. Il eût fallu enfin masser en arrière du village, et assez près de là, des forces suffisantes pour pouvoir se jeter en temps opportun sur le flanc des colonnes d'attaque.

Tout cela était possible, relativement facile, même. Malheureusement, le général Trochu se montrait « médiocrement satisfait[2] » du résultat d'une opération entreprise sans son ordre direct, et dont il n'avait été « prévenu qu'après coup[3] ». Méconnaissant l'intérêt que présentait, au point de vue de la grande sortie projetée par la basse Seine, l'occupation d'un point d'appui qui permettrait de donner une plus grande envergure à la diversion vers le nord qu'il faudrait fatalement faire coïncider avec cette sortie, il jugea « que le Bourget était bien en flèche, bien isolé, *qu'il n'avait aucune importance par rapport à notre ligne de défense et au plan général d'opérations,* qu'il occuperait beaucoup de monde sans grand avantage[4] ». Le général Ducrot, pour qui tout ce qui se passait à cette époque hors des secteurs ouest semble avoir été sans intérêt, partageait

---

1. *Le Blocus de Paris et la première armée de la Loire*, par A. G., ancien élève de l'École polytechnique. Paris, Baudoin, 1889, 1re partie, page 84.
2. Général Ducrot, *loc. cit.*, tome II, page 17.
3. *Ibid.*
4. *Ibid.*, page 18.

cet avis et estimait qu'il y avait lieu « d'abandonner au plus vite cette conquête inutile[1] ». Néanmoins, pour ne pas contrarier l'opinion publique, déjà exaltée à la nouvelle du petit succès obtenu par les francs-tireurs, le gouverneur déclara qu'on garderait le Bourget. Mais il s'en rapporta à cet égard à la garnison de Saint-Denis seule, sans la renforcer en artillerie, et sans lui donner d'instructions précises[2]. En un mot, il ne fit rien pour y aider.

Tentatives avortées des Allemands pour reprendre le Bourget. — Les Allemands, eux, ne devaient pas montrer semblable indifférence. Déjà, dans la journée même du 28, ils avaient, jusqu'à quatre heures du soir, fait canonner nos positions par trois batteries postées au Pont-Iblon, et par deux autres installées sur la route de Dugny au Bourget. Or, nous n'avions pour répondre à toute cette artillerie *que deux pièces de 4*, qui furent naturellement réduites au silence presque aussitôt, et durent se réfugier au Drancy, d'où elles tâchèrent de prendre d'écharpe les batteries qu'elles étaient impuissantes à contrebattre de front.

Le soir de ce même jour, vers huit heures, un bataillon du régiment de grenadiers de la Garde Empereur-François était lancé contre le village. Tandis que deux compagnies cherchaient à gagner les débouchés latéraux, deux autres arrivaient, grâce à l'obscurité, jusqu'à quelques mètres de la lisière nord, et répondaient au *Qui vive!* de nos sentinelles par le mot : *France! Mobiles!...* Fort heureusement, le capitaine Faurez, qui commandait la compagnie de garde, appartenant au 14e bataillon de la Seine, ne se laissa point prendre à cette supercherie; il fit ouvrir sur les prétendus mobiles une vive fusillade, « qui les obligea à reculer vers le Pont-Iblon avec des pertes sérieuses[3] ». A ce moment, arrivaient au Bourget des troupes destinées à relever celles qui occupaient le village depuis le matin; c'étaient deux bataillons et demi du 128e, le

---

1. Général Ducrot, *loc. cit.*, tome II, page 18.
2. *Enquête parlementaire*, 2e rapport Chaper.
3. *La Guerre franco-allemande*, 2e partie, page 191.

12ᵉ bataillon de gardes mobiles de la Seine[1], quatre pièces de 4 et une mitrailleuse, le tout sous les ordres du lieutenant-colonel Le Mains. Elles prirent position de la façon suivante : 7 compagnies du 128ᵉ, sous les ordres du commandant Brasseur, dans la partie nord du Bourget, entre l'église et le cimetière, tenant la barricade qui barrait la route de Pont-Iblon ; les 8 autres, commandées par le chef de bataillon Vitalis, en réserve dans la verrerie au sud du village ; le reste de la garnison, massé dans l'église et aux alentours. Il faisait un temps épouvantable ; la pluie tombait à torrents et le vent faisait rage ; c'est dans ces conditions déplorables, et sans recevoir de vivres, que nos soldats durent travailler à l'organisation défensive, construire des barricades et percer des créneaux. Ces travaux, outre qu'ils étaient, ainsi qu'on l'a vu, parfaitement insuffisants, se ressentaient donc de tant de difficultés matérielles et laissaient beaucoup à désirer.

La nuit s'écoula sans encombre ; mais dès sept heures du matin, le 29, la canonnade reprit avec violence. Trente pièces en batterie en arrière du Pont-Iblon couvrirent pendant plusieurs heures le Bourget de leurs projectiles, « sans obtenir toutefois le résultat cherché, les défenseurs trouvant à s'abriter suffisamment derrière les épaisses murailles du village[2] ». Alors l'infanterie de la Garde se déploya dans la plaine et fit mine d'attaquer à son tour. Nos troupes prirent leurs positions de combat ; les deux pièces envoyées au Drancy furent vivement ramenées au Bourget où l'on manquait d'artillerie... Mais tout à coup, vers une heure, les forces ennemies s'évanouirent, disparurent dans la direction de Gonesse ou de Blanc-Mesnil, accompagnées par les coups de canon d'Aubervilliers et du fort de l'Est, et tout rentra dans le calme, au moins momentanément[3].

---

1. Ce bataillon avait pour chef le commandant Ernest Baroche, fils du garde des sceaux de Napoléon III.
2. *La Guerre franco-allemande*, 2ᵉ partie, page 191. Cette canonnade ne nous coûta que 3 blessés.
3. Il paraîtrait que la retraite des Allemands avait pour cause l'ap-

Pendant ce temps, les mobiles de la Seine, qui n'avaient pas reçu de distributions, commençaient à montrer des symptômes d'indiscipline. Des hommes, des officiers mêmes, abandonnaient leur poste et rentraient dans Paris [1]. Le général de Bellemare demandait en vain au gouverneur de lui envoyer de l'artillerie et ne recevait aucune réponse [2]. Le temps continuait à être détestable, et tant en raison de son influence déprimante que par insouciance naturelle, aucune précaution n'était prise pour se garder ou contrecarrer les mouvements de l'ennemi. Celui-ci cependant se préparait à prendre sa revanche. Le prince royal de Saxe, dont on a vu les projets, tenait essentiellement à ce que le Bourget ne restât pas entre nos mains. Il était en outre très mécontent des échecs successifs que ses troupes venaient de subir, et mettait une sorte de point d'honneur à vouloir les réparer. Le 29, malgré les répugnances du prince Auguste de Wurtemberg, commandant du corps de la Garde, qui, lui, jugeait l'opération périlleuse et ne paraissait pas très désireux de la tenter, il donna l'ordre impératif au général de Budritzki, commandant la 2ᵉ division, de faire le nécessaire pour reprendre le Bourget.

Attaque et prise du Bourget par la 2ᵉ division de la Garde prussienne (30 octobre). — Les troupes chargées de l'attaque se composaient de 9 bataillons et de cinq batteries, en tout 8,000 hommes environ [3]. Elles furent partagées en trois colonnes, qui, partant respectivement de Dugny, du Pont-Iblon et de Blanc-Mesnil, devaient agir concentriquement contre le vil-

---

parition, vers Aubervilliers, de quelques bataillons de la garde nationale faisant une promenade militaire, et qui furent pris pour des troupes de renfort. Le fait n'aurait rien d'impossible, d'autant plus que nous en verrons la réédition à la bataille de Bapaume, où la vue d'une division de mobilisés, qui ne le cédait en rien sous le rapport de la valeur militaire à la milice parisienne, suffit à arrêter l'offensive de l'ennemi.

1. Alfred DUQUET, *loc. cit.*, page 118.
2. Vice-amiral DE LA RONCIÈRE, *La Marine au siège de Paris*, page 131.
3. Les 4 autres bataillons de la 2ᵉ division étaient laissés aux avant-postes.

lage, celle du centre contre le saillant nord, les deux autres contre chacun des flancs[1].

En arrière, vers Garges et Arnouville, la 1re brigade de la Garde avec 4 batteries se tenait sous les armes, afin de faire face à une attaque éventuelle pouvant venir de Saint-Denis; enfin, sur la gauche, la 23e division (XIIe corps) était massée, prête à marcher, derrière le canal de l'Ourcq[2].

Les mouvements opérés par ces différentes masses n'avaient pas échappé à nos observatoires, qui les signalaient comme les préparatifs d'une attaque imminente. Aussitôt, les troupes de la défense prirent les armes et garnirent les murs, tant sur la lisière qu'à l'intérieur du Bourget. Outre celles que nous avons mentionnées plus haut (128e, 12e et 14e mobiles, francs-tireurs de la Presse et détachement du génie), qui occupaient le village même, un bataillon du 135e se tenait en arrière et à gauche; un bataillon et demi du même régiment, sous les ordres du lieutenant-colonel de Boisdenemetz, occupait la Courneuve, et les quatre pièces amenées la veille par le lieutenant-colonel Le Mains se mettaient en batterie derrière le chemin de fer de Soissons, entre le Bourget et Drancy, ayant pour soutien une partie des hommes du commandant Vitalis (128e). De son côté, l'amiral Saisset avait envoyé au Drancy un bataillon d'infanterie de marine et une compagnie de fusiliers marins renforcer, avec 6 obusiers de montagne, les troupes qui s'y trouvaient déjà sous les ordres du capitaine de frégate Salmon. Enfin, au moment où se préparait l'attaque, le général Hanrion

---

1. La composition de ces colonnes était la suivante :
   a) *Colonne de droite* (Dugny) : 2 bataillons du 2e régiment de grenadiers (*Empereur-François*) et un peloton du 2e uhlans de la Garde.
   b) *Colonne du centre* (Pont-Iblon) : 3 bataillons du 3e régiment de grenadiers (*Reine-Élisabeth*), un bataillon du 4e régiment de grenadiers (*Reine-Augusta*), une compagnie de pionniers, deux pelotons du 2e uhlans, trois batteries à cheval.
   c) *Colonne de gauche* (Blanc-Mesnil) : 2 bataillons du 1er régiment de grenadiers (*Empereur-Alexandre*), 2 compagnies et demie du bataillon des tirailleurs de la Garde, un peloton du 2e uhlans, deux batteries montées et un détachement de pionniers.
2. *La Guerre franco-allemande*, 2e partie, page 192.

partait de Saint-Denis, avec un bataillon et demi du 128ᵉ, destiné à relever la garnison mobile du Bourget. C'étaient donc 13 bataillons, c'est-à-dire environ 8 ou 9,000 hommes dont un tiers occupait le village même, qui auraient pu, si cela devenait nécessaire, participer à la lutte qui allait s'engager.

Vers huit heures du matin, les trois batteries du Pont-Iblon et les deux de Blanc-Mesnil commencent à canonner vigoureusement le Bourget. Immédiatement, la colonne de Blanc-Mesnil, qui avait le plus long chemin à parcourir, se met en mouvement et s'avance dans le terrain découvert qui borde les deux côtés de la grande route. Puis, une demi-heure après, les deux autres colonnes s'ébranlent à leur tour, et toute la plaine, entre le ruisseau du Crould et la Mollette, est bientôt couverte d'un essaim de tirailleurs, soutenus à petite distance par des groupes compacts qui s'échelonnent en profondeur[1].

C'est que la Garde prussienne, encore sous l'impression de l'hécatombe de Saint-Privat, venait d'inaugurer une tactique nouvelle, et cherchait, par des formations encore inusitées, à se garantir des effets destructeurs du fusil Chassepot. « Le front d'attaque des trois brigades de la Garde à Saint-Privat, a écrit à ce sujet le prince Guillaume de Wurtemberg, ne comptait guère plus de 1,500 mètres, de telle sorte que les hommes étaient sur dix rangs. Ce fut certainement la formation la plus profonde qu'aient employée les Prussiens dans cette campagne. L'effet du tir fut si meurtrier à 1,200 mètres, que, dans trois brigades, plus de 6,000 hommes tombèrent en dix minutes[2]. Il fallut aussitôt suspendre la marche en avant. » La leçon

---

1. La *Relation allemande*, dans son récit de cette attaque (2ᵉ partie, page 102), dit que la colonne du centre eut, dans son parcours, « à essuyer un feu violent du Bourget *et des forts.* » Cette dernière assertion est inexacte, car les forts, ainsi que le dit formellement l'amiral de la Roncière (*loc. cit.*, page 133), n'ont commencé malheureusement à tirer que beaucoup plus tard, au moment où les assaillants abordaient déjà le Bourget, c'est-à-dire après neuf heures.

2. Voir 1ʳᵉ partie, livre III, chapitre IV, la première attaque de Saint-Privat par la Garde prussienne.

ayant profité, les chefs de l'armée allemande abandonnèrent une tactique aussi défectueuse et la remplacèrent par une autre, où se trouvait le germe du combat en ordre dispersé, aujourd'hui réglementé partout. D'après les ordres qui avaient été donnés, chaque compagnie de tête arrivée dans la zone des feux devait déployer en avant d'elle un peloton en tirailleurs qui s'avançaient par bonds successifs, se couchant, utilisant tous les couverts et jusqu'aux tas de fumier pour s'abriter momentanément et se reformer. A mesure qu'il gagnait du terrain, il devait ouvrir ses intervalles où viendraient prendre place les deux autres pelotons[1], formant soutiens et réserve, et fractionnés en petits groupes compacts. Cette disposition offrait l'avantage de présenter une ligne de plus en plus mince à mesure qu'on se rapprochait de l'objectif, ligne qui s'allongeait, débordait les ailes de l'ennemi, et n'ayant que peu d'hommes en profondeur, donnait moins de prise aux pertes. Non pas que ce nouveau procédé de combat fût la perfection; mais ce serait sortir du sujet que de s'appesantir sur ce qui lui manquait encore pour être complet.

A huit heures et demie donc, les deux dernières colonnes avaient commencé leur marche d'approche, et, à neuf heures environ, toutes trois abordaient concentriquement le Bourget. Grâce à leur formation, grâce aussi peut-être au manque de direction de la défense[2], elles étaient peu éprouvées. Seule, la colonne du centre, qui ne s'était pas suffisamment déployée et s'assujettissait trop à la formation habituelle[3], avait passablement souffert. Deux de ses bataillons cependant, formant premier échelon, atteignent le saillant nord du village et attaquent la barricade construite en travers de la

---

1. Les compagnies prussiennes étaient à trois pelotons.
2. Le général de Bellemare, commandant supérieur, était allé à Paris conférer avec le gouverneur, et le colonel Martin, qui avait ce jour-là sous ses ordres la garnison du Bourget, y restait seul, sans ordres précis.
3. Prince GUILLAUME DE WURTEMBERG, *Mode d'attaque de l'infanterie prussienne dans la campagne de 1870-71*, traduit de l'allemand par le lieutenant Conchard-Vermeil, page 25.

grande route; pour la tourner, six compagnies se jettent à l'ouest de la rue principale, deux restent à l'est, et, précédées par les pionniers qui ouvrent des brèches dans les murs de clôture, elles cherchent à pousser de l'avant. Mais leur marche est fort lente et très pénible, car dans les maisons se déroule une lutte violente ; les compagnies du 128°, dirigées par le brave commandant Brasseur, opposent aux assaillants une résistance acharnée. Bientôt le régiment Reine-Elisabeth voit tomber son colonel, mortellement atteint, et pour lui faire franchir la barricade, battue par les feux croisés venant de toute la longueur de la rue, il faut que le vieux général de Budritzki se saisisse du drapeau tombé des mains d'un officier tué raide, et paye d'exemple en s'exposant le premier[1].

Pendant ce temps, la colonne de droite, elle aussi, a atteint la lisière du village, à l'ouest. Détachant deux compagnies de flanqueurs sur la Mollette, où le peloton de uhlans avait signalé la présence de troupes françaises, elle s'empare de la barricade qui fermait la route de Dugny; une compagnie marchant sur l'église en escalade les fenêtres et, malgré la résistance acharnée des défenseurs dont elle ne peut venir à bout qu'après une lutte sanglante dans l'intérieur même de l'édifice[2], finit par s'y établir. De là, elle donne la main au régiment Reine-Elisabeth, de la colonne du centre, et, de concert avec lui, s'avance, mais au prix d'une lutte incessante[3], vers la partie sud du village. De leur côté, les deux compagnies de flanqueurs primitivement envoyées sur la Mollette avaient pris possession du cimetière, où venait bientôt les rejoindre le bataillon de

---

1. *Illustrirte Zeitung*, n° du 10 novembre 1870.
2. *La Guerre franco-allemande*, 2° partie, page 195. — « Dans l'église du village, huit officiers français et une vingtaine de voltigeurs de la Garde se défendirent jusqu'à la dernière extrémité, et les grenadiers du régiment Empereur-François durent grimper jusqu'aux hautes fenêtres de l'église et tirer de là sur l'ennemi, jusqu'à ce que le peu d'hommes de cette brave troupe qui restaient sans blessures finissent par se rendre. » (*Illustrirte Zeitung*, n° du 10 novembre 1870.)
3. *La Guerre franco-allemande*, 2° partie, page 195.

queue, dont une compagnie prenait pied également dans le parc.

Mais si le succès des Prussiens avait été relativement rapide dans la partie nord-ouest du village, il n'en était pas de même à l'est de la grande route, où de vastes bâtiments, entourés de solides murailles[1], défiaient les assauts des deux compagnies du régiment Reine-Elisabeth engagées de ce côté. Voyant les difficultés avec lesquelles elles étaient aux prises, le colonel de Waldersée, du régiment de la Reine, envoie à leur aide le bataillon de son régiment qui formait la queue de la colonne du centre. Les pionniers pratiquent dans les murs et les maisons des brèches par lesquelles pénètrent les grenadiers prussiens, et les rues latérales sont bientôt inondées d'ennemis contre lesquels les braves du 128e se défendent avec le courage du désespoir[2]. Le régiment de la Reine, déjà fort éprouvé pendant la marche d'approche, subit là des pertes sanglantes; le commandant du bataillon est frappé à mort; un instant après, le colonel de Waldersée, qui, à peine remis d'une grave blessure reçue à Saint-Privat, est venu depuis peu reprendre son commandement, tombe à son tour foudroyé. Mais les hommes du commandant Brasseur, laissés sans secours, comme on le verra tout à l'heure, finissent par être débordés. Réduits peu à peu à une poignée, ils abandonnent à l'adversaire les maisons où ils se sont si courageusement battus, et, vers dix heures, ils se groupent, au nombre de cinquante ou soixante à peine, dans les maisons contiguës au parc, d'où les Allemands ne peuvent les déloger encore, bien que la colonne de l'aile gauche se soit emparée depuis longtemps des quartiers sud[3]. Quant au commandant Brasseur, blessé au bras, il était au nombre des prisonniers de l'église et avait dû remettre son épée à un officier. Le commandant de la Garde prussienne, voulant rendre au brave soldat un témoignage de sa haute

---

1. *La Guerre franco-allemande*, 2e partie, page 195.
2. *Illustrirte Zeitung*, n° du 10 novembre 1870.
3. *La Guerre franco-allemande*, 2e partie, page 196.

estime, lui renvoya dans la soirée cette épée glorieuse au lieu même où il était gardé prisonnier.

Cependant la colonne de gauche avait, durant ces diverses péripéties, énergiquement agi de son côté. Venue de Blanc-Mesnil sans grosses pertes, grâce à sa formation largement déployée, elle commença par envoyer une compagnie et demie des tirailleurs de la Garde au secours du régiment Empereur-François, dont on a vu plus haut la marche difficile. Puis elle franchit la Mollette, et, faisant un à droite pour aborder le village par le sud-est, elle lança deux compagnies du régiment Empereur-Alexandre contre les troupes françaises qui, avec quatre pièces, garnissaient le remblai du chemin de fer de Soissons. Celles-ci, montrant une faiblesse déplorable, n'essayèrent même pas de faire tête, et rétrogradèrent sur Drancy et Aubervilliers, dont les grosses pièces, tirant enfin, protégèrent leur retraite[1]. Cinq compagnies prussiennes exécutent alors une attaque enveloppante contre la bergerie située vers l'entrée sud du village, sur le bord oriental et la grande route; cette bergerie, fortement occupée et qui paraissait être le centre de la résistance de ce côté, finit par être enlevée. En même temps, deux autres compagnies prennent pied dans les bâtiments de la gare et de l'usine à gaz. Le village est complètement cerné par le sud; l'incendie, allumé par les projectiles, gagne les maisons comprises entre l'usine et la bergerie, et les soldats français qui s'y trouvent encore sont obligés de mettre bas les armes.

Enfin, comme, dans un dernier réduit, vaste construction située près du pont sur la rive gauche de la Mollette, quelques braves gens tiennent encore et ne veulent pas céder, une compagnie du régiment Empereur-Alexandre franchit à nouveau le ruisseau, se fait ouvrir des brèches de maison en maison par les pion-

---

1. S'il faut en croire des témoins oculaires, dont l'affirmation semblerait d'ailleurs corroborée par cette phrase de l'amiral de la Roncière : « A neuf heures... Noisy et Romainville canonnent le Bourget à toute volée » (page 133), les obus des forts tombaient autant sur les Français que sur les Prussiens !

niers, et finit par pénétrer dans l'intérieur des bâtiments, où elle ne peut venir à bout de la résistance des défenseurs qu'après une mêlée furieuse à coups de crosse et de baïonnette[1]. Là se trouvait le commandant Baroche, avec une poignée de mobiles qui, « entraînés par leur vaillant chef et l'exemple du 128e, se battaient en désespérés[2] ». Atteint une première fois au-dessus de l'œil droit par un éclat de pierre, le commandant Baroche refuse de se laisser panser. Quelques officiers, voyant que tout est perdu, le pressent de se retirer. — « Non ! répond-il, je ne veux pas me rendre... » Et il continue à faire le coup de feu, encourageant ses hommes à tenir jusqu'au bout. Comme il allait d'un groupe à l'autre, une balle l'atteignant au cœur l'étendit raide mort... Le lendemain, les Prussiens, qui avaient été témoins de son héroïsme, renvoyaient aux avant-postes, par un parlementaire, sa montre, son épée et sa croix.

Il était onze heures du matin, et l'ennemi se trouvait maître de toutes les constructions au sud de la Mollette. A l'intérieur du village, où ne tenaient plus que quelques groupes épars embusqués dans les maisons, les trois colonnes prussiennes pouvaient se donner la main; il leur fallut cependant encore lutter jusqu'à une heure contre les derniers survivants qui se faisaient hacher sur place et prendre, homme par homme, jusqu'au dernier. La position n'était pas encore bien sûre, car les forts du front nord « criblaient d'obus le village reconquis[3] », et l'on pouvait craindre des retours offensifs tentés par les troupes de Drancy et de la Courneuve. L'ennemi amena alors de Blanc-Mesnil sur la Mollette les deux batteries de la colonne de gauche, et confia la garde du Bourget aux deux bataillons du régiment Empereur-François. A une heure et demie, les autres troupes rejoignaient leurs cantonnements respectifs.

On vient de voir qu'en somme la défense du Bourget, défense héroïque s'il en fut, avait été opérée uniquement par les sept compagnies du 128e, postées dans la partie

1. *La Guerre franco-allemande*, 2e partie, page 198.
2. Général Ducrot, *loc. cit.*, tome II, page 23.
3. *La Guerre franco-allemande*, 2e partie, page 198.

nord sous les ordres du commandant Brasseur, et par des fractions éparses des 12e et 14e mobiles et francs-tireurs de la Presse, groupées autour du commandant Baroche. Tout le reste, en effet, avait fui... Au moment où les colonnes ennemies pénètrent dans la partie droite du village, dit le général Ducrot, « les mobiles, postés dans les enclos, dans les jardins, les compagnies du 128e en réserve près du chemin de fer, lâchent pied... L'artillerie, n'étant plus soutenue, se voit forcée d'abandonner le terrain... A notre gauche, nos troupes faiblissent également...; partout repoussées, elles se replient un peu en désordre dans la direction de la Courneuve ; cependant on parvient à en rallier un certain nombre aux compagnies du général Hanrion, établies sur la route de Lille, à quatre cents mètres en arrière du Bourget[1] ». De direction supérieure, il n'y en avait pas, et la résistance ne s'organisait que là où des hommes énergiques se trouvaient pour lui donner l'impulsion nécessaire.

Le général Hanrion, arrivé de bonne heure à la Courneuve avec les troupes de relèvement, avait donné l'ordre au lieutenant-colonel de Boisdenemetz de surveiller le flanc gauche du Bourget ; puis, entendant la canonnade ouverte par les batteries du Pont-Iblon et de Blanc-Mesnil, il s'était porté rapidement de sa personne vers le village. Là, mis par le colonel Martin au courant de la situation, il avait envoyé son fils, sous-lieutenant d'état-major, qui lui servait d'officier d'ordonnance, pour hâter l'arrivée de sa colonne[2]. Mais celle-ci, enveloppée dans le torrent des fuyards, restait blottie derrière une usine (la Suifferie), située entre la Courneuve et le Bourget. — En vain le général Hanrion qui, dévoré d'impatience, s'est portée au-devant d'elle, veut enlever ses hommes... Rien ne peut vaincre l'inertie

---

1. Général Ducrot, *loc. cit.*, tome II, page 27.
2. Le jeune officier revenait auprès de son père lui rendre compte de sa mission, quand, à l'entrée du village, il tomba mortellement frappé de deux balles. « Un officier prussien, témoin de son intrépidité, honora sa bravoure en lui faisant rendre avec un soin respectueux les derniers devoirs. » (Général Ducrot, *loc. cit.*, page 21, en note.)

de ces jeunes soldats démontés à la vue de la déroute, et ils laissent massacrer sans les secourir les braves qui soutiennent dans le Bourget une lutte aussi glorieuse qu'inégale.

Cependant, le général de Bellemare, accouru au plus vite à la nouvelle de ce qui se passait, avait essayé, lui aussi, de reporter à l'attaque les bandes affolées qu'il rencontrait sur sa route. Il ne put y réussir, et jugeant, vers onze heures, que la position était perdue sans retour[1], il donna l'ordre de faire replier tout le monde sur Saint-Denis. Quant au commandant Salmon, il n'avait rien tenté pour opérer sur le flanc gauche de la colonne de Blanc-Mesnil une diversion qui eût pu être décisive. Il est vrai qu'il ne disposait, pour répondre à l'artillerie ennemie, que d'obusiers de montagne. « Faute d'attelages, on n'avait pu lui envoyer l'artillerie mobile des forts[2]. » Mais le Drancy formait néanmoins un solide point d'appui, fortement organisé[3], à la faveur duquel l'infanterie aurait peut-être pu tenter avec succès quelque chose. On ne l'utilisa pas.

Pertes et conséquences de la reprise du Bourget. — Ce combat, mal engagé, encore plus mal dirigé, se terminait donc partout, vers une heure, dans un désordre tel, qu'il a été impossible d'établir de notre côté un tableau exact des pertes. Le général Ducrot les évalue à 1,100 ou 1,200 hommes; les Allemands prétendent avoir fait juste ce nombre de prisonniers[4]; il est à présumer que le nombre de nos morts et de nos blessés devait être relativement considérable, étant donné l'acharnement déployé par les héroïques occupants du village. Quant à la 2ᵉ division de la Garde prussienne, elle comptait 467 hommes hors de combat, se décomposant ainsi : tués, 146, dont 18 officiers ; blessés, 321, dont 43 officiers. La colonne du centre, la plus éprouvée,

---

1. Les défenseurs du Bourget devaient cependant combattre près de deux heures encore.
2. Général Ducrot, *loc. cit.*, tome II, page 25.
3. *Ibid.*
4. *La Guerre franco-allemande*, 2ᵉ partie, page 198.

comptait à elle seule 14 officiers tués, 13 blessés
94 hommes tués, 210 blessés.

Mais cette aventure, qui n'avait été au début qu'un heureux coup de main d'avant-postes, devait avoir bientôt les résultats les plus graves, surtout au point de vue politique, et provoquer les plus dangereuses complications. Tout d'abord son issue malheureuse amena l'évacuation du Drancy, qui pouvait cependant se défendre parfaitement encore. De Romainville, l'amiral de la Roncière avait en effet télégraphié au gouverneur que, bien que ce village fût très solide, il n'y laisserait point passer la nuit à ses troupes, de peur de les voir enlever par l'ennemi ; ce à quoi le général Trochu répondit immédiatement « que le Bourget était en pointe en avant de notre ligne de défense ; que, depuis sa reprise par les Allemands, le village du Drancy l'était bien davantage encore », et que, par suite, il faudrait en sortir à la nuit. On voit que la tactique de la défense extérieure perdait chaque jour du terrain. D'ailleurs, à voir comment l'opération avait été conduite, combien le commandement supérieur s'en était désintéressé, laissant le général de Bellemare sans artillerie[1], abandonnant au hasard et sans pain, pendant quarante-huit heures de pluie battante, des troupes harassées et des officiers livrés à leur propre inspiration, on se demande quelle tactique était suivie en cette affaire, et même si on en suivait une !

---

1. *Une seule batterie* fut demandée par le gouverneur au général Ducrot dans la journée du 30. Elle n'arriva au Bourget que longtemps après l'évacuation du village.

CHAPITRE VI

INSURRECTION DU 31 OCTOBRE

Émotion soulevée dans Paris par les communications du gouvernement. — La nouvelle de la reprise du Bourget par les Allemands devait tout naturellement provoquer dans Paris une émotion extrême, proportionnée à la joie qu'y avait causée sa conquête ; dans certains quartiers même, l'irritation s'augmentait de ce fait que beaucoup de mobiles y ayant leur domicile habituel étaient tués, blessés ou prisonniers. Mais la surexcitation publique fut portée à son comble lorsque, le matin du 31, la capitale reçut à la fois et la communication officielle de notre échec, et la nouvelle de la reddition de Metz, et l'annonce de projets d'armistice qui semblaient faire prévoir une capitulation prochaine. Voici, en effet, le texte des trois notes que le gouvernement, avec une insigne maladresse[1], avait fait insérer en bloc au *Journal officiel* :

Première Note. — M. Thiers est arrivé aujourd'hui à Paris. Il s'est transporté sur-le-champ au ministère des affaires étrangères. Il a rendu compte au gouvernement de sa mission. Grâce à la forte impression produite en Europe par la résistance de Paris, quatre grandes puissances neutres, l'Angleterre, la Russie, l'Autriche et l'Italie se sont ralliées à une idée commune. Elles proposent aux belligérants un armistice qui aurait pour objet la convocation d'une Assemblée nationale. Il est bien entendu qu'un tel armistice devrait avoir pour conditions un ravitaillement proportionné à sa durée et l'élection de l'Assemblée par le pays tout entier.

---

1. Alfred Duquet, *La Malmaison, le Bourget et le Trente et un Octobre*, page 199.

Deuxième Note. — Le gouvernement vient d'apprendre la douloureuse nouvelle de la reddition de Metz. Le maréchal Bazaine et son armée ont dû se rendre, après d'héroïques efforts, que le manque de vivres et de munitions ne leur permettait plus de continuer. Ils sont prisonniers de guerre.

Cette cruelle issue d'une lutte de près de trois mois causera dans toute la France une profonde et pénible émotion, mais elle n'abattra pas notre courage. Pleine de reconnaissance pour les braves soldats, pour la généreuse population qui ont combattu pied à pied pour la patrie, la ville de Paris voudra être digne d'eux. Elle sera soutenue par leur exemple et par l'espoir de les venger.

Troisième Note. — Le Bourget, *village en pointe en avant de nos lignes*, qui avait été occupé par nos troupes, a été canonné, pendant toute la journée d'hier, sans succès, par l'ennemi. Ce matin, de bonne heure, des masses d'infanterie, évaluées à plus de 15,000 hommes, se sont présentées de front, appuyées par une nombreuse artillerie, tandis que d'autres colonnes ont tourné le village, venant de Dugny et de Blanc-Mesnil ; un certain nombre d'hommes, qui étaient dans le fort nord du Bourget, ont été coupés du corps principal et sont restés aux mains de l'ennemi. On n'en connaît pas exactement le nombre, il sera précisé demain.

Le village de Drancy, occupé depuis vingt-quatre heures seulement, ne se trouvait plus appuyé à sa gauche, *et le temps ayant manqué pour le mettre en état respectable de défense*, l'évacuation en a été ordonnée pour ne pas compromettre les troupes qui s'y trouvaient.

Le village du Bourget ne faisait pas partie de notre système général de défense. Son occupation était d'une importance très secondaire, et les bruits qui attribuent de la gravité aux incidents qui viennent d'être exposés sont sans aucun fondement[1].

A peine l'*Officiel* a-t-il paru, que des attroupements se forment partout, dans les rues, sur la place de l'Hôtel-de-Ville, devant le Louvre, où l'on entend crier le mot de « Démission ! » L'agitation grandit au fur et à mesure que les nouvelles se propagent ; l'émotion s'empare de tous les cœurs, en les pénétrant de douleur, de colère[2], et aussi d'indignation contre le gouvernement incapable qui se traîne d'échecs en échecs[3].

---

1. Il est aisé de voir quelles différences sensibles une pareille manière de présenter les faits établissait avec la réalité.
2. Jules Favre, *loc. cit.*, page 323.
3. « Ces désillusions de toutes sortes provoquaient contre les chefs du gouvernement des accusations hautement formulées de trahison et d'incapacité. » (*La Guerre franco-allemande*, 2ᵉ partie, page 382.)

La garde nationale, convoquée à l'Hôtel-de-Ville pour protéger le pouvoir établi, se mêle aux manifestants, et les meneurs de l'émeute, encouragés par la complète impunité dont ils ont bénéficié jusqu'ici, songent à profiter de la fermentation générale pour déchaîner la révolution.

Dès huit heures du matin, des délégués des vingt arrondissements de Paris, réunis rue de la Corderie, avaient, sur la proposition de deux des plus exaltés, Lefrançois et Millière, décidé l'envahissement de l'Hôtel-de-Ville, la déchéance du gouvernement et la proclamation de la Commune[1]. Puis, mettant immédiatement à exécution la première partie de leur programme, ils étaient venus se répandre au milieu de la foule, l'excitant à se ruer sur le monument et distribuant des placards sur lesquels les mots *Levée en masse!* se lisaient à côté de ceux de *Vive la Commune!* Ils avaient d'ailleurs la partie belle, la seule troupe sur laquelle on pouvait compter pour défendre l'Hôtel-de-Ville étant un poste de trois compagnies du 1er bataillon de mobiles de l'Indre, sous les ordres du commandant Dauvergne[2], tandis que la place était couverte de gardes nationaux qui, « s'ils n'étaient pas tous hostiles, étaient indifférents, irrésolus, et surtout peu décidés à empêcher le désordre par la force[3]. »

Envahissement de l'Hôtel-de-Ville. — Devant ces manifestations, qui grossissaient d'instant en instant, M. Jules Ferry, préfet de la Seine, commençait à concevoir quelque inquiétude. Ne voyant pas arriver les nouveaux bataillons de garde nationale que M. Tamisier, commandant de cette milice, avait demandés d'urgence, en les choisissant parmi ceux qu'on jugeait les meilleurs, il crut devoir prévenir le gouvernement du danger qui le menaçait. À midi, celui-ci se réunissait à l'Hôtel-de-Ville, puis, après avoir donné aux mobiles du commandant Dauvergne l'ordre de ne pas employer leurs

---

1. *Enquête parlementaire*, rapport de M. Daru.
2. Général Ducrot, *loc. cit.*, tome II, page 40.
3. *Ibid.*

armes pour repousser l'envahissement[1], il se mettait en devoir, sans aucun succès d'ailleurs, de haranguer les émeutiers par le balcon. Mais le moment n'était plus aux discours. La foule, voyant qu'on ne songeait pas à employer la force, céda aux excitations qui l'obsédaient, enfonça les portes, escalada les grilles et pénétra dans le palais, sans que la garde nationale ait rien fait pour l'en empêcher[2].

Le général Trochu se porta alors au-devant d'elle, tandis que dans la salle du Conseil le gouvernement faisait mine de délibérer. Des hommes l'insultaient, lui reprochant d'avoir trahi au Bourget et de méditer une capitulation. En vain essayait-il de faire entendre quelques paroles. Les cris de *Vive la Commune! Pas d'armistice!* couvraient sa voix et celles de MM. Jules Favre et Pelletan qui, un moment, étaient venus le rejoindre. La poussée de la foule devint bientôt telle, les clameurs de *A bas Trochu!* si furieuses, que le commandant Dauvergne fut obligé d'accourir avec ses mobiles et de dégager le général. Bousculé lui-même, frappé, maltraité de toutes les manières, il eut toutes les peines du monde à gagner avec ses hommes la caserne Napoléon, où le gouverneur lui avait fait donner l'ordre de se replier, avec défense de faire feu[3]. Quant à la garde nationale, elle mit la crosse en l'air. Le gouvernement n'était plus protégé par rien, et la foule, répandue dans tout le premier étage[4], essayait, au milieu de clameurs inhumaines et d'un indescriptible tumulte, de nommer par acclamations les membres d'une Commune de Paris.

Tandis que ces événements se passaient, les maires

---

1. Général DUCROT, *loc. cit.*, tome II, page 41. — *Enquête parlementaire*, déposition du général Trochu.
2. *Enquête parlementaire*, rapport de M. Daru.
3. Tous les faits de ce récit ont été empruntés soit aux ouvrages déjà cités de témoins oculaires, MM. Jules Favre et Jules Simon, soit aux documents officiels de la Commission d'enquête. Nous n'avançons donc rien qui ne puisse être rigoureusement prouvé et nous nous bornons ici à juxtaposer, dans leur ordre naturel, des événements dont l'exactitude ne fait plus aucun doute.
4. Sauf la salle où se tenait le gouvernement, et celle où, comme on va le voir, délibéraient les maires.

des vingt arrondissements, réunis par le maire central, M. Arago, délibéraient dans une salle voisine sur la situation. Là aussi, la discussion était tumultueuse, et les motions les plus violentes se donnaient carrière, car il ne s'agissait de rien moins que de substituer les municipalités parisiennes au gouvernement existant de fait[1]. Après des débats orageux, et sous la pression de l'émeute qui grondait au dehors, les maires déclarèrent, sur la proposition de M. Floquet, qu'il était indispensable, « dans les circonstances actuelles *et dans l'intérêt national* », de procéder immédiatement aux élections municipales. Ce n'était là qu'un euphémisme pour désigner la proclamation de la Commune; on ne voit pas bien, d'ailleurs, quel rapport pouvaient avoir des élections de conseillers municipaux avec *l'intérêt national*. N'importe! cette proposition bizarre réunit l'unanimité. Bien plus, le bureau du conseil des maires, composé de M. Etienne Arago et de ses adjoints, fut chargé d'aller la soumettre à l'acceptation des membres du gouvernement. Or, c'était là, à proprement parler, leur demander d'abdiquer. Il était bien évident que la Commune, une fois instituée avec l'appui des faubourgs et de la garde nationale, deviendrait maîtresse absolue du pouvoir. Forte de l'investiture du suffrage universel, elle devait inévitablement dicter ses volontés à ce gouvernement qui ne s'appuyait que sur lui-même et l'obliger, sous peine de guerre civile, « à se soumettre ou à se démettre. » Les hommes du 4 septembre, si férus qu'ils fussent d'illusions, ne pouvaient s'y méprendre, et, bien qu'au fond le vœu des maires « fût complètement d'accord avec leurs intentions sur l'organisation définitive des municipalités[2] », le moment ne leur semblait pas encore venu de signer leur propre déchéance en adoptant cette organisation.

Cependant M. Etienne Arago, traversant à grand'-

---

[1] « Quelques-uns de ces derniers (les maires) étaient ouvertement favorables à l'émeute. La plupart désiraient une Commune ; tous étaient mécontents du gouvernement. » (Général DUCROT, *loc. cit.*, tome II, page 42.)
[2] *Enquête parlementaire*, déposition de M. Emmanuel Arago.

peine le flot des perturbateurs, était parvenu à gagner la salle du Conseil. Là, il adjura les membres du gouvernement de céder à la demande des maires, et d'empêcher ainsi une catastrophe imminente. « Au nom de la Patrie, dit-il, au nom de la concorde, je vous conjure de ne pas repousser leur prière[1]... » Le gouvernement était fort perplexe; car si, d'une part, il n'avait nulle envie de se dessaisir du pouvoir, de l'autre il se sentait dominé par l'émeute, dont le bruit allait croissant. Après s'être longtemps égaré dans une discussion oiseuse, il finit cependant par se rallier à une de ces demi-mesures dont il était coutumier, et qui rendaient généralement illusoires les concessions arrachées à sa faiblesse. Il déclara qu'il y aurait des élections municipales, mais *à une date indéterminée*.

Mais les forcenés qui, empilés dans les salles voisines, travaillaient pour les meneurs de la révolution, n'étaient point gens à se contenter de promesses aussi dilatoires. Comme M. Etienne Arago, sortant de la salle du Conseil, venait en donner communication au peuple, il fut accueilli par des cris furieux de *Vive la Commune!* partis à la fois du dedans et du dehors. Des insurgés frémissants l'entourèrent; il fut insulté, bousculé, eut son écharpe arrachée, et « c'est à grand'peine qu'il parvint à se dégager pour regagner la salle du Conseil, où les membres du gouvernement continuaient toujours leurs délibérations[2]. »

Le gouvernement prisonnier. — Il était environ quatre heures. Tout à coup le vacarme redouble à tel point qu'il n'est plus possible de s'entendre; les membres du gouvernement essayent de se soustraire au flot débordant de l'émeute en s'enfermant à clef. Mais, au bout d'un instant, la porte enfoncée s'abat, livrant passage à une foule bigarrée où dominent des gardes nationaux conduits par plusieurs de leurs chefs de bataillon. Alors paraît l'inévitable Flourens qui, à la tête de ses *tirailleurs de Belleville*[3], vient prendre part à la

1. Jules Favre, *loc. cit.*, page 330.
2. Général Ducrot, *loc. cit.*, tome II, page 44.
3. Les *tirailleurs de Belleville* étaient une légion constituée par le

curée. On hurle, on s'agite, on trépigne. En vain le général Trochu et Jules Favre essayent de parlementer ; on ne les écoute pas, et dans un tumulte indescriptible, émaillé d'injures grossières et de cris : *A Mazas! à Vincennes!* on déclare au gouvernement qu'il est prisonnier[1]. Puis on essaye d'en constituer un autre ; mais chacun proposant son candidat, le tohu-bohu devient tel qu'il est impossible de s'entendre ; les listes sont passées de mains en mains, maculées, déchirées, puis jetées en billets roulés sur la place[2]. C'est l'orgie révolutionnaire dans toute sa hideur[3].

Cependant, tandis que certains meneurs se croyaient les maîtres de la situation au point d'expédier déjà des ordres, un des membres du gouvernement, plus avisé que les autres, Ernest Picard, avait réussi à s'échapper et à gagner le ministère des finances. Il était près de six heures quand il y arriva, et, à ce moment, la situation de ses collègues, « parqués dans la salle du Conseil, sous les baïonnettes des *sang-impur* des monts Aventins de la capitale[4] », ne laissait pas de devenir périlleuse. La foule, livrée sans contrainte à son instinct bestial, n'obéissait déjà plus à ses idoles, Flourens, Delescluze, Millière, Félix Pyat ; à l'intérieur elle sacca-

général Trochu lui-même, au début du siège, avec cinq bataillons de la garde nationale, et tout à la dévotion de Flourens.

1. « La plupart des assaillants ont la pipe ou le cigare à la bouche. Ils remplissent la salle d'une épaisse fumée. Le flot grossit toujours et menace de s'écraser lui-même. Un des plus enragés ayant un bonnet rouge sur la tête et portant un tambour de la garde nationale, a escaladé deux banquettes superposées contre la muraille, et de là il exécute de temps en temps des roulements qu'il entremêle de cris sinistres. » (Alfred DUQUET, *Paris, la Malmaison, le Bourget et le Trente et un Octobre*, page 232.)

2. Général DUCROT, *loc. cit.*, page 16.

3. « Les convoitises de pouvoir sont telles dans notre malheureux pays que, même dans l'état auquel la France était alors réduite, même dans les circonstances où se trouvait Paris investi et assiégé, il y avait des gens qui ne reculaient pas devant un crime pour se saisir de ce lambeau d'autorité si peu enviable. Un vieux capitaine (de la garde nationale) s'approchait sans cesse de Flourens lui répétant : « *Nommez-moi donc ministre de la guerre, je réponds du suc-« cès!* » — Ce capitaine avait rédigé, de sa main, le décret portant sa nomination et le présentait à tout instant à la signature de Flourens. » (*Enquête parlementaire*, rapport de M. Daru.)

4. Alfred DUQUET, *loc. cit.*, page 247.

geait tout, brisait fenêtres, boiseries et portes, tandis qu'au dehors, sous une pluie battante, hommes du peuple et gardes nationaux en armes vociféraient à pleine voix. La salle du Conseil municipal avait été envahie à son tour, les maires qui l'occupaient, dispersés, et une proclamation signée par MM. Dorian, qui cédait à la force, Schœlcher, Etienne Arago, Floquet, Brisson et Hérisson, plus facilement consentants, venait d'être rédigée pour convoquer, *le lendemain 1er novembre*, les électeurs municipaux[1]. Le gouvernement de la Défense nationale n'était plus qu'un ramassis d'otages, et l'existence de ses membres commençait même à courir des dangers[2].

M. Ernest Picard, s'il ne connaissait pas tous ces détails, ne se faisait du moins aucune illusion sur la gravité des circonstances. Aussitôt arrivé rue de Rivoli, il donna ordre de diriger sur les ministères, sur l'imprimerie du *Journal officiel*, sur le télégraphe central, etc., des troupes de la garde nationale prises parmi celles qu'on jugeait les meilleures. Puis, apprenant que personne, ni dans l'état-major du gouvernement, ni à la Place, n'osait prendre sur soi de donner des instructions, il fit battre la générale, prendre les armes aux mobiles casernés au Louvre, et réunir place de l'Opéra les deux divisions de mobiles Corréard et de Liniers, prêtes à marcher. En même temps, il mandait auprès de lui le général Ducrot, dont le quartier général était à la Porte-Maillot.

La garde nationale, dont un certain nombre de bataillons s'étaient rendus au rappel, commençait à arriver place Vendôme; mais elle témoignait, en général, d'une froideur accentuée vis-à-vis du gouvernement. « Beaucoup de bataillons hésitaient; les uns déclaraient qu'il leur répugnait de prendre part à une effusion de sang; d'autres consentaient à marcher, mais sans armes; certains faisaient mettre la crosse en l'air ou se décla-

---

1. Alfred Duquet, *loc. cit.*, pages 244 et suivantes.
2. M. Rochefort avait trouvé le moyen de s'évader et ne devait plus reparaître de la journée. (*Enquête parlementaire*, rapport de M. Daru.)

raient ouvertement pour la Commune[1]. » Enfin, sur les instances pressantes du colonel Ferri-Pisani, chef d'état-major de la garde nationale, le 106ᵉ bataillon[2], commandant Ibos, finit par se mettre en mouvement, et se dirigea, tambours battants, vers l'Hôtel-de-Ville, conduit par le colonel Ferri-Pisani et M. Charles Ferry, capitaine de la garde nationale, et frère du préfet de la Seine. Il y arriva vers huit heures, pénétra dans la cour en enfonçant une porte, et, refoulant devant lui les émeutiers à coups de crosse, parvint à gravir l'escalier. Mais la salle où se trouvaient les membres du gouvernement était tellement bondée de monde, que quelques hommes seulement, dont les personnes nommées plus haut, réussirent à y pénétrer. Flourens, botté et éperonné, debout sur la table, continuait, dans un effroyable tumulte, « à faire et à défaire des gouvernements, pendant que ses acolytes les criaient à la foule[3]... » Le commandant Ibos, impuissant à le faire taire, se hissa à ses côtés; mais la table se renversa. — A la faveur de la confusion produite par cet incident, des gardes nationaux purent contourner l'obstacle, se saisir du général Trochu, et, mettant sur sa tête un képi de garde national, l'emporter à travers la foule. Derrière, MM. Jules Ferry et Emmanuel Arago profitèrent du sillon ouvert et de l'obscurité, pour se faufiler à la suite du gouverneur. Quant aux autres membres du gouvernement, Jules Favre, Garnier-Pagès, Jules Simon, ainsi que le ministre de la guerre et le général Tamisier, ils ne réussirent pas à en faire autant, et arrivèrent trop tard à la porte. On les refoula dans l'embrasure d'une fenêtre, et les insurgés, le fusil braqué[4], formèrent devant eux une barrière qu'il leur fut impossible de franchir.

Retombées ainsi au pouvoir de geôliers capables de toutes les violences et de tous les crimes, ces tristes épaves du pouvoir purent croire que leur dernière heure

---

1. Général Ducrot, *loc. cit.*, tome II, page 49.
2. Le 106ᵉ bataillon était recruté dans le quartier de la rue du Bac.
3. Général Ducrot, *loc. cit.*, tome II, page 49.
4. Alfred Duquet, *loc. cit.*, page 249.

avait sonné. Dans la salle, éclairée seulement par la lueur vacillante de quelques lampes apportées par les huissiers, Flourens se démenait, apostrophant les prisonniers et leur demandant leur démission, tantôt avec brutalité, tantôt avec des formes qui dénotaient chez lui un certain embarras de sa victoire. Millière proclamait leur déchéance, et Blanqui, arrivé seulement quand il avait su ses amis maîtres de la situation, rédigeait des décrets et des ordres, en prenant des attitudes de dictateur[1]. Dans le tumulte effroyable auquel donnait lieu ce débordement d'appétits, de colères, de haines et de fureurs, l'attitude des membres du gouvernement restait cependant fière et digne. Ils affectaient un calme dédaigneux qui finissait par en imposer à tous ces énergumènes, étonnés déjà de se trouver les maîtres. Le sang-froid dont ils ne se départaient pas devenait leur meilleure sauvegarde, et devant leur résignation hautaine, l'excitation populaire, un peu calmée aussi, il faut bien le dire, par la lourdeur d'une atmosphère épaisse et empestée, semblait tomber peu à peu.

« Il était dix heures et demie, M. Jules Favre mourait de faim. C'était à qui lui offrirait le boire et le manger. Il avala, de bon appétit, un morceau de pain grossier et une tranche de cheval à moitié cuit. Quand il voulut payer, ce fut un concert de protestations. Puis il s'appuya contre la muraille de l'embrasure et s'endormit. La chaleur, devenue suffocante, le réveilla; il ouvrit la fenêtre pour respirer; au même instant, deux coups de feu retentirent; il referma vite la croisée, après avoir vu le quai garni de gardes nationaux qui, ayant cru qu'on allait tirer sur eux, s'étaient hâtés de prendre les devants... Pendant ce temps, un grand nombre des envahisseurs gisaient ivres-morts dans les couloirs, dans les cabinets, dans les caves[2]. » A mesure que la nuit s'avançait cependant, les prisonniers semblaient perdre un peu de leur constance; l'énervement, la fatigue, le besoin finissaient par avoir raison

---

1. *Enquête parlementaire*, rapport de M. Daru.
2. Alfred Duquet, *loc. cit.*, page 263.

d'une fermeté qui se prolongeait depuis si longtemps, et, sur l'intervention de M. Dorian, devenu, on ne sait pourquoi, le successeur de Flourens dans les faveurs de la foule, ces mêmes hommes qui, tout à l'heure, opposaient aux sommations de l'émeute une inertie si courageuse, se résignaient peu à peu à une transaction [1].

Mise en liberté des membres du gouvernement. — Les choses en étaient là quand tout à coup, à une heure passée du matin, un bruit formidable s'élève de la place de Grève ; des commandements retentissent, et les escaliers s'ébranlent sous le pas d'une troupe qui les gravit en rangs serrés. Les insurgés, pris de peur, couchent en joue les infortunés gouvernants, dont la vie est à la merci du moindre incident. Un coup de feu lâché par un ivrogne, et la comédie se dénoue en un drame sanglant. Cette situation terrible se prolonge presque deux heures durant ! Enfin, vers trois heures, la porte, enfoncée, s'abat, et dans son encadrement apparaît Jules Ferry, escorté d'un peloton de gardes nationaux dont la baïonnette menace les héros de Flourens. « Sortez à l'instant, leur dit-il, et souvenez-vous que si vous tentez un nouveau coup, nous serons sans pitié [2] ! »

Aussitôt les Bellevillois, que cette brusque irruption a complètement déconcertés, jettent leurs armes et s'enfuient ; leurs chefs se dispersent, descendant l'escalier pêle-mêle avec leurs otages de tout à l'heure, qui, non contents de ne point les faire arrêter, semblent maintenant, en vertu d'une convention tacite, favoriser leur retraite [3]. La foule s'écoule, et sur la place, naguère encore si bruyante, se rangent mobiles et gardes nationaux de l'ordre, que personne ne songe plus à combattre. Tout rentre dans le calme, et n'étaient les débris de toutes sortes qui jonchent le sol, les escaliers et les parquets, on pourrait croire que depuis vingt-quatre heures il ne s'est rien passé d'anormal !

Ainsi se termina cette triste aventure dont le dénoue-

---

1. *Enquête parlementaire*, rapport de M. Daru.
2. Jules SIMON, *Le Gouvernement de la Défense nationale*, page 172.
3. Le général Tamisier donnait le bras à Blanqui. (Jules SIMON, *loc. cit.*, page 172.)

ment, qui aurait pu devenir tragique, était tout simplement ridicule. Les insurgés et leurs chefs, protégés par ceux-là même dont ils étaient quelques instants auparavant les geôliers, sortaient sans être le moins du monde inquiétés, et défilaient au milieu d'une double haie de gardes nationaux. Quelle étrange fin de cette équipée ! « Quoi ! Flourens, qui avait donné l'ordre de fusiller les prisonniers si on tentait leur délivrance ; Blanqui, l'ordonnateur du complot, se retiraient sous la protection du général commandant la garde nationale ; et voilà MM. Jules Simon, Jules Favre, Garnier-Pagès, Millière, Delescluze, Ranvier qui s'en vont pêle-mêle[1]!... » Etrange solution, en effet, étrange et déplorable à la fois, mais encore préférable cependant à la terrible effusion de sang qui était à redouter. Dans tout cela, il n'y avait d'atteint que le prestige du pouvoir ; on jugera à quelle prodigieuse faiblesse celui-ci était descendu, quand on aura vu comment avait été amené le coup de théâtre dont on vient de lire les détails. Il est donc nécessaire de revenir un peu en arrière, et de reprendre le récit des événements dans Paris au moment où nous les avons laissés, c'est-à-dire au départ pour l'Hôtel-de-Ville du 106ᵉ bataillon.

Après avoir, ainsi qu'il a été dit plus haut, paré au danger le plus pressant et s'être assuré qu'effrayés par les noms de Blanqui et de Flourens[2], un certain nombre de bataillons de la garde nationale étaient disposés à lui prêter son concours, Ernest Picard se rendit au Louvre, où venait d'arriver le gouverneur déjà délivré. Il trouva là le général Ducrot qui, à son appel, avait donné l'ordre aux troupes sous ses ordres d'entrer dans Paris, mais venait d'arrêter leur mouvement sur l'invitation formelle du général Trochu. Celui-ci, toujours chimérique, voulait en effet employer contre l'émeute la seule force de la persuasion. C'est tout au plus s'il consentait à utiliser la garde nationale, mais comme simple moyen d'intimidation et avec défense formelle

---

1. *Enquête parlementaire*, rapport de M. Daru.
2. *Ibid.*, dépositions de MM. Jules Ferry, Edmond Adam et du général Tamisier. — Rapport de M. Daru.

de se servir de ses armes. Fortement pressé cependant par le général Ducrot, qui insistait pour l'urgence d'une intervention vigoureuse, il venait de donner deux bataillons de mobiles (du Finistère et de l'Indre)[1] comme réserve à la garde nationale, et de nommer au commandement provisoire de cette garde le lieutenant-colonel Roger (du Nord), en remplacement du général Tamisier, prisonnier à l'Hôtel-de-Ville, quand Jules Ferry se présenta à son tour. Il était neuf heures et demie du soir.

Lui aussi était partisan de l'action, mais il n'oubliait pas pour cela la politique. Trouvant M. Roger (du Nord) trop entaché d'orléanisme, il demanda à se substituer à lui, et reçut aussitôt en son lieu et place le commandement de la garde nationale. Gagnant alors la place Vendôme, il se fit reconnaître dans ses nouvelles fonctions, rassembla tout ce qui se trouvait là d'hommes en armes, et partit à leur tête pour l'Hôtel-de-Ville, grossissant en route sa colonne des bataillons qu'il rencontrait sur son chemin. Vers une heure du matin, il y arrivait et délivrait les prisonniers de la façon que l'on sait; le succès qu'il avait obtenu était dû en grande partie au concours actif prêté par les mobiles des commandants de Legge et Dauvergne, qui, pénétrant dans le palais par les souterrains qui le relient à la caserne Napoléon, avaient bousculé les émeutiers, capturé près de 300 de ces derniers, et facilité l'arrivée dans la salle du Conseil, par le grand escalier, des gardes nationaux qui accompagnaient le préfet de la Seine.

Malheureusement Jules Ferry, si énergique dans l'action, avait cru devoir, pour réussir plus vite, entamer des pourparlers avec certains meneurs, Delescluze entre autres. Tandis que les braves mobiles bretons s'engouffraient dans la place, lui, espérant toujours qu'on lui en ouvrirait les portes, essayait pendant près de deux heures de parlementer, et prenait des engagements imprudents[2], qui assuraient l'impunité complète aux

---

1. Ces mobiles étaient à la caserne Napoléon.
2. Général Ducrot, *loc. cit.*, tome II, page 68.

fauteurs du mouvement insurrectionnel. C'est ce qui explique pourquoi aucune arrestation n'avait été opérée ; pourquoi, après la victoire, Jules Ferry et Edmond Adam remirent eux-mêmes en liberté les prisonniers faits par les mobiles ; pourquoi enfin, dans la séance qu'il tint le lendemain 1er novembre, le gouvernement décida qu'il ne serait point fait de répression.

« Ainsi, *en présence de l'ennemi*, quelques émeutiers s'étaient emparés de l'Hôtel-de-Ville, avaient fait prisonniers les membres du gouvernement réunis en conseil, les avaient gardés comme otages, entre la vie et la mort, pendant douze heures, et lorsque enfin la force était venue au secours du droit, lorsque par la force on avait réussi à délivrer les prisonniers et arrêté les factieux, il fallait tout oublier, cesser toute poursuite, sous prétexte qu'une convention avait été conclue ! Cette convention, accordée par des gens qui n'avaient pas leur liberté d'action, n'était-elle pas sans valeur, sans autorité? Etant donnée la situation, l'extrême rigueur était cependant l'unique moyen d'arrêter l'audace toujours croissante des révolutionnaires. L'impunité, les concessions, mettant au grand jour notre faiblesse, notre impuissance, devaient fatalement nous conduire à de nouvelles calamités[1]. »

Aussi, à peine rentrés chez eux, les meneurs du 31 octobre songèrent-ils à recommencer leur tentative avortée. Dès le 1er novembre, sous le prétexte d'une affiche gouvernementale qui interdisait aux maires d'ouvrir le scrutin pour les élections municipales[2], Flourens s'empara de l'église de Ménilmontant, s'y barricada et fit mine de vouloir lancer à nouveau ses gardes du corps sur l'Hôtel-de-Ville. Le 2, l'effervescence sembla grandir au point que le gouvernement prit peur, et se décida, non sans une vive discussion,

---

1. Général Ducrot, *loc. cit.*, tome II, page 69.
2. La proclamation dont il a été question ci-dessus, et qu'avaient signée MM. Dorian, Schœlcher, Floquet, Brisson, etc., était imprimée et affichée. Elle convoquait, on s'en souvient, les électeurs municipaux pour le 1er novembre. C'est afin d'empêcher cette réunion que le gouvernement prit la mesure qui faillit amener de nouveaux troubles.

à faire, trop tard, arrêter un certain nombre d'individus compromis dans l'affaire du 31, ceux contre lesquels on pouvait invoquer le *flagrant délit*. Parmi eux se trouvaient Tibaldi, l'un des chefs de bataillon de la garde nationale les plus compromis, Félix Pyat, Flourens[1], Millière, Blanqui, en tout vingt-deux personnes. Traduits devant le conseil de guerre qui ne les jugea que trois mois plus tard, ces coryphées de la plus pure démagogie furent tous acquittés... On devait les retrouver tous également dans la sanglante tragédie de la Commune.

Conséquences de la journée du 31 octobre. — Les conséquences de cette échauffourée étaient graves. Le gouvernement de la Défense nationale venait d'y laisser le peu de prestige dont il jouit encore, et à voir de combien peu il avait échappé à une chute ignominieuse on pouvait juger quelle était sa fragilité. Si on l'avait conservé, si quelques bataillons de la garde nationale avaient consenti à le défendre, ce n'était certainement pas par sympathie pour lui, mais bien plutôt par crainte de ceux qui l'auraient remplacé. Certains de ses membres ne s'y sont pas trompés. « Le 1er novembre, a écrit M. Jules Simon, nous étions en droit de penser, ce qui, en somme, était assez conforme à la vérité, que la garde nationale n'avait pas marché pour nous, qu'elle avait marché *uniquement* contre Blanqui, Flourens, Delescluze[2]. » Cette juste appréciation des choses n'est certes pas flatteuse; mais elle montre le peu d'autorité qu'avaient conquis ceux qui, depuis la chute de l'Empire, ne marchaient que d'échecs en échecs, d'abdication en abdication. Or, ce peu d'autorité, on venait, par surcroît, de le perdre dans la bagarre honteuse de l'Hôtel-de-Ville et dans les compromissions qui l'avaient suivie. Il fallait donc essayer de le reconquérir, soit par un succès militaire, soit par un expédient; le succès militaire n'étant guère à portée, ce fut à l'expédient qu'on eut recours. Le 3 novembre, le

---

1. L'arrestation de Flourens ne fut pas maintenue.
2. *Le Gouvernement de la Défense nationale*, page 180.

gouvernement, employant sans vergogne « un genre de consultation populaire pour lequel, sous le régime effondré, ses membres n'avaient pas eu assez de protestations, d'imprécations, de mépris et de colères[1] », résolut de se faire plébisciter et demanda à la population parisienne « s'il jouissait encore de sa confiance ». C'était la mettre pour la seconde fois en présence de ce dilemme : ou les hommes du 4 septembre, ou ceux du 31 octobre, et, par suite, la réponse ne pouvait être douteuse. 560,000 voix contre 60,000 déclarèrent qu'on préférait encore les premiers aux seconds.

Mais, tandis que le gouvernement se montrait satisfait de cette constatation platonique, il voyait d'autre part s'évanouir le seul espoir qu'il ait pu concevoir de terminer avec honneur sa redoutable entreprise. Le dévouement de M. Thiers, courant l'Europe, malgré son grand âge, pour nous acquérir quelques sympathies, la bonne volonté des puissances en faveur d'une suspension d'armes, le désir même que pouvait avoir la chancellerie prussienne de terminer une lutte dont le poids devenait de plus en plus lourd à porter, tout cela s'évanouit devant la constatation de ce fait, que le pouvoir établi ne reposait sur aucune assise ferme, et qu'une nouvelle émeute pouvait le balayer au premier jour. Et cet espoir d'une révolution prochaine, en qui il voyait sa meilleure alliée, décida, comme on va le voir, M. de Bismarck à hausser à ce point le taux de ses exigences, qu'il devint impossible d'y souscrire et de profiter des bénéfices, si laborieusement acquis, du voyage de M. Thiers. Tel fut le résultat le plus clair de l'échauffourée lamentable que des hommes, certainement indignes du nom de Français, n'avaient pas craint de provoquer dans le but unique de satisfaire leurs appétits ou leurs rancunes : une grave atteinte à notre situation politique extérieure, et la perte, en un seul coup, de tous les avantages que la France aurait pu retirer de son courage et de sa fermeté dans le malheur.

1. Alfred Duquet, loc. cit., page 287.

Retour de M. Thiers à Paris et rupture des négociations en vue d'un armistice. — On a vu précédemment que M. Thiers, rentré à Paris le 30 octobre, fit, le jour même, part au gouvernement des projets d'armistice ébauchés dans le cours de ses négociations. A vrai dire, M. de Bismarck avait refusé de prendre aucun engagement ferme, mais il laissait entendre que, moyennant la cession de l'Alsace et une indemnité d'un milliard, il pourrait consentir à traiter. M. Thiers, qui ne montrait aucune confiance dans l'issue définitive de la lutte, demandait avec instance qu'on acceptât ces conditions; mais le gouvernement, toujours à ses illusions et à la terreur de l'opinion publique, refusait d'y souscrire. Il fut cependant décidé que M. Thiers se rendrait à nouveau auprès du chancelier fédéral, dans l'après-midi du 31, et lui soumettrait les propositions suivantes, minimum des concessions du gouvernement:

1° Armistice de quinze jours, *avec ravitaillement*;

2° Faculté laissée au gouvernement de la Défense nationale de communiquer avec l'extérieur pour préparer la formation d'une Assemblée nationale, chargée de négocier la paix, *et dans laquelle l'Alsace et la Lorraine seraient représentées*.

Les négociations reprirent donc, et le chancelier se montra cette fois plus coulant; M. Thiers, qui était resté à Versailles, se croyait même en droit de fonder quelque espoir sur la réussite de sa mission, quand, tout à coup, sur la nouvelle de ce qui venait de se passer à Paris, M. de Bismarck changea brusquement d'attitude. « Autant le roi et son ministre avaient paru conciliants dans la première entrevue, autant, après l'insurrection, ils se montraient intraitables. Il est certain qu'ils n'avaient plus la même confiance dans la solidité et la durée du gouvernement de la Défense nationale; ils considéraient sa chute comme très prochaine et comptaient sur l'anarchie qui suivrait pour avoir bon marché de Paris[1]. » Telles sont, du moins, les constatations faites par M. Thiers, et communiquées

---

1. Général Ducrot, *loc. cit.*, tome II, page 73.

par lui à Jules Favre et au général Ducrot, dans l'entrevue qu'il eut avec eux au pont de Sèvres, dans une maison abandonnée, le 5 novembre, à neuf heures du matin[1].

En définitive, les Allemands consentaient bien à accorder un armistice, mais *sans ravitaillement*, ce qui équivalait à diminuer la durée de la résistance d'autant de journées de lutte qu'il y aurait de jours d'armistice. Le ravitaillement ne pourrait être obtenu qu'à la condition de livrer un ou plusieurs forts[2], ce qui équivalait cette fois à livrer Paris... Les efforts de M. Thiers, son insistance et les arguments sans réplique par lesquels il s'était évertué à démontrer tout ce qu'avaient de draconien de semblables exigences, s'étaient brisés contre une volonté ferme de ne pas accorder d'autres concessions.

Après avoir fait aux représentants du gouvernement cette communication pénible, notre négociateur ajouta qu'il croyait la paix possible au prix de deux milliards et de la cession de l'Alsace, et il insista pour qu'on la fît, même à ce prix; car, disait-il, dans l'état actuel du pays, « le sacrifice ne peut que s'aggraver. De nouvelles invasions, de nouveaux désastres viendront s'abattre sur nous, et les demandes de l'ennemi, astreint à de plus grandes charges, iront toujours en augmentant. Peut-être finira-t-il par *demander l'Alsace, la Lorraine, cinq milliards*, ou plus encore!... Il serait prudent de traiter[3]. » C'étaient là des paroles prophétiques, que les événements devaient malheureusement confirmer. Il y avait toutefois deux raisons pour qu'elles ne fussent pas écoutées. La première, c'est qu'en présence de l'excitation des esprits, le gouvernement, quel qu'il

---

1. M. Thiers avait fait prévenir le gouverneur, dans la nuit du 4 au 5, qu'il serait au pont de Sèvres à neuf heures du matin. Il le priait de s'y trouver en compagnie du ministre des affaires étrangères, car il ne voulait pas que sa présence dans Paris pût être le prétexte de nouveaux désordres. De son côté, le général Trochu ne crut pas devoir se rendre en personne à la convocation et, pour un motif analogue, s'y fit remplacer par le général Ducrot.
2. Dépêche adressée par M. Thiers aux ambassadeurs des puissances neutres et datée de Tours, le 9 novembre 1870.
3. Général Ducrot, *loc. cit.*, tome II, page 75.

soit, qui aurait osé parler de convention à signer sur des bases de cette nature, eût été balayé comme un fétu. La seconde, c'est que tout espoir d'un retour de la fortune n'avait pas encore disparu. Des armées se formaient en province; celles de Paris semblaient s'aguerrir. Un homme pouvait surgir, qui, sous la poussée du souffle patriotique dont nos pères avaient jadis respiré les effluves embrasés, conduirait encore une fois nos bataillons à la victoire, et chasserait l'envahisseur. On ne pouvait réellement pas consentir à la cession d'un lambeau de la terre française, tant qu'il restait, pour le disputer, un soldat debout; tant que Paris, dont cinquante jours de blocus n'avaient pas réduit les murailles, tiendrait en échec devant lui la force la plus considérable de l'ennemi. Il ne fut donc pas question de paix dans la séance que le gouvernement tint dans la soirée du 5 novembre; on y décida au contraire, par un vote unanime, que l'armistice ne pouvait être accepté sans un ravitaillement *jour pour jour*. Le lendemain, M. Cochery portait cette délibération à Versailles, où elle était remise à M. de Bismarck par M. Thiers, et ce dernier, n'ayant plus rien à faire au quartier général ennemi, le quittait bientôt, pour aller se mettre, à Tours, à la disposition de la Délégation.

Ainsi prirent fin, par un échec définitif, des négociations entamées sous des auspices certainement plus favorables que ne le laissait supposer un pareil résultat. Sans la funeste journée du 31 octobre, une Assemblée nationale eût été élue, la France eût probablement été dotée d'un gouvernement régulier, légal et fort, qui eût joui de l'autorité nécessaire pour coordonner ses efforts, diriger sa résistance, ou assigner un terme à la lutte, quand celle-ci n'aurait plus réellement pu se soutenir. « N'étant pas enfermé dans Paris, et libre d'agir hors des atteintes de l'ennemi, ce gouvernement devenait une force, une puissance avec laquelle il fallait compter... La capitulation de Paris n'entraînait plus celle de la France entière, et la faute commise par le gouvernement en se laissant enfermer eût été réparée[1]. »

1. Général Ducrot, *loc. cit.*, tome II, page 78.

Voilà la perspective qu'on avait pu entrevoir, et qui s'évanouissait maintenant, par la criminelle folie d'une poignée d'anarchistes incorrigibles, dont il aurait fallu se défaire à tout prix. Voilà ce dont la patrie se trouvait privée par le fait de quelques démagogues ambitieux, vils flatteurs de passions qu'ils ne partageaient pas, et meneurs d'une populace aveugle, dont ils exploitaient l'exaltation sans l'éprouver eux-mêmes. Combien les hommes du 4 septembre qui, à défaut de bon sens, avaient du moins le patriotisme en partage, devaient-ils, à cette heure, regretter leurs antécédents révolutionnaires, qui les obligeaient à composer avec de pareils adversaires, et à laisser une impunité complète à des gens qui la méritaient si peu !

LIVRE DEUXIÈME

LES SORTIES

CHAPITRE PREMIER

LES PRÉLIMINAIRES

1. — Situation militaire au mois de novembre 1870.

Projets de siège en règle. — Au moment où les dernières chances de paix venaient de s'évanouir, il y avait cinquante jours déjà que durait le blocus hermétique de la capitale française. Rien, si ce n'est un vague espoir de complications intérieures, ne pouvait faire prévoir une solution prochaine, et les Allemands, surpris et déconcertés par cette résistance prolongée, semblaient entrer dans une phase assez difficile, tant au point de vue moral qu'au point de vue matériel.

Déjà se manifestait chez leurs soldats une certaine lassitude, dont on voyait la trace dans les correspondances privées trouvées sur les morts ou saisies par les partisans, et dont les nombreux récits anecdotiques publiés en Allemagne depuis la guerre ne font même pas mystère, pas plus que certains historiques de régiments prussiens. Malgré les soins pris par l'état-major pour donner aux hommes le plus de repos et de bien-être possible, la perpétuelle tension des nerfs, les continuelles alertes, les prises d'armes incessantes, enfin les rigueurs de la température finissaient par déprimer un peu ces gens assez lymphatiques, dont l'endurance est faite plutôt de passivité que d'ardeur. Un pareil état moral, qui n'échappait point aux chefs de l'armée ennemie, était un motif pour eux de hâter par tous les moyens possibles une solution que, d'ailleurs, la presse et l'opinion en Allemagne commençaient à trouver singulièrement lente à venir.

D'autre part, la situation générale se compliquait maintenant de ce fait, que la formation d'armées de secours sur le territoire français pouvait, d'un moment à l'autre, obliger l'armée de blocus à détacher des fractions d'elle-même pour en former des corps d'observation. A la vérité, nos adversaires disposaient de forces numériquement suffisantes pour faire face à toutes les éventualités, d'autant plus que la marche rapide vers la Loire de la IIe armée, rendue disponible par la chute de Metz, allait bientôt jeter des masses formidables sur nos troupes en formation de ce côté. Néanmoins, il y avait lieu de se préoccuper de ce réveil général de l'activité nationale, et de mettre tout en œuvre pour hâter le dénouement, qu'une combinaison adroite des forces de province avec celles de Paris eût certainement compromis.

A la fin d'octobre, l'effectif total des troupes allemandes sous Paris se montait, en chiffres ronds, à 180,000 hommes, dont 100,000 sur la rive gauche de la Seine. La ligne d'investissement, divisée en secteurs inégaux[1], occupés chacun par un corps d'armée, était formée par une suite de défenses continues, ou plutôt à intervalles très étroits, suffisants seulement pour le passage de petites colonnes de contre-attaque[2]; c'était

1. L'étendue de front de chaque secteur variait avec les probabilités qu'il avait d'être attaqué, et aussi avec la valeur intrinsèque du terrain au point de vue défensif. C'est ainsi que dans la partie sud, où l'on pouvait craindre l'intervention d'armées de secours, le IIe corps bavarois tenait seulement 6 kilomètres, tandis qu'entre Chatou et Épinay, où l'on croyait n'avoir rien à redouter, et où on était couvert par la Seine, le IVe corps occupait un front de 14 kilomètres.

2. Nous avons déjà vu que les Allemands avaient utilisé villages,

là une conséquence de la tactique purement passive des Allemands, qui se proposaient uniquement d'intercepter rigoureusement toute communication de la place avec le dehors, et de repousser les tentatives de sortie. C'était aussi une nécessité à laquelle la menace d'une intervention probable des armées de secours les avait forcés de céder ; il fallait en effet que si l'obligation se présentait de détacher des corps de l'armée assiégeante, la ligne d'investissement fût assez forte par elle-même pour permettre de résister, avec des forces réduites, aux tentatives de l'assiégé en vue de la percer.

La force et l'organisation complète des positions occupées autour de Paris, positions qui se reliaient entre elles par des communications protégées et par un grand nombre de ponts [1], offraient donc à l'armée allemande des garanties suffisantes de sécurité. Une chose la gênait cependant encore, c'était l'état précaire de ses communications avec le territoire national. La chute de Toul venait bien de lui livrer la grande ligne Épernay-Nancy-Strasbourg ; mais l'interruption de cette ligne à Nanteuil en interdisait l'exploitation totale. Par suite, tous les trains de chemins de fer destinés à la IIIe armée étaient obligés de décharger à Château-Thierry ; puis on formait avec leur contenu des convois qui gagnaient les positions d'investissement par la route de Lizy-sur-Ourcq. A la fin d'octobre, on put, grâce à la prise de Soissons, affecter à l'armée de la Meuse la ligne Châlons-Reims-Soissons-Dammartin ; jusque-là, cette armée n'avait eu à sa disposition qu'une route d'étapes, passant par Clermont-en-Argonne et par Pont-à-Mousson [2].

---

fermes, maisons, murs de clôture, en un mot, tous les obstacles naturels et artificiels du sol ; ils les reliaient entre eux et les flanquaient par des tranchées-abris, par de petits ouvrages de campagne, et encombraient leurs abords, au saillant principalement, de défenses accessoires, d'abatis et de fils de fer. Les lisières des bois, du côté de la place, étaient également couvertes d'abatis. Enfin, quand ils pouvaient tendre des inondations, comme par exemple dans la plaine en avant du Bourget, ils n'avaient garde d'y manquer.

1. Le nombre des ponts jetés dans le courant du siège, avec les équipages de campagne, atteignit le chiffre de 53. Il y en avait 33 sur la Seine, 15 sur la Marne, et 5 sur l'Oise.
2. *La Guerre franco-allemande*, 2e partie, page 200.

La conservation de ces lignes de chemins de fer et d'étapes était pour l'ennemi d'une importance capitale ; s'il les eût perdues, c'en était fait de son offensive et de ses conquêtes ; aussi les protégeait-il avec grand soin, en utilisant à ce service des troupes de landwehr placées sous les ordres des *inspecteurs des étapes* de chacune des armées. « Celui de la IIIe armée s'était établi à poste fixe à Corbeil, depuis le 20 septembre. Les troupes sous ses ordres étaient réparties par compagnies dans les principales stations du chemin de fer, à l'ouest d'Épernay, ainsi que sur la route de Lagny à Villeneuve-Saint-Georges, et protégeaient en outre, par d'autres détachements, la longue ligne d'étapes d'Épernay à Corbeil, moins sûre de jour en jour, et sur laquelle il était devenu nécessaire, à la fin d'octobre, de porter à un bataillon par place les garnisons de Montmirail, Coulommiers, Tournan et Brie-Comte-Robert. Un corps de 4 bataillons, 6 escadrons, 1 batterie et 2 compagnies de pionniers était massé auprès de Corbeil, tant pour couvrir les magasins constitués dans cette ville que pour agir, au besoin, contre les bandes de francs-tireurs qui surgissaient de tous côtés, et dont les coups de main et les surprises avaient commencé, dès le mois de septembre, à jeter l'inquiétude sur les lignes d'étapes de la IIIe armée[1]. » Quant à l'inspection d'étapes de la IVe armée (armée de la Meuse), elle était installée à Dammartin, et employait pour ses lignes le même système de protection.

Toutes ces précautions donnaient bien à l'établissement des Allemands autour de la capitale une solidité incontestable, mais elles n'avançaient pas d'une heure la reddition de celle-ci, et l'état-major ennemi songeait sérieusement à employer, pour y arriver, des moyens plus énergiques qu'un simple blocus, c'est-à-dire un siège régulier ou un bombardement ; au besoin même,

---

[1]. *La Guerre franco-allemande*, 2e partie, page 211. — On voit, d'après cette citation, les graves ennuis que les francs-tireurs auraient pu causer aux Allemands, si, au lieu d'agir sans direction et avec une entière indépendance, ils avaient été organisés en guérillas et lancés méthodiquement sur les lignes de communication de l'ennemi.

on aurait combiné l'un et l'autre. Déjà, à la fin de septembre, les généraux de Hindersin et de Kleist, inspecteurs généraux de l'artillerie et du génie, avaient été chargés d'opérer une reconnaissance des abords de la capitale, et le début de leur rapport était significatif. « Le bombardement d'une place, y était-il dit, détermine rarement sa reddition, quand la garnison est énergique ; c'est ce que des exemples récents viennent de confirmer. Le résultat d'un bombardement est bien plus incertain encore lorsque, comme à Paris, une ceinture de forts empêche d'établir des batteries suffisamment près de la ville, et que, après la prise de quelques-uns de ces forts, la plus grande partie de la place échappe au bombardement, en raison même de son étendue. Si donc on veut, sans perdre de temps, arriver à la prise de Paris, il faut *entreprendre sans plus attendre des travaux d'attaque régulière.* » Et la conclusion était que Paris offrait deux directions d'attaque, qu'on devait suivre à la fois : 1° L'une contre les fronts sud, où les hauteurs de Meudon-Châtillon présentaient d'excellentes conditions pour l'installation de batteries de siège contre les forts de Vanves et d'Issy, qu'on attaquerait, et celui de Montrouge, qu'on se contenterait de masquer. Ces forts une fois pris, on devait ensuite aborder l'enceinte, par le saillant du Point-du-Jour; 2° L'autre contre les fronts nord-ouest, où se trouvait, au début, entre la forteresse du Mont-Valérien et les ouvrages de Saint-Denis, un long espace (11 kilomètres) dépourvu de fortifications avancées, par lequel on pensait pouvoir arriver jusqu'à l'enceinte, sans avoir autre chose à faire qu'à masquer les ouvrages précités[1].

Dès le 9 octobre, le roi de Prusse, approuvant les projets ci-dessus, décidait qu'on en exécuterait seulement la première partie, la seconde restant réservée.

---

1. Quand, en vue de la sortie projetée par la basse Seine, la défense eut construit dans la presqu'île de Gennevilliers une série de redoutes et de batteries, l'état-major allemand dut reconnaître que la seconde partie de son entreprise devenait beaucoup plus délicate, et il l'abandonna. On décida alors que, au lieu du front nord-ouest, on dirigerait l'attaque régulière contre les ouvrages de Saint-Denis.

LES PRÉLIMINAIRES

Toutefois, on ne devait commencer le feu que quand on disposerait d'une quantité suffisante de pièces et de munitions pour pouvoir le continuer sans interruption et avec la plus grande vigueur[1]. En attendant, le cabinet militaire désignait un commandant de l'artillerie de siège et un commandant supérieur du génie pour chacun des fronts d'attaque, et prenait toutes les dispositions nécessaires pour faire arriver l'équipage de siège tout préparé depuis longtemps en Prusse, en utilisant la ligne de l'Est[2].

Or cette ligne, la seule dont on pût disposer, était déjà encombrée par les transports de toute nature qu'exigeaient le recomplétement et les ravitaillements de la III⁰ armée. En outre, de Nanteuil-sur-Marne, point où elle s'arrêtait, à Villacoublay, lieu choisi pour l'emplacement du grand parc, il y avait 67 kilomètres, qu'il fallait parcourir en voitures, par des chemins souvent défoncés et toujours avec une grande lenteur. Pour approvisionner, comme on le voulait, chaque pièce à mille coups, il était nécessaire de constituer une série de convois tellement nombreux et lourds que le commandant supérieur de l'artillerie des attaques, prince de Hohenlohe[3], déclara qu'il jugeait de toute nécessité la construction d'un chemin de fer spécial aboutissant au grand parc. « Sinon, disait-il, cette immense entreprise ne peut aboutir qu'à un échec[4]. » Au 15 novembre, on n'avait encore pu faire arriver à Villacoublay que les pièces, les outils du génie et les bois de charpente et de fascinage[5]. Quant aux munitions, on n'en avait pas le quart. « Il y manquait encore un poids total de

---

1. *La Guerre franco-allemande*, 2ᵉ partie, page 185.
2. Il ne fut pas constitué de corps de siège spécial. Dans chaque armée seulement, on désigna des troupes qui seraient chargées de protéger les travaux et d'exécuter les attaques quand l'ordre en serait donné.
3. Commandant l'artillerie du corps de la Garde.
4. Capitaine Gœtze, *Opérations du corps du génie prussien*.
5. Le parc d'artillerie de siège était composé de 235 bouches à feu, savoir : 50 canons rayés de 15 cent. longs, 15 canons rayés de 15 cent. courts, 81 canons de 12 cent., 40 de 9 cent., 20 canons à bombes de 25 livres, 20 mortiers de 50 livres et 6 mortiers rayés de 21 cent. Les épaulements de batteries étaient achevés et prêts à recevoir leur armement.

2,250 tonnes représentant le chargement de 3,000 voitures à 750 kilogrammes par voiture ; et, comme chaque voyage de Nanteuil à Villacoublay, retour compris, exigeait huit jours, il fallait 24 jours pour assurer les munitions avec 1,000 voitures, non compris 300 autres en réserve ou employées pour le service intérieur du parc. On aurait donc pu commencer les attaques vers le 4 décembre si l'on avait pu réunir 1,000 bonnes voitures. Malheureusement, au lieu de 1,000 on n'en eut en tout que 600 pendant le mois de novembre ; encore étaient-elles généralement si mauvaises et si mal attelées[1] qu'on fut obligé d'en réduire le chargement moyen à 450 ou 500 kilogrammes[2]. »

De pareilles difficultés étaient véritablement insurmontables, et le grand quartier général ne tarda pas à se convaincre qu'il n'en viendrait jamais à bout. Il se vit donc bientôt obligé d'abandonner définitivement ses projets d'attaque régulière, et de chercher un autre moyen de réduire Paris. C'est alors, ainsi qu'on le verra par la suite, qu'il eut recours au bombardement, malgré le peu d'efficacité qu'il avait dû reconnaître à ce barbare procédé d'intimidation.

Nouvelle organisation des forces de la défense. — Pendant ce temps, la défense, profitant de l'accalmie relative que lui procurait l'avortement des tentatives révolutionnaires, revenait tout entière aux projets de sortie du général Ducrot. Les travaux étaient activement poussés dans la presqu'île de Gennevilliers, et des reconnaissances nombreuses parcouraient cette presqu'île en tous sens, déjouant les velléités qu'avaient les Allemands d'y prendre pied[3]. Les ouvrages recevaient leur armement dans le courant de novembre ; enfin les derniers préparatifs étaient faits peu à peu pour une action décisive, en laquelle le général Ducrot paraissait avoir une foi absolue.

1. C'étaient, bien entendu, des voitures de réquisition.
2. Capitaine Gœtze, *Opérations du corps du génie prussien*.
3. Le 2 octobre, le grand quartier général donnait l'ordre de tout disposer en vue d'un passage dans la presqu'île de Gennevilliers, et d'empêcher, autant que possible, l'ennemi de s'y établir lui-même. (*La Guerre franco-allemande*, 2ᵉ partie, page 187.)

Le 6 novembre, parut au *Journal officiel* un décret réorganisant les forces rassemblées sous les murs de Paris, et leur donnant un groupement nouveau. Le nombre des votants militaires au plébiscite, qui se montait à 245,000 hommes, avait paru invraisemblablement fort, au regard de la petite quantité de soldats engagés dans les combats livrés jusque-là [1]. Le décret du 6 novembre montra qu'il était même inférieur à la réalité et que les forces dont disposait la capitale se montaient à l'effectif énorme, mais hélas! purement numérique, de plus de 420,000 combattants.

En vertu des dispositions de ce décret, trois armées étaient constituées :

La *première armée*, sous les ordres du général Clément Thomas, se composait de 266 bataillons de marche de la garde nationale, à l'effectif (sur le papier) de 500 hommes chacun, soit 133,000 hommes.

La *deuxième armée*, sous les ordres du général Ducrot, était forte de trois corps d'armée, dont les deux premiers (généraux Vinoy et Renault) comptaient trois divisions et le troisième (général d'Exéa) deux seulement. Elle possédait en outre une division de cavalerie (général de Champéron) à deux brigades. Chargée spécialement des opérations extérieures et des sorties, elle avait été composée avec les anciens 13e et 14e corps et des bataillons de gardes mobiles de la province. Son effectif était de 105,000 hommes, avec 288 bouches à feu de campagne.

La *troisième armée*, dont le gouverneur se réservait le commandement, était presque exclusivement composée de mobiles. Elle comptait 6 divisions d'infanterie, et deux brigades de cavalerie, avec très peu d'artillerie. Destinée aux démonstrations et fausses attaques, elle ne comptait que 70,000 hommes [2].

C'étaient là les forces appelées à agir autour de Paris; elles donnaient un chiffre de 308,000 combattants. Si l'on y ajoute le corps d'armée de Saint-Denis

1. Général Vinoy, *loc. cit.*, page 237.
2. Voir la pièce n° 1.

(25,000 hommes) aux ordres de l'amiral de la Roncière, celui de Vincennes (10,000 hommes) aux ordres du général Ribourt, et 80,000 hommes préposés à la garde des forts et des remparts, on arrive au total indiqué ci-dessus de 423,000 soldats.

En plaçant, pour la seconde fois, le général Vinoy sous les ordres du général Ducrot, le gouverneur renouvelait les froissements légitimes du premier, et créait à tous deux une position fausse. Il eut le bon esprit de ne pas maintenir une répartition du commandement aussi incorrecte, et, deux jours plus tard, il abandonna celui de la 3ᵉ armée au général Vinoy, que le général Blanchard remplaça à la tête du 1ᵉʳ corps de la 2ᵉ.

Les choses ainsi réglées, on semblait prêt à aborder l'ennemi avec avantage, puisque, en outre du bénéfice de la position centrale, on possédait sur lui une aussi incontestable supériorité numérique. Malheureusement, tous comptes faits, cette supériorité n'était qu'un leurre, et se réduisait même, au total, à une sensible infériorité. Il fallait en effet défalquer tout d'abord de l'ensemble la 1ʳᵉ armée, composée de bataillons qu'on s'était bien gardé d'instruire, qui n'avaient pour la plupart ni discipline ni esprit militaire, et dont les gros effectifs étaient plus apparents que réels. Il fallait ensuite ne compter que médiocrement sur la 3ᵉ, qui ne fut jamais entièrement réunie[1], qui était, par suite de son fractionnement en six unités distinctes, d'un maniement fort lourd, qui se trouvait répartie sur une surface immense (presque tout le périmètre de l'enceinte extérieure), et qui, par suite, manquait autant d'homogénéité que d'unité[2]. Il fallait enfin déduire du total des forces disponibles les 80,000 hommes formant la garnison de l'enceinte et des forts. On voit que la 2ᵉ armée, avec ses 105,000 hommes, restait à peu près seule, pour opérer en rase campagne et aborder l'ennemi, compacte et en main.

1. Général Vinoy, *loc. cit.*, page 241.
2. *Ibid.*

Abandon du projet de sortie primitif. — Quoi qu'il en soit, comptant toujours que la Délégation de Tours joindrait ses efforts aux leurs dans le sens indiqué, le gouverneur et le général Ducrot mettaient la dernière main aux préparatifs de sortie par la presqu'île de Gennevilliers, quand tout à coup, le 14 novembre, le bruit se répandit dans Paris que les forces françaises de la Loire venaient de remporter un succès éclatant. La nouvelle en avait été apportée par un nommé Ernest Moll, fermier à Valenton, qui, traversant les lignes prussiennes, s'était présenté le matin aux avant-postes de Créteil; elle était d'ailleurs confirmée par une dépêche de Gambetta, arrivée le même jour. Aussitôt se créa dans le gouvernement et la population un violent mouvement d'opinion en faveur d'une sortie par le sud, afin de donner la main aux troupes de province groupées auprès d'Orléans. « Il y eut dans la capitale un courant irrésistible, un véritable vertige. Partout, dans le gouvernement surtout, on demandait une sortie pour marcher au-devant de l'armée victorieuse à Coulmiers[1]. » En vain, le général Ducrot faisait-il observer que cette direction nous menait dans un pays déjà dévasté et où nous allions nous heurter aux troupes éprouvées du prince Frédéric-Charles. En vain, une deuxième dépêche de Gambetta, arrivée le 18 et apportant quelques détails sur le succès du général d'Aurelle de Paladines, semblait-elle indiquer la Normandie comme le meilleur objectif pour l'armée de Paris[2]. Le général Trochu, cédant encore une fois à la pression de l'opinion publique, et aussi, paraît-il, à des instances que, contradictoirement à son opinion première, Gambetta venait de faire en faveur d'une action par le sud[3];

---

1. *Enquête parlementaire*, 2º rapport Chaper.
2. « Peut-être jugerez-vous opportun de les inquiéter (les Bavarois massés entre Chartres, Étampes et Pithiviers) vivement dans cette direction, *ou mieux d'essayer du côté de la Normandie une vigoureuse trouée* qui vous permettra de faire sortir de Paris, désormais inexpugnable, 200,000 hommes... » (*Dépêche de Gambetta à J. Favre, datée de Tours le 13 novembre et arrivée à Paris le 18.*)
3. Ces instances sont signalées dans le rapport Chaper, dans l'ouvrage du général Trochu (*Une Page d'histoire devant l'Assemblée nationale*) et dans celui du général Ducrot. Quant aux dépêches elles-

informé, d'autre part, que la Délégation de Tours n'avait rien fait pour appuyer la marche sur la Normandie, le général Trochu abandonna le projet de sortie par la basse Seine, « autour duquel avaient gravité, pendant deux mois, tous les efforts de la défense de Paris[1] », et fit prévenir le général Ducrot qu'il n'y serait pas donné suite.

A tout prendre, ce fut peut-être là une décision heureuse. Il est permis, en effet, de ne pas partager entièrement l'enthousiasme que montrait le général Ducrot pour un plan dont il était l'auteur, et de conserver, malgré sa foi robuste, quelques doutes sur le succès. Nous avons montré précédemment combien était plein de dangers le mouvement de flanc que l'on demandait aux jeunes troupes de l'armée de la Loire d'exécuter pour l'appuyer. L'armée de sortie, avant d'établir, comme on y comptait, sa base d'opérations sur la mer, en aurait vraisemblablement couru bien d'autres, auxquels elle n'aurait peut-être pas aisément échappé. Cependant, il faut reconnaître au projet de sortie par la basse Seine deux avantages : celui d'une préparation assez complète et celui d'une exécution relativement facile au début, le terrain en avant étant faiblement gardé. Tandis, que, maintenant, il allait falloir improviser du nouveau, et opérer dans une direction où très certainement on se trouverait bien vite en présence de forces considérables. C'était, au surplus, la menace d'une double lutte à soutenir, puisqu'on aurait affaire d'abord aux troupes du blocus, ensuite, si l'on perçait, à celles du prince Frédéric-Charles ; c'était un aléa à ajouter à un autre, et cela dans des conditions particulières de fatigue et d'épuisement... Preuve que lorsqu'une armée commet la faute de se laisser investir, elle se trouve toujours dans une situation critique, dont elle est condamnée presque fatalement à ne pas pouvoir sortir. Mais la décision du gouverneur était définitive et le général Ducrot n'avait plus qu'à chercher un champ de

mêmes, elles ont disparu sans que la Commission d'enquête en ait connu le texte exact.
1. Général DUCROT, *loc. cit.*, tome II, page 120.

bataille favorable, vers le sud de la place, pour tâcher d'y percer les lignes ennemies, et aller ensuite, le plus promptement possible, donner la main à l'armée de la Loire, en marche, croyait-on, d'Orléans sur Paris [1]. Or, trois terrains d'action se présentaient, entre lesquels on pouvait hésiter tout d'abord : le plateau de Villejuif, le secteur compris entre la Seine et la Marne, enfin celui de la Marne elle-même, allant d'Ormesson à Noisy-le-Grand.

Le premier fut écarté presque immédiatement pour des raisons déjà dites ; les travaux que l'ennemi y avait accumulés depuis l'affaire du 20 septembre le rendaient inexpugnable à des troupes jeunes comme les nôtres, et les tranchées du général Tripier n'avaient pas été poussées assez loin pour en permettre l'attaque pied à pied.

En ce qui concerne le deuxième, une action engagée entre Seine et Marne, dans la direction du chemin de fer de Lyon, pouvait amener l'armée, couverte par le fort de Charenton, à franchir cette dernière rivière ; puis, sous la protection de batteries de gros calibre établies dans la presqu'île de Saint-Maur et en avant de Créteil, Maisons-Alfort, Vitry, à déboucher sur Choisy-le-Roi et Montmesly. Mais, cela fait, il fallait aborder les positions formidables de Villeneuve-Saint-Georges, Limeil, Boissy-Saint-Léger et Villeneuve-le-Roi, qui étaient hérissées d'ouvrages et de batteries. Même si l'on parvenait à s'en emparer, on tombait alors dans une région boisée, où les taillis de Notre-Dame, de Grosbois, de la Grange présentaient une série d'obstacles infranchissables pour une armée déjà fatiguée par de rudes combats, et où l'on risquait d'être pris en flanc par les

---

1. Voici quelles étaient à la date du 20 novembre, les positions occupées par les différentes armées allemandes : *la Ire armée* (général de Manteuffel), entre Noyon et Compiègne ; *la IIe* (Frédéric-Charles) *et la subdivision d'armée du grand-duc de Mecklembourg*, entre Chartres et Pithiviers, avec trois corps en marche aux environs de Nogent-sur-Seine, Sens et Joigny ; *les IIIe et IVe armées*, autour de Paris. On voit que dans la région à l'ouest de la capitale, il n'y avait point de forces compactes, tandis qu'entre celle-ci et l'armée de la Loire, on devait fatalement se heurter aux masses nombreuses et aguerries de la IIe armée.

réserves ennemies accourues de Versailles par Orly, Villeneuve-le-Roi et Ablon. Pour tous ces motifs, le deuxième champ d'action fut écarté comme le premier.

Restait le secteur de la Marne, où l'on aurait abordé l'ennemi par les hauteurs de Villiers et de Champigny, pour, de là, marcher vers l'est et se rabattre ensuite vers le sud. En cet endroit, il était présumable que les Allemands, profitant de la protection naturelle donnée par la rivière, ne devaient avoir que des forces relativement restreintes[1]. Les renforts envoyés par les corps voisins pour secourir les troupes de blocus avaient à franchir la Seine et la Marne, ce qui donnait à l'attaque l'avantage du temps. En outre, le terrain se présentait sous un aspect qui semblait assez avantageux pour nous. En effet, les pentes du plateau de Brie, entre Champigny et Noisy-le-Grand, sont relativement douces et se trouvent, à une distance moyenne de 3,000 mètres, sous le feu du fort de Nogent et du plateau d'Avron. Elles sont d'ailleurs accessibles par un boyau défilé, où passe la voie ferrée de Paris à Mulhouse; enfin les bois qui les bordent à l'est offrent des facilités de parcours beaucoup plus grandes que ceux dont il a été question ci-dessus. Quant à l'exécution même de l'attaque, elle présentait l'avantage d'être assurée sur ses flancs, car on pouvait facilement la protéger, à droite, au moyen de grosses pièces installées dans la boucle de la Marne, au Parc-Saint-Maur; à gauche, par l'occupation du plateau d'Avron, occupation qui d'ailleurs s'imposait, si l'on voulait, par une attaque divergente sur la rive droite de la Marne, obliger les troupes saxonnes à faire un long détour pour franchir la rivière quand elles se porteraient au secours des Wurtembergeois.

Néanmoins, l'opération ne laissait pas d'être délicate,

---

1. Ce fut le colonel de Miribel qui le premier émit cette opinion et donna l'idée d'une sortie par la Marne (Général Ducrot, *loc. cit.*, tome II, page 122). Ses appréciations étaient fondées, car le secteur qu'il proposait d'attaquer, entre Choisy sur la Seine et Gournay sur la Marne, n'était gardé, malgré sa longueur de 15 kilomètres, que par 4 brigades (3 wurtembergeoises et 1 saxonne). Il est vrai que, derrière l'aile gauche, une brigade du XIe corps se tenait en réserve à Villeneuve-Saint-Georges.

puisqu'elle comportait, avant tout, le passage d'une large rivière en présence de l'ennemi. A la vérité, les deux rentrants que présente le cours de la Marne, à Joinville-le-Pont et à l'ouest de Neuilly, étaient favorables à l'établissement de ponts, d'autant plus qu'ils étaient couverts en avant par des parcs, des taillis et des bouquets d'arbres, et qu'ils pouvaient être protégés par les redoutes de la Faisanderie, de Gravelle, ainsi que par les positions qui bordent la rive droite. Mais il restait le danger des encombrements, des retards, des accidents, presque toujours inévitables quand il s'agit de porter à la fois 100,000 hommes d'une rive à l'autre; la crainte de voir les ordres si compliqués que nécessite une opération semblable incomplètement ou mal exécutés, enfin les chances à courir d'un de ces incidents matériels et soudains dont l'histoire des guerres passées fournit un grand nombre d'exemples si décevants. C'est en cela que la sortie projetée risquait fort d'aboutir à un avortement, et c'est en grande partie par là, on le verra bientôt, qu'elle échoua. Malgré tout, ce fut pour cette dernière entreprise que le général Ducrot se décida. Présenté par lui au gouverneur, le projet en fut accepté le 23 novembre, et, le même jour, le général Trochu donnait l'ordre de préparer immédiatement son exécution.

Or, ce n'était point là chose facile, étant donnée la fébrile impatience du gouvernement et de la population. Il fallait transporter à travers Paris, d'une extrémité à l'autre du diamètre de l'enceinte extérieure, les grosses pièces, les munitions, les équipages de pont et le matériel de toute nature qui se trouvaient depuis deux mois accumulés dans la presqu'île de Gennevilliers. Il fallait construire et armer les batteries de la presqu'île de Saint-Maur et du plateau d'Avron. Il fallait opérer une permutation entre les positions des 2ᵉ et 3ᵉ armées, puisque, le rôle de chacune d'elles restant le même, les terrains où elles devaient agir se trouvaient intervertis. Il fallait enfin déterminer exactement les points de passage de la Marne ainsi que les nouveaux objectifs proposés à chaque unité. La tâche était énorme, et semblait même impraticable sans un très long délai. Grâce à l'infatigable activité du général Ducrot et de collaborateurs dévoués, parmi lesquels il convient de citer au premier rang les ingénieurs Krantz et Ducros, elle fut accomplie en cinq jours, du moins aussi complètement que la chose était possible.

Ordres donnés par le général Ducrot. — Dès le 23, le commandant en chef rédigeait ses ordres préparatoires pour les mouvements à exécuter chaque journée, jusques et y compris celle du 29 novembre. Ce jour-là, toute la 2ᵉ armée devait franchir la Marne entre Joinville et Bry et se porter à l'attaque du plateau de Brie. Les 2ᵉ et 3ᵉ corps[1], utilisant respectivement les ponts de Joinville et de Nogent, auraient, sous la protection de l'artillerie de position, abordé les postes avancés de l'ennemi, assailli ensuite simultanément les villages de Noisy-le-Grand, Villiers, Cœuilly, Chennevières, puis, une fois maîtres de ces points d'appui, se seraient déployés sur une longue ligne allant de Gournay à Chennevières. De là, l'armée, aussitôt qu'elle aurait été rejointe par son artillerie, sa cavalerie et son matériel, devait marcher sur Lagny. Le général Ducrot espérait arriver le soir même dans cette ville, et en repartir le lendemain matin, pour se diriger, suivant les circonstances, soit vers la Loire, soit sur le Morvan d'où il se serait jeté sur les lignes d'opérations des Allemands.

Tel était le plan du commandant en chef, plan hardi, hasardeux et tellement vaste qu'il exigeait pour réussir un concours de circonstances favorables qu'il est malheureusement assez rare de trouver réunies. Le général Ducrot semblait cependant y avoir une foi entière, et apportait tant à sa confection qu'à sa préparation cette ardeur vigoureuse et cette énergie passionnée qui le caractérisaient. Le 28 au soir, tout était prêt, du moins

---

1. La 1ʳᵉ division du 3ᵉ corps (général de Bellemare) n'agissait pas, tout d'abord, avec son corps d'armée. Elle était chargée d'appuyer les troupes du contre-amiral Saisset dans l'occupation du plateau d'Avron ; puis, cela fait, elle avait l'ordre de s'emparer de Neuilly-sur-Marne et de traverser la rivière au coude de la Plâtrière. Le 1ᵉʳ corps (général Blanchard) formait la réserve générale.

tout ce qu'on pouvait prévoir. Trois groupes de puissants épaulements de batteries étaient achevés et armés, le premier entre la Seine et la Marne, le second dans la presqu'île de Saint-Maur, le troisième à Nogent, et « 400 pièces de position (les canons des forts compris) étaient prêtes à balayer notre front d'attaque et à tracer la route à nos têtes de colonnes[1] ». Un immense matériel de pontonnerie se trouvait rassemblé près du canal de Saint-Maur. Enfin la 2ᵉ armée tout entière bivouaquait sur la rive droite de la Marne, la droite au fort de Charenton, la gauche au plateau d'Avron[2].

Comme cette dernière position, ainsi que celle de la presqu'île de Saint-Maur, acquéraient une importance capitale par le rôle spécial qui leur était dévolu, le général Ducrot avait jugé à propos de leur donner à chacune un commandant particulier. Sur sa proposition, le gouverneur nomma le contre-amiral Saisset au commandement du plateau d'Avron, des forts de Rosny, de Noisy et des batteries annexes, et le général Favé à celui de la presqu'île de Saint-Maur, du fort de Nogent, des redoutes de la Faisanderie, de Gravelle, de Saint-Maur, ainsi que des batteries qui en dépendaient[3]. (Là encore, on eut à lutter contre les difficultés résultant de l'organisation vicieuse du début, car il fallut empiéter sur les attributions du général Pélissier, placé à la tête de toute l'artillerie de la rive droite, et il se produisit naturellement, de ce fait, des mécontentements et des conflits de pouvoir.)

Les choses arrivées à ce point, il ne restait plus qu'à passer à l'exécution. Jusque-là, le général Ducrot, afin d'éviter les indiscrétions de la presse, avait laissé en blanc dans ses ordres tout ce qui était désignation de

---

1. Général Ducrot, *loc. cit.*, tome II, page 144.
2. *Ibid.*, planche VIII. — La 2ᵉ armée avait été remplacée dans ses positions à l'ouest de Paris par des troupes de la 3ᵉ et de la garde nationale. Son infanterie fut transportée par le chemin de fer de ceinture. L'ensemble du mouvement demanda quarante-huit heures, du 27 au matin au 28 au soir.
3. L'amiral Saisset avait pour adjoint le colonel Stoffel, l'ancien attaché militaire à Berlin. Le général Favé était assisté du lieutenant-colonel Morel et du commandant Pachon.

troupes, d'emplacements ou d'objectifs. Le 28 au soir, dans un conseil tenu à Nogent, il communiqua définitivement ses instructions, en les expliquant et en les complétant, aux généraux sous ses ordres, et il leur fit certaines recommandations tactiques qui tendaient à obtenir des attaques brusquées, exécutées par des groupes compacts, sous la protection de lignes de tirailleurs. C'était là une bonne manière de procéder, étant donné surtout l'impressionnabilité et le peu d'instruction de nos jeunes troupes. Par contre, le général Trochu, qui avait voulu indiquer lui-même dans un ordre le mode d'action des batteries de position, était revenu à son fâcheux système de fixation de la durée du tir. Tantôt celui-ci devait cesser au signal de cinq fusées de couleur; tantôt il devait *s'interrompre dix minutes;* tantôt enfin il devait durer *exactement une heure, montre en main*. Ainsi bridée par une contrainte absolument incompatible avec les nécessités et les imprévus de la bataille, l'artillerie devait nécessairement faire une mauvaise besogne, ou tout au moins prêter à l'infanterie un concours insuffisant, sinon quelquefois gênant.

Cependant, la nouvelle d'une grande sortie commençait à se répandre, car dans la journée du 27 avaient été publiés quatre documents significatifs. Le premier nommait le général Ducrot au commandement en chef des deux armées, celle de sortie et celle de la Loire, au cas où elles parviendraient à se rejoindre; le deuxième désignait pour son successeur, en cas d'accident, le général d'Exéa[1]. Le troisième était une proclamation adressée au peuple par le gouvernement, annonçant un effort décisif et faisant appel à la concorde. Enfin, le quatrième était l'ordre du jour fameux où le commandant en chef de la 2ᵉ armée, dans un accès d'émotion chaleureuse et sincère, mais peut-être imprudente, disait à ses soldats : « Pour moi, j'y suis bien résolu, j'en fais le serment devant vous, devant la nation tout

---

1. Ces deux décrets étaient signés de *tous* les membres du gouvernement, et contresignés par le général Le Flô, ministre de la guerre.

entière, *je ne rentrerai dans Paris que mort ou victorieux!...* »

La lecture de ces divers documents, et particulièrement du dernier, souleva dans Paris une poignante émotion[1]. Plus tard, il s'est trouvé des sceptiques qui, oubliant l'exaltation patriotique du moment, ou ne se rendant pas un compte exact de la fièvre qui gagnait tout le monde à la pensée des événements imminents, ont, les uns très sévèrement blâmé, les autres simplement raillé ce pacte téméraire signé d'avance, sans arrhes d'aucune espèce, avec la victoire ou la mort... L'histoire, plus juste, dira qu'il ne tint pas au général Ducrot tout seul que son engagement solennel fût rempli. Le dévouement absolu avec lequel il se prodigua pendant les trois terribles journées qui suivirent, le courage invincible qu'il y déploya, l'entrain passionné qu'il sut, comme il l'a dit, « faire passer dans le cœur de ses soldats », et les prodiges de valeur qu'il obtint de la plupart, malgré d'intolérables souffrances matérielles, sont là pour attester que si les circonstances l'empêchèrent de remplir la première de ses promesses, il ne négligea rien pour s'acquitter de la seconde et trouver sur le champ de bataille une mort qui ne voulut pas de lui.

Ce qu'on peut affirmer, c'est que, le 28 au soir, les troupes de la 2ᵉ armée ne montraient aucune tendance à tourner en ridicule l'enthousiasme de leur commandant en chef. Elles le partageaient, au contraire. « On les avait averties qu'elles allaient avoir à livrer une bataille, probablement plusieurs, à faire une longue expédition dont le sort du pays dépendait ; on leur avait donné des vivres pour six jours, 108 cartouches par homme ; personne n'emportait de bagages, *pas même une couverture*, les officiers et les généraux pas plus que les autres. Toutes les voitures que l'on emmenait étaient chargées de cartouches et de munitions d'artillerie[2]. » Et devant la perspective de tant d'efforts,

---

1. *Enquête parlementaire*, rapport de M. Chaper.
2. *Commission d'enquête parlementaire*, 2ᵉ rapport de M. Chaper.

de tant de souffrances, la grandeur du but à atteindre apparaissait si haute que personne ne songeait à se plaindre, que chaque officier, chaque soldat, semblait prêt à affronter tous les périls, pourvu que la patrie fût enfin délivrée! Un pareil état d'âme, chez ces levées encore si jeunes, était tout à l'honneur du général Ducrot, qui seul l'avait créé, dans les circonstances les plus difficiles, par sa fermeté et son activité.

Crue subite de la Marne. Les ponts ne peuvent pas être lancés. — Il avait été décidé que l'opération du lancement des ponts devrait être terminée à deux heures du matin, dans la nuit du 28 au 29, afin qu'on pût commencer l'attaque au petit jour. Le 28, vers onze heures du soir, le convoi de bateaux à ce destinés quitta son garage du canal et se mit à remonter la Marne. Il disposait, pour être remorqué, de cinq bateaux-mouches et d'un vapeur, la *Persévérance*, que montait le capitaine de frégate Rieunier.

Or, au moment même où il s'ébranlait, le clapotement plus bruyant des eaux, le passage rapide de branches d'arbres et de débris, la disparition progressive de certaines îles découvertes pendant la journée indiquaient que le fleuve subissait une crue[1]. Comme celle-ci ne semblait pas cependant devoir être bien violente, on continua l'opération. La *Persévérance* prit la tête et, suivie des nacelles qu'elle traînait, s'engagea sous l'arche restant du pont fixe de Joinville[2]. A côté, les matériaux amoncelés provenant de la destruction des autres arches formaient un barrage compact contre lequel s'accumulaient encore tous les objets charriés par les eaux, en sorte que celles-ci, refoulées dans le seul passage qui fût libre, y coulaient avec une violence triple au moins de leur courant naturel, violence que venait encore augmenter d'autant, dans le moment présent, la crue dont on avait constaté l'apparition. « Une véritable barre s'était produite à l'amont (de l'arche). Rejetée contre les piles, la *Persévérance* fut

---

1. *Commission d'enquête parlementaire*, 2ᵉ rapport de M. Chaper.
2. Le pont de Joinville avait été détruit au début du siège. L'arche la plus rapprochée de la rive ouest restait seule debout.

obligée de se retirer. On força le feu, on chargea les soupapes, on largua un peu les amarres du convoi pour le rendre moins rigide, et on s'engagea une deuxième fois sous le pont. Le bateau vint de nouveau heurter les piles, mais il gagnait visiblement du terrain, quand trois pontons sombrèrent avec les hommes qui les montaient. Cet accident obligea le remorqueur à rétrograder ; on força encore de vapeur, on chargea les soupapes à outrance, et après avoir remis de l'ordre dans le convoi, le bateau parvint à franchir la barre[1]... »

Mais tous ces événements avaient amené une perte de temps considérable et il devenait évident que les ponts ne pourraient plus être lancés avant le jour. M. Krantz en prévint le général Ducrot, qui alla immédiatement conférer de la situation avec le gouverneur. Celui-ci « *tenait avant tout à engager l'action*, car il redoutait pour les troupes, et plus encore pour la population parisienne, le fâcheux effet de cette nouvelle déception[2] ». On chercha donc s'il ne serait pas possible de transformer l'opération, ou tout au moins de la transporter sur un autre terrain ; on examina même s'il n'y avait pas lieu de faire rebrousser chemin à toute la 2⁰ armée pour la porter sur un nouveau champ de bataille... On finit par tomber d'accord qu'il n'existait d'autre remède à la situation que la patience, et on décida que la sortie, telle qu'elle était préparée, s'effectuerait vingt-quatre heures plus tard.

C'était là, cependant, un pis aller très fâcheux, en ce sens que les Allemands, auxquels nos mouvements et la concentration de la 2⁰ armée sur le plateau de Vincennes n'avaient pas échappé, devaient mettre à profit la journée de répit qui leur était laissée, pour renforcer leur front menacé. En outre, la tentative de sortie par la Marne n'était pas la seule opération qui dût être entamée le 29 novembre. Comme toujours, cette tentative, qui constituait l'action principale, se

---

[1]. Lettre adressée le 20 septembre 1871 par M. Krantz au général Ducrot, et relatant les détails de l'opération du lancement des ponts.
[2]. Général Ducrot, *loc. cit.*, tome II, page 159.

combinait avec un certain nombre d'actions secondaires, de diversions, dont on verra tout à l'heure le détail, et qui avaient pour but, non seulement de donner le change à l'ennemi sur le véritable point d'attaque, mais encore de l'empêcher d'y porter des secours. Or, ces diversions, on avait à peine le temps de les contremander ; on semblait d'ailleurs se rendre un compte si peu exact de la nécessité absolue de leur simultanéité qu'on ne jugea pas que cela fût opportun. « Peu importait, dit le général Ducrot, que les sacrifices fussent faits la veille de l'affaire principale ou le jour même, du moment où ils concouraient également au même but. » Il importait beaucoup, au contraire, car dès l'instant que ces efforts ne coïncidaient plus avec l'attaque principale, ils cessaient de remplir leur but, qui consistait à tromper l'adversaire, et c'était tout comme si on ne les eût point faits. On semblait croire qu'en laissant, le 29 au matin, le feu s'allumer sur trois ou quatre points de l'enceinte extérieure, on pouvait encore induire en erreur l'ennemi sur la véritable portée de nos mouvements vers l'est, et les lui faire prendre pour une ruse de guerre[1]... Hélas ! il fallait pour cela qu'il n'y eût pas à Paris une presse bavarde qui renseignait l'adversaire sur tous nos faits et gestes, et qui était pleine, depuis deux jours, de détails circonstanciés, ainsi que des ordres, des proclamations et des décrets que le gouvernement avait commis la faute de publier. L'état-major prussien était, dès le 28, parfaitement fixé sur nos intentions, et toutes les diversions du monde restaient impuissantes à les lui masquer.

En présence du contretemps qui venait de se produire, il eût donc été sage de remettre l'opération tout entière, sortie et démonstrations, à une date indéterminée. On eût pu, pendant les jours suivants, détourner l'attention de l'ennemi, reprendre en sous-main, tandis qu'il croirait les projets abandonnés, une préparation que les événements venaient de montrer incomplète, et, quand on aurait jugé le moment favorable, revenir à l'exécu-

---

1. Général Ducrot, *loc. cit.*, tome II, page 162.

tion, avec la soudaineté que les circonstances commandaient. Mais pour cela deux choses étaient nécessaires : le silence absolu de la presse et le dédain résolu de la pression exercée par une opinion inquiète, qui s'imaginait déjà entendre le canon de l'armée de la Loire dans la forêt de Fontainebleau. Notre gouvernement de rhéteurs était malheureusement aussi impuissant à obtenir le premier qu'à professer le second. Il ne possédait guère du pouvoir que l'apparence, et devait céder sans cesse aux événements, que sa faiblesse lui interdisait de maîtriser.

II. — DIVERSIONS EXÉCUTÉES PENDANT LES JOURNÉES DES 29 ET 30 NOVEMBRE.

D'après le projet primitif, six fausses attaques devaient être exécutées sur différents points du périmètre, pendant la journée du 29 (c'est-à-dire en même temps que la 2e armée opérerait sa tentative de sortie), par les troupes de la 3e armée, du Mont-Valérien et de Saint-Denis. Elles avaient pour objectif : 1° le village de *l'Hay* ; 2° la *Gare-aux-Bœufs*, près Choisy-le-Roi ; 3° la *presqu'île de Gennevilliers*, entre Bezons et Argenteuil, avec simulacre de passage de la Seine ; 4° *Buzenval et la Malmaison* ; 5° le village d'*Épinay* près Saint-Denis ; 6° les *abords nord du fort d'Aubervilliers*.

Comme on l'a vu ci-dessus, le gouverneur avait décidé, dans la nuit du 28 au 29, que bien que la sortie principale fût remise au lendemain, ces différentes démonstrations ne seraient pas contremandées. Toutefois il prévint, vers huit heures du matin, les officiers généraux chargés de les diriger, que, la 2e armée n'attaquant pas ce jour-là, *il les laissait libres d'agir comme ils l'entendraient*. Autant eût valu abdiquer tout de suite les fonctions de général en chef, car donner aux commandants des troupes une pareille latitude, c'était ôter toute unité à la grande opération projetée et la réduire à une série d'actions décousues, dont la raison d'être ne s'expliquait plus. De ces actions, les unes eurent lieu le jour même, les autres le lendemain, suivant qu'elles étaient déjà entamées ou non. Nous allons donc les examiner successivement et dans leur ordre chronologique.

A) *Occupation du plateau d'Avron.* — Le contre-amiral Saisset, chargé d'occuper le plateau d'Avron, avait sous ses ordres, pour l'exécution de cette opération, environ 7,000 hommes, dont 4,000 de la division d'Hugues[1], 3,000 de la marine et un détachement du génie. Il devait être appuyé, à droite, par la division de Bellemare, déployée contre Rosny et Fontenay, en arrière par 3,000 gardes nationaux mobilisés.

Après une reconnaissance qui lui avait montré que les Prussiens n'occupaient pas le plateau, l'amiral Saisset mit son monde en marche dès le 28 au soir. Dans la nuit, il s'installa sur la position sans avoir à tirer un seul coup de fusil et fit immédiatement construire, par les marins et les artilleurs du corps franc, une série de batteries de position qui furent armées dans la journée. 8 pièces de 24 rayé de siège, 12 pièces de 12 de siège, 2 pièces de 16 de la marine, 6 pièces de 7, 6 mitrailleuses furent placées sur l'éperon sud-est pour tirer sur les hauteurs de la rive gauche de la Marne ; 3 batteries, installées sur l'éperon nord-ouest, battaient les coteaux du Raincy.

La prise de possession rapide du plateau d'Avron et son organisation offensive « eussent été incontestablement un grand avantage si le passage de la Marne s'était effectué le 29. Après le retard imposé par la crue de la rivière, elles devinrent, au contraire, un inconvénient ; nos troupes, nos batteries établies sur le plateau appelèrent l'attention de l'ennemi[2]. »

---

[1]. La division d'Hugues (5ᵉ de la 3ᵉ armée) se composait de 5 bataillons de mobiles, d'un bataillon de chasseurs, du 137ᵉ et d'un bataillon de guerre de la garde nationale. Elle avait trois batteries.
[2]. Général DUCROT, *loc. cit.*, tome II, page 169. — Dans toute la relation qu'il a écrite de ces événements, le général Ducrot attribue à la crue de la Marne une influence prépondérante. Cette influence ne se serait certainement pas fait sentir à un degré égal si la préparation de la sortie ayant été plus complète, on s'était avisé au préa-

B) *Combat de l'Hay (29 novembre).* — Les deux attaques contre le village de l'Hay et la Gare-aux-Bœufs avaient été confiées au général Vinoy. Or, celui-ci, par suite ou d'un singulier oubli, ou d'une négligence qui montrent bien quel était le désarroi du haut commandement, n'avait point été mis au courant des projets de sortie et ignorait par conséquent, quand il reçut, le 26 novembre, l'ordre le concernant, quel était le but spécial des actions qu'il devait diriger. Il « n'avait pas pris part aux conseils de guerre déterminant l'opération réservée à la 2ᵉ armée, il *n'apprit que pendant leur exécution* les divers mouvements qui lui avaient été prescrits, *et il ne connut le point d'attaque qu'au moment même où elle avait lieu*[1]. » Il savait seulement qu'il avait « à prendre toutes les dispositions nécessaires pour attaquer la Gare-aux-Bœufs de Choisy-le-Roi et le village de l'Hay, le 29 novembre, à la pointe du jour[2] ». Il était prévenu en outre que des masses d'artillerie étaient réparties sur le front sud de l'enceinte, afin de protéger ses mouvements, et formaient trois groupes, ainsi disposés : 1° dans les positions de Vitry, 22 pièces de gros calibre ; 2° sur le terrain entre le Moulin-Saquet et Arcueil, 51 pièces, dont 33 de gros calibre ; 3° sur le front de la Bièvre à la Seine, 37 pièces, dont 28 de gros calibre[3].

D'ailleurs, le gouverneur de Paris avait donné lui-même des instructions tactiques qui sont intéressantes à rappeler. « L'attaque, disait-il, n'aura lieu que par le déploiement de bandes de tirailleurs, qui se porteront le plus rapidement possible, et sans tirer, sur les points à occuper. Ces tirailleurs seront soutenus par une pre-

---

lable que le barrage résultant de la destruction du pont de Joinville pouvait devenir, à un moment donné, un obstacle très sérieux.
1. Général Vinoy, *loc. cit.*, page 252.
2. Ordre de mouvement donné à la 3ᵉ armée, le 26 novembre, par le gouverneur.
3. Même ordre. — Par une précaution un peu futile, le général Trochu interdisait l'usage de 21 de ces pièces ayant vue sur Châtillon. Il voulait, disait-il, que ces pièces, destinées à combattre une attaque venant de Châtillon, ne soient démasquées que si l'ennemi dessinait cette attaque. Leur existence ne pouvait donc, dans le cas présent, servir à rien.

mière réserve qui se tiendra en arrière de la ligne déployée, et *hors de la portée des principaux feux de l'ennemi*. Elle sera placée cependant de manière à pouvoir appuyer le mouvement de la première ligne ; on devra profiter de tous les plis du terrain pour la masquer, et en particulier, du chemin un peu encaissé qui va directement de la droite des Hautes-Bruyères à l'Hay. Les secondes réserves seront tout à fait hors de la portée du feu. En résumé, ce n'est que par un effort successif de tirailleurs que l'occupation des points signalés doit avoir lieu... » C'est, à proprement parler, le combat en ordre dispersé que nous commençons, nous aussi, à adopter, mais avec toutes les hésitations d'un début.

De son côté, le général Vinoy, comprenant, d'après les bruits publics, quel était son rôle exact, avait réglé l'opération à exécuter sur l'Hay de la manière suivante. Le 110e de ligne, fractionné en six petites colonnes massées dans la tranchée Tripier et les boyaux de communication qui s'avançaient jusqu'à 600 mètres du saillant nord de l'Hay, devait se porter à l'attaque, soutenu par les mobiles du Finistère, et ayant pour première réserve trois bataillons du 109e, abrités également dans les tranchées[1]. En deuxième réserve, la brigade Blaise (111e et 112e de ligne) occupait les Hautes-Bruyères, Villejuif et le Moulin-Saquet. A chacune des colonnes de première ligne on avait indiqué un objectif bien déterminé, et, pour éviter toute confusion, les officiers qui les commandaient s'étaient rendus sur le terrain pour reconnaître les directions à suivre. Deux colonnes devaient aborder le village par le centre, deux par le flanc droit, deux par le flanc gauche. Enfin il était prescrit de commencer l'attaque avant le jour, c'est-à-dire dès six heures du matin, « afin que nos colonnes parviennent jusqu'aux premiers obstacles

---

1. Ces troupes formaient la 1re brigade de la division de Maud'huy (2e de la 3e armée), et étaient sous les ordres du colonel de gendarmerie Valentin, ancien commandant de la Garde de Paris, qui fut préfet de police sous le principat de M. Thiers.

à la faveur de l'obscurité, sans être exposées au feu des murs crénelés, comme au 30 septembre [1] »

On reconnaît dans ces dispositions judicieuses la précision et l'expérience habituelles du général Vinoy. Elles tendaient manifestement à une surprise, et auraient réuni toutes les conditions nécessaires à ce mode d'action, si, par une contradiction singulière, qu'on ne s'expliquerait pas si l'on ne savait à quel point la direction tactique des opérations de la défense manquait d'unité, le gouverneur n'avait ordonné à tous les forts et batteries, depuis Bicêtre jusqu'au Moulin-Saquet, d'ouvrir, dès le milieu de la nuit, un feu violent contre les positions du VIe corps prussien. C'était vouloir donner l'éveil au général Tumpling. Celui-ci ne se fit pas faute de profiter du renseignement, et se hâta, bien avant le jour, de mettre sous les armes la 12e division, qui occupa ses positions de combat [2]. Aussi, les soldats du 110e de ligne, malgré leur mouvement matinal, vinrent-ils se heurter contre les murailles crénelées qui étaient garnies de tous leurs défenseurs.

L'attaque cependant fut exécutée avec beaucoup d'énergie et de vigueur. Les avant-postes prussiens furent refoulés, et nos six petites colonnes, marchant concentriquement, parvinrent à s'emparer des premières maisons du village, ainsi que des tranchées qui les protégeaient; mais le cimetière, qui déjà, le 30 septembre, nous avait été si funeste, les barricades barrant les rues principales, enfin, un grand parc clos de murs, situé à l'est de l'embranchement de la route de Villejuif, restèrent au pouvoir des Allemands. De ces murailles inexpugnables partait une fusillade infernale, qui infligeait de lourdes pertes au 110e, et la position de ce régiment devenait d'autant plus critique, que de puissants renforts arrivaient de toutes parts aux bataillons prussiens. Outre la 12e division tout entière, le IIe corps bavarois lui-même avait aussi pris les armes, et ses troupes de Bourg-la-Reine, ainsi que « ses contin-

---

1. Général Ducrot, *loc. cit.*, tome II, page 173.
2. *La Guerre franco-allemande*, 2e partie, page 525.

gents de la vallée de la Bièvre, intervenaient avec succès en opérant, par leur feu, contre le flanc droit des Français[1] ». Malgré tout, le colonel Valentin ne voulait pas renoncer à la partie. Voyant sa première ligne en danger, il fit appel à la seconde et lança sur le village, sous le commandement du lieutenant-colonel Lespieau, deux bataillons des mobiles du Finistère, soutenus par un bataillon du 112ᵉ. Ces troupes fraîches tentèrent un nouvel effort, mais après avoir enlevé, de concert avec la première ligne ramenée en avant, quelques nouvelles maisons ou enclos, elles furent refoulées à leur tour, avec des pertes considérables. Elles étaient d'ailleurs dans l'impossibilité d'organiser défensivement leurs conquêtes et de s'y retrancher, les outils, que le génie territorial devait fournir *la veille, à six heures du soir*, ne leur étant arrivés que *le jour même, à dix heures du matin*, quand tout était fini[2].

Il était cinq heures cinquante du matin ; le colonel Valentin, n'ayant plus pour toute réserve qu'une compagnie de mobiles, voyant d'autre part la ligne des hauteurs de Sceaux à Chevilly se garnir de batteries derrière lesquelles apparaissaient des masses compactes d'infanterie, venait de rendre compte de la situation au général Vinoy. Celui-ci à son tour manda au gouverneur ce qui suit ; « *Nous sommes dans l'Hay, quoique vigoureusement défendu. Le génie n'a pas envoyé les outils que j'avais demandés. Il sera peut-être difficile de s'y maintenir. Les réserves ennemies arrivent.* » Cependant comme il supposait que la 2ᵉ armée devait effectuer une sortie quelque part, il donne l'ordre de se maintenir, coûte que coûte, dans la position. « Nous perdions beaucoup de monde, a-t-il écrit, mais chacun

---

1. *La Guerre franco-allemande*, 2ᵉ partie, page 526. — Pour battre les débouchés de Sceaux et de Bourg-la-Reine par lesquels pouvaient arriver les renforts ennemis, il avait été convenu qu'une batterie de mitrailleuses serait envoyée de Paris, par le service de l'artillerie, à la maison Millaud, où se trouvait déjà une batterie de position. Par suite de l'éternelle et fatale complication qui résultait de la multiplicité des services, cette batterie de mitrailleuses, qui eût été si utile, ne fut pas envoyée à destination.
2. Général Ducrot, *loc. cit.*, tome II, page 178. — Général Vinoy, *loc. cit.*, page 254.

comprenait qu'il fallait à tout prix retenir devant nous les troupes nombreuses qui auraient pu porter leur renfort peut-être décisif sur un point plus important et plus menacé[1]. »

Tout à coup, deux dépêches successives du général Trochu viennent annoncer au commandant en chef de la 3e armée que la sortie est contremandée. Elles lui causent une émotion profonde. « Comment! depuis le matin, avec un effectif insuffisant, avec des moyens matériels d'artillerie et de génie incomplets, il s'épuisait à soutenir une lutte inégale et meurtrière, pour attirer sur lui les efforts de l'ennemi et favoriser ainsi la grande opération entreprise sur un autre point. Maintenant il apprenait que tous ses efforts étaient inutiles, que les pertes qu'il avait faites et le sang qui avait été répandu demeuraient sans résultats! Cette bataille, au succès de laquelle il s'était efforcé de contribuer, en exposant plus que de coutume les troupes qu'il commandait, on l'informait qu'elle était différée, et on n'avait pas songé à le prévenir d'ajourner son attaque! Dès lors, la lutte avait duré trop longtemps, et nos pertes étaient déjà trop sanglantes pour un résultat aussi négatif. » Sous le coup de cette émotion indignée qui ne s'explique que trop, le général Vinoy donna l'ordre au colonel Valentin de se mettre en retraite immédiatement. Fort heureusement pour nos soldats, dont le recul aurait pu être si dangereux, l'ennemi, tenu en respect par les grosses pièces des Hautes-Bruyères, les laissa se replier sans encombre, et, à dix heures du matin, le feu s'éteignit des deux côtés. Nous avions perdu dans cette sotte affaire 990 hommes, dont 29 officiers[2]. Quant aux Allemands, ils comptaient seulement 8 officiers et 152 hommes hors de combat.

C) *Prise de la Gare-aux-Bœufs (29 novembre).* — Ici, c'était la division de l'amiral Pothuau (6e de la

1. Général Vinoy, *loc. cit.*, page 257.
2. 9 officiers tués, 16 blessés, 4 disparus; 139 hommes tués, 737 blessés, 85 disparus. Le 110e, comptait, à lui tout seul, 19 officiers et 120 hommes hors de combat. Cette proportion d'officiers est énorme, et montre combien les soldats avaient encore besoin d'être enlevés.

3ᵉ armée) qui, établie derrière des tranchées allant de la Seine, en amont de Port-à-l'Anglais, à la redoute du Moulin-Saquet, avait été chargée d'enlever la Gare-aux-Bœufs, près de Choisy-le-Roi.

Cette division comprenait : 1° une brigade de fusiliers-marins, sous les ordres du capitaine de vaisseau Salmon ; 2° un groupe de 4 bataillons de mobiles des départements[1], commandé par le colonel Champion ; 3° un groupe de 4 bataillons de gardes nationaux mobilisés[2], colonel Roger (du Nord). Ces derniers, aux termes d'instructions assez obscures du gouverneur, devaient « se trouver le plus possible en vue de l'ennemi, mais *en réserve formant rideau* pour faire croire à des forces supérieures, et au besoin, s'il y avait lieu, *servir d'extrêmes réserves* ». Comprenne qui pourra !

La division Pothuau était soutenue dans son action d'abord par les pièces établies dans trois ouvrages sur son front[3], ensuite par le feu des forts en arrière, enfin par deux wagons blindés marchant sur la ligne d'Orléans, et par deux canonnières. Elle se mit en mouvement le 29, dès quatre heures du matin, et fit enlever la Gare-aux-Bœufs par deux compagnies de fusiliers-marins qui avaient comme réserve les 106ᵉ et 116ᵉ bataillons de mobilisés. Le poste prussien, refoulé en désordre, laissa entre nos mains 5 prisonniers, et se retira sur ses soutiens, qui ne tentèrent point de contre-attaque. L'ennemi se borna à diriger sur nos colonnes des feux d'artillerie et de mousqueterie auxquels répondaient nos nombreuses batteries. Dans l'après-midi, le général Vinoy, jugeant que la possession de la Gare-aux-Bœufs ne servait à rien dans les conditions présentes, donna à ses troupes l'ordre de se replier ; elles ne comptaient que 8 blessés. Les Prussiens avaient 18 hommes hors de combat (dont les 5 prisonniers).

---

1. Marne, Indre, Puy-de-Dôme et Somme.
2. 17ᵉ, 106ᵉ, 116ᵉ et 127ᵉ.
3. Une redoute en avant de Port-à-l'Anglais (une batterie de 12), une batterie de 3 pièces de 20 cent. au pont du chemin de fer d'Orléans, et une batterie de 6 pièces de 22 cent. à la pépinière de Vitry.

D) *Démonstration en avant d'Aubervilliers, dans la presqu'île de Gennevilliers et en avant du Mont-Valérien (29 novembre).* — Ce même jour, une fraction du corps de Saint-Denis devait se porter sur le Drancy, afin d'immobiliser les troupes ennemies du Bourget et de Blanc-Mesnil. Le général Lavoignet (3ᵉ brigade)[1], appuyé par la division de cavalerie Bertin de Vaux et soutenu par l'artillerie des forts, déploya ses troupes en avant d'Aubervilliers, tandis que deux bataillons de mobiles de la Seine allaient prendre position au moulin de Stains. Mais il ne poussa pas plus loin, et regagna ses cantonnements aussitôt l'avis reçu que l'opération sur la Marne était contremandée.

A l'ouest, le général de Liniers, à la tête de la 3ᵉ division, avait, dans la nuit du 28 au 29, et à la faveur d'un bombardement exécuté par les batteries de la presqu'île de Gennevilliers, fait lancer un pont sur le bras oriental de la Seine, en face de Houilles, et jeté quelques troupes dans l'île Marante[2], où des travaux furent entrepris. De leur côté, les troupes du général de Beaufort (4ᵉ division) s'étaient portées en avant du Mont-Valérien, dès le matin du 29, et déployées dans la plaine de la Fouilleuse, menaçant Bois-Préau, la Malmaison et Buzenval. Toutes ces démonstrations cessèrent quand les généraux qui les dirigeaient reçurent la dépêche du gouverneur, et chacun regagna ses cantonnements.

Voilà pour la journée du 29 novembre. D'autres opérations, dont l'une avait été remise, furent exécutées dans la journée du 30, pour remplacer celles qui avaient avorté la veille, et purent, jusqu'à un certain point, servir de diversion à la sortie de la 2ᵉ armée. Nous allons les examiner toutes avant d'aborder l'étude des batailles de la Marne, afin de ne pas avoir ensuite à interrompre le récit de celles-ci.

E) *Combat d'Épinay (30 novembre).* — La direction

---

1. Cette brigade se composait de 3 bataillons de mobiles de l'Hérault, 3 bataillons de mobiles de Saône-et-Loire, 2 bataillons de mobiles de la Seine, le 134ᵉ de ligne.
2. L'île Marante est celle que traverse le chemin de fer de Rouen entre Bezons et Carrières-Saint-Denis.

des combats à entamer sur le front nord-est de Paris avait été confiée à l'amiral de la Roncière le Noury, commandant du corps d'armée de Saint-Denis, qui devait, le 29, enlever le village d'Epinay avec une partie de ses troupes, et faire occuper le Drancy par une autre. Or, le village d'Epinay, situé à 1,400 mètres du fort de la Briche, sur la rive droite de la Seine qu'il borde de toute la longueur de sa lisière sud, se trouve au centre d'un demi-cercle de hauteurs, Orgemont, Saint-Gratien, Montmorency, la Butte-Pinson, qu'occupaient en forces les troupes et les batteries du IVe corps allemand. Bien que tenu seulement par deux compagnies prussiennes d'avant-postes, il présentait une certaine valeur défensive, et était sérieusement protégé sur sa lisière nord par l'inondation d'un petit ruisseau qui sort du lac d'Enghien. L'attaquer en partant de Saint-Denis était donc assez dangereux, puisqu'il fallait constamment présenter le flanc droit à l'ennemi. Se retirer après un échec ne l'était pas moins, et, pour pouvoir, le cas échéant, profiter de la nuit, l'amiral de la Roncière avait prescrit de ne commencer l'opération qu'à deux heures de l'après-midi.

Le général Hanrion, chargé d'exécuter celle-ci[1], avait ordre de prendre position en avant du fort de la Briche, puis, à la faveur de la canonnade des batteries de Saint-Ouen et de la Briche, de se diriger sur Epinay, flanqué à gauche par une canonnière et une batterie de la presqu'île de Gennevilliers, et soutenu en arrière par la brigade Lamothe-Tenet (marins). L'heure tardive à laquelle devait commencer l'attaque ayant permis d'y surseoir le 29, on la reprit le lendemain, à deux heures de l'après-midi, avec des dispositions à peu près analogues. Après une canonnade d'une demi-heure, deux compagnies de fusiliers marins, prenant la tête de la brigade, se glissèrent, sans être vues, sur le chemin de halage, et abordèrent le village par le sud. Pendant ce temps, le 1er bataillon des mobiles de la Seine, suivi des

1. La brigade du général Hanrion se composait du 135e de ligne, de 2 compagnies de fusiliers marins et de 3 bataillons de mobiles de la Seine (1er, 2e et 10e).

2ᵉ et 10ᵉ bataillons et du 135ᵉ, attaquait de front, par l'est. Après un combat de rues assez vif, les deux compagnies prussiennes furent refoulées ; et bien que soutenues par leur réserve, elles durent se replier en laissant entre nos mains quelques prisonniers.

Mais aussitôt sept batteries allemandes (3 sur les hauteurs d'Orgemont, 2 près d'Enghien, 2 près de Montmorency) dirigèrent sur Epinay, sur la canonnière et les batteries un feu convergent, à la faveur duquel trois petites colonnes (fortes ensemble de 7 compagnies) venues de Sannois, d'Enghien et d'Ormesson se portèrent contre le village. Ramassant en route les débris des deux compagnies de grand'garde, elles parvinrent à rentrer dans Epinay, où une lutte violente et meurtrière s'engagea aussitôt. Comme, d'autre part, l'amiral venait d'être prévenu que les ordres du gouverneur étaient de revenir à Saint-Denis avant la nuit[1], la résistance de nos soldats ne fut pas encouragée, et, vers quatre heures, l'ennemi se trouva de nouveau maître de tout le terrain qu'il avait perdu. Nos troupes, qui comptaient 3 officiers tués[2], 19 blessés, 36 hommes tués et 237 blessés, battirent en retraite par le chemin qu'elles avaient suivi pour venir, accompagnées par la fusillade de l'ennemi ; celui-ci, de son côté, avait environ 300 hommes hors de combat[3].

Tandis que ces événements se passaient à Epinay, le général Lavoignet s'était emparé, sans coup férir, du Drancy et de la ferme de Groslay. Ces points furent, comme les autres, évacués à la nuit.

F) *Combat de Montmesly (30 novembre)*. — Toutes

---

1. Vice-amiral DE LA RONCIÈRE, *La Marine au siège de Paris*, page 202.
2. Parmi eux se trouvait M. Saillard, ministre plénipotentiaire et commandant du 1ᵉʳ bataillon des mobiles de la Seine. Il avait reçu trois blessures.
3. La nouvelle de ce combat, apportée à la Délégation de Tours, donna lieu à une méprise des plus regrettables. On confondit Epinay-sur-Seine, situé près de Saint-Denis, avec Epinay-sur-Orge, situé près de Longjumeau, et Gambetta en prit texte pour annoncer aux préfets que l'armée de Paris avait ainsi gagné tout ce terrain vers le sud !... On verra par la suite quelles désastreuses conséquences entraîna cette erreur, en apparence si légère, et si grave dans le fond.

ces attaques, réparties sur un périmètre énorme et entamées dans un laps de temps de quarante-huit heures, n'étaient pas assez soutenues, le général Ducrot en convient lui-même, pour donner le change à l'ennemi[1]. Nos mouvements étaient absolument éventés, et on devait s'attendre à « trouver, dans la matinée du 30, entre Noisy-le-Grand et Chennevières, des troupes nombreuses et sur leurs gardes[2] ». C'était là un motif de plus pour l'ajournement... Le général Ducrot se borna à détacher du 2ᵉ corps la division de Susbielle, à l'envoyer du côté de Montmesly, et à lui donner pour mission d'arrêter, si c'était possible, les troupes ennemies venant de la rive gauche de la Seine. Si son offensive réussissait, elle devait chercher à rejoindre, par la plaine de Bonneuil et les hauteurs d'Ormesson, l'armée attaquant

---

[1]. Le général Ducrot paraît avoir montré, pendant toute la première partie du siège de Paris, un optimisme un peu excessif par rapport à ses propres projets, en même temps qu'une fougue impétueuse qui parfois constituait un danger. Possédant sur le gouverneur une influence prépondérante, et d'autant plus puissante que celui-ci, absorbé volontiers par la partie purement politique de son rôle, se déchargeait sur lui de presque toute la partie militaire, il en usait pour donner à la défense une impulsion toute personnelle, qu'il exerçait avec ses propres moyens et en reléguant au second plan les éléments dont il ne disposait pas directement. Malgré son incontestable valeur et des qualités remarquables d'entraîneur de troupes, il exerça ainsi sur les résultats définitifs une influence malheureuse, en ce sens que sa sphère d'action, s'étendant progressivement, finit par annihiler celle des autres, et par amener l'exclusion de concours précieux, tels que celui du général Vinoy, par exemple. Si l'opération de la sortie par la Marne fut insuffisamment préparée, la faute en est non pas seulement au gouvernement et à l'opinion, trop impressionnables, mais aussi au général Ducrot, trop impatient d'agir. De même, alors qu'il aurait fallu remettre la sortie à une date indéterminée, son activité fébrile ne consentit qu'à un retard de vingt-quatre heures, pendant lesquelles il n'eut d'autre préoccupation que de faire l'impossible pour en éviter un second. Il fallut donc que le gouverneur, dont la caractéristique était au contraire l'indécision, prît la charge du reste. Sa direction ne fut pas ici plus ferme que de coutume, et il laissa faire des diversions à une heure où elles ne servaient à rien. Aussi, quand le général Ducrot se plaint de leur stérilité, est-on en droit de faire observer, avec toute la déférence que commande le respect dû à son caractère et à sa valeur, que la responsabilité lui en revient pour une bonne part ; car, en voulant trop agrandir son rôle, il avait singulièrement contribué à créer ce dualisme dans le commandement, d'où ne pouvaient sortir que de mauvais résultats.

[2]. Général Ducrot, *loc. cit.*, tome II, page 188.

les positions de Villiers. Sinon, elle devait battre en retraite le plus lentement et le plus méthodiquement

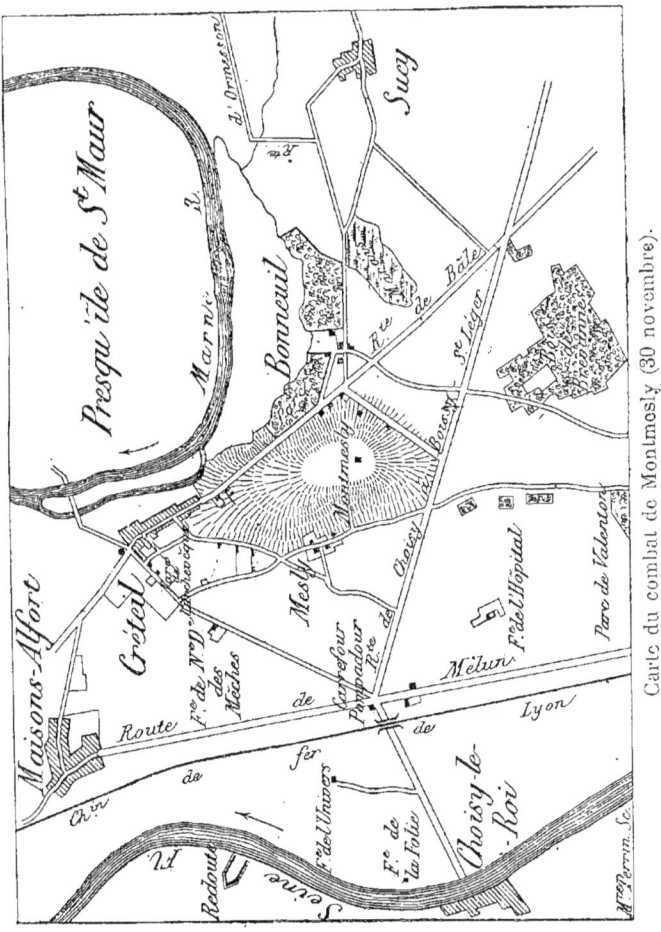

Carte du combat de Montmesly (30 novembre).

possible ; le général de Susbielle avait ordonné de prolonger la lutte jusqu'aux dernières limites.

L'opération à exécuter allait présenter des difficultés sérieuses en raison tant de la valeur naturelle du terrain que des défenses qui y étaient accumulées. « Au delà du village de Créteil, dit en effet le général Ducrot, la route de Bâle, presque en ligne droite, était coupée, à 500 mètres environ des dernières maisons, par une barricade prolongée à droite et à gauche au moyen de tranchées ; des escarpements boisés d'un accès très difficile étendaient jusqu'à l'île Saint-Julien cette ligne de défense derrière laquelle le parc de Bonneuil présentait un sérieux obstacle. Sur la droite de la route, le terrain, montant en pente douce, forme le mamelon isolé de Montmesly, que couronne un large plateau incliné vers Créteil ; à un ressaut du sol s'élevaient des tranchées à intervalles s'appuyant d'un côté à la route de Bâle, de l'autre au village de Mesly ; à la partie culminante se dessinait un grand ouvrage avec embrasures dirigées sur Créteil et Maisons-Alfort. Plus à droite, au pied des hauteurs, Mesly était organisé défensivement ; mais quelques maisons et enclos semblaient devoir gêner la défense et favoriser l'attaque. Au delà, le terrain présente une grande plaine découverte, limitée en avant par des bois, sur la droite par le remblai du chemin de fer de Lyon ; dans l'intervalle, se trouvent des constructions isolées, entre autres la ferme de l'Hôpital, le carrefour Pompadour ; ces bâtiments, entourés d'ouvrages en terre et servant de postes avancés aux troupes de Choisy-le-Roi, étaient autant de positions qui devaient menacer le flanc droit de nos colonnes[1] ».

Quant à l'ennemi, dont nos mouvements préparatoires, exécutés, comme toujours, à grand renfort de sonneries et de tapage, avait attiré l'attention, il s'était mis sur ses gardes[2]. Par ordre du général d'Obernitz, commandant la division wurtembergeoise, la 2ᵉ brigade avait été rassemblée en armes à Sucy, le 30, dès huit heures du matin ; elle avait un bataillon aux avant postes dans Bonneuil. La 3ᵉ brigade était massée à Brévannes ; le bataillon de grand'garde, établi à la

---

1. Général DUCROT, loc. cit., tome II, page 253.
2. *La Guerre franco-allemande*, 2ᵉ partie, page 253.

ferme de l'Hôpital, avait une compagnie détachée à Mesly et sur le Montmesly. Deux compagnies, jetées en postes avancés, couvraient la gauche, au carrefour Pompadour et près de Choisy-le-Roi. Enfin la 7ᵉ brigade prussienne (IIᵉ corps), destinée à former repli en arrière de la division wurtembergeoise, se massait aux abords de Valenton [1].

De notre côté, le village de Créteil, autrefois gardé par les mobiles du lieutenant-colonel Reille, était maintenant occupé par les fameux tirailleurs de Belleville et le 147ᵉ bataillon de la garde nationale. Or ces troupes, entre lesquelles régnait une haine profonde, donnaient, bien qu'elles fussent là sur leurs demandes réitérées de se mesurer avec l'ennemi, l'exemple de la plus grave indiscipline et de toutes les lâchetés. Flourens, revenu au milieu d'elles malgré sa révocation, avait repris les insignes de son ancien grade et essayait d'usurper un commandement qui lui avait été officiellement retiré. Cette cohue d'hommes armés, excités au désordre par un énergumène dangereux, offrait le spectacle le plus honteux et le plus répugnant, refusant de marcher, menaçant et injuriant les officiers, lâchant pied ignominieusement au premier coup de fusil! La présence de pareils bandits constituait un danger véritable, et on fut obligé de charger une brigade de mobiles de les maintenir dans l'ordre, sinon dans le devoir, en attendant la juste punition de leurs méfaits [2].

Telle était la situation, quand, vers six heures du matin, la division de Susbielle vint se masser en arrière de Créteil. Tandis que les batteries fixes de Maisons-Alfort, de Créteil, de la presqu'île Saint-Maur et les batteries divisionnaires tiraient sur Mesly, Montmesly

---

1. *La Guerre franco-allemande*, 2ᵉ partie, page 253. — Par ordre de M. de Moltke, le Prince royal avait fait passer cette brigade, la veille, sur la rive droite de la Seine.
2. Par un ordre du jour en date du 6 décembre, le général Clément Thomas flétrissait la conduite des deux bataillons et ordonnait l'arrestation de Flourens. Le 14, il obtint du gouverneur leur licenciement. Le malheureux général soulevait par là des haines farouches, et il devait, quelques mois plus tard, payer de sa vie cette atteinte aux droits sacro-saints de l'émeute et de la révolution.

et Bonneuil, le général de Susbielle, après une reconnaissance rapide, ordonnait les dispositions à prendre :

La 2ᵉ brigade, général Lecomte (117ᵉ et 118ᵉ de ligne), recevait l'ordre d'attaquer de front la ligne Mesly-Montmesly-Bonneuil; la 1ʳᵉ brigade, général de la Charrière (115ᵉ et 116ᵉ de ligne), celui de se tenir en réserve dans les tranchées de la lisière sud de Créteil. A neuf heures, le mouvement commençait.

La brigade Lecomte, marchant par régiments accolés[1], s'ébranle dans la direction de ses objectifs. Les bataillons de droite refoulent les avant-postes wurtembergeois, occupent Mesly, gravissent les pentes nord et ouest de Montmesly et s'emparent des premières tranchées du plateau. Débordant la hauteur vers l'est, ils atteignent la route de Bâle et leurs tirailleurs s'embusquent dans les fossés de la route, à quelques mètres seulement du mur crénelé du parc de Bonneuil, garni de défenseurs. Voyant le succès de notre offensive, les Wurtembergeois font sortir de la ferme de l'Hôpital deux compagnies qui marchent contre Mesly; une batterie, qui a suivi le mouvement de notre infanterie et pris position sur les pentes ouest de la hauteur, les oblige à la retraite.

Il s'agissait maintenant de conserver le bénéfice de ce premier avantage. Le village de Mesly est immédiatement organisé, l'ouvrage de Montmesly retourné contre les Allemands, et deux pièces y sont envoyées, pour contre-battre l'artillerie ennemie qui commence à se montrer, entre le bois de Brévannes et le parc de Valenton.

Malheureusement, les bataillons de gauche n'avaient pu réaliser d'aussi rapides progrès. Ils s'étaient trouvés arrêtés, presque dès le début, par le parc de Bonneuil, qui, s'avançant en flèche le long de la route de Bâle, était de plus en contre-bas du coteau. Ses murs échappaient complètement aux vues et aux coups de notre artillerie, en sorte que les Wurtembergeois, profitant

---

1. Le régiment de droite (117ᵉ) avait deux bataillons en ligne, et le troisième en réserve; le régiment de gauche (118ᵉ) avait ses trois bataillons déployés.

de cet excellent abri, dirigeaient de là sur les assaillants un feu violent et meurtrier. La situation était assez inquiétante, car « le parc de Bonneuil présentait un bastion des plus menaçants pour nos troupes de Montmesly. Derrière ce vaste couvert, les renforts ennemis pouvaient, sans être vus, se masser dans le village de Bonneuil, de là se jeter inopinément sur nos derrières et nous couper de Créteil [1] ». Devant ce danger, le général de Susbielle dut appeler à lui la brigade de réserve (de la Charrière) et les deux régiments de mobiles à qui avait été confiée la garde de Créteil. Il chargea ceux-ci de surveiller le carrefour Pompadour, où apparaissaient des groupes ennemis, et de protéger sa droite, de concert avec l'artillerie de réserve ; puis, donnant l'ordre à la brigade Lecomte de pousser son attaque contre Bonneuil, il dirigea la brigade de la Charrière sur la droite, pour tâcher de déborder par là la position de Montmesly.

Aussitôt quatre bataillons de cette brigade (deux du 115° et deux du 116°) se glissent entre Mesly et Montmesly [2] ; formés en échelons, ils se lancent vigoureusement en avant, malgré les pertes cruelles que leur inflige la mousqueterie ennemie [3], et s'avancent « sans tirer, suivant les instructions du brave général de la Charrière, qui, au premier rang, entraîne tout le monde [4] ». Le 115° gagne, sur la route de Choisy, assez de terrain pour couvrir la droite et permettre au 116° de gravir le mamelon, tambours battant. Les abords de celui-ci sont dégagés ; une contre-attaque exécutée par quatre compagnies de la 2° brigade wurtembergeoise, envoyées de Sucy, par Bonneuil, et par d'autres fractions venues de Brévannes, est repoussée ; mais le parc de Bonneuil demeure inexpugnable et de ses murailles part toujours une fusillade qui nous fait énormément de mal.

---

1. Général Ducrot, *loc. cit.*, tome II, page 529.
2. Les 3es bataillons de chaque régiment formaient réserve à Créteil, dans le parc de l'archevêque.
3. Les deux chefs de bataillon du 115° étaient grièvement blessés.
4. Général Ducrot, *loc. cit.*, tome II, page 260.

Cependant, vers onze heures du matin, les quatre batteries allemandes établies au nord de Valenton et du parc de Brévannes avaient ouvert une canonnade violente et mis rapidement hors de cause nos deux pièces de Montmesly. Les Wurtembergeois, grossis de toutes les réserves d'avant-postes, reprenaient l'offensive, à la faveur de cette canonnade et grâce à la place d'armes constituée par ce fatal mur de Bonneuil. Nos pertes devenaient sanglantes; le général de la Charrière, déjà une première fois atteint d'une balle à la main, venait d'être frappé mortellement par un coup de feu qui lui avait brisé le col du fémur... Les compagnies du 115° postées dans les petits bouquets de bois au sud de la route de Choisy durent rétrograder sur Mesly, et venir se déployer, en passant derrière le Montmesly, à cheval sur la route de Bâle. Là, en effet, les Allemands, sortant du parc de Bonneuil, avaient refoulé jusque sur Créteil les soldats de la brigade Lecomte, et le 115°, resté sur le Montmesly, risquait d'être complètement cerné. Bientôt, malgré les efforts du général de Susbielle, la retraite générale devient une nécessité. Les Wurtembergeois continuent en masses épaisses leur mouvement de front contre Mesly et Montmesly, en même temps que leur attaque de flanc par le parc de Bonneuil; trois bataillons et demi du II° corps, partant de Valenton, se dirigent à leur tour sur le village de Mesly, criblé de projectiles d'artillerie. Notre flanc gauche, gravement menacé, est tout à fait découvert, et des forces imposantes commencent à presser vivement notre flanc droit. Toute notre ligne recule, mais, grâce au courage des soldats et à la fermeté des généraux et des officiers, elle ne cède le terrain que pied à pied[1]. Dans l'ouvrage, le lieutenant-colonel Galland, du 115°, tient jusqu'à la dernière extrémité et parvient à sauver une de nos pièces, complètement désemparée; la tranchée conduisant à Mesly et le village lui-même sont évacués lentement par les bataillons du 115°, toujours échelonnés, et l'ennemi, ainsi contenu

---

1. Général Ducrot, *loc. cit.*, tome II, page 263.

sur son front, ne gagne que péniblement du terrain.

Malheureusement, deux compagnies de ce brave régiment, encore embusquées dans les bouquets de bois au sud de la route de Choisy, prolongent leur résistance au delà des limites fixées par la prudence. Enveloppées par des forces supérieures, elles tiennent tête vigoureusement à l'infanterie qui les attaque de front, tandis que la cavalerie les assaille de flanc ; mais, bientôt privées de presque tous leurs officiers, elles sont faites prisonnières, et seuls quelques hommes parviennent à s'échapper.

Il était deux heures, le combat finissait et nos troupes, refoulées dans Créteil, s'y trouvaient toutes confondues dans un mélange complet. Arrêté par les feux de nos batteries, l'ennemi n'avait point entamé de poursuite et se bornait à réoccuper ses tranchées ; mais tout retour offensif de notre part était impossible et le général de Susbielle, malgré son désir de revenir à la charge, dut reconnaître qu'il fallait y renoncer. D'ailleurs, il venait de recevoir une note du général Trochu lui prescrivant, au cas où il serait maître de Mesly et de Montmesly, de les évacuer le lendemain, à cinq heures du matin, pour venir rejoindre le général Ducrot. Dans ces conditions, il se borna à organiser la défense de Créteil et à remettre de l'ordre dans sa division, qui en avait fortement besoin. Elle avait perdu dans cette affaire 14 officiers tués (dont le général de la Charrière) et 40 blessés ou disparus ; 104 hommes tués et 1,078 blessés ou disparus ; au total, 54 officiers et 1,182 hommes hors de combat. Les Allemands, beaucoup moins éprouvés, ne comptaient qu'une perte de 14 officiers et 362 hommes.

Cependant on peut dire que, malgré son échec, seule de toutes les troupes engagées les 29 et 30 novembre pour faire diversion au grand mouvement de sortie par la Marne, la division Susbielle avait en partie atteint son but. Grâce à son action vigoureuse, deux brigades de la division wurtembergeoise et une brigade du II⁰ corps s'étaient trouvées immobilisées ; elle avait donc tenu éloignées du champ de bataille principal des troupes d'un effectif supérieur au sien.

G) *Combat de Choisy-le-Roi (30 novembre).* — Pour en finir avec ces opérations secondaires, il nous reste à relater rapidement l'action entamée, dans cette même journée du 30, par les troupes du général Vinoy, contre Choisy-le-Roi.

Suivant ses constantes et fâcheuses habitudes, l'état-major général du gouverneur s'était bien gardé d'informer le général Vinoy de l'opération exécutée, à la gauche des positions de la 3ᵉ armée, par le général de Susbielle. Il est juste d'ajouter que cette opération avait été prescrite par le général Ducrot et que le gouverneur n'y était pour rien ; mais que la responsabilité en revienne à l'un ou à l'autre, le fait certain est que le général Vinoy ignorait absolument ce qui se passait à côté de lui.

Arrivé vers midi à l'observatoire du fort d'Ivry pour se rendre compte des mouvements de la 2ᵉ armée vers la Marne, cet officier général aperçut tout à coup des troupes qui se battaient tout près de là, sur l'autre rive de la Seine, et apprit par une reconnaissance envoyée de leur côté qui elles étaient et ce qu'elles faisaient. Il ne tarda pas à se convaincre au surplus que leur position devenait critique, et prit sur lui de leur venir en aide en agissant de son côté. Organisant immédiatement deux colonnes d'attaque, il lança l'une, aux ordres de l'amiral Pothuau, sur Choisy-le-Roi, et l'autre, dirigée par le général Blaise, contre le village de Thiais. Le mouvement de la première n'était d'ailleurs que la répétition de celui exécuté la veille contre la Gare-aux-Bœufs et devait se faire de la même manière ; il était, comme celui-ci, soutenu par les canonnières et les batteries de Vitry.

A une heure et demie de l'après-midi, le capitaine de frégate Salmon fit derechef enlever la Gare-aux-Bœufs par les fusiliers marins. Pendant ce temps, des démonstrations entreprises sur tout le front menaçaient les positions prussiennes ; l'une d'elles coûtait la vie au capitaine de frégate Desprez, mais aucune n'était sérieusement poussée à fond. Le général Vinoy voyait déjà la division Susbielle en retraite et comprenait que son intervention avait été trop tardive pour servir à quelque chose. A trois heures, il fit rentrer tout le monde dans les cantonnements. Quant à la Gare-aux-Bœufs, qu'on avait gardée jusqu'à la nuit, elle sauta presque immédiatement après son évacuation.

Cette petite affaire, qui nous coûtait une centaine d'hommes, restait donc sans résultats. « Engagée en temps opportun, dit le général Ducrot, elle aurait pu être très utile et maintenir sur la rive gauche de la Seine les troupes ennemies qui, après avoir refoulé la division de Susbielle, se portèrent sur les plateaux de Chennevières, de Villiers, et prirent part au grand retour offensif de trois heures, où la situation de la 2ᵉ armée fut (comme on le verra plus loin) si gravement compromise[1]. » Cette observation est parfaitement juste et elle vient à l'appui de ce fait déjà signalé, que les diversions ne sont utiles qu'à la condition d'être exécutées où et quand il le faut. Mais les reproches adressés à ce sujet, et non sans une certaine acrimonie, par le général Ducrot au commandant en chef de la 3ᵉ armée n'en sont pas pour cela plus fondés[2] ; car si l'intervention de ce dernier ne se produisit pas à son heure, la faute en est au général Ducrot tout seul. De deux choses l'une, en effet : ou bien cet officier général agissait comme général en chef de la défense, et c'était à lui à prévenir son collègue des mouvements qu'il prescrivait à ses propres troupes d'exécuter ; ou bien il n'était qu'un commandant d'armée, opérant dans un groupe d'armées, et alors il ne devait prendre aucune disposition sans en référer au généralissime, auquel revenait dans ce cas le soin de combiner en connaissance de

---

1. Général Ducrot, *loc. cit.*, tome II, page 276.
2. *Ibid.* « C'est vers une heure seulement que le général Vinoy... *se décida* à faire une démonstration » (page 274). — « *On* prenait seulement ses dispositions sur la rive gauche de la Seine au moment même où la division de Susbielle était écrasée sur la rive opposée par les renforts venus de Choisy-le-Roi et de Villeneuve-Saint-Georges ! Si les deux opérations, au lieu d'être successives, eussent été simultanées, il est permis de croire que la division de Susbielle se serait établie solidement entre Mesly et Montmesly... etc. » (page 277).

cause, et dans un but commun, les mouvements de tous les éléments dont il disposait. Malheureusement le général Ducrot, tout en donnant à la défense une impulsion absolument personnelle, n'avait de préoccupations que pour l'armée qu'il commandait directement; et quant au gouverneur, il n'était généralissime que de nom !

CHAPITRE II

BATAILLES DE LA MARNE

I. — Bataille de Villiers-Cœuilly (30 novembre).

Dispositions prises par l'armée française. — Le 29 novembre au soir, la 2ᵉ armée occupait les positions suivantes :

1er *corps* (général Blanchard), dans le bois de Vincennes, en avant de Charenton ;

2e *corps* (général Renault), autour de Vincennes, avec la division de cavalerie ;

3e *corps* (général d'Exéa), autour de Rosny[1].

En vertu des ordres donnés par le général en chef, ordres qui modifiaient légèrement, en raison des circonstances nouvelles, ceux donnés précédemment, cette armée devait franchir la Marne, le lendemain à sept heures du matin, dans les conditions que voici :

Le 1er *corps*, utilisant pour son infanterie les ponts jetés en face de Joinville et pour son artillerie celui en aval de l'île Fanac, avait ordre de se porter sur Champigny, puis d'aborder ensuite le parc de Cœuilly et le plateau de Chennevières.

Le 2e *corps* avait à sa disposition, pour la division Berthaut, le pont en amont de l'île Fanac ; pour la division de Maussion, le pont jeté au-dessous de Nogent,

---

1. Le 3ᵉ corps avait été envoyé là le 29 au matin, pour couvrir la gauche de la position d'Avron contre un mouvement offensif possible de l'ennemi.

où devaient passer ensuite également l'artillerie divisionnaire, l'artillerie de réserve du corps d'armée et la réserve générale d'artillerie de l'armée. Une fois le passage de l'infanterie effectué, les deux divisions avaient ordre de s'établir respectivement derrière les fermes de Poulangis et du Tremblay.

Le *3ᵉ corps*, avec toute son artillerie de réserve[1] et trois batteries de 12 de la réserve générale, était chargé, dès l'entrée en action, de s'emparer de Neuilly-sur-Marne, d'assurer la construction de deux ponts à hauteur de la Plâtrière et de Bry, de passer immédiatement sur la rive gauche, puis de se porter sur Noisy-le-Grand, afin de s'emparer des hauteurs et de commander le pont de Gournay en prenant à revers la position de Villiers.

La *division de cavalerie* devait franchir la Marne à la suite et sur les mêmes ponts que le 3ᵉ corps.

Coup d'œil sur la position ennemie. — Dans le but de mieux utiliser les propriétés du terrain et de se ménager en avant de leurs positions un champ de tir bien dégagé, les troupes allemandes chargées de la garde du secteur Ormesson-Noisy-le-Grand avaient établi leur ligne principale de défense non sur la crête même du plateau de Brie, mais un peu en arrière, là où se trouvaient des points d'appui naturels. Cette ligne était constituée par l'éperon d'Ormesson, le village de Chennevières, le plateau en avant de Cœuilly, le parc de Villiers ainsi que l'éperon qui le prolonge, enfin le village de Noisy-le-Grand. Tous ces points avaient été fortifiés et reliés par des tranchées interrompues afin de ne pas entraver une offensive éventuelle ; derrière eux, une seconde ligne était formée par le village de Cœuilly, le mur du parc de Cœuilly et le village de Villiers, organisés défensivement.

En avant de ces positions très fortes, des pentes parfois fort raides descendent vers la Marne ; couvertes de vignes, de maisons, de bouquets d'arbres et de jardins, elles fournissaient à l'ennemi une série de postes

---

1. Moins une batterie laissée au plateau d'Avron.

avancés, mais pouvaient aussi devenir dangereuses en ce sens qu'elles prêtaient à notre attaque autant de points d'appui successifs. Quant à l'existence, juste devant le centre de la position, de la presqu'île de Champigny dont on ne pouvait nous interdire l'accès, c'était pour la ligne d'investissement un sujet d'inquiétudes permanentes et d'autant plus sérieuses que le ravin de la Lande, bordant un de ses côtés, donnait aux troupes parisiennes un débouché absolument à couvert. Pour se garantir de toute surprise de ce côté, les Wurtembergeois avaient solidement fortifié la lisière nord-est de Champigny, le groupe du Plant et le village de Bry. C'est là d'ailleurs qu'ils plaçaient leurs avant-postes.

Mais déjà l'opération du 30 novembre ne pouvait plus être une surprise. Mis en éveil par les mouvements que l'armée de la Loire semblait tenter pour se rapprocher de Paris par le sud[1], averti par les indiscrétions de la presse et surtout par la concentration qui venait de s'opérer sous ses yeux en avant de Vincennes, l'état-major allemand ne doutait plus, depuis la veille, de la préparation d'une grande sortie par le sud-est. Le 29, prenant ses dispositions en conséquence, il avait fait passer sur la rive gauche de la Marne toute une division (la 24ᵉ) du XIIᵉ corps, en sorte que maintenant le secteur où la 2ᵉ armée allait opérer se trouvait défendu ainsi qu'il suit :

La 1ʳᵉ brigade wurtembergeoise occupait Villiers, Cœuilly, l'auberge de *Mon-Idée* et Chennevières ; elle avait à sa gauche, à Sucy, la 2ᵉ brigade prête à se porter, suivant les circonstances, soit sur Cœuilly, soit sur Montmesly. La 48ᵉ brigade saxonne était répartie entre Noisy-le-Grand et Gournay, occupant devant elle la ligne des avant-postes où elle avait relevé, au point du jour, les troupes de la 1ʳᵉ brigade wurtembergeoise. La 47ᵉ brigade se tenait en arrière de la droite, à cheval sur les deux rives de la Marne. Enfin, l'artillerie

1. Le combat de Beaune-la-Rolande, livré le 28 octobre par la 1ʳᵉ armée de la Loire, était un indice certain des efforts qu'on voulait faire dans ce sens.

de corps saxonne était massée au nord de cette rivière, prête à marcher.

Telle était la conséquence la plus immédiate du retard fatal apporté à l'opération par un incident dont on aurait pu prévoir l'éventualité. « Le 29, au début de l'action, nous ne devions avoir affaire, entre Noisy-le-Grand et Chennevières, qu'à une brigade wurtembergeoise[1] et quelques bataillons saxons. Le 30, au contraire, par suite de la concentration ordonnée entre la Seine et la Marne, nous allions rencontrer sur le même terrain, entre Noisy-le-Grand et Chennevières, outre la brigade wurtembergeoise, une brigade saxonne complète (la 48e), et bientôt la 47e...[2] »

Débuts de l'action. — Le passage de la Marne s'était effectué sans incidents pour les 1er et 2e corps, sous la protection de toutes les batteries de position installées d'Avron à Saint-Maur. Vers neuf heures du matin, il prenait fin, et nos troupes venaient se masser dans la presqu'île de Champigny, formées ainsi qu'il suit :

1er corps[3]. Division *Faron*, en première ligne, à l'est de la fourche de Champigny, la droite appuyée à la Marne. — Division *de Malroy*, en seconde ligne, entre Poulangis et la fourche de Champigny.

2e corps. A l'ouest du Tremblay, ses deux divisions l'une derrière l'autre.

Le *3e corps* arrivait à l'ouest de Neuilly-sur-Marne, où entrait son avant-garde.

Tandis que l'artillerie de réserve des 1er et 2e corps achève le passage de la Marne, le général en chef, dont l'impatience est trop grande pour attendre cette artillerie, donne l'ordre de se porter en avant. Précédées de leurs compagnies franches, les deux divisions de première ligne (1er et 2e corps) s'ébranlent, refoulent

---

1. La 1re ; quant à la 2e, elle ne fut réunie à Sucy que lorsque la 7e brigade (du IIe corps) eut été envoyée par le Prince royal de Choisy à Valenton, c'est-à-dire le 30 au matin. (Voir au chapitre précédent les débuts du combat de Montmesly.)
2. Général Ducrot, *loc. cit.*, tome II, page 165.
3. Ce corps n'avait plus que deux divisions, sa 2e (général de Maud'huy) ayant été, le 8 novembre, rattachée à la 3e armée.

sans grande difficulté les compagnies saxonnes de Champigny, du Plant et de Bry[1], et atteignent la crête du plateau. Leur offensive n'avait été entravée que par une batterie ennemie accourue de Bel-Air pour recueillir les avant-postes et qui de là infligeait des pertes assez sérieuses à la division Faron. Ces six pièces résistant victorieusement, grâce à leur position dominante et à l'épaulement qui les couvrait, au feu de deux batteries françaises qui étaient venues se poster devant le front de l'infanterie, et à celui d'une des batteries de position de la boucle de la Marne, durent cependant se replier précipitamment quand un bataillon du 113ᵉ s'étant emparé de Champigny, ses tirailleurs dirigèrent sur elles une fusillade meurtrière.

A ce moment, nos troupes étaient prêtes à aborder la position ennemie, et leur répartition sur ses abords était la suivante : à droite, la division Faron était tout entière massée derrière Champigny, qu'un de ses régiments, le 113ᵉ, occupait et mettait en état de défense avec l'aide du génie ; à sa gauche, la division de Malroy se concentrait derrière les *Fours à chaux*, le long de la route de Champigny à Bry. En avant de cette division, deux batteries de la réserve du 1ᵉʳ corps et une batterie de mitrailleuses venaient de s'établir pour contre-battre l'artillerie ennemie de Villiers et de Cœuilly. La division Berthaut se trouvait également massée le long de ce même chemin de Champigny à Bry, ses deux brigades séparées par le chemin de fer de Mulhouse. Enfin, à l'extrême gauche de la ligne, la division de Maussion, après avoir franchi le remblai du chemin de fer, avait étendu sa 1ʳᵉ brigade jusqu'à Bry et occupé sans combat le village ; elle gardait la 2ᵉ brigade en réserve. Les tirailleurs de cette division garnissaient la crête du plateau.

Attaque des hauteurs de Cœuilly. — A dix heures du matin, ordre est donné de se porter partout en avant.

---

1. Ces compagnies, qui n'étaient là que depuis l'aube, connaissaient très incomplètement les lieux. Elles ne purent pas y organiser de résistance et s'enfuirent en laissant entre nos mains pas mal de prisonniers.

La division Faron, chargée d'attaquer à droite les hauteurs de Cœuilly, laisse à la garde de Champigny les 113ᵉ et 114ᵉ de ligne, et débouche du village. La brigade de la Mariouse, accompagnée des mobiles de la Vendée, déploie en première ligne le 35ᵉ dont les trois bataillons garnissent les pentes depuis le sud des Fours à chaux jusqu'à hauteur de *Mon-Idée* ; le régiment de la Vendée s'arrête en tête du village ; le 42ᵉ reste dans l'intérieur. Le général de la Mariouse a ordonné de n'aborder le plateau que successivement et par très peu de monde à la fin[1].

Le 35ᵉ, marchant avec l'entrain dont il est coutumier, prend pied très rapidement sur l'éperon de Cœuilly et se rend maître d'un petit ouvrage construit par l'ennemi entre la nouvelle et l'ancienne route de Chennevières ; mais devant lui se dressent maintenant les murailles crénelées du parc de Cœuilly, vaste enclos précédé d'un large fossé naturel et constituant une véritable forteresse dont le château forme le réduit. « Vers notre droite, l'auberge de *Mon-Idée*, entourée de murs crénelés, flanquait le vallon de Cœuilly et prenait de front et d'écharpe tout le plateau[2]. » Plus loin, le village de Chennevières, également fortifié, formait comme un bastion qui semblait imprenable. Pour préparer l'attaque de ces trois points redoutables, le général Faron jugea nécessaire de faire appel à l'artillerie et demanda deux batteries de la réserve. Mais celles-ci ne purent parvenir à franchir le village de Champigny que nos troupes encombraient. Las de les attendre, le général Faron crut pouvoir passer outre ; il se faisait l'illusion de croire qu'il suppléerait à leur absence « en brusquant le mouvement et en jetant sur le plateau de nombreuses masses d'infanterie[3] ». Malheureusement, quand derrière des murailles crénelées s'abritent des défenseurs armés de fusils à tir rapide, l'infanterie seule, si vigoureuse qu'elle soit, doit renoncer à les déloger, et

---

1. Général Ducrot, *loc. cit.*, tome II, page 220.
2. *Ibid.*, page 221.
3. *Ibid.*

les troupes du général Faron ne tardèrent pas à en faire la dure expérience...

La ligne formée par le 35ᵉ fut donc renforcée, à droite par deux bataillons de mobiles de la Vendée, à gauche par deux bataillons du 114ᵉ; le 42ᵉ, placé en réserve, se rapprocha, et tout le monde se porta en avant. A peine notre ligne avait-elle débouché sur la crête qu'elle fut assaillie à la fois par une grêle de balles et par le feu à mitraille d'une batterie postée derrière la grille du parc. En dépit de lourdes pertes, elle tint bon cependant et fit preuve d'une remarquable énergie; mais elle dut s'arrêter net.

Pendant ce temps, les deux batteries de la réserve avaient enfin réussi à déboucher de Champigny, et étaient parvenues, avec des peines énormes, à gravir, au milieu des échalas, les pentes détrempées. Écrasées par le feu convergent des pièces ennemies de Villiers et de Cœuilly, qui, bien protégées, défiaient les efforts des batteries françaises établies, comme on l'a vu plus haut, près des Fours à chaux, devant le front de la division de Malroy, elles essayèrent par deux fois de se porter sur l'éperon de Cœuilly, près et au nord du chemin allant de Champigny à ce village. Après avoir subi des pertes sanglantes, elles furent obligées de se retirer, à moitié désemparées, en même temps qu'une troisième batterie, également de la réserve, qui un instant avait pris position à côté de la maison de Bel-Air.

Voyant ce recul de notre artillerie et l'arrêt de notre infanterie, le commandant de la 1ʳᵉ brigade wurtembergeoise veut alors essayer de nous reprendre le plateau[1]. Il lance en avant toutes les compagnies (six) qui sont réunies autour de Cœuilly, leur fait franchir le ravin situé à l'ouest et les porte contre la ligne française; mais celle-ci, vigoureusement enlevée par ses officiers[2], marche vivement à leur rencontre, baïonnette basse; sous la menace du choc, les Allemands reculent;

---

1. *La Guerre franco-allemande*, 2ᵉ partie, page 539.
2. Général Ducrot, *loc. cit.*, tome II, page 225.

nos soldats les poursuivent de leurs feux pressés, leur mettent hors de combat 400 hommes, dont le colonel du 1ᵉʳ wurtembergeois et un chef de bataillon, mortellement blessés, et les rejettent dans le parc de Cœuilly. A peine à l'abri derrière les murs, les survivants recommencent une fusillade intense ; nos soldats, pressés sur le bord ouest du ravin, sont criblés de balles et accablés par les projectiles de l'artillerie ennemie, qui a deux batteries au nord [1] et deux au sud du parc. Cependant cette situation critique n'éteint pas leur courage, et ils se maintiennent toujours inébranlables, quand tout à coup sept compagnies ennemies [2], débouchant de Mon-Idée, se précipitent sur leur flanc. Sous la pression de ce nouveau choc, la droite française, derrière laquelle il n'y a point de réserve, cède ; toute la ligne, déjà ébranlée, est entraînée dans son mouvement, et la division Faron, abandonnant le plateau, recule pêle-mêle, complètement désorganisée, jusqu'au pied des hauteurs. « Les pertes étaient énormes ; mélangés, groupés sur un espace de 3 à 400 mètres, entassés entre le chemin creux de Cœuilly et la Maison-Blanche, tous les corps ont été décimés [3]. »

Cependant le général Blanchard, témoin de cet échec, veut essayer de le réparer. Il fait d'abord renforcer la ligne d'artillerie des Fours à chaux, qui jusqu'à présent avait été impuissante à réduire au silence les batteries allemandes [4], puis il ordonne au général Faron de porter sur le plateau son artillerie divisionnaire, tandis que ce qui lui reste de troupes compactes renouvellera l'assaut des positions ennemies. Le génie était chargé de construire des épaulements à nos batteries dès que celles-ci auraient reconnu leurs emplacements.

Aussitôt, les trois batteries de la division Faron gra-

---

1. Dont une batterie saxonne appelée de Villiers.
2. Dont tout le 2ᵉ bataillon de chasseurs.
3. Général DUCROT, *loc. cit.*, tome II, page 226. — Les deux colonels des 35ᵉ et 114ᵉ étaient blessés.
4. Il y avait alors aux Fours à chaux les trois batteries de la division de Malroy et deux batteries de la réserve du 2ᵉ corps. Les deux batteries de la réserve du 1ᵉʳ corps, à bout de munitions, venaient de quitter le champ de bataille et de se porter derrière Champigny.

vissent les pentes et débouchent sur la crête ; à peine en vue, elles sont balayées par un ouragan de mitraille si violent qu'elles ne réussissent même pas à mettre les pièces en batterie. Un des capitaines est tué ; le détachement du génie dispersé. La désorganisation est complète, et malgré les efforts des officiers pour les maintenir au feu, nos pièces sont contraintes à une retraite précipitée [1].

Ce douloureux insuccès n'arrête cependant pas l'essor de notre infanterie. Enlevé par son nouveau chef, le lieutenant-colonel Prévault [2], le 42ᵉ de ligne gagne le plateau, accompagné par un bataillon du 114ᵉ et un bataillon de la Vendée. Son offensive entraîne les tirailleurs épars restés après la première attaque au pied des pentes, et toute la division Faron [3] se reporte à l'assaut de Cœuilly [4]. Marchant sous une pluie de balles et d'obus, qui lui inflige des pertes énormes, cette brave division refoule devant elle les Wurtembergeois et arrive pour la seconde fois au ravin. Malheureusement, dans son mouvement rapide, elle se resserre et offre aux coups de l'ennemi une masse compacte, où les projectiles creusent des vides effrayants. Le lieutenant-colonel Prévault tombe frappé à mort ; à ses côtés, de nombreux officiers supérieurs sont atteints, et les rangs sont réduits presque de moitié... La gauche de la ligne parvient à 200 mètres à peine du mur fatal, derrière lequel les Allemands refoulés viennent toujours s'abriter, et d'où ils peuvent sans danger exécuter leur tir meurtrier ; mais là, nos soldats, décimés, s'arrêtent. Alors l'ennemi dessine une contre-attaque générale ; appuyé par tout un régiment de la 2ᵉ brigade (le 5ᵉ), accouru de Sucy après la fin du combat de Montmesly,

---

1. « Plusieurs pièces ayant eu tous leurs chevaux tués, sont ramenées à bras par des canonniers et des fantassins ; une mitrailleuse est traînée par des officiers. » (Général DUCROT, page 228.)
2. Le lieutenant-colonel Prévault avait remplacé l'avant-veille le colonel Comte, nommé au commandement de la 1ʳᵉ brigade de la division Faron.
3. Moins le 113ᵉ, laissé à la garde de Champigny.
4. A gauche, le 42ᵉ (3ᵉ, 2ᵉ et 1ᵉʳ bataillons) ; puis, de droite à gauche, les mobiles de Vendée, le 35ᵉ de ligne et le 114ᵉ.

il lance sur le flanc droit de la division Faron des colonnes épaisses qui sortent de Chennevières et de l'auberge de *Mon-Idée*. Les mobiles de Vendée, assaillis les premiers, opposent d'abord au flot des assaillants une ferme contenance[1]; mais voyant tomber leur colonel, grièvement atteint, ils se replient brusquement, et fuient en désordre, désorganisant toute la droite de notre ligne. Le 35°, qui n'est plus couvert, doit se replier à son tour, et dans sa retraite un peu confuse subit encore des pertes énormes. Enfin, le 42°, qui à la gauche, moins exposé aux coups d'enfilade, gagnait visiblement du terrain, reçoit l'ordre de se conformer au mouvement rétrograde, car il ne peut continuer à lui tout seul la lutte sur le plateau. Il exécute sa retraite par échelons, avec beaucoup d'ordre, et arrête ainsi de ce côté l'offensive des Wurtembergeois[2].

Cette tentative, qui venait d'échouer dans un revirement si subit, fut la dernière que fit la division Faron pour s'emparer du parc de Cœuilly. A partir de ce moment, elle se borna à faire tenir par quelques fractions du 35°, qui repoussèrent à la baïonnette les derniers efforts de l'ennemi, le bord extrême du plateau et les pentes du coteau faisant face au sud. La lutte d'artillerie continua seule, après trois heures et jusqu'au coucher du soleil, entre nos batteries des Fours à chaux et celles que les Wurtembergeois avaient autour de Cœuilly. Cependant, comme ces derniers venaient de faire, sans aucun succès d'ailleurs, quelques efforts soit pour rejeter sur la Marne les tirailleurs français, soit pour les tourner en se glissant le long de la rivière, le général

---

1. Ils étaient soutenus par deux pièces, venues audacieusement s'établir à la Maison-Blanche.
2. « Lorsqu'il ne restait plus que la gauche du régiment sur le plateau et que le commandant Cahen donna le signal de la retraite, chacun rivalisa d'efforts et d'énergie pour que le mouvement se fît avec ordre et ne dégénérât pas en fuite ; sous les coups précipités de l'ennemi, on se retira par échelons ; l'emplacement où chaque échelon devait s'arrêter était marqué par des jalonneurs. Le clairon *Ranc* et le tambour *Chevalier*, qui n'avaient cessé de battre la charge pendant le combat, se transportaient successivement à la hauteur des jalonneurs, et, sur l'ordre du commandant Cahen, ils sonnaient *halte*, puis en *retraite* aussi tranquillement qu'à l'exercice. Ces deux soldats ont été décorés après la bataille. » (*Historique du 42° de ligne.*)

Blanchard crut devoir, vers trois heures et demie, donner à son corps d'armée un ordre de retraite générale. Fort heureusement, le commandant en chef, averti à temps, le contremanda immédiatement et fit rentrer dans Champigny la division Faron, dont le mouvement de recul était déjà commencé. On conserva donc ce village ainsi que les Fours à chaux, tandis que nos tirailleurs continuaient à garnir le bord ouest du plateau de Cœuilly.

Attaque des hauteurs de Villiers par le 2ᵉ corps. — Au moment même où, vers dix heures du matin, la division Faron commençait sur notre droite à gravir les pentes où elle devait laisser plus de 2,000 des siens, le 2ᵉ corps, placé au centre, garnissait de ses tirailleurs la crête qui domine Bry et s'apprêtait, comme on l'a vu plus haut, à attaquer de front, avec la division de Maussion, le parc de Villiers, tandis que la division Berthaut, à cheval sur le chemin de fer de Mulhouse, chercherait à le tourner par le sud.

Or, si le château de Cœuilly était, tant par sa situation que par son organisation défensive, l'équivalent d'une petite forteresse, la position de Villiers, tout aussi dominante et encore plus hérissée d'ouvrages et de canons, constituait un objectif bien plus formidable encore. Écoutons à ce sujet le général Ducrot :

A quelques centaines de mètres[1] de la crête au-dessus de Bry, a-t-il écrit, se développe le parc de Villiers, dont le mur ouest, long de 400 mètres, court parallèlement à la ligne de faîte. Garni de créneaux, ce mur, haut de 2 mètres, s'étend entre la route n° 45 et le chemin de Bry à Villiers ; interrompu dans une certaine partie vers ce dernier chemin, il est remplacé par un saut de loup précédé d'une haie ; derrière ce fossé, pouvant contenir de nombreux tirailleurs, l'ennemi avait établi un retranchement pour l'infanterie, de manière à avoir deux étages de feux. Un ouvrage construit vers le milieu, sorte de tambour, flanquait toute cette longue ligne, qui, placée en contre-bas du renflement du plateau, *ne pouvait être vue par l'artillerie qu'à faible distance*. A l'angle sud, un pan coupé, organisé pour deux pièces, enfilait la route n° 45 et le chemin de fer ; au milieu du parc, s'élevait une plateforme, destinée à recevoir une pièce blindée, dont le champ de tir circulaire permettait de battre le plateau. Plusieurs appuis

[1]. 500 mètres environ.

avaient été également préparés pour recevoir des pièces de campagne, ayant des vues sur tout le terrain environnant. Des tranchées, construites à quelque distance en arrière de la face ouest, formaient encore une deuxième ligne de défense ; enfin, sur une petite éminence s'élevait le château ; crénelé, barricadé, ce grand bâtiment formait un réduit redoutable. *Véritable bastion en avant du village*, le parc était flanqué, au sud, par des murs et des tranchées couronnant un mamelon, dont les pentes se prolongent jusqu'au chemin de fer ; sur ce même mamelon, une batterie enfilait tout l'intervalle entre la voie et la route de Villiers. De longs murs, suivant le chemin de Noisy-le-Grand, flanquaient la face nord et croisaient leurs feux avec les deux cimetières, de telle façon que tout le terrain entre Villiers et le chemin des Amates était complètement inabordable ; derrière cette première et puissante ligne, le village barricadé, fortifié, offrait aussi un obstacle des plus sérieux[1].

En présence de tant de difficultés à vaincre, de tant d'obstacles à renverser, le général en chef, auquel l'importance de la position n'avait pas échappé et qui comprenait qu'elle ne tomberait pas sur une simple attaque de front, voulait l'assaillir de trois côtés à la fois. Aux deux mouvements combinés du 2e corps, il entendait ajouter l'action du 3e, et il avait en conséquence prescrit au général d'Exéa de se porter rapidement sur le village de Noisy-le-Grand, de s'en emparer, et de prendre ainsi à revers les formidables défenses du plateau. On verra par la suite comment cette combinaison échoua.

Au signal donné, vers dix heures du matin, les tirailleurs de la division Maussion s'étaient portés en avant et avaient débouché sur le plateau. Mais les feux dirigés sur eux par le 7e régiment de Wurtemberg, embusqué dans le parc, et l'ouragan de projectiles lancés par deux batteries postées au nord de Villiers ne tardèrent pas à les refouler dans les vignes. Bien qu'une contre-attaque, exécutée par deux compagnies saxonnes envoyées de Noisy, eût été repoussée presque aussitôt avec de très grosses pertes[2], le général Ducrot se rendait compte que l'intervention de l'artillerie était de toute

---

1. Général Ducrot, *loc. cit.*, tome II, page 203.
2. *La Guerre franco-allemande*, 2e partie, page 537.

nécessité. Il donna donc l'ordre à quatre batteries [1] de venir s'établir sur le bord du plateau, au sud de la route de Villiers à Bry. L'une d'elles, la plus rapprochée du parc, fut presque immédiatement désemparée par la mousqueterie et obligée de se retirer ; les autres, malgré des pertes sensibles, parvinrent à rester en position, et répondirent avec vigueur aux pièces ennemies de Villiers ; mais leur tir était sans effet contre des murailles que la forme bombée du terrain leur masquait presque complètement, en sorte que leur intervention n'avança pas beaucoup les affaires.

Il était onze heures environ ; à ce moment, d'après les prévisions du général en chef, le 3ᵉ corps aurait dû commencer à faire sentir son action vers le flanc droit de la position ennemie. Fondant sur son arrivée des espérances d'ailleurs très naturelles, le général Ducrot s'impatientait déjà de ce retard, quand, à son grand désappointement, on vint le prévenir que les régiments du général d'Exéa n'avaient même pas encore, à cette heure tardive, commencé le passage de la Marne ! Que faire ? Nos troupes, arrivées sur le plateau, ne pouvaient être ramenées en arrière sans péril ; d'autre part, elles subissaient là, sans profit, des pertes cruelles, qui semblaient les influencer. Se porter en avant, dans un élan vigoureux et rapide, pouvait réussir, et, en tout cas, cela valait mieux que de se laisser décimer sur place... Le général en chef en jugea ainsi et ordonna au 2ᵉ corps de se jeter sur le parc.

La première ligne, formée par les éclaireurs du quartier général [2], par les compagnies franches de la division de Maussion et des fractions assez nombreuses des 123ᵉ et 124ᵉ, en tout 2,000 hommes environ, se porte aussitôt en avant, et cherche, par des bonds successifs, à aborder le parc. La distance à celui-ci est d'à

---

[1]. Trois de la division Maussion, et une de la division Berthaut.
[2]. C'étaient des hommes choisis, au nombre de 130, parmi les zouaves, les régiments de ligne, les mobiles, et comptant dans leurs rangs six volontaires (Suédois, Danois et Américains). Ils étaient commandés par le capitaine de Neverlée, officier d'ordonnance du général Ducrot, et chargés, en principe, d'opérations de nuit.

peu près 500 mètres ; mais c'est à peine si nos soldats parviennent à en franchir la moitié. Accueillis par un feu terrible, vomi par les créneaux du mur toujours intact, leurs rangs sont bientôt désorganisés par des pertes qui croissent à mesure qu'ils s'approchent de l'obstacle fatal. Bientôt, complètement désunis, ils s'arrêtent et reculent ; contenant cependant par trois fois les retours offensifs des Wurtembergeois, ils parviennent à regagner, singulièrement réduits, la crête qu'ils ont quittée quelques instants auparavant, mais ils laissent sur le plateau 500 des leurs, dont les deux colonels Sanguinetti, du 113e, et Dupuy de Podio, du 124e, tués avec le commandant de la compagnie d'éclaireurs.

Tandis que s'effectuait cette infructueuse attaque de front, la brigade Miribel (division Berthaut) tentait, de son côté, de déborder le parc par le sud, en suivant la voie ferrée. A sa tête marchaient deux bataillons de mobiles de la Seine-Inférieure, qui, après avoir gagné un peu de terrain dans le ravin de la Lande, s'arrêtèrent hésitants, en raison des feux venus du mur du parc et les prenant en flanc. Renforcés par deux bataillons de mobiles du Loiret, que le colonel de Miribel fit alors avancer, ils se reportèrent en avant ; mais la grêle de balles qui pleuvait sur eux par devant et par côté arrêta pour la seconde fois les malheureux mobiles, qui venaient de perdre près de 400 hommes, et qui bientôt reculèrent jusqu'au bord du plateau [1].

La position de Villiers restait donc inexpugnable à l'infanterie ; ce résultat aurait pu être prévu d'avance à sa seule inspection, et la première faute avait été de lancer des troupes à l'attaque avant que toute l'artillerie, arrivée en masse sur le plateau, ait préparé celle-ci. L'action de nos batteries, jusqu'ici assez confuse et éparse, n'était pas suffisante, et il fallait bien maintenant, quoique un peu tard, s'en convaincre. Le général en chef ordonna donc à l'artillerie de la division Berthaut de canonner le parc et le village ; puis il envoya un officier presser le mouvement du 3e corps.

[1]. Un des chefs de bataillon des mobiles du Loiret, le commandant Bouillé, était tué ; l'autre, M. de la Touanne, gravement blessé.

A ce moment (midi), nous avions quatre batteries (dont deux de mitrailleuses) sur le bord du plateau, la droite au ravin de la Lande et face à Villiers. Quatre autres (dont une de mitrailleuses), postées entre la voie ferrée et les Fours à chaux, enfilaient le ravin ou bombardaient Cœuilly. Les deux régiments de la brigade Courty (123ᵉ et 124ᵉ), avec les compagnies franches de la division, étaient déployés le long de la crête du plateau, au sud-est de Bry. La brigade Avril de Lenclos avait un de ses régiments, le 125ᵉ, en soutien des batteries placées à gauche de la route n° 43; l'autre (126ᵉ) en réserve près du chemin de fer. Généraux et officiers s'occupaient à remettre de l'ordre dans tous les bataillons, que le violent combat de tout à l'heure avait singulièrement désorganisés. Quant à la division Berthaut, dont la situation n'était pas meilleure, elle se tenait massée dans le ravin de la Lande, à hauteur et à droite de la division de Maussion.

Tout à coup, un grand mouvement se produit du côté des Wurtembergeois. Une partie de la 46ᵉ brigade vient d'arriver à Villiers, et une batterie saxonne a pris position au sud de Noisy[1]. Après un feu violent exécuté par ces nouveaux contingents, six compagnies débouchent brusquement du cimetière neuf et se portent contre la division de Maussion. Repoussées une première fois, elles reviennent à la charge, dessinant autour de notre ligne un mouvement enveloppant[2]; cette fois, sur l'ordre qui leur en est donné, nos hommes se couchent, attendent à bonne portée l'assaillant et le reçoivent alors par une décharge générale qui le met en déroute[3].

---

1. *La Guerre franco-allemande*, 2ᵉ partie, page 537.
2. Un moment, le général Ducrot avait cru que les forces venant du nord-est étaient l'avant-garde du 3ᵉ corps. Il envoya vers elles en reconnaissance quelques éclaireurs Franchetti, qui, malheureusement, revinrent le convaincre du contraire!... « Tous ces éclaireurs, dit-il, se montrèrent aussi dévoués qu'intelligents. M. de Bully, propriétaire du château de Cœuilly, faisait pointer lui-même nos canons sur son château, où était installé le quartier général wurtembergeois. » (Tome II, page 211, en note.)
3. « L'ennemi n'est plus qu'à quelques mètres; le général Ducrot s'écrie : *Debout! Joue, feu!* Une fusillade furieuse éclate sur toute la ligne. Nombre de Saxons tombent; les autres, terrifiés, s'arrêtent,

Malheureusement toute reprise de l'offensive nous est encore interdite par ce terrible mur du parc, qui, aussitôt démasqué, vomit la mitraille et la mort ! En vain, quelques pièces essayent-elles de se porter au galop jusqu'auprès de l'obstacle, pour le renverser ; elles voient tomber en un instant presque tous leurs servants, et doivent se retirer en grande hâte.

Cependant, quatre nouvelles batteries de la réserve générale de l'armée étaient venues prendre position à la gauche de celles de la division de Maussion, canonnant Villiers et contre-battant la batterie saxonne dont il vient d'être question [1]. Toute cette ligne d'artillerie, dont quelques parties seulement étaient abritées par de légers plis de terrain, avait beaucoup à souffrir ; des caissons sautaient ; officiers, servants, attelages tombaient, décimés à la fois par les balles et par les obus, et deux batteries étaient bientôt obligées d'abandonner la partie, à bout d'hommes et de chevaux. « Comme on le voit, notre artillerie, tout en combattant héroïquement, ne parvenait pas à prendre le dessus et à maîtriser les efforts de l'ennemi, qui ne tarda pas à recommencer l'offensive [2]. » Ralliés par leurs chefs et grossis de leurs renforts, les Saxons, en effet, reviennent pour la troisième fois à la charge, en s'étendant vers leur droite. Devant cette menace, un bataillon se déploie en potence, face au nord-est, et notre ligne ainsi formée en équerre redouble son feu ; mais l'ennemi, favorisé

tourbillonnent. Généraux, états-majors, cavaliers d'escorte, officiers, fantassins, s'élancent sur eux. Tout cède. Un instant on s'aborde à l'arme blanche, et le général en chef brise son épée dans le corps d'un soldat allemand. » (Général Ducrot, *ibid*.)

1. On voit combien, sous le rapport du mode d'emploi de l'artillerie, notre tactique était alors inférieure à celle des Allemands. Tandis que ceux-ci, engageant leurs batteries en masses et dès le début de l'action, prenaient immédiatement la supériorité sur l'adversaire et frayaient les voies à leur infanterie, nous, au contraire, nous ne mettions nos pièces en ligne que batterie par batterie, de façon à les faire détruire en détail. L'emploi des grandes masses d'artillerie, concentrant leurs feux sur un point donné et y brisant tous les obstacles, emploi dont, le premier, Napoléon avait montré les féconds résultats, nous était devenu absolument étranger, et nous laissions aux Allemands le soin d'en relever l'usage. Étrange et fâcheux oubli des leçons que nous avions nous-mêmes données !

2. Général Ducrot, *loc. cit.*, tome II, page 213.

par la forme du terrain, et trouvant à se défiler dans les vignes et les plantations qui couvrent les pentes, à l'est de Bry, s'approche peu à peu ; bientôt il est presque sur nous ; nos soldats, épuisés par une lutte qui dure depuis si longtemps, lâchent pied pour rétrograder jusqu'au bas des pentes, et découvrent complètement le flanc gauche des batteries en position sur la crête du plateau. Celles-ci se trouvent alors dans une situation critique ; quatre d'entre elles, appartenant à la réserve générale et postées entre la route n° 45 et le chemin de Bry à Villiers, sont contraintes à la retraite, laissant, à leur extrême gauche, deux pièces sur le terrain. Les Allemands, qui n'ont plus rien devant eux, poussent de l'avant, et jettent même du monde dans les premières maisons de Bry. Le 3ᵉ corps, auquel le général Ducrot a de nouveau envoyé un officier pour lui demander instamment de hâter sa marche, n'apparaît pas encore. Nous allons être complètement débordés par la gauche, quand, heureusement, une batterie de mitrailleuses du 3ᵉ corps vient s'établir sur la rive droite de la Marne, dans le parc du Perreux, et prenant d'enfilade la longue ligne d'attaque des Saxons, les oblige à s'arrêter, puis à reculer[1]. A la faveur de cette heureuse diversion, nos tirailleurs, se reportant en avant, peuvent réoccuper Bry et les pentes qui se trouvent en avant.

Tout cela cependant n'avançait pas nos affaires, et, après plus de trois heures d'une lutte sanglante, nous nous trouvions juste au même point qu'au début de l'action. On songea alors à renforcer de nouveau la ligne d'artillerie qui, depuis le matin, s'épuisait en efforts stériles pour abattre l'obstacle passif devant lequel était venue se briser notre offensive, et on fit arriver sur le plateau les cinq batteries de la réserve du 2ᵉ corps. Elles s'établirent depuis le ravin de la Lande jusqu'un peu au nord de la route n° 45, prolongeant la ligne des pièces établies près des Fours à chaux.

---

[1]. « Le 3ᵉ corps... engage son artillerie avec un tel succès que les contingents du 106ᵉ qui combattaient à l'aile nord de la ligne de bataille sont contraints de reculer dans les vignes de Bry. » (*La Guerre franco-allemande*, 2ᵉ partie, page 528.)

Bientôt les batteries de la réserve générale, remises tant bien que mal en état, vinrent reprendre leur place, en sorte qu'à ce moment, 60 pièces de canon tonnaient à la fois depuis Champigny jusqu'au parc de Villiers. C'était trop tard. Si, engageant dès le début et à la fois toute cette masse d'artillerie, le général en chef avait attendu, pour lancer son infanterie, que le canon eût fait son œuvre, il est probable que tant de courage et de dévouement n'eussent pas été inutilement gaspillés. Nous avions, à défaut de l'avantage des positions et de la qualité du matériel, une incontestable supériorité numérique; on n'en profita que lorsqu'il n'était déjà plus temps et après que l'infanterie, décimée et à bout de forces, était incapable de tenter un nouvel assaut. C'est donc à notre tactique vicieuse que nous devons de n'avoir pu déloger les Allemands de leurs fortifications. Car il faut le dire nettement : l'armée du général Ducrot comptait 70,000 hommes et plus de 200 pièces, tandis que les Allemands avaient en ligne à peine 40,000 hommes avec 72 canons. Nos soldats, tant fantassins qu'artilleurs, se sont battus bravement, ce n'est pas douteux; ils ont, à part quelques défaillances très rares, attaqué avec vigueur et résisté avec énergie. Mais, loin d'être dirigés d'après un plan suffisamment mûri et d'une exécution certaine, ils se sont trouvés lancés droit devant eux, presque au hasard, et dans des conditions telles que l'ordre dans lequel les armes différentes doivent se prêter un concours réciproque a été inversé. Dans les conditions actuelles de la guerre, c'est là une infériorité à laquelle il n'est plus possible de suppléer désormais.

Quoi qu'il en soit, les batteries françaises, déployées en avant des troupes, engagèrent aussitôt une lutte violente, dans laquelle nos artilleurs montrèrent un courage véritablement admirable. Leurs pièces, complètement à découvert, se trouvaient exposées à la fois aux obus que l'artillerie allemande, beaucoup mieux défilée, lançait avec une précision terrible, aux projectiles d'enfilade venus de Cœuilly, aux balles de l'infanterie saxonne en ligne au nord-ouest de Villiers.

Les vides creusés dans les rangs étaient énormes, et peu à peu le tir, faute de servants, s'alanguissait. Déjà le brave général Renault, qui se tenait en avant de la brigade Miribel et « donnait à tous l'exemple du devoir et du mépris de la mort [1] », avait été frappé d'un éclat d'obus qui lui fracassait le pied. Les généraux Frébault, commandant l'artillerie de l'armée, et Boissonnet, commandant celle du 2ᵉ corps, étaient blessés, ainsi que presque tous les officiers de leurs états-majors. Bientôt deux batteries, complètement désemparées, durent abandonner le champ de bataille; les autres, un peu moins éprouvées, continuèrent leur rôle de sacrifice et de dévouement [2].

Cependant, cette canonnade, engagée trop tard, n'aboutissait à rien; l'infanterie, à bout de forces, ne pouvait plus être portée en avant. De leur côté, les Allemands, non moins épuisés, semblaient renoncer à toute nouvelle contre-attaque. La bataille semblait donc devoir s'éteindre en même temps que ce duel retentissant prendrait fin, et, en l'absence du 3ᵉ corps, toujours invisible, le général en chef se disposait à remettre au lendemain la reprise de son offensive. Il venait en conséquence de donner l'ordre de garder partout les positions occupées en s'y fortifiant, et il se dirigeait vers Champigny pour se rendre compte de l'état des choses de ce côté, quand tout à coup, dans l'obscurité naissante, une vive lueur illumina l'horizon vers le nord,

---

1. Général Ducrot, *loc. cit.*, tome II, page 207. — Le général Renault, qu'on appelait Renault *de l'arrière-garde*, en souvenir de sa bravoure et de sa valeur intelligente dans les retraites pourchassées par les Arabes, devait succomber peu après à sa blessure.

2. « Les batteries Moriau et de Chalain (placées près de la route n° 45), en parties détruites par les feux de Cœuilly, se trouvent dans une position intenable. En moins d'une demi-heure la batterie de Chalain perd 27 hommes, 1 chef de section, 3 chefs de pièce, le commandant de la ligne des caissons et un grand nombre de chevaux. La batterie Moriau, presque autant éprouvée, ne peut, comme la batterie de Chalain, continuer son feu faute de servants. Cependant, ces deux braves capitaines-commandants ne veulent pas quitter le terrain. Faisant appel à quelques fantassins de bonne volonté, ils poursuivent encore la lutte. Mais leurs pertes sont bientôt telles que le service devient tout à fait impossible. Ordre leur est donné de cesser le feu et de se porter en arrière. » (Général Ducrot, page 217.)

tandis qu'une bruyante fusillade éclatait entre Bry et Villiers. C'était le 3ᵉ corps qui, après s'être tant fait attendre, attaquait maintenant de front une position qu'il avait l'ordre de prendre à revers. Il était près de quatre heures du soir.

Opérations du 3ᵉ corps. — On se rappelle que la mission assignée à ce corps d'armée par l'ordre général d'opérations consistait : 1° à s'emparer de Neuilly-sur-Marne pour couvrir la gauche et assurer l'établissement des ponts de Bry et de la Plâtrière ; 2° à attaquer Noisy-le-Grand, pour de là, tout en surveillant le pont de Gournay et en empêchant l'arrivée des renforts ennemis de ce côté, se rabattre sur la position de Villiers, afin de la prendre à revers. Une pareille mission était, il faut en convenir, bien complexe et singulièrement délicate. Exécuter un passage de rivière de vive force, opérer un mouvement tournant extrêmement large, contenir les troupes saxonnes qui, sans aucun doute, allaient chercher à venir au secours des Wurtembergeois, et réussir malgré tout à combiner une attaque de flanc avec une attaque de front tellement précipitée qu'on n'avait même pas attendu, pour l'entamer, l'arrivée de toute l'artillerie, voilà ce que le commandant en chef demandait au général d'Exéa, sans réfléchir que c'était, à moins d'un miracle, impossible.

Le 3ᵉ corps s'était mis néanmoins en marche à cinq heures du matin. La 1ʳᵉ division (de Bellemare), quittant les abords sud du village de Rosny, avait gagné le rond-point de Plaisance, où elle s'était massée face à Neuilly ; la division Mattat, ayant avec elle les mobiles du colonel Reille, venait peu après, avec l'artillerie de réserve, se rassembler à côté de la première, au sud de la route de Strasbourg. Vers neuf heures, après avoir fait canonner le village de Neuilly pendant une demi-heure, le général de Bellemare lança ses troupes en avant. Le 1ᵉʳ bataillon des mobiles de Seine-et-Marne refoula sans difficulté les avant-postes ennemis et occupa solidement Neuilly, dont la lisière orientale fut immédiatement fortifiée.

En même temps, l'emplacement des ponts à lancer à la

Plâtrière ayant été reconnu, quatre batteries, établies sur la rive droite de la Marne, aux abords de cet emplacement, ouvraient le feu sur Noisy-le-Grand, Villiers et Bry[1]. Enfin, vers dix heures, le général d'Exéa faisait avancer l'équipage de pont, réuni depuis huit heures du matin au rond-point de Plaisance, et l'opération du lancement commençait[2]. Elle put s'exécuter sans encombre et se termina vers midi. Mais il n'en fut malheureusement pas de même pour les ponts qui, à Bry, devaient servir au passage de la division Mattat. Là, deux nacelles ayant été coulées par les obus allemands, et le personnel dirigeant ayant subi des pertes sensibles[3], il s'ensuivit une certaine panique chez les ouvriers du génie civil qui travaillaient au lancement, et lorsque, vers midi, les Saxons, ayant refoulé devant eux les soldats de la division de Maussion, et poussé, comme on l'a vu plus haut, leur mouvement offensif jusqu'aux premières maisons de Bry, commencèrent à couvrir de balles les travailleurs, cette panique se changea en déroute ; le chantier se vida en un instant, et les ponts restèrent là, inachevés, sans que personne pût y ramener les ouvriers débandés.

Le 3ᵉ corps n'avait donc plus à sa disposition qu'un seul groupe de ponts, au lieu de deux. En outre, les troupes saxonnes, victorieuses sur leur aile droite, inondaient le plateau de Bry, d'où elles avaient chassé les régiments de la division de Maussion. « Le général d'Exéa craignit de compromettre ses troupes en leur faisant franchir la rivière dans ces conditions[4] », et arrêta

---

1. Pour aider l'offensive de la division de Maussion, qui commençait à ce moment à se dessiner en avant de Bry, le général d'Exéa envoya deux autres batteries prendre position sur le mamelon du Perreux. On a vu plus haut de quel secours ces batteries, surtout celle de mitrailleuses, furent, quelques instants plus tard, pour la gauche du 2ᵉ corps.
2. Le 3ᵉ corps devait avoir à sa disposition deux groupes de ponts : le premier, à la Plâtrière, lancé par des pontonniers militaires ; le second, à Bry, lancé par le génie auxiliaire. Le matériel et le personnel destinés à ce deuxième groupe arrivaient par la Marne, sur des chalands remorqués par la *Persévérance*, le bateau du commandant Rieunier.
3. Le commandant Rieunier était blessé ainsi que plusieurs matelots.
4. Général DUCROT, *loc. cit.*, tome II, page 239.

le mouvement de la division de Bellemare, rappelant même sur la rive droite celles de ses fractions qui avaient déjà passé de l'autre côté. C'était là un recul très fâcheux, mais presque forcé, car le général d'Exéa ne savait pas exactement ce qui se passait à ce moment sur le plateau. Il voyait seulement les troupes voisines violemment rejetées vers la Marne, et l'adversaire en voie de progresser d'une inquiétante façon. Peut-être « pécha-t-il par excès de prudence [1] ». Peut-être eût-il réussi en montrant plus d'audace; c'est du moins l'avis du général Ducrot, qui lui reproche de n'avoir pas utilisé la puissante artillerie dont il disposait et le point d'appui de Neuilly-sur-Marne pour brusquer le mouvement [2]. La question est malaisée à résoudre à distance; mais, en pareille matière, il est permis cependant de n'accepter que sous réserves l'opinion d'un général dont l'ardeur trop impatiente allait souvent, l'issue de cette journée en est une preuve, jusqu'à compromettre le succès.

Cependant, un nouvel officier, envoyé par le commandant en chef, était venu demander au général d'Exéa de presser sa marche. Comme, d'autre part, l'artillerie du 3ᵉ corps, et tout particulièrement la batterie de mitrailleuses postée au Perreux, venait justement de permettre à la division de Maussion de reprendre Bry et de refouler les Saxons, le commandant du 3ᵉ corps, qui n'avait plus maintenant les mêmes motifs de crainte, céda aux pressantes sollicitations de son chef et donna l'ordre à la division de Bellemare de franchir la rivière. Il était deux heures du soir, c'est-à-dire bien tard pour que l'action du 3ᵉ corps pût s'exercer efficacement. Les troupes du général de Bellemare passèrent néanmoins sur la rive gauche et vinrent se masser, au fur et à mesure qu'elles arrivaient, au nord de Bry, face à Noisy-le-Grand. Vers trois heures, la traversée étant terminée, elles s'ébranlèrent. Mais au lieu de les diriger sur Noisy-le-Grand, objectif qui leur avait été assigné,

---

1. Général Ducrot, *loc. cit.*, tome II, page 239.
2. *Ibid.*, pages 239 et 240.

le général d'Exéa crut bien faire en les lançant contre Villiers. Il espérait probablement ainsi regagner le temps perdu, et répondre plus rapidement aux instances réitérées du commandant en chef ; il allait, en réalité, à l'encontre de ses intentions ; car, loin de dessiner une attaque enveloppante, comme il en avait reçu l'ordre, il renouvelait ainsi tout simplement une de ces attaques de front, infructueuses et meurtrières, qui avaient déjà coûté tant de monde sans résultat.

Certes, il pouvait croire que la préparation par l'artillerie était maintenant suffisante, car, à sa droite, dix-huit batteries, déployées sur le plateau, mais plus ou moins complètes, tiraient sans relâche depuis plus d'une heure, et le bruit de leur canonnade était véritablement effrayant[1]. Malheureusement, ces batteries, auxquelles ripostait toute l'artillerie ennemie, renforcée depuis un moment par trois batteries saxonnes venues de la rive droite de la Marne, étaient tout entières absorbées dans ce duel formidable, où elles n'arrivaient pas à prendre le dessus. Ecrasées par les projectiles ennemis, exposées à découvert aux coups d'un adversaire bien défilé ou protégé par des épaulements, elles souffraient énormément, subissaient des pertes terribles et ne tenaient encore que grâce à l'admirable dévouement de leurs officiers et des canonniers. Mais il leur était impossible de changer d'objectif, même pour un instant, en sorte que les ouvrages occupés par l'infan-

---

1. Ces batteries étaient disposées comme suit :
 a) A gauche de la route n° 45, entre cette route et le mamelon A : 4 batteries (3 de la réserve générale et 1 de la division de Maussion);
 b) Entre la route n° 45 et le ravin de la Lande : 3 batteries (2 de la division de Maussion et une de la réserve générale);
 c) Entre le ravin de la Lande et les Fours à chaux : 3 batteries (de la division Berthaut);
 d) Sur le plateau à l'est des Fours à chaux : 8 batteries (réserve du 2e corps et division Malroy).
 Certaines de ces batteries, particulièrement éprouvées, avaient déjà quitté le champ de bataille une et même deux fois pour se reconstituer, au moins en partie. En tout cas, la disposition indiquée ci-dessus était le résultat de nombreuses vicissitudes et de changements fréquents dans l'ordre des batteries, changements nécessités par des allées et venues exécutées principalement par la réserve générale.

terie allemande demeuraient presque intacts et toujours aussi redoutables qu'avant.

Quoi qu'il en soit, la division de Bellemare, opérant un changement de direction à droite, s'engagea dans les routes étroites qui existent entre le grand parc et le village de Bry, et vint se masser près de la place de l'Eglise. Son chef confia alors au 3ᵉ bataillon de zouaves le soin de couvrir la gauche en surveillant la route de Noisy, et donna aussitôt l'ordre d'aborder les hauteurs de Villiers, dans l'ordre suivant : à droite le 136ᵉ, au centre le 4ᵉ zouaves, à gauche les mobiles de Seine-et-Marne ; à l'extrême gauche, les mobiles du Morbihan.

A trois heures et demie du soir, deux compagnies de zouaves, formant avant-garde, abordent le plateau et débouchent devant le mur de Villiers. Une fusillade terrible, qui éclate instantanément, les rejette, non sans de lourdes pertes, sur leur bataillon qui les recueille et revient avec elles à la charge. Dans un élan d'incontestable bravoure, qui efface les derniers souvenirs des faiblesses de Châtillon, ces énergiques soldats se précipitent en avant et essayent encore une fois d'aborder la terrible muraille. Vains efforts! Leurs rangs sont hachés par les balles ; 16 officiers sur 18 et 311 hommes sur 600[1] sont en un instant couchés à terre, et le seul résultat de cette attaque héroïque est la reprise des deux pièces que nous avions le matin abandonnées sur le plateau.

Alors, toute la division est lancée sur l'obstacle ; le 2ᵉ bataillon de zouaves, encadré, à droite par le 136ᵉ, par le 1ᵉʳ bataillon du 107ᵉ (de la division Mattat) et par la légion des *Amis de la France*, à gauche par une partie des mobiles de Seine-et-Marne, se précipite de nouveau, sous la conduite du colonel Fournès, et avec la plus fougueuse intrépidité[2], vers le parc de Villiers. De son côté, le général Ducrot, qui, au bruit de la fusillade, vient d'accourir de ce côté, amène avec lui ce qu'il a pu réunir des divisions Maussion et Berthaut, à savoir :

1. Général Ducrot, *loc. cit.*, tome II, page 249.
2. *Ibid.*, page 250.

deux bataillons du 126ᵉ et deux du 119ᵉ, qui se déploient à cheval sur la route n° 45. Une batterie de la division Bellemare, postée près du chemin de Bry, ouvre le feu sur le parc, combinant son action avec celle des pièces d'Avron et de deux batteries (dont une de mitrailleuses) de la réserve générale, qui, des abords de la route, canonnent à 400 mètres la position ennemie.

Celle-ci a encore été renforcée par quatre bataillons saxons. Les efforts généreux de nos vaillants soldats viennent se briser contre elle; les batteries sont décimées par les balles, et la ligne française, émiettée, brisée, rompue, s'éparpille en laissant près de 600 hommes au pied même de ce but insaisissable, dont la conquête lui échappe encore une fois.

Le commandant en chef comprit alors que toute nouvelle tentative était condamnée d'avance. Peut-être que celle dont il vient d'être question, si hasardée qu'elle fût, aurait pu avoir des résultats moins douloureux si elle eût été combinée avec une reprise de l'offensive dans les 2ᵉ et 1ᵉʳ corps; malheureusement, non seulement le général d'Exéa n'avait pas dirigé son mouvement dans le sens qui lui était indiqué par les ordres de l'armée[1], mais il avait même négligé de prévenir le général Ducrot qu'il allait attaquer; en sorte que son intervention, sur laquelle personne ne comptait plus, constituait pour ainsi dire une action séparée dans l'opération générale[2]. En tout cas, il était trop tard

---

[1]. « Grâce à ce mouvement, dit la *Relation allemande*, le lieutenant général Nehroff de Holdenberg (commandant la 26ᵉ division) avait le temps de ramener l'aile droite saxonne, *déjà menacée à revers*, dans les tranchées et sur le cimetière au nord de Villiers, et d'envoyer des renforts sérieux aux troupes de Noisy-le-Grand et à l'artillerie du plateau de Villiers. » (2ᵉ partie, page 541.)

[2]. L'intervention du 3ᵉ corps n'eut même pas le mérite de fournir sur notre gauche une diversion qui immobilisât les forces allemandes de la rive droite de la Marne; car les mobiles du colonel Reille, après avoir pris Neuilly et fait bombarder, par quatre batteries, la Ville-Évrard et la Maison-Blanche, ne poussèrent pas plus avant et permirent ainsi à la 23ᵉ division saxonne de jeter sur la rive gauche les renforts qu'elle voulut. Ces renforts furent inutiles, mais n'en étaient pas moins prêts à soutenir, le cas échéant, la 24ᵉ division, presque tout entière engagée.

pour réparer les fautes commises, et la nuit menaçante obligeait à cesser le combat. Le général en chef donna l'ordre d'arrêter partout la lutte, de rester sur les positions occupées, en faisant relever par les troupes de réserve celles qui avaient trop souffert, de se retrancher sur toute la ligne et de renouveler les munitions.

Ainsi cette journée sanglante ne nous donnait d'autre conquête que la ligne des avant-postes ennemis. Et pour un aussi maigre résultat, nous avions perdu, rien que sur le champ de bataille de Villiers-Cœuilly, plus de 4,000 hommes tués, blessés ou disparus [1] ! Triste conséquence d'une tactique vicieuse, d'une exécution incomplète et tronquée du plan d'opérations, et d'une préparation trop hâtive, dont le défaut s'était d'autant plus vivement fait sentir que les positions à aborder étaient plus redoutables et mieux défendues.

II. — Journée du 1er décembre.

Mesures prises pour conserver la rive gauche de la Marne. — En présence de l'échec manifeste que venait d'éprouver la 2e armée dans ses efforts réitérés pour se frayer un passage vers l'est, le seul parti auquel il eût été raisonnable de se ranger consistait assurément à la ramener sous Paris. La retraite, favorisée par l'épuisement de l'ennemi, était possible ; elle eût permis de réorganiser nos troupes, et de les lancer, quelques jours plus tard, dans une nouvelle direction. Mais le gouvernement, on le sait, n'était jamais le maître de ses décisions ; constamment à la remorque de l'opinion publique, qu'il subissait au lieu de la diriger, il devait cette fois encore compter avec elle et lui subordonner ses projets.

Or, la population parisienne, toujours aussi impressionnable, venait d'accueillir avec des transports d'enthousiasme les nouvelles qui lui étaient venues des

---

[1] Les pertes des Allemands, mieux abrités que nous, ne dépassaient pas 1,700 hommes.

bords de la Marne, et de transformer en victoire décisive ce qui n'était même pas un succès sujet à contestation. « Le 29, on n'avait pas assez d'injures contre le commandant de la 2ᵉ armée, parce que *ses ponts étaient trop courts*[1]; le lendemain, on le portait aux nues[2]. » Annoncer maintenant un mouvement rétrograde, c'était provoquer à coup sûr une exaspération générale dont les conséquences pouvaient devenir graves. On n'osa pas tenter une aussi dangereuse expérience et il fut décidé que l'armée garderait ses positions.

Cela étant, il restait encore un moyen de profiter de la situation telle quelle, et de provoquer les dernières chances qui subsistassent de ramener le succès. C'était d'appeler sur la Marne des troupes fraîches, tirées de la 3ᵉ armée, de relever les corps trop éprouvés de la 2ᵉ, et de reprendre énergiquement l'offensive dès le lendemain matin. On rejeta également cette solution par crainte d'être pris de court, et de ne pas trouver dans les troupes si éprouvées du 2ᵉ corps le moral nécessaire à cette brusque reprise de la bataille. C'est-à-dire qu'en définitive, on ne résolut rien, si ce n'est de rester là, et de prendre sur place des dispositions pour résister à une attaque probable de l'ennemi. L'idée de sortie était donc abandonnée, au moins pour le moment; les rôles se trouvaient intervertis et la situation tactique de la 2ᵉ armée, d'offensive qu'elle était et qu'elle devait être pour remplir sa mission, devenait désormais défensive, purement et simplement. Quant à son état matériel, il était, à proprement parler, lamentable. Beaucoup de régiments, désorganisés, avaient perdu plus de la moitié de leurs cadres; la plupart des batteries manquaient d'attelages suffisants; certains corps restaient totalement dépourvus de munitions. C'était là, il faut en convenir, un ensemble de tristes conditions pour continuer la lutte, en même temps qu'une

---

[1]. C'est par ce motif absurde que certains journaux et orateurs des clubs expliquaient le retard apporté, le 29, au lancement des ponts de la Marne, et le public ne manquait pas d'être convaincu qu'il fût vrai.
[2]. Général Ducrot. *loc. cit.*, tome II, page 286.

série de motifs impérieux pour remettre l'opération à un moment plus opportun. Mais enfin, puisqu'on ne s'en allait pas, il fallait de toute nécessité et de première urgence, réapprovisionner les troupes et les réorganiser le mieux possible. C'est à quoi on employa la nuit du 30 novembre au 1ᵉʳ décembre, nuit terrible, devenue brusquement glaciale, et pendant laquelle officiers et soldats, sans tentes, sans couvertures, sans feu, et presque sans vivres[1], endurèrent d'épouvantables souffrances auxquelles d'autres plus cruelles encore devaient malheureusement succéder.

Par ordre du général Ducrot, on exécuta, sur le front occupé, les travaux de fortification passagère nécessités par la nouvelle attitude que l'armée était obligée de subir. Des épaulements de batterie furent construits au centre de la position, aux abords des Fours à chaux, entre Champigny et le ravin de la Lande; on aménagea défensivement les carrières voisines, on créa devant les troupes de longues lignes de tranchées-abris. L'une de celles-ci, couvrant à la fois les divisions Berthaut et de Maussion, partait d'un petit bois situé au sud de la voie ferrée, gagnait la crête du plateau de Villiers et allait jusqu'au chemin de Bry, où elle se retournait pour former un crochet défensif face au nord. Les deux villages de Champigny et de Bry, ailes de la position, furent mis en état de défense[2]. Enfin, les ponts de Bry

---

1. La proximité des avant-postes ennemis ne permettait pas d'allumer de feu. Par suite, non seulement il était impossible de combattre le froid, mais on devait aussi renoncer à faire cuire les aliments, de sorte que soldats et officiers n'avaient pour toute nourriture qu'un peu de biscuit et du lard cru.

2. A Champigny, on dut, toujours en raison de la proximité des avant-postes ennemis (il y en avait un à Bel-Air), se borner à organiser l'intérieur du village. On occupa cependant les deux parcs situés au saillant est, des deux côtés de la vieille route de Chennevières; mais, faute d'outils, les murs qui les enclavaient ne furent pas crénelés. Outre ces parcs, il existait en avant de la lisière orientale de Champigny deux petits bois qui pouvaient devenir dangereux : non seulement on ne les organisa pas, mais on n'y mit personne. A Bry, l'organisation défensive se réduisit également à l'intérieur du village. Le grand parc Dewinck, qui s'étend au nord, ne fut pas occupé, faute de monde. (On verra plus loin que dans la journée du 1ᵉʳ décembre, une grande partie du 3ᵉ corps repassa sur la rive droite de la Marne.) Cependant l'occupation de ce vaste enclos « pré-

ayant été achevés dans la journée du 30, on construisit en avant d'eux, comme devant ceux de Neuilly, deux petites lunettes destinées à les protéger.

Ces différents travaux purent s'exécuter dans la journée du 1er décembre ; une suspension d'armes, conclue assez tard dans l'après-midi, avait en effet régularisé l'accord tacite qui, depuis le matin, s'était établi entre les belligérants pour enterrer les morts et relever les blessés. Cette accalmie de douze heures permit d'achever enfin ce qu'on avait commencé la veille au soir. Elle permit surtout de porter secours à nos malheureux blessés, dont une partie, ceux qui étaient tombés devant Villiers, n'avaient pu être relevés le 30, les Allemands, par crainte d'une surprise, fusillant impitoyablement tout ce qui se présentait de ce côté[1]. Les ambulances furent rapprochées et s'installèrent à Bry, aux environs de Poulangis, et au Perreux[2].

Positions des troupes françaises le 1er décembre au soir. — Nos troupes, on l'a vu, étaient restées à peu de chose près sur les positions qu'elles occupaient à la fin de la bataille.

A droite, le *1er corps* s'étendait depuis Champigny jusqu'au ravin de la Lande. La division Faron gardait Champigny, mais ses avant-postes ne dépassaient pas les murs des parcs du saillant oriental et la lisière sud du village. Son artillerie, avec l'artillerie de réserve du 1er corps, était massée en arrière de Champigny. La division de Malroy occupait le terrain au nord ; ses trois batteries étaient en position derrière des épaulements élevés en avant des Fours à chaux ; la ligne de sentinelles courait depuis le parc situé au nord-est de Cham-

---

nant de flanc et à revers le village de Bry, était d'autant plus nécessaire que les Allemands, chassés seulement depuis la veille, le connaissaient dans toute son étendue, dans ses moindres détails ». (Général Ducrot, page 313.) — On dut se contenter de barricader toutes les issues y donnant accès. Le récit de la bataille de Champigny montrera quelles funestes conséquences entraîna cette organisation trop incomplète de nos deux plus importants points d'appui.

1. Beaucoup de ces malheureux, qui passèrent sur la terre nue cette nuit glaciale y périrent de froid.
2. Voir, pour l'organisation des ambulances, la pièce n° 2.

pigny[1] jusqu'au petit bois de la Lande, qu'occupaient trois compagnies de la brigade Paturel.

Le *2ᵉ corps* tenait le centre. La division Berthaut, établie entre le ravin de la Lande et le chemin creux de Bry à Villiers, avait ses avant-postes un peu en avant du chemin de Bry à Bel-Air, la gauche sur le plateau de Villiers. La division de Maussion, réduite à une brigade (car les régiments du général Courty, trop éprouvés, avaient dû être relevés et mis en réserve), avait placé sa ligne de sentinelles à 300 mètres en avant de la crête du plateau de Villiers.

Quant au *3ᵉ corps*, il avait été, le 1ᵉʳ décembre au matin, reporté tout entier sur la rive gauche de la Marne, parce que le général de Bellemare, voyant des renforts considérables arriver aux Allemands, à Noisy et à Villiers, ne s'était pas cru en mesure de résister dans Bry et avait craint de voir les ponts en arrière coupés par les obus[2]. Informé de ce fait, le général Ducrot donna immédiatement l'ordre au général d'Exéa de ramener sous Bry la brigade Daudel, qui occupa le village (moins le parc Dewinck, qu'elle était trop peu nombreuse pour tenir), et qui plaça sa ligne de sentinelles d'abord dans le prolongement de celles de la division de Maussion, puis en potence, face à Noisy-le-Grand, la gauche venant s'appuyer au saillant sud du parc Dewinck. Le reste du 3ᵉ corps resta sur la rive droite, ayant ses batteries de réserve en position au bord de la rivière, et la brigade Reille toujours dans Neuilly.

C'est ainsi que l'armée française passa au bivouac, dans des tortures inouïes, une seconde nuit où le thermomètre descendit à dix degrés au-dessous de zéro. Le sommeil était impossible, le repos et l'immobilité funestes, et les troupes ne pouvaient prendre aucun aliment chaud. Il faut le dire à leur honneur, nos soldats

---

1. On a vu ci-dessus que ce parc n'était pas occupé. Cette erreur regrettable provenait d'ordres mal donnés, qui ne désignaient pas catégoriquement l'unité chargée de tenir le point indiqué. Chacune des divisions du 1ᵉʳ corps crut ainsi que le soin d'y envoyer du monde incombait à sa voisine, et finalement n'y mit personne.

2. Lettre du général de Bellemare au général d'Exéa, datée de Bry, 1ᵉʳ décembre, quatre heures du matin.

supportèrent cette terrible épreuve avec un héroïsme qu'on ne saurait trop admirer. Mais nul ne résiste impunément à de pareilles souffrances ; en y songeant, on comprend et on excuse la panique que l'attaque subite des Allemands provoqua, le lendemain matin, chez des hommes épuisés, dont un martyre de quarante-huit heures avait brisé les forces et dompté l'énergie[1].

Dispositions prises par l'ennemi. — Le grand quartier général allemand, qui, ignorant notre état pitoyable, pouvait s'attendre à une prompte reprise de l'offensive française, s'était empressé, dans la nuit du 30 novembre au 1ᵉʳ décembre, de faire passer de la rive gauche de la Seine dans le secteur menacé, une forte partie des IIᵉ et VIᵉ corps. Puis, la gauche de l'armée de la Meuse se trouvant ainsi fortement appuyée, le prince royal de Saxe avait ordonné au commandant du XIIᵉ corps de nous rejeter derrière la Marne et de détruire les ponts[2]. Mais l'heure avancée à laquelle était parvenu cet ordre en avait fait ajourner l'exécution jusqu'au lendemain 2 décembre. Pendant ce temps, les troupes allemandes cantonnaient dans les villages de Noisy, Villiers, Chennevières, Sucy, Valenton, et passaient ainsi les deux terribles nuits du 30 novembre et du 1ᵉʳ décembre dans des conditions matérielles infiniment moins misérables que nos malheureux soldats.

Le 1ᵉʳ, dans la journée, le général de Fransecky, commandant le IIᵉ corps d'armée, fut investi, sous l'autorité supérieure du prince royal de Saxe, du commandement momentané de toutes les forces réunies entre la Seine et la Marne. D'après ses ordres, les troupes allemandes prirent, le 2, de grand matin, les dispositions que voici :

---

1. Une autre cause d'abattement était qu'on ne pouvait guère se faire d'illusion sur l'issue définitive de la lutte engagée. La sortie étant désormais impossible, le but d'une nouvelle bataille n'apparaissait pas. « Aucun plan nouveau, dit le général Ducrot, aucune instruction sur la suite à donner aux opérations. C'est qu'en effet il n'y avait rien à entreprendre, *rien à faire, si ce n'est lutter passivement;* personne ne le disait encore, mais tout le monde le comprenait et le sentait. » (Tome II, page 137.) — Alors, pourquoi sacrifier inutilement tant de braves gens à une crainte inqualifiable de l'opinion ?

2. *La Guerre franco-allemande*, 2ᵉ partie, pages 544 et 545.

La 24ᵉ division (XIIᵉ corps), chargée d'attaquer Bry, se rassembla au sud-est de Noisy-le-Grand, auprès de la *Grenouillère*, avec 4 bataillons de la 23ᵉ division et l'artillerie de corps saxonne. La 1ʳᵉ brigade wurtembergeoise, désignée pour opérer contre Champigny, avait le 1ᵉʳ régiment auprès de Villiers et les bords du chemin de fer, le 7ᵉ régiment et le 2ᵉ bataillon de chasseurs aux abords de Bel-Air[1]. Ces deux groupes de forces devaient attaquer simultanément et se mettre en route de manière à se trouver respectivement à sept heures du matin en face des villages de Bry et de Champigny.

A gauche, la 7ᵉ brigade (IIᵉ corps) se tenait en réserve près de l'auberge de *Mon-Idée*[2] ; la 6ᵉ (même corps) était à Sucy, avec deux batteries de l'artillerie de corps. La 5ᵉ, avec les quatre autres batteries de l'artillerie de corps, devait, dès l'aube, quitter Marolles, où elle cantonnait, et venir rejoindre la 6ᵉ. La 21ᵉ brigade (VIᵉ corps), bien que revenue sur la rive gauche de la Seine, à Athis, se tenait prête à tout événement. Enfin, les 2ᵉ et 3ᵉ brigades wurtembergeoises conservaient leurs positions à Sucy et Valenton. Le total de ces forces se montait à 58 bataillons (environ 54,000 hommes) et 204 pièces de canon (34 batteries).

III. — Bataille de Champigny.

Le 2 décembre, avant les premières lueurs du jour, les troupes allemandes se mettaient en mouvement et attaquaient sur toute la ligne à la fois, depuis Champigny jusqu'à Bry.

Attaque des positions du 1ᵉʳ corps. — Devant notre droite, 10 compagnies wurtembergeoises[3], fractionnées en trois petites colonnes, descendaient de Cœuilly et,

---

1. *La Guerre franco-allemande*, 2ᵉ partie, page 546.
2. Les Allemands désignaient cette auberge sous le nom de *Jægerhof* (maison des chasseurs).
3. Le 2ᵉ bataillon de chasseurs et 6 compagnies du 7ᵉ régiment. Ces troupes appartenaient à la 1ʳᵉ brigade.

grâce à l'obscurité, au brouillard et à un profond silence, s'approchaient de Champigny sans éveiller l'attention. Tandis que la colonne de gauche (3 compagnies de chasseurs) filait le long de la Marne pour aborder la lisière sud, les deux autres venaient se masser des deux côtés du *Parc-en-Pointe*, dans les boquetaux que nous avions négligé d'occuper, et prenaient là leurs dispositions, complètement à l'abri de nos vues [1]. A sept heures, comme précisément on achevait de relever les grand'gardes de la division Faron, deux batteries ennemies, établies à cheval sur l'ancienne route de Chennevières, faisaient pleuvoir sur Champigny une grêle d'obus, et les trois colonnes se précipitaient à la fois sur le Parc-en-Pointe et le plateau du Signal.

Effarés par cette brusque attaque, nos avant-postes lâchent pied ; les compagnies de première ligne, se repliant en désordre, entraînent dans leur panique celles qui viennent derrière, et la majeure partie de la division Faron recule pêle-mêle vers la Marne. Seules, des fractions éparses des 35ᵉ, 42ᵉ, 113ᵉ et 114ᵉ de ligne, que leurs officiers réussissent à maintenir, opposent aux assaillants une vive résistance dans les maisons et derrière les barricades ; mais les progrès des compagnies ennemies, qui se sont avancées par la Marne, les obligent bientôt à reculer, en sorte que, vers huit heures et demie, les Wurtembergeois se trouvent maîtres de toute la partie du village située à l'est de la rue de Bry.

Cependant, grâce à la fermeté de ces braves gens, généraux et officiers avaient pu rétablir un peu d'ordre dans les bataillons affolés de la division Faron. De son côté, l'artillerie était accourue et entrait en action ; 8 batteries venaient de s'établir à l'ouest du village, en avant de la Fourche, et de là canonnaient les hauteurs [2]. Leur intervention permit à l'infanterie de se ressaisir ;

---

1. Les sentinelles avaient bien entendu du bruit et constaté un mouvement insolite dans les petits bois. Mais, croyant qu'il était causé par l'arrivée de sapeurs venant organiser la défense, elles ne s'en étaient pas autrement préoccupées.
2. 3 de la division Faron et 5 de la réserve du corps d'armée.

le général de la Mariouse ramena d'abord dans Champigny quelques compagnies, bientôt suivies de la division tout entière, et les progrès de l'ennemi se trouvèrent momentanément arrêtés[1].

Pendant ce temps, des compagnies du 7ᵉ wurtembergeois, débouchant du petit bois de la Plâtrière, où, comme on vient de le voir, elles s'étaient glissées par surprise, avaient abordé le plateau du Signal. Refoulant d'abord les grand'gardes de la brigade Martenot (division de Malroy), constituées par un bataillon de la Côte-d'Or, elles avaient provoqué de ce côté une panique analogue à celle de Champigny et rejeté pêle-mêle vers les ponts de Joinville, presque sans coup férir, nos malheureux soldats transis de froid, mourant de faim et désorientés par la soudaineté d'une attaque à laquelle ils ne s'attendaient pas. Bientôt, heureusement, la fermeté des officiers de mobiles avait triomphé de cet instant de trouble, et l'entrée en ligne des batteries de la division de Malroy, accourues en avant des Fours à chaux, sauvait, ici comme à Champigny, une situation assez gravement compromise. Sous leur protection, le lieutenant-colonel de Grancey, commandant le régiment de la Côte-d'Or, rallia la majeure partie de son monde et se précipita au-devant des assaillants. A sa gauche, le lieutenant-colonel de Vigneral, des mobiles d'Ille-et-Vilaine, entraîna également son régiment sur le plateau du Signal. Après une lutte acharnée, dans laquelle ces braves mobiles laissèrent sur le terrain 30 officiers et 600 hommes[2], les Wurtembergeois durent

---

1. L'offensive des Wurtembergeois aurait été bien plus complètement rompue si, comme on était en droit de l'espérer, les batteries de la presqu'île Saint-Maur avaient pris d'écharpe leurs colonnes. Malheureusement, aux premiers coups de fusil, le général Favé avait cru devoir faire replier sur Saint-Maur les quatre batteries de campagne (dont une de gros calibre) qui bordaient la Marne ; par suite, ces batteries ne rendirent aucun service. Ce fut là une décision infiniment regrettable et que rien ne justifiait, la rivière assurant à cette artillerie une protection plus que suffisante, étant donné surtout que nos troupes occupaient encore la rive opposée.

2. Le lieutenant-colonel de Grancey était frappé à mort, le lieutenant-colonel de Vigneral grièvement blessé, et tous les officiers supérieurs, sauf deux, hors de combat.

évacuer le plateau du Signal et se réfugier, partie dans la Plâtrière, partie dans les boqueteaux ou les vergers voisins de la *Maison Rouge* [1]. Là, grâce aux abris, ils purent résister à tout nouvel assaut.

Dans le même temps, la gauche du 1er corps avait été assaillie par deux compagnies wurtembergeoises [2], qui, longeant le chemin de fer, s'étaient portées sur le bois de la Lande. Fort heureusement, les trois compagnies de grand'garde [3], bien que surprises comme les autres, ne se laissèrent pas démonter par la panique; elles résistèrent au contraire vigoureusement [4], et permirent ainsi au général Paturel de réunir rapidement quelques compagnies de sa brigade avec lesquelles il se jeta en avant, dégagea ses avant-postes ainsi que la batterie fixe installée dans la carrière qui est au sud du petit bois, et refoula les assaillants vers Villiers et Cœuilly [5]. Le général Paturel aurait voulu compléter son succès et poursuivre l'épée dans les reins l'ennemi en retraite; il en fut empêché, après une tentative énergiquement menée dans le ravin, par les feux de flanc partis du parc de Villiers. Toutefois son action vigoureuse avait permis aux troupes en arrière de prendre leurs dispositions de combat; deux mitrailleuses de la division Berthaut vinrent s'établir sur la voie ferrée, en avant du passage de la route de Bry; deux batteries de la réserve se postèrent sur les pentes du ravin de la Lande, à gauche de celles déjà en position, et le feu intense qui s'alluma aussitôt donna à la brigade Martenot, fort ébranlée par le choc qu'elle avait subi, le répit nécessaire pour se reconstituer.

Attaque des positions du 2e corps. — Les grand'gardes de la division Berthaut [6], qui tenaient l'espace compris entre la ligne de Mulhouse et le chemin creux courant

---

[1]. Propriété particulière située sur les pentes occidentales du plateau de Cœuilly.
[2]. Du 1er régiment.
[3]. Elles appartenaient au 2e bataillon du 121e.
[4]. Les trois capitaines se firent tuer bravement en organisant cette résistance.
[5]. *Avec de grandes pertes* (dit la *Relation allemande*, 2e partie, page 547).
[6]. Elles étaient fournies par la brigade Bocher.

au sud de Bry, avaient l'avantage d'être protégées par des tranchées nombreuses, fort habilement réparties. Grâce à ces conditions avantageuses, elles ne furent pas surprises [1] et reçurent sans faiblir l'attaque soudaine du 1ᵉʳ régiment de Wurtemberg. Un feu bien dirigé et à courte distance refoula celui-ci en désordre sur Villiers, d'où il était sorti. Profitant de ce succès, les batteries divisionnaires et celles de la réserve du 2ᵉ corps vinrent immédiatement s'installer au nord du chemin de fer sur la pente et même sur la crête du plateau de Villiers ; la canonnade éclata avec violence et l'on vit enfin l'artillerie jouer son rôle véritable, qui est de préparer les voies à l'infanterie et de lui ouvrir les chemins.

Cependant, à l'extrême gauche de notre ligne, les affaires n'allaient pas aussi bien. Trois bataillons saxons [2], venus de Noisy-le-Grand, avaient marché, dès sept heures du matin, contre le village de Bry. L'un d'eux, prenant par le nord, s'engagea dans le parc Dewinck, qui, on le sait, n'avait point été occupé, et put arriver jusqu'à l'entrée du village, tandis que les deux autres y parvenaient en longeant la lisière orientale du parc. Les troupes françaises qui occupaient les premières maisons et la barricade sont surprises, capturées, et le premier bataillon ennemi s'avance par la grande rue. Le général Daudel se porte au secours de son aile gauche avec ses bataillons de réserve, et engage dans les rues un combat violent qui coûte des pertes sanglantes aux deux adversaires [3] ; en même temps, les troupes de la brigade Courty, accourant se placer en crochet défensif face au nord sur les pentes du plateau, prennent à partie les deux bataillons saxons qui cheminent le long du parc Dewinck et entament de pied ferme, avec eux, une lutte qui les empêche de progresser [4]. Dans Bry, sur les pentes, la bataille est acharnée et se prolonge avec des péripéties diverses, tandis que

---

1. Ici les sentinelles avaient fait leur service et prévenu de l'arrivée de l'ennemi.
2. Appartenant à la 24ᵉ division.
3. Le bataillon saxon avait perdu presque tous ses officiers.
4. Par une singulière coïncidence, le 3ᵉ bataillon du 107ᵉ français avait en face de lui le 3ᵉ bataillon du 107ᵉ saxon.

l'artillerie du 3ᵉ corps, postée sur la rive droite de la Marne[1], joint son action à celle des forts de Rosny, de Noisy et du plateau d'Avron. Cependant, la situation de la brigade Courty commençait à devenir critique ; car, d'une part, le bataillon saxon entré dans Bry inquiétait son flanc gauche par ses feux[2], d'autre part les balles partant de Villiers labouraient son flanc droit. Elle venait à peine d'être débarrassée de son premier souci, quand l'ordre de battre en retraite, envoyé par le général Ducrot, arriva à la brigade Daudel. C'en était fait des troupes du général Courty si cet ordre s'exécutait, car, assaillies de front, de flanc et à revers, elles eussent été mises dans l'impossibilité de se défendre. Fort heureusement le recul de la brigade Daudel fut arrêté à temps, par suite des circonstances que voici. Vers huit heures du matin, le général en chef, voyant le désarroi de Champigny et des Fours à chaux, et craignant que si le 2ᵉ corps était forcé bientôt d'évacuer ses positions, la brigade Daudel ne se trouvât cernée entre les attaques venant de Noisy-le-Grand et celles débouchant de Villiers, avait fait prescrire à cette dernière de se replier sur la rive droite de la Marne. Mais quand arriva au général Daudel l'officier d'état-major porteur de l'ordre, la situation était déjà sensiblement meilleure, et la brillante offensive du général Paturel, ainsi que la remise en mains de la division Faron, éloignaient les craintes qu'on avait pu concevoir sur le sort de notre aile gauche. Le général Daudel commençait néanmoins, « à regret, et par suite très lentement[3] », son mouvement rétrograde, quand, par

---

1. Deux batteries en amont des ponts de Neuilly, six batteries et une mitrailleuse sur le mamelon du Perreux.
2. Le général Daudel n'avait avec lui qu'une batterie de la division Mattat. Voyant le danger que faisaient courir à la brigade Courty les fantassins saxons embusqués dans les maisons de la lisière orientale de Bry, il ordonna à cette batterie de chercher une position pour canonner la partie nord du village. Deux pièces, venant au galop se poster sur la crête, à l'endroit où débouche le chemin de Villiers, tirèrent de là à 600 mètres sur Bry, et réussirent à refouler dans le parc Dewinck les tirailleurs qui nous gênaient. Dans cette action, elles *tournaient le dos à Villiers*.
3. Général Ducrot, *loc. cit.*, tome III, page 26 (en note).

un hasard dont il faut se féliciter, le général Trochu en personne, arrivant à Bry en ce moment, lui prescrivit de l'arrêter et de reprendre ses positions. Le général Courty était sauvé.

Déploiement de l'artillerie ennemie. — Cependant les Allemands, voyant que la surprise avait partout échoué, songeaient maintenant à employer les moyens ordinaires d'attaque. Leurs batteries se déployaient sur le plateau, et commençaient à couvrir d'obus les positions françaises.

Du plateau de Cœuilly aux abords de Bel-Air et de *Mon-Idée*, 2 batteries wurtembergeoises et 11 du IIe corps tirent sur Champigny. A onze heures du matin, 84 pièces de canon garnissent les crêtes à l'est de ce village, contre-battent notre artillerie, prennent en rouage les pièces de la division de Malroy et de la division Berthaut, et obligent plusieurs de nos batteries, presque complètement désemparées, à se retirer ou à reculer jusqu'à hauteur du bois du Plant. Ces batteries, déjà si éprouvées par la lutte du 30 novembre, n'avaient qu'un nombre insuffisant de servants et presque plus de chevaux. Grâce cependant à l'énergie remarquable des officiers et canonniers survivants, elles purent emmener leurs pièces, et continuèrent, sous un ouragan de projectiles devenu d'autant plus meurtrier que le jour permettait maintenant aux Allemands de bien voir leurs objectifs, à lutter de concert avec les batteries du 1er corps établies dans la presqu'île de Joinville, en arrière de Champigny.

Contre notre aile gauche, les Allemands avaient également établi, vers onze heures, 4 batteries (2 saxonnes, 1 wurtembergeoise et 1 prussienne du IIe corps) autour de Villiers. Un peu plus tard, ils les renforçaient de 4 batteries saxonnes, au sud-est de Noisy-le-Grand [1];

---

[1]. A partir de onze heures du matin, la ligne de l'artillerie allemande était donc constituée ainsi qu'il suit : (*a*) Entre Noisy-le-Grand et Villiers, 6 batteries saxonnes ; (*b*) entre Villiers et Cœuilly, 5 batteries (3 du IIe corps et 2 wurtembergeoises) ; (*c*) au nord-est de Bel-Air, 7 batteries (6 du IIe corps et 1 wurtembergeoise) ; (*d*) au sud de *Mon-Idée*, 4 batteries (3 du IIe corps et 1 wurtembergeoise). En tout, 22 batteries.

toute cette ligne soutenait une canonnade violente contre les batteries françaises du 3ᵉ corps (rive droite de la Marne), du 2ᵉ corps et de la réserve générale, établies sur la crête du plateau de Villiers. Elle avait l'avantage incontestable de sa position et de la concentration des feux, en sorte que, malgré l'admirable bravoure de nos artilleurs, plusieurs batteries françaises, appartenant principalement à la réserve générale, subirent de telles pertes qu'elles furent obligées de se retirer. La plupart de nos pièces réussirent cependant à garder leur position et à soutenir ce duel effroyable jusqu'à ce que la bataille ait pris fin. Aidées par les gros canons du fort de Nogent, d'Avron, des redoutes et batteries fixes de la rive droite, elles parvinrent même à éteindre, vers une heure, le feu de l'artillerie ennemie postée sur l'éperon oriental du plateau de Cœuilly, et obligèrent celle-ci à aller s'abriter dans un pli de terrain, auprès de *Mon-Idée* [1], d'où elle ne sortit plus qu'un seul instant, dans une circonstance dont il sera parlé plus loin.

On voit que dans cette journée, comme dans celle du 30 novembre, l'artillerie française, bien que dotée d'un matériel inférieur et réduite à des moyens insuffisants, déploya une ardeur, une énergie et une vigueur au-dessus de tout éloge, et accomplit jusqu'au bout son devoir, non sans succès. Cependant les résultats obtenus n'étaient pas absolument suffisants, et ils eussent été autrement considérables sans doute, si les puissantes batteries de la presqu'île de Saint-Maur n'avaient été maintenues par leur chef, le général Favé, dans une inexplicable inaction. On a vu plus haut que, par suite d'une fausse appréciation de la situation, les batteries mobiles s'étaient retirées dès le début de l'engagement. Malgré les instances pressantes, et même les ordres impératifs du général en chef et du gouverneur, ces batteries (sauf trois qui ne tirèrent que quelques coups de canon) [2] ne furent pas ramenées en avant; quant

---

1. *La Guerre franco-allemande*, 2ᵉ partie, page 549.
2. Général Ducrot, *loc. cit.*, tome III, page 48.

aux batteries fixes, elles ne firent qu'un feu trop mou pour être efficace. Le flanquement sur lequel on était en droit de compter de ce côté fit, par suite, à peu près complètement défaut aux troupes engagées devant Champigny et les Fours à chaux[1].

Reprise de l'offensive par les Allemands. — Quoi qu'il en soit, aussitôt ses pièces en batterie, et la canonnade engagée, le général de Fransecky avait songé à reprendre partout l'offensive. La 7ᵉ brigade (du IIᵉ corps) était arrivée à Cœuilly vers neuf heures ; il la lança immédiatement contre la droite française. Le régiment de grenadiers nº 9 se dirigea d'abord vers le petit bois de la Lande et déploya ses tirailleurs sur les pentes du plateau de Cœuilly ; mais le général Paturel, prenant les devants, réunit rapidement trois ou quatre cents hommes, et, les entraînant à sa suite, se jeta contre les Poméraniens qui, sans attendre le choc, se replièrent. Malheureusement, ils avaient en arrière de leur première ligne des réserves tactiques qui, aussitôt démasquées, dirigèrent sur nos braves soldats une fusillade meurtrière. Le général Paturel tomba, grièvement atteint, et sa petite troupe, désorganisée et très réduite, dut reculer presque derrière les Fours à chaux. De là, abritée dans ses tranchées et les carrières, elle ouvrit à son tour sur les grenadiers prussiens un feu de mousqueterie si efficace, que ceux-ci rétrogradèrent jusqu'aux murs de Villiers.

Pendant ce temps, l'autre régiment de la brigade, le 49ᵉ, s'était porté contre le plateau du Signal et le village de Champigny. Sur ce dernier point, les Wurtembergeois, maîtres depuis le matin de la portion orientale,

---

1. L'organisation du commandement était à ce point vicieuse que le général Favé, chargé dans la presqu'île de Saint-Maur d'une mission absolument connexe avec les opérations de la 2ᵉ armée, se considérait comme complètement indépendant, et du commandant en chef, et du commandant de l'artillerie de cette armée. Il estimait, il l'a écrit lui-même, que les instructions qu'il recevait d'eux constituaient *un empiétement sur ses attributions*. Dans de pareilles conditions, on s'explique la mauvaise grâce avec laquelle il les a accueillies, et le peu d'empressement qu'il a mis à prêter son concours. Il fut d'ailleurs, dès le 2 décembre au soir, relevé de son commandement par ordre du gouverneur ; mais il était trop tard.

entretenaient avec les soldats du 35° et du 113° une lutte acharnée, de maison en maison, de barricade en barricade, avec des péripéties diverses, mais sans progrès marqué. « De la droite à la gauche, le village de Champigny semblait en feu... Des meurtrières, des fenêtres, du clocher, des barricades, des coins de rue, des haies, des vergers, la fusillade se croisait de toutes parts. Un homme du 35°, excellent tireur, posté dans un grenier en arrière de la rue du Pont, brûla jusqu'à cent paquets de cartouches[1]. » Cette énergique résistance contint l'ennemi dans la partie orientale du village, malgré le renfort que lui apportait le 49°. Quant à la Plâtrière, elle fut non moins vigoureusement défendue par les soldats du 121° et du 122°, de la brigade Paturel[2], qui disputèrent avec acharnement le plateau du Signal et réussirent même à pousser jusqu'à la *Maison Rouge*, mais sans parvenir à s'en emparer. Ces deux braves régiments perdirent là plus de 1,000 hommes et virent tomber leurs colonels (de Vandeuil et de la Monneraye) mortellement atteints.

En résumé, nous tenions bon dans Champigny, à droite, dans Bry, à gauche, et ces deux points d'appui de la ligne française défiaient les efforts répétés de l'ennemi. Devant tant d'opiniâtreté, le général de Fransecky s'impatientait ; vers dix heures, il appela à lui la 3° division (du II° corps) qui était à Sucy et à Marolles, avec quatre batteries de l'artillerie de corps[3], et fit prévenir le VI° corps, à Villeneuve-Saint-Georges, de tenir une brigade disponible à tout événement[4]. Puis, aussitôt la 6° brigade arrivée à Chennevières, il la lança contre notre aile droite (onze heures). « Contre Champigny marchent le 2° bataillon de chasseurs poméraniens et le régiment n° 54 (*6° brigade*) qui unissent leurs efforts à ceux du 2° bataillon de chasseurs wurtembergeois, du

---

1. Général DUCROT, *loc. cit.*, tome III, page 31.
2. La brigade Paturel avait dû s'étendre jusqu'à la Plâtrière pour boucher la trouée faite par la retraite de la brigade Martenot presque tout entière.
3. Ce sont ces batteries qui, ainsi qu'il a été dit plus haut, allèrent s'établir au nord-est de Bel-Air.
4. *La Guerre franco-allemande*, 2° partie, page 548.

7ᵉ régiment wurtembergeois, du régiment prussien n° 49 (7ᵉ *brigade*), des grenadiers n° 9 (*id.*). En même temps, le régiment n° 14 (6ᵉ *brigade*), descendant des pentes nord du plateau de Cœuilly, s'avance contre les Fours à chaux. Quatre bataillons de la 5ᵉ brigade, formant réserve, se tiennent au centre des deux attaques sur le plateau de Cœuilly ; deux bataillons de cette brigade ont été dirigés sur le parc de Villiers, pour relever les Wurtembergeois et les Saxons fortement éprouvés[1]. »

L'entrée en ligne de ces importants renforts amène tout naturellement une recrudescence violente de la lutte. A Champigny, les troupes de la division Faron redoublent d'énergie et de courage; les sapeurs du génie creusent des cheminements de maison en maison, de muraille en muraille, et nos soldats, y passant un à un, finissent par refouler l'assaillant au nord de la grande rue. Pendant ce temps, au sud du village, le 113ᵉ s'usait en efforts infructueux contre une tranchée perpendiculaire à la Marne, d'où il ne pouvait parvenir à débusquer les Wurtembergeois. Cinq hommes résolus, sous la conduite du sergent Subileau, traversent la rivière en barque sous une grêle de balles, prennent la tranchée à revers, et en chassent l'ennemi[2]. De même, une quarantaine d'hommes, embusqués dans deux enclos situés sur le flanc nord du village, s'y maintiennent pendant plus de six heures et empêchent par leurs feux de flanc l'adversaire de progresser de ce côté et de tourner les défenseurs de l'intérieur. C'est seulement lorsque, diminués de plus de moitié et à bout de munitions, ils vont être condamnés à mettre bas les armes, que plutôt que de souffrir une pareille extrémité, ils évacuent leur position sous une grêle de balles, et viennent, réduits à une poignée, se poster dans les maisons en arrière où ils se remettent à tirer.

1. Général Ducrot, *loc. cit.*, tome III, page 43.
2. *Ibid.*, page 41. — Le général Ducrot fait très justement remarquer, d'après cet incident, combien l'inaction des batteries massées dans la boucle de la Marne était regrettable, et quels résultats elles auraient pu obtenir, en couvrant de feux de flanc les forces allemandes venant de Chennevières et de Cœuilly.

Du côté des Fours à chaux, le régiment n° 14, entraînant avec lui les fractions de la 7ᵉ brigade qui luttaient là de pied ferme contre les troupes de la brigade Paturel et les mobiles (Côte-d'Or et Ille-et-Vilaine), s'était porté sur la Plâtrière, en avait chassé les occupants, et menaçait la batterie de la Carrière.

De ce côté, obligés de tenir un front très étendu avec des troupes épuisées et décimées, nous n'avions que très peu de monde ; la Carrière notamment, n'était gardée que par quelques hommes des 121ᵉ et 122ᵉ. La compagnie du génie du capitaine Glises, revenant de Champigny, où elle avait achevé les travaux de défense, est immédiatement envoyée sur ce point avec un détachement des 121ᵉ et 122ᵉ. Une centaine d'hommes, des sapeurs pour la plupart, occupent la batterie et ses abords ; 150 environ, formant réserve, garnissent le pourtour de la Carrière. L'ennemi, descendant les pentes en petites colonnes séparées par des intervalles de 3 à 400 mètres, s'avance par bonds successifs ; dès que les colonnes trouvent un obstacle ou un ressaut favorable au défilement, elles s'arrêtent, engagent une vive fusillade, puis se portent de nouveau en avant, s'étendant de plus en plus à droite et à gauche, de manière à envelopper la position et à rendre nos coups plus incertains. Une batterie établie sur le haut des pentes soutient leur marche par des coups à mitraille[1]... Nos sapeurs, groupés sur un espace restreint, ne faisaient feu que sur l'ordre de leurs officiers : tant que l'ennemi est en tirailleurs, quelques adroits tireurs seuls répondent, le reste se tient accroupi ; lorsque les Allemands se groupent pour s'élancer en avant, tous les hommes se relèvent ; formés sur plusieurs rangs, les premiers à genoux, les derniers debout, ils exécutent des feux de salve.

Cependant, grâce à ces mouvements successifs et progressifs, l'ennemi présentant une ligne forte de 1,200 à 1,500 hommes était arrivé à cinquante mètres de la batterie ; l'on entendait les officiers menacer, encourager leurs soldats. A ce moment, *d'eux-mêmes, nos hommes crient* : « A la baïonnette ! à la baïonnette !... » Le cliquetis, la vue des armes brillant au-dessus de la crête, arrêtent net les Allemands : les nôtres, immobiles, sans tirer, s'apprêtent à faire une décharge générale, à se ruer en avant. Les officiers prussiens excitent leurs hommes, les injurient, les poussent, les frappent ; aucun ne bouge. Français et Allemands restent ainsi pendant quelque temps, les premiers sans faire feu, les autres sans avancer. Mais il faut en finir ; le capitaine Glises fait demander de l'artillerie ; la batterie Salle arrive. Trop exposés, avec des attelages, au feu rapproché des Prussiens, nos canonniers laissent les caissons, dételent les chevaux et traînent à bras deux pièces jusqu'à la batterie. Déjà fort hésitant, l'ennemi se retire

---

1. Elle fut chassée presque aussitôt par le feu des grosses pièces du fort de Nogent.

par groupes, d'obstacle en obstacle, et disparaît derrière les pentes boisées, poursuivi par notre mousqueterie et quelques coups de mitraille... Bien abrités derrière l'épaulement, nous avions eu relativement peu à souffrir; trente hommes au plus étaient hors de combat; les Prussiens, au contraire, laissaient sur le terrain plusieurs centaines de morts et de blessés. Le régiment prussien n° 14 avait à lui seul perdu 16 officiers et 291 hommes [1].

Cette attaque infructueuse fut la dernière que tentèrent les Allemands de ce côté: leur 5ᵉ brigade, arrivée à Cœuilly, se borna à recueillir les débris des corps (cinq régiments et deux bataillons de chasseurs) [2] qui étaient venus, à plusieurs reprises, se briser contre les défenses de Champigny et des Fours à chaux, et nous laissa la possession désormais incontestée de presque tout le village; les Wurtembergeois gardaient seulement les parcs du saillant oriental et la Plâtrière. Il était près de trois heures du soir. A ce moment, la division Susbielle, que le général Ducrot avait appelée à lui, arrivait de la rive droite de la Marne, et venait relever, dans les positions de l'aile droite, les troupes si éprouvées du 1ᵉʳ corps; celles-ci bivouaquaient dans la plaine à l'ouest de Champigny.

Tandis que les événements dont il vient d'être question se déroulaient aux alentours de ce village désormais célèbre, l'ennemi avait également renouvelé ses attaques contre la gauche du 2ᵉ corps. Les bataillons non encore engagés des 107ᵉ et 108ᵉ saxons, renforcés par le 13ᵉ bataillon de chasseurs, s'étaient jetés sur les troupes de la

---

1. Général DUCROT, *loc. cit.*, pages 51 et suivantes. — Cet épisode, donné par le général Ducrot avec d'amples détails, est fort intéressant à plus d'un titre. Il montre tout d'abord quelle force morale donne à une bonne infanterie la *discipline du feu*, et quelle influence cette force morale exerce sur le succès, puisque, dans le cas présent, 200 hommes à peine en ont imposé à tout un régiment, et déterminé sa retraite sous la seule menace de leur choc. Il montre ensuite que la présence d'une réserve est de toute nécessité; si, derrière la Carrière, il en eût existé une, on eût pu exécuter avec elle une vigoureuse contre-attaque dont les conséquences auraient été certainement très graves pour les Allemands, engagés à fond; tandis que, réduits à leurs propres forces, les deux cents braves gens du capitaine Glises durent s'estimer bien heureux d'avoir refoulé l'ennemi, sans pouvoir seulement songer à le poursuivre.

2. Ces troupes comptaient 106 officiers et 1.800 hommes hors de combat.

brigade Courty, et aidés par les batteries saxonnes du nord de Villiers, avaient refoulé d'abord vers les pentes de Bry nos soldats épuisés. Mais leur succès n'avait pu être poussé bien loin, car sur leur gauche, la division Berthaut, soutenue par l'artillerie qui gravissait les crêtes, défendait vigoureusement ses tranchées et maintenait en place les forces ennemies qui tentaient de la débusquer. Encouragée par la présence du général en chef qui vient d'arriver de ce côté, enlevée par ses officiers qui payent d'exemple, la brigade Courty ne tarde pas à se ressaisir et entame avec les Saxons, sur les pentes du mamelon de Villiers, une lutte acharnée et meurtrière. Ses deux colonels sont mortellement atteints[1]; de leur côté, les Saxons voient presque tous leurs officiers tomber successivement et leurs rangs s'éclaircir dans de terribles proportions. Les éclaireurs Franchetti apportent à nos hommes des cartouches qu'ils vont chercher dans les caissons arrêtés près du village de Bry[2]. La lutte est acharnée, et déjà la gauche allemande faiblit, quand la brigade Daudel, débouchant du village, aborde les bataillons ennemis qui couvrent les pentes, au sud du cimetière et du chemin de Noisy-le-Grand. Encore une fois les 107e et 108e français sont aux prises avec les 107e et 108e saxons ; mais cette fois, nos soldats, qui témoignent d'une bravoure admirable, ont bientôt raison de leurs adversaires ; ceux-ci bousculés et décimés par nos balles[3], battent en retraite en désordre, sous la protection de quatre batteries du IIe corps, tirées en hâte de l'abri où elles s'étaient réfugiées près de *Mon-Idée*[4]; les pentes sont évacuées, et les Saxons qui occupaient encore les premières maisons de Bry, obligés de se

---

1. Les lieutenants-colonels Jourdain, du 125e, et Neltner, du 126e.
2. C'est en se prodiguant dans cette mission que le commandant Franchetti fut atteint mortellement d'un éclat d'obus, vers midi et demi, dans le chemin creux qui va de Bry à Villiers.
3. « Les deux bataillons du régiment de tirailleurs (103e) étaient commandés par des lieutenants. » (*La Guerre franco-allemande*, page 551, en note.)
4. Elles y rentrèrent d'ailleurs presque aussitôt, pourchassées par les grosses pièces des forts. (*Ibid.*, page 552.)

retirer au plus vite, laissent entre nos mains de nombreux prisonniers.

La brigade Daudel recueillit, sur cette partie du champ de bataille où elle s'était si glorieusement conduite, 475 prisonniers, dont 5 officiers, plus de 800 fusils, quantité considérable de havresacs, gibernes, casques, etc. L'ennemi avait fait des pertes énormes; les pentes, les avenues, les rues, les maisons étaient encombrées de ses morts; sur le plateau de Villiers, on voyait également des monceaux de cadavres saxons et wurtembergeois. Les deux régiments saxons à eux seuls perdirent près de 1,300 hommes et 46 officiers; le régiment n° 108, 36 officiers et 636 hommes; le régiment n° 107, 10 officiers et 650 hommes. Le 1er régiment wurtembergeois perdit également 4 officiers et 200 hommes, le 13e bataillon de chasseurs saxons, 1 officier et 53 hommes[1].

Quant aux brigades Courty et Daudel, qui depuis plus de sept heures luttaient sans répit, elles comptaient environ 1,300 hommes hors de combat. Elles furent relevées vers trois heures par les troupes de la division de Bellemare, que le général Ducrot avait rappelées sur la rive gauche, et allèrent se reformer, la première dans le bois du Plant, la seconde dans le village de Bry.

D'ailleurs, ici comme à l'aile droite, la lutte d'infanterie était terminée, et seule l'artillerie continuait à entretenir le feu avec les batteries allemandes[2]. Nous avions, sur toute la ligne, reconquis les positions occupées le 30 novembre au soir, mais nos troupes étaient trop désorganisées pour pouvoir tenter encore un retour offensif; de leur côté, les Allemands, non moins éprouvés, renonçaient aussi à entreprendre de nouvelles attaques. L'approche de la nuit interdisait au surplus d'entamer quoi que ce soit. A quatre heures, le général Ducrot, d'une part, le général de Fransecky, de l'autre, mus par un même sentiment de leur impuissance, donnaient l'ordre de cesser le feu.

Fin de la bataille. — En résumé, la bataille du 1er décembre se terminait par un succès; car si dans

---

[1]. Général Ducrot, *loc. cit.*, tome III, page 40.
[2]. Les trois batteries de la division de Bellemare, avec une batterie de 12 de la réserve du 1er corps (primitivement envoyée sur la rive droite), étaient venues prendre position sur le plateau, à l'est de Bry.

un moment d'émotion bien excusable, nos soldats, exténués de fatigue, de souffrances et de privations, avaient cédé à la panique et subi l'affront d'une surprise presque générale, au moins n'avaient-ils pas tardé à reprendre possession d'eux-mêmes, à obéir à l'énergique impulsion de leurs chefs, et à organiser rapidement une résistance vigoureuse. Trois attaques contre l'aile droite, deux contre l'aile gauche, exécutées par un ennemi qui s'alimentait constamment de troupes fraîches, avaient été repoussées victorieusement avec des pertes sanglantes, et réduisaient à l'épuisement les contingents qui y avaient pris part. En aucun point, nos positions n'étaient entamées, et le but poursuivi par les Allemands « rejeter les Français derrière la Marne et détruire les ponts », était manqué. Malheureusement c'était encore là un succès stérile, parce que l'armée du général Ducrot, absolument à bout de forces, se trouvait hors d'état de produire un nouvel effort.

Le général en chef cependant, dans son énergie tenace, ne voulait pas désespérer. Croyant toujours à l'arrivée prochaine de l'armée de la Loire dans les environs de Fontainebleau, il se refusait à abandonner des positions d'où il croyait pouvoir plus facilement lui tendre la main, et à rendre leur liberté aux troupes d'investissement fixées là par notre présence sur la rive gauche de la Marne. Il ne mit donc pas immédiatement son armée en retraite. Au contraire, les troupes des 1er et 2e corps, couvertes par les divisions Susbielle et de Bellemare, bivouaquèrent en arrière des lignes qu'elles avaient si vaillamment disputées à l'ennemi, et dont elles étaient restées maîtresses, en y laissant environ 5,000 des leurs. Elles se réorganisèrent tant bien que mal, se réapprovisionnèrent et recomplétèrent comme elles purent leurs attelages. « Tout fut préparé pendant la nuit en vue d'une nouvelle bataille défensive à laquelle on s'attendait pour le lendemain[1]. »

Retraite générale (3 décembre). — Mais quand, parcourant les bivouacs à l'aube du 3 décembre, le général

---

1. Général Ducrot, *loc. cit.*, tome III, page 58.

Ducrot se fut convaincu de l'état de dépression profonde où cette longue suite d'efforts et de souffrances avait réduit les plus vigoureux de ses soldats, il comprit qu'une nouvelle bataille, fût-elle purement défensive, était devenue impossible, sous peine de s'exposer à un désastre certain. Il se résolut donc à reporter son armée sur la rive droite de la Marne, et donna immédiatement des ordres en conséquence, tandis qu'un de ses officiers allait aviser le gouvernement de ce grave événement[1].

Sous la protection de l'artillerie qui entama aussitôt une violente canonnade pour faire croire à une attaque imminente, l'opération commença sans délai. L'évacuation des diverses positions s'effectua en bon ordre, par échelons, et pas plus que le passage de la rivière, elle ne donna lieu à aucun incident. Seule la division de Malroy faillit, en se retirant trop tôt, amener quelque désordre près des Fours à chaux. L'intervention d'un régiment de la division de Susbielle remit les choses en ordre, et contint les tirailleurs wurtembergeois qui faisaient mine de s'avancer. D'ailleurs, l'ennemi ne chercha guère à nous inquiéter, en sorte qu'à huit heures du soir, il ne restait sur la rive gauche que la brigade de la Mariouse laissée, avec le 126e, à la garde des ponts de Joinville et de Nogent[2]. La 2e armée se massa sur le plateau de Vincennes et aux abords de Nogent et de Rosny. Quant aux Allemands, ils gardèrent encore deux jours, dans le secteur entre Seine et Marne, les troupes qui étaient venues y renforcer la division wurtembergeoise. Lorsque le 5, ils virent que tout danger était définitivement conjuré, ils les renvoyèrent dans leurs emplacements primitifs, sauf cependant le IIe corps qui resta cantonné entre Bonneuil et la Seine.

Ainsi se termina cette tentative considérable, sur laquelle on avait fondé de si grandes espérances, et qui

---

1. Le gouverneur ne donna son consentement qu'avec une certaine hésitation, produite par la crainte qu'il éprouvait d'une nouvelle surexcitation de l'opinion.
2. Ceux de Bry et de Neuilly furent repliés. Les premiers avaient été gardés pendant toute la journée du 2 par les marins du commandant Rieunier, qui s'y maintinrent bravement au milieu des balles et des obus, et y subirent des pertes assez sensibles.

n'aboutissait en somme qu'à un coûteux échec. Les pertes qu'elle entraînait étaient sanglantes, et se montaient pour nous (en totalité et y compris les démonstrations autour de Paris) à 12,085 hommes hors de combat[1], se décomposant ainsi :

Officiers tués, 115 ; blessés, 380 ; disparus, 44.
Hommes tués, 1,862 ; blessés, 7,555 ; disparus, 2,129.
Les Allemands comptaient 259 officiers (75 tués, 183 blessés, 1 disparu) et 5,913 hommes (1,188 tués, 3,671 blessés, 1,054 disparus) hors de combat ; en tout 6,172 hommes.

Nous avons expliqué déjà pourquoi l'effort immense, entamé et si bravement soutenu le 30 novembre, n'avait pas abouti. Il est donc inutile de revenir sur ce sujet, si ce n'est cependant pour constater encore une fois combien la préparation d'une opération de ce genre doit être complète, et quel danger il y a à ne pas se prémunir contre toutes les éventualités qu'il est possible de prévoir. Assurément le plan tactique du général Ducrot pouvait donner des résultats, mais il avait expressément besoin, pour réussir, de deux choses essentielles, le lancement préalable des ponts et le concours du 3ᵉ corps en temps opportun. Or, on n'était assuré, en entamant l'affaire, ni de l'un ni de l'autre, et il se trouva précisément que, par suite d'incidents auxquels on aurait pu et dû penser d'avance, ces deux facteurs nécessaires du succès manquèrent à la fois. En voulant trop se hâter, on avait manqué le but, de même qu'en montrant une trop grande impatience, le général en chef acheva de compromettre le résultat d'une attaque qu'il n'aurait jamais dû commencer avant de pouvoir disposer de la majeure partie, sinon de la totalité de son artillerie.

Il est juste toutefois de faire la part de la surexci-

1. Les pertes éprouvées sur le plateau de Villiers, près Champigny, pendant les journées des 30 novembre, 1ᵉʳ, 2 et 3 décembre, se montaient à 9,842 hommes, dont 429 officiers. Le 1ᵉʳ corps, le plus éprouvé, avait perdu 5,029 hommes. Certains régiments étaient décimés : le 42ᵉ de ligne, par exemple, qui avait 40 officiers et 1,175 hommes hors de combat ; le 4ᵉ zouaves, qui en avait 564, dont 23 officiers ; le 107ᵉ, 514 hommes et 16 officiers, etc.

tation généreuse des esprits, et de l'ardeur patriotique à laquelle plus que tout autre était accessible un homme de la trempe du général Ducrot. Il est juste de tenir compte de la pression exercée sur tous les chefs de l'armée par une opinion à laquelle on n'avait pas suffisamment imposé silence, et qui régnait en maîtresse, alors que le salut public eût exigé qu'on ne la consultât même pas. Mais la conclusion à tirer de tout ceci est que la bonne et saine direction des opérations militaires est exclusive à toute influence extérieure, et qu'un général dont les décisions ne sont pas uniquement dictées par les exigences stratégiques ou tactiques de la situation, court le risque de n'en point prendre de rationnelles, et est le plus souvent exposé à échouer.

CHAPITRE II

DERNIERS EFFORTS

1. — Deuxième combat du Bourget.

Nouvelle opération de la 2ᵉ armée. — La retraite de la 2ᵉ armée n'impliquait nullement dans la pensée du général Ducrot, lequel était, comme on sait, le véritable chef militaire de la défense, un abandon définitif des projets de sortie. Bien au contraire, il ne voyait dans le recul forcé de ses troupes qu'une interruption momentanée des opérations actives, interruption qu'il y avait lieu de mettre à profit pour se reconstituer; aussi, dans un ordre du jour lancé le 4 décembre, prévenait-il ses soldats, que la lutte, *suspendue pour un instant, ne tarderait point à être reprise avec résolution*[1].

Dès le 3 décembre au soir, en effet, l'ardent commandant en chef avait soumis au gouverneur de Paris un nouveau projet de sortie dans la direction du nord-est. Il espérait trouver là, entre Bondy et le Bourget, a-t-il écrit, un terrain où notre artillerie, moins dominée que sur les bords de la Marne, pourrait agir avec plus d'efficacité, et où l'infanterie ennemie, obligée de com-

---

1. Cette phrase, où ne se trouve pourtant rien de subversif, eut le don d'indisposer le gouvernement, lequel, sur la proposition de MM. J. Faure, Arago et J. Simon, décida « qu'à l'avenir aucune pièce ne serait portée directement à l'Imprimerie nationale et publiée sans lui avoir été préalablement soumise ». (*Procès-verbaux des séances du gouvernement de la Défense nationale.* — *Séance du 4 décembre* 1870.)

battre à découvert, présenterait moins de résistance à l'élan de nos soldats. C'étaient là des espérances en partie fondées; malheureusement, les emplacements défavorables de nos batteries pendant les batailles de la Marne n'avaient pas seuls contribué à diminuer la puissance de leur action, et le mode défectueux de leur emploi, du moins au début, devait, pour une bonne part, entrer en ligne de compte dans les déboires qu'elles avaient éprouvés. Or, rien ne faisait supposer que la leçon eût profité. En outre, pour aborder la solide position que les Prussiens s'étaient constituée sur la Morée, et dont le Bourget formait une avancée redoutable, il allait falloir traverser de vastes plaines, complètement nues et découvertes, où nos jeunes troupes ne trouveraient ni abri, ni point d'appui d'aucune sorte. Le général Ducrot ne parut point s'en préoccuper suffisamment, et le général Trochu encore moins. L'opération fut décidée pour le 6 ou le 7 décembre.

Mais avant de la tenter, il était indispensable de « réorganiser les corps, de fondre au besoin les divisions dans les divisions, les brigades dans les brigades, les bataillons dans les bataillons; de laisser sur les derrières de l'armée les fractions de corps trop éprouvées, et de pourvoir immédiatement aux vacances faites dans les journées précédentes, par décès, entrées aux ambulances ou par disparition [1] ». Or, il paraîtrait qu'une exécution aussi rapide de cette énorme besogne ne fut pas jugée par les généraux de la 2ᵉ armée chose aussi simple que le disait le commandant en chef; des récriminations se produisirent, qui amenèrent des scènes violentes, et les droits imprescriptibles de la discipline exigèrent qu'on relevât de leur commandement certains officiers généraux qui s'étaient montrés trop véhéments [2]. C'est ainsi que le général Blanchard fut dépossédé du corps d'armée qu'il avait dirigé à Champigny, et qu'un remaniement général des forces,

---

1. Général Ducrot, *loc. cit.*, tome III, page 109.
2. *Ibid.*, page 110.

conséquence de cette élimination et de la réduction des effectifs, donna à la 2ᵉ armée une constitution absolument différente de celle qu'elle avait eue jusqu'alors. Elle comprit dorénavant deux corps d'armée seulement, avec son ancienne division de cavalerie. Le 1ᵉʳ corps, aux ordres du général de Maussion, se composait des trois divisions de Susbielle, Berthaut et Courty. Le 2ᵉ corps, commandé par le général d'Exéa, restait formé comme auparavant. Un corps de réserve, confié au général Faron, comprenait les trois brigades Comte, de la Mariouse et Paturel (cette dernière, commandée par le colonel Lespieau, en remplacement du général, blessé). Enfin, la brigade Martenot, très éprouvée, rentrait dans l'intérieur de Paris.

Nouvelle d'un échec de l'armée de la Loire. — Les choses en étaient là, quand tout à coup, le 5 décembre au soir, un parlementaire se présenta aux avant-postes, porteur de la lettre suivante, adressée par M. de Moltke au général Trochu.

Versailles, le 5 décembre 1870. — Il pourrait être utile d'informer Votre Excellence que l'armée de la Loire a été défaite près d'Orléans, et que cette ville a été réoccupée par les troupes allemandes.
Si toutefois Votre Excellence juge à propos de s'en convaincre par un de ses officiers, je ne manquerai pas de le munir d'un sauf-conduit pour aller et revenir.
Agréez, mon général, l'expression de la haute considération avec laquelle j'ai l'honneur d'être votre très humble et très obéissant serviteur.
Le chef d'état-major général, signé : Comte de MOLTKE.

Évidemment cette nouvelle, si elle ne constituait pas une ruse de guerre, modifiait sensiblement la situation. L'armée de la Loire chassée d'Orléans et s'éloignant de Paris, il n'y avait plus aucune urgence à tenter une sortie destinée à lui tendre la main, et l'on disposait désormais de tout le temps nécessaire à une préparation dont les derniers événements venaient de démontrer si clairement l'impérieuse nécessité. On pouvait donc tout d'abord renvoyer à une date indéterminée l'opération qui devait être entreprise le lendemain, lui ménager des chances de succès plus grandes, et laisser aux troupes épuisées un repos salutaire et urgent. D'autre part, la communication du chef d'état-major allemand avait tout l'air d'une ouverture, à laquelle il eût été peut-être sage de ne pas opposer *de plano* une fin de non-recevoir absolue. L'acceptation de ses offres n'engageait à rien, et permettait tout au moins de sonder les intentions de la diplomatie prussienne. A ce moment, nous le savons, une certaine lassitude commençait à se manifester dans l'armée et dans la nation allemande. Les succès inespérés et ininterrompus de la guerre ne pouvaient faire oublier les sacrifices énormes déjà consentis, ni éloigner la menace de ceux qui s'imposaient encore; la lutte prenait un caractère d'éparpillement et d'universalité que nos ennemis n'envisageaient pas sans inquiétude, et rien ne dit qu'en présence d'une vitalité qu'ils n'avaient pas prévue et qui menaçait de stériliser longtemps encore leurs efforts, ils n'aient pas songé à se contenter des résultats acquis et à terminer une guerre dont l'issue, prorogée chaque jour davantage, pouvait fort bien se trouver compromise dans un revirement soudain. En tout cas, la communication spontanée du général de Moltke indiquait certainement une détente dans l'inflexibilité montrée jusqu'alors par ceux qui présidaient à l'invasion.

Il semble donc, et c'était l'avis du général Ducrot, que le gouvernement aurait eu tout intérêt à accepter la proposition qu'on lui faisait, d'autant plus que la situation n'était plus du tout celle de Ferrières, où des pourparlers en faveur d'un armistice s'étaient engagés préalablement à toute manifestation effective de notre énergie et de notre volonté bien arrêtée de ne pas périr sans combattre. Ici, nous sortions à peine de deux sanglantes batailles, où nos soldats, s'ils avaient échoué, avaient du moins lutté avec courage et dévouement. Les forces de province, bien que d'une composition et d'une organisation médiocre, venaient aussi d'affirmer leur vigueur, et le souvenir de Coulmiers était encore trop récent pour que les Allemands eussent pu l'oublier. C'est dire que l'honneur était sauf et qu'on pouvait, sans faiblesse, songer à une paix qu'il eût été honteux de subir deux mois avant. Si donc les Allemands, lassés et satisfaits, étaient tentés de nous l'offrir, rien ne s'opposait plus à ce que nous missions un terme à une résistance dont, à Paris, tout le monde à présent devait comprendre l'inutilité.

Ces considérations ne prévalurent malheureusement pas dans l'esprit du gouverneur. Lui qui avait si souvent traité d'héroïque folie la défense de Paris par ses propres ressources et sans l'appui d'une armée de secours, il déclarait maintenant que le siège *ne pouvait finir honorablement sur une lettre de M. de Moltke trahissant les embarras de l'ennemi*[1]. Dans la séance tenue le 6 décembre par le gouvernement, il annonçait son intention de continuer la guerre, mais sérieusement cette fois, *sans tenir compte de l'opinion publique et en se basant sur les vraies données scientifiques.* Confondant l'envoi d'un officier, démarche qui n'engageait à rien, avec des préliminaires de négociations dont il n'était pour l'instant nullement question, et ne réfléchissant pas qu'un armistice, tout en nous étant très favorable s'il était obtenu dans des conditions acceptables, n'entraînait pas forcément la conclusion de la paix, il combattit vivement ceux de ses collègues[2] qui insistaient pour qu'on acceptât au moins la proposition de M. de Moltke, et il finit par décider le gouvernement à la rejeter[3]. Le jour même, au nom de celui-ci, il répondait au chef d'état-major allemand par une lettre qui clôturait l'incident et dont voici la teneur :

1. *Procès-verbaux des séances du gouvernement de la Défense nationale* (séance du 6 décembre 1870).
2. Jules Favre et Ernest Picard.
3. Dans le cours de son argumentation, le gouverneur de Paris laissa entendre que l'attitude des officiers supérieurs de l'armée influençait d'une façon décourageante l'esprit des soldats. C'était là une assertion infiniment regrettable, à laquelle le récit des précédents combats donne d'ailleurs le plus éclatant démenti. Si cependant le général Trochu entendait faire allusion aux tiraillements et aux scènes fâcheuses que provoquait l'organisation vicieuse du commandement, il avait parfaitement raison. Mais à qui la faute, si ce n'est à celui qui, pouvant, d'un seul mot, faire cesser un pareil état de choses, semblait au contraire l'aggraver comme à plaisir par une faiblesse insigne et un manque absolu d'autorité ?

Paris, 6 décembre 1870. — Votre Excellence a pensé qu'il pourrait être utile de m'informer que l'armée de la Loire a été défaite près d'Orléans et que cette ville est réoccupée par les troupes allemandes.

J'ai l'honneur de vous accuser réception de cette communication, que je ne crois pas devoir faire vérifier par le moyen que Votre Excellence m'indique.

Agréez, mon général, l'assurance de la haute considération avec laquelle j'ai l'honneur d'être votre très humble et très obéissant serviteur.

Le Gouverneur de Paris, signé : Général TROCHU.

Dispositions prises pour la nouvelle sortie. — Il n'y avait plus qu'à tenter à nouveau le sort des armes, avec bien peu de chances, cette fois, de réussir. Le choix du champ de bataille étant définitivement arrêté, on s'occupa de l'aménager le mieux possible; des épaulements de batterie furent construits en face du front Saint-Denis-Aubervilliers-Bondy, et on les arma de 60 pièces de gros calibre. Enfin, le 20 décembre, on amena toute la 2º armée au nord-est de Paris : le 1ᵉʳ corps dans le triangle La Courneuve-Aubervilliers-Bobigny; le 2º corps, entre Noisy et Bondy, le corps de réserve sur le plateau derrière le fort de Noisy, la cavalerie au nord de Pantin. Ces troupes devaient aborder tout le grand plateau situé au nord du cours de la Morée. « Une fois maîtres de cette vaste plaine où s'élève le mamelon dominant de l'*Orme de Morlu*, on se rabattrait, suivant les circonstances, soit droit au nord par les routes de Lille et de Dunkerque, soit au nord-est en filant par la forêt de Bondy[1]. »

Mais, pour pouvoir aborder la plaine en question, il était prudent de s'emparer au préalable du Bourget, afin d'avoir un point d'appui à gauche, tandis qu'on attaquerait, à l'est de la route de Lille, la ligne de la Morée. Ce fut au corps de Saint-Denis, commandé par le vice-amiral de la Roncière, que l'on donna cette mission. En même temps, des démonstrations devaient être faites contre les positions ennemies tant au nord de Saint-Denis que dans la vallée de la Marne, vers la

---

1. Général DUCROT. *loc. cit.*, tome III, page 142.

Maison-Blanche et la Ville-Evrard ; ces dernières furent confiées à des fractions de la 3ᵉ armée, que commandait toujours le général Vinoy. Les dispositions d'ordre général ressemblaient d'ailleurs à celles qui avaient été prises avant les batailles de la Marne; les hommes laissaient leurs sacs à Paris et n'emportaient que six jours de vivres avec leurs cartouches. Cependant, instruit par une dure expérience, le général en chef leur avait laissé cette fois leurs effets de campement.

Cette attaque du Bourget, qui formait à la fois le début et la base des opérations projetées, n'était rien moins que facile. Depuis le 30 octobre, jour où la négligence du commandement supérieur leur avait permis de nous reprendre ce poste avancé, les Prussiens n'avaient pas cessé d'en renforcer les défenses. Les abords du village se trouvaient dégagés par la destruction d'une partie des bâtiments de la gare et protégés par une accumulation considérable de défenses accessoires de toutes sortes; la lisière extérieure était organisée défensivement; à l'intérieur, deux lignes successives, reliées par des communications couvertes, donnaient aux défenseurs de solides points d'appui. Au total, le village était devenu une véritable forteresse.

En outre, les Prussiens, prévenus, comme toujours, de l'imminence d'une sortie[1], avaient pris leurs précautions, renforcé, le 20 décembre, les deux ailes du corps de la Garde par une brigade de chacun des corps voisins, et fait avancer derrière les bois de Villiers la 4ᵉ division avec l'artillerie de corps du IIᵉ corps. Quant à la garnison même du Bourget, elle se composait, le 20 au soir, d'un bataillon du 3ᵉ grenadiers de la Garde (Reine-Elisabeth) et d'une compagnie de tirailleurs; ces troupes n'avaient plus cependant, comme au 30 octobre, l'ordre de conserver le village à tout prix[2].

Attaque du Bourget par le corps de Saint-Denis. — Le 21 avant l'aube, par un brouillard humide et froid,

---

[1]. Le gouverneur avait, dès le 18, lancé une proclamation significative, confirmée par l'ordre donné, le lendemain, de tenir fermées toutes les portes de Paris.
[2]. *La Guerre franco-allemande*, 2ᵉ partie, pages 736 et 737.

la 2ᵉ armée se mit en mouvement et vint se déployer entre la Courneuve et Bondy, le 1ᵉʳ corps à gauche, face à Drancy, le 2ᵉ corps à droite, face à Groslay, le corps de réserve et la cavalerie derrière Bobigny. En même temps le corps de Saint-Denis, fractionné en trois colonnes, se dirigeait concentriquement sur le Bourget.

La *colonne de droite*, aux ordres du général Lavoignet[1], suivait la route de Lille et devait aborder le village par le sud. La *colonne de gauche*[2], commandée par le capitaine de frégate Lamothe-Tenet, marchait de la Courneuve sur la partie nord-ouest; enfin, la troisième colonne[3], confiée au général Hanrion, restait provisoirement en réserve à la Courneuve[4].

L'attaque devait être protégée par l'artillerie des forts et des wagons blindés amenés sur la ligne de Soissons[5]. Leurs grosses pièces ouvrirent en effet le feu vers sept heures trois quarts, quand le brouillard se fut un peu dissipé; elles le cessèrent exactement *au bout d'un quart d'heure*, en sorte qu'il ne produisit pour ainsi dire aucun effet.

Cependant les marins du commandant Lamothe-Tenet avaient franchi la Molette, abordé vigoureusement, en se rabattant à droite, la partie nord-ouest du Bourget, conquis successivement toutes les maisons comprises entre l'église et le ruisseau, et obligé les défenseurs du cimetière, surpris par cette brusque attaque enveloppante, à mettre bas les armes[6]. Maîtres

---

1. 134ᵉ de ligne, 6ᵉ régiment des mobiles de la Seine et bataillon des francs-tireurs de la Presse, en tout sept bataillons.
2. Deux bataillons du 138ᵉ, un bataillon et deux compagnies de fusiliers marins, un bataillon (11ᵉ) des mobiles de la Seine, une batterie de 4.
3. 135ᵉ de ligne, un bataillon du 138ᵉ, un bataillon de marche de la garde nationale.
4. L'amiral de la Roncière avait refusé, par crainte de voir les troupes se tirer les unes sur les autres, la coopération de la division Berthaut, qui aurait attaqué le village par l'est. Il demanda au général Berthaut de se borner à faire sur Drancy une simple démonstration. (Général Ducrot, *loc. cit.*, tome III, page 150.)
5. Une batterie de 12 et deux pièces de 24 attendaient à la Croix-de-Flandre l'occasion de se porter sur le Bourget; mais elles ne participèrent pas à cette canonnade préparatoire.
6. *La Guerre franco-allemande*, 2ᵉ partie, page 738.

de la partie centrale du village, et rejoints par les deux bataillons du 138ᵉ, ils engagèrent aussitôt une lutte violente avec les Allemands postés dans les maisons de l'autre côté de la route; mais, malgré tous leurs efforts et une remarquable bravoure, ils ne réussirent pas à les en déloger.

Pendant ce temps, la colonne Lavoignet avait atteint le chemin de fer de Soissons, qu'elle garnissait à droite et à gauche de la route de Lille ; malheureusement toutes ses tentatives pour pousser plus loin étaient repoussées par la fusillade intense partie d'un grand mur blanc, qui fermait au sud les bâtiments de l'usine à gaz, ainsi que des enclos situés à l'est de la route. Aucun de ces obstacles n'ayant été entamé par le canon, il était absolument impossible d'en débusquer les défenseurs.

Il était près de dix heures déjà, et la situation se prolongeait sans autre résultat que des pertes sensibles, et sans que l'ordre fût donné aux réserves d'intervenir. Nos deux colonnes, séparées par un large espace, agissaient comme si elles eussent été isolées, et d'aucun côté on ne signalait le moindre progrès. A ce moment, le gouverneur, arrivé au nord de la Croix-de-Flandre, ordonne à une batterie de se porter à la tuilerie et de faire brèche dans le mur fatal ; mais ses obus, auxquels s'ajoutent ceux des grosses pièces en arrière qui ont rouvert le feu, frappent pêle-mêle Français et Prussiens[1]. Les troupes du commandant Lamothe-Tenet font des prodiges pour faciliter à la colonne Lavoignet le débouché qui lui reste obstinément fermé ; une compagnie de fusiliers marins, sous les ordres du lieutenant de vaisseau Peltereau, contourne même le village et vient attaquer à revers les barricades du sud[2]. Vains efforts ! Le mur blanc demeure inexpu-

---

[1]. « La plupart des projectiles tombaient dans le Bourget et faisaient autant de mal aux marins qu'aux Prussiens ; le fort d'Aubervilliers, qui tirait sur les réserves ennemies, envoyait spécialement ses coups trop courts au milieu du village. » (Général Ducrot, *loc. cit.*, tome III, page 157.)

[2]. Vice-amiral DE LA RONCIÈRE, *La Marine au siège de Paris* page 241.

gnable et devant lui s'accumulent les morts et les mourants !

Cependant l'ennemi commençait à recevoir des renforts, qui se pressaient déjà dans la partie nord du village, avec une batterie accourue de Pont-Iblon. « Un retour offensif se dessine. Dugny, Garges et Pont-Iblon ouvrent un feu violent sur la partie du village que nous occupons et où nous nous barricadons. Alors s'engage une lutte terrible dans laquelle le capitaine de frégate Lamothe-Tenet, ses héroïques marins et les solides soldats du 138° s'acharnent à garder leur position pendant plus de deux heures, dans l'espoir que la brigade Lavoignet pourra vaincre de son côté la résistance de l'ennemi..... Dans la position périlleuse qu'il a prise avec sa compagnie, le lieutenant de vaisseau Peltereau se trouve bientôt séparé de tous. Il succombe avec elle ; l'ennemi seul a pu être témoin de leur héroïsme[1]. » Enfin, le gouverneur se décide à appeler la réserve. La colonne du général Hanrion est portée en avant, trop tard, hélas ! Quant à la division Berthaut, qui s'était avancée jusqu'au chemin de fer de Soissons, attendant l'ordre d'attaquer le Bourget par la droite, on ne l'utilisa pas.

Il était onze heures. Le commandant Lamothe-Tenet, « *décimé par notre canon autant que par celui de l'ennemi*, ne se sentant pas soutenu, se voyant menacé d'être entouré par les masses allemandes, se décida à ordonner la retraite[2]. » Celle-ci, qui était déjà bien tardive, s'exécuta en bon ordre, mais il fallut malheureusement laisser dans les maisons pas mal de soldats et de marins qui furent capturés par les Prussiens. La brigade Hanrion, arrivée sur la Molette comme le mouvement était en train de s'exécuter, put le couvrir et le protéger. Quant à la colonne Lavoignet, elle resta

---

1. Vice-amiral DE LA RONCIÈRE, *loc. cit.*, page 242.
2. Général DUCROT, *loc. cit.*, tome III, page 157. — Le commandant Lamothe-Tenet déploya dans cette chaude affaire « une rare énergie et une bravoure qui firent l'admiration de tous ». Il eut son cheval tué sous lui en entrant dans le Bourget. (*La Marine au siège de Paris*, page 240.)

jusque vers deux heures à batailler sans succès, et se retira alors à son tour.

La 2ᵉ armée se porte un instant en avant. — Tandis que dans le village même du Bourget se déroulait cette lutte sanglante, la 2ᵉ armée s'était portée en avant jusqu'au chemin de fer de Soissons. Le général Ducrot ne voyant pas apparaître le signal qui devait lui annoncer la prise du Bourget, et s'apercevant d'autre part que des renforts arrivaient de tous côtés à l'ennemi, avait pensé en effet qu'un mouvement offensif de ses troupes, bien que peut-être prématuré, aurait au moins l'avantage d'empêcher celui-ci d'écraser le corps de l'amiral. Il fit donc occuper, vers neuf heures du matin, la ferme de Groslay par les compagnies franches de la division de Bellemare, et poussa son armée tout entière au nord. En même temps, il ordonnait à son artillerie de se déployer en avant de Drancy et de chercher à éteindre le feu des batteries prussiennes qui canonnaient le Bourget.

A onze heures, le déploiement était terminé ; une violente canonnade s'engageait sur tout le front compris entre le parc du Drancy et le petit bois de Groslay, canonnade à laquelle répondaient immédiatement neuf batteries de la Garde allemande échelonnées autour de Blanc-Mesnil, et les batteries de position de Sevran et d'Aulnay-les-Bondy. Cependant nos pièces tenaient bon et, sous leur protection, le général Ducrot s'apprêtait à faire avancer toute sa ligne, quand il reçut du gouverneur un télégramme lui prescrivant d'arrêter tout mouvement, le Bourget, qui devait servir de point d'appui à gauche, n'ayant pu être enlevé. C'était au moins prématuré, car une vigoureuse offensive de la 2ᵉ armée, combinée avec une nouvelle attaque exécutée sur le village par la division Berthaut, aurait eu raison certainement de sa résistance ; tout progrès même accompli par nos troupes sur la ligne de Morée déterminait sa chute. Malheureusement le gouverneur avait établi son plan d'avance et le tenait probablement pour indivisible. Une quelconque de ses parties venant à échouer entraînait à ses yeux l'abandon de tout le reste, en sorte que cette bicoque, défendue par un régiment tout au plus, tint en échec une armée de 100,000 hommes et l'empêcha de manœuvrer !

Quoi qu'il en soit, l'intervention du général Trochu, auquel décidément le Bourget ne portait pas bonheur, amena la cessation de la lutte, et celle-ci se réduisit à une canonnade qui coûta pas mal de pertes à notre artillerie. A trois heures, ordre était donné aux batteries elles-mêmes de se retirer, et aux troupes de regagner leurs emplacements primitifs. L'ennemi essaya de précipiter notre mouvement par quelques attaques ; il fut tenu en respect par les mobiles du Morbihan et le 136e de ligne.

Dans la soirée de ce même jour, la 2e armée était bivouaquée tout entière dans la plaine entre Bondy et Aubervilliers, le 2e corps à droite, le 1er à gauche, avec une ligne d'avant-postes occupant les tranchées par Groslay, Drancy, la Suiferie, la Courneuve, localités qui étaient mises en état de défense. Le corps de réserve était au Petit-Drancy[1].

Pertes. Résultats. — Ainsi prit fin cette tentative, si médiocrement conduite par le gouverneur de Paris, dont les talents militaires n'égalaient certainement pas les qualités privées. Elle devait constituer le dernier effort exécuté pour rompre le cercle de fer soudé autour de la capitale, et, à l'étudier de près, il est facile de voir que cet effort avait été absolument insuffisant. En somme, deux brigades avaient seules donné, et la masse principale des forces s'était trouvée arrêtée avant d'avoir seulement entamé son mouvement offensif. Tout naturellement, les pertes, bien qu'assez considérables dans les deux brigades précitées, étaient au total minimes. Elles se montaient, pour nous, aux chiffres suivants : Officiers : 8 tués, 20 blessés, 3 disparus. Troupe : 209 tués, 655 blessés, 88 disparus. Soit 31 officiers et 952 hommes hors de combat[2].

1. Général DUCROT, *loc. cit.*, tome III, page 164.
2. Sur ce chiffre, la brigade Lamothe-Tenet comptait 16 officiers et 619 hommes. Six matelots seulement de la compagnie Pellereau étaient revenus sains et saufs. « L'enseigne de vaisseau Caillard,

Quant aux Allemands, ils n'avaient perdu que 12 officiers et 395 hommes.

Des diversions sans grande importance furent en même temps exécutées au nord de Saint-Denis par quelques bataillons de mobiles et de mobilisés. Elles nous coûtèrent 9 tués (dont un chef de bataillon) et 150 blessés.

II. — Combat de la Ville-Évrard.

On se souvient que le général Vinoy avait été chargé d'opérer, avec des fractions de la 3e armée, une importante diversion dans la vallée de la Marne, vers la Maison-Blanche et la Ville-Évrard. Il devait s'avancer vers l'est assez loin pour être en mesure de battre avec son artillerie le pont de Gournay, afin d'en interdire l'usage aux renforts ennemis qui voudraient se porter vers le nord. Une partie des grosses pièces du plateau d'Avron appuierait son mouvement, tandis que l'autre aiderait à l'offensive de la 2e armée agissant vers le nord [1]. Enfin deux batteries de 4 et une de mitrailleuses, sous le commandement du général Favé, avaient été données en surplus à la 3e armée.

Dès l'aube du 21 décembre, le général Vinoy mit ses troupes en mouvement. La division de Malroy fut dirigée contre la Ville-Évrard, et la division d'Hugues contre la Maison-Blanche. Elles gardaient chacune une brigade en réserve, à Neuilly-sur-Marne et Neuilly-sous-Bois. Plus loin, des bataillons de garde nationale mobilisée occccupaient le plateau d'Avron (en remplacement de la division d'Hugues), le rond-point de Plaisance, et les abords du fort de Nogent.

Occupation de la Maison-Blanche et de la Ville-Évrard. — Les brigades de tête des deux divisions

---

blessé, parvint à s'échapper après l'évacuation et traversa en rampant la Molette jusque près de l'emplacement des ambulances, qui le recueillirent épuisé. » (*La Marine au siège de Paris*, page 215.) C'est en relevant les blessés du Bourget que le frère Néthelme, de la Doctrine chrétienne, fut atteint mortellement d'une balle.

1. Il y avait à Avron 43 pièces, dont 30 de gros calibre.

n'éprouvèrent que fort peu de difficultés pour s'emparer des objectifs qui leur avaient été désignés. C'étaient, à proprement parler, des postes avancés où l'ennemi n'avait mis que peu de monde pour couvrir seulement sa ligne de résistance constituée par le Chesnay et Gournay en avant, par la position de Chelles en arrière. Par suite, lorsque, après avoir occupé sans coup férir Neuilly-sur-Marne, le général Blaise eut fait canonner la Ville-Evrard par ses batteries [1], nos soldats purent pénétrer dans le village au pas de charge, en chasser le poste saxon dont une partie resta entre nos mains, et organiser défensivement leur conquête. De même, au nord, la brigade Salmon aborda à la fois le parc de la Maison-Blanche par les deux flancs et y entra sans subir de grosses pertes [2] ; les murs furent aussitôt crénelés, et on pratiqua une large brèche dans celui qui regardait le plateau d'Avron. Vers midi, les tirailleurs des deux brigades formaient une ligne continue en avant des deux localités, depuis la Marne jusqu'au chemin de fer de Strasbourg.

Il s'agissait maintenant de remplir le but principal de l'opération, c'est-à-dire de canonner le pont de Gournay. Trois batteries de la division de Malroy se portèrent aussitôt en avant de la Maison-Blanche et ouvrirent le feu ; mais, à la vue de ce mouvement, l'artillerie allemande postée sur les hauteurs de Noisy abandonna de son côté ses épaulements pour se rapprocher de la Marne et dirigea sur notre artillerie un feu tellement précis que celle-ci dut en majeure partie se retirer avec des pertes importantes et la moitié de son matériel broyé [3]. La lutte fut cependant continuée, inégale et meurtrière, par les quelques pièces encore en

---

1. Les pièces allemandes des hauteurs de la rive gauche essayèrent bien d'arrêter notre offensive, mais contre-battues efficacement par les gros canons d'Avron, de Noisy et de Rosny, elles ne purent prendre pour objectif nos batteries de campagne.
2. La plupart des projectiles tirés contre elle par les batteries de la rive gauche s'enfonçaient dans la terre mouillée sans éclater. (Général Ducrot, *loc. cit.*, tome III, page 177.)
3. Le général Favé avait été assez grièvement atteint par un éclat d'obus.

état de faire feu, et se prolongea jusque vers quatre heures. A ce moment, le général Vinoy, prévenu par le gouverneur de l'échec subi devant le Bourget, lequel avait entraîné l'avortement complet des projets de sortie, donna l'ordre de cesser le combat, et de se replier. Toutefois, cédant aux instances des généraux qui voulaient laisser à leurs troupes un gage matériel du succès, il autorisa la brigade Blaise à rester dans la Ville-Évrard, *mais en lui recommandant la plus grande vigilance*[1]. La brigade Salmon ne laissa à la Maison-Blanche qu'une grand'garde de deux compagnies et se retira sur Avron. L'artillerie alla se masser à Neuilly-sur-Marne, protégée par la brigade de cavalerie Dargentolle.

Les dispositions prises par la brigade Blaise dans la Ville-Évrard furent malheureusement loin de répondre aux conditions de vigilance que venait de si nettement ordonner le général en chef. Elle envoya bien un poste avancé à 500 mètres à l'est sur la route de Strasbourg ; elle disposa dans le parc 4 bataillons chargés d'en garder les murailles ; elle établit sa ligne de sentinelles de manière à se relier, au nord, avec celle de la brigade Salmon. Mais elle laissa sans un homme la large plaine qui s'étend entre le canal et la Marne et n'exécuta de ce côté, pourtant si dangereux, ni une ronde, ni une patrouille. « Cette faute, dit le général Ducrot, devait lui être funeste. »

Attaque de nuit exécutée par les Saxons. — En effet, dès sept heures du soir, c'est-à-dire une fois la nuit complètement tombée, quatre compagnies saxonnes[2], se glissant le long du canal, parvenaient à la Ville-Évrard. Tandis que deux d'entre elles assaillaient le parc par sa face orientale, une autre, filant par le nord, abordait la face ouest, afin d'intercepter la retraite ; enfin une dernière compagnie attaquait directement la face sud. Nos soldats, surpris par cette agression inattendue, courent pêle-mêle aux créneaux

---

1. Général Vinoy, *loc. cit.*, page 310.
2. Du 13e bataillon de chasseurs et du 107e.

et se livrent à une fusillade désordonnée, mais tellement violente que les assaillants du mur oriental sont refoulés[1]. Malheureusement, les compagnies ennemies qui s'étaient dirigées sur les deux ailes réussissent à prendre pied dans les bâtiments de l'hospice, situé à l'ouest du parc ; elles jettent le désordre dans les rangs du bataillon français disposé de ce côté, et provoquent une confusion inexprimable. Dans toutes les directions partent des coups de feu qui frappent au hasard, et le tumulte est bientôt tel qu'il devient impossible d'organiser la résistance. Pour comble de malheur, des soldats allemands qui, pendant la journée s'étaient réfugiés dans les caves de l'hospice et y étaient restés tout le temps de notre occupation sans que personne se soit avisé de visiter leur retraite, surgissent tout à coup, tiraillent contre nos soldats pressés dans la cour, et abattent un grand nombre des nôtres, parmi lesquels le général Blaise, mortellement atteint. C'est une scène d'inexprimable tumulte, dont l'horreur est encore accrue par l'obscurité, et qui se complique malheureusement de défaillances regrettables, conséquence presque forcée de la dépression morale produite par la surprise, et facteurs immédiats de la honte qu'elle entraîne toujours. Des hommes, des officiers même, qu'il a fallu traduire plus tard devant le conseil de guerre, s'enfuient affolés et courent apporter au quartier général de Rosny les nouvelles les plus alarmantes et heureusement les plus exagérées[2]..... Enfin, on parvient à se ressaisir un peu. Quelques officiers vigoureux rallient leurs hommes et dirigent énergiquement la résistance ; les chasseurs saxons sont cloués sur place et, malgré l'arrivée de trois compagnies de renfort (des 106e et 107e), voient tous leurs efforts échouer contre la muraille orientale du parc. La lutte se prolonge dans une obscurité pro-

---

1. Il paraîtrait que leur échec fut en partie causé par ce fait que la queue de la colonne d'attaque, trompée par l'obscurité, tirait sur la tête. (Général Vinoy, *loc. cit.*, page 313.) — Ceci prouve combien il est nécessaire d'apporter de précaution dans l'exécution d'une attaque de nuit.

2. Général Vinoy, *loc. cit.*, page 312.

fonde, et à minuit l'ennemi n'a encore réalisé de ce côté aucun progrès nouveau.

A la Maison-Blanche, où nous n'avions que peu de monde, l'affaire était déjà terminée depuis longtemps. Là, quatre compagnies allemandes [1] avaient pu sans difficulté, et à la faveur de la surprise, débusquer nos grand'gardes et les refouler sur Avron, en leur capturant 46 hommes et 6 officiers. Elles conservaient leur conquête, qu'aucun retour offensif n'était du reste venu menacer.

Lorsqu'il fut mis au courant de ces divers incidents, le général Vinoy jugea très sagement qu'il ne fallait pas leur attribuer trop d'importance, ni surtout envoyer des renforts à la Ville-Évrard. La possession des deux postes qui faisait l'objet du litige n'avait pour l'ennemi qu'une très mince importance, et les grosses pièces du plateau d'Avron pouvaient, quand on le voudrait, les rendre intenables. Quant à l'envoi de secours, en pleine obscurité, il n'y fallait pas songer, sous peine d'augmenter une confusion déjà trop grande et d'exposer les nouveaux arrivants aux coups de leurs camarades. Chercher à tenir sur place le plus longtemps possible était tout ce qu'il y avait à faire, et c'est là seulement ce que demanda le commandant en chef [2].

Cependant les Allemands, reconnaissant l'inanité de leurs efforts, avaient déjà renoncé, dans le milieu de la nuit, à nous débusquer de la Ville-Évrard. Lorsque le jour fut venu, les troupes de la brigade Blaise se mirent en retraite, protégées par la brigade Salmon, qui s'était avancée jusque vers la Maison-Blanche. Les batteries allemandes, qui, des hauteurs de Noisy-le-Grand, avaient cherché à gêner ces mouvements, furent contre-battues efficacement par les grosses pièces d'Avron et des forts, et ne réussirent pas à les entraver. Un poste saxon vint réoccuper la Ville-Évrard [3].

---

1. Ces compagnies appartenaient également au 13ᵉ bataillon de chasseurs et au 107ᵉ saxons.
2. Général Vinoy, *loc. cit.*, pages 315 et 316.
3. « L'alerte de la nuit avait jeté, à une assez grande distance du lieu où elle se passait, une panique véritable parmi les bataillons

Telle fut cette échauffourée fâcheuse, qu'il eût été si facile d'éviter avec quelques précautions. En dehors du brave général Blaise, qui avait payé de sa vie une insouciance trop commune alors, elle ne coûtait que peu de pertes. Mais elle n'en était pas moins déplorable, parce qu'elle avait fait subir à tous, officiers et soldats, cette dépression morale qui accompagne la surprise, et provoqué de coupables faiblesses, dont l'exemple devait heureusement rester isolé dans les fastes de cette guerre, où nous n'avons pu sauver que notre honneur [1].

III. — Situation militaire a la fin de décembre.

Le général Trochu, bien qu'il eût précédemment annoncé des intentions de résistance à l'opinion publique [2], n'en était pas moins fort inquiet le 22 au matin de la façon dont celle-ci allait accueillir le nouvel échec du Bourget. Il savait déjà que dans Paris l'impression était des plus mauvaises et qu'on ne s'y faisait point faute de déblatérer sur la disproportion du résultat obtenu avec le chiffre des forces mobilisées. Il était au courant des accusations violentes que la popu-

---

mobilisés de la garde nationale qui se trouvaient en réserve dans les villages de Fontenay-sous-Bois, Neuilly, Plaisance et Rosny. Bien qu'ils fussent séparés de l'ennemi par le village de Neuilly-sur-Marne, protégés par les bataillons de gendarmerie et couverts par le plateau d'Avron, un grand nombre de gardes nationaux prirent peur à la seule appréhension du danger ; la pensée d'une attaque encore impossible, qui pourrait venir jusqu'à lui, fit fuir d'abord au fort de Rosny, puis au glacis de l'enceinte et enfin jusque dans Montmartre même, le 200ᵉ bataillon de la garde nationale. D'autres bataillons montrèrent les mêmes symptômes de découragement et une partie des hommes qui les composaient se dispersèrent de tous les côtés. Le général en chef dut même, dans l'intérêt de la discipline, demander l'autorisation de faire rentrer dans Paris ceux de ces bataillons qui, par leur faiblesse, avaient donné le plus déplorable exemple. » (*Ibid.*, page 320.)

1. Il se produisit pendant l'attaque de la Ville-Évrard un fait inouï, qui montre à quel degré lamentable l'homme peut s'abaisser au milieu de la désorganisation produite par un assaut imprévu. Un sous-lieutenant du 1ᵉʳ bataillon du 111ᵉ, nommé Schang, passa à l'ennemi.

2. Voir plus haut, page 325.

lation ne lui ménageait pas¹. Il essaya donc de donner encore une fois le change à cette opinion tant redoutée, par une de ces communications d'allure indécise et nébuleuse, dont plus que personne il possédait le secret.

> La journée d'hier, disait l'*Officiel* du 23 ², *n'est que le commencement d'une série d'opérations*. Elle n'a pas eu, *elle ne pouvait guère avoir* de résultats définitifs. Mais elle peut servir à établir deux points principaux et importants : *l'excellente tenue de nos bataillons de marche engagés pour la première fois* ³, qui se sont montrés dignes de leurs camarades de l'armée et de la mobile, et la supériorité de notre artillerie qui a complètement éteint le feu de l'ennemi. *Si nous n'avions pas été contrariés par l'état de l'atmosphère*, il n'est pas douteux que le village du Bourget serait resté entre nos mains. A l'heure où nous écrivons, le général gouverneur de Paris a réuni les chefs de corps pour se concerter avec eux sur les opérations ultérieures.

Parmi tant d'affirmations erronées, contenues dans ce document, la dernière se trouvait à peu près seule exacte, car le général Trochu avait en effet, le 22 à midi, tenu à Aubervilliers un de ces conseils de guerre qui sont la ressource dernière des chefs d'armée à bout d'expédients. Là, il exposa « que l'opinion publique qui s'était déjà trop émue pour la première affaire du Bourget, n'allait pas manquer cette fois de crier à la trahison ; qu'il fallait donc absolument *lui donner une légitime satisfaction*, et pour cela s'emparer de ce village ; mais que, comme l'expérience avait prouvé l'inanité d'une attaque de vive force, on procéderait dorénavant, afin d'éviter des pertes inutiles, suivant les méthodes usitées dans les sièges, c'est-à-dire par cheminements⁴. » Ainsi le seul guide du généralissime était encore une fois l'opinion, car rien dans ce qui précède n'émane d'une considération militaire quelle qu'elle

---

1. Jules FAVRE, *Le Gouvernement de la Défense nationale*, tome II, page 195.
2. La note du gouverneur, datée du 22, fut insérée au *Journal officiel* du lendemain seulement.
3. On a vu ci-dessus quelle avait été l'attitude de ceux de ces bataillons qui formaient l'extrême réserve du général Vinoy. Quant aux autres, ils eurent peut-être une *excellente tenue*, mais qui n'avait cependant rien d'héroïque, étant donné leur éloignement (5 kilomètres) du champ de bataille.
4. Général DUCROT, *loc. cit.*, tome III, page 191.

soit. Uniquement pour éviter quelques brocards ou des articles de journaux, on allait faire le siège du Bourget, sans même se demander si ce village pourrait servir à quelque chose et si sa conquête, jugée naguère inutile, était devenue maintenant indispensable à ce point. Étrange confusion entre la politique et la stratégie ! En vain un des généraux présents fit-il observer que la terre durcie par une gelée subite ne se prêtait nullement aux travaux de sape[1]; le gouverneur persista dans une résolution dictée par les seuls mobiles qui eussent le don de le passionner, et les boyaux de tranchées durent être entamés incontinent. Le général Tripier était chargé de la direction générale des attaques.

Cependant la situation climatérique s'aggravait au point de donner des inquiétudes sérieuses. Dans l'après-midi du 21, tandis que nos soldats regagnaient leurs bivouacs, la température s'était subitement abaissée ; elle descendit encore davantage pendant la soirée suivante, où le thermomètre marqua 15 degrés au-dessous de zéro. La terre était si dure qu'il devint impossible d'y enfoncer les piquets de tente, en sorte que nos malheureux soldats durent passer à la belle étoile, sans autre nourriture qu'un peu de riz et de biscuit, presque sans feu, et exposés aux rafales d'une bise glaciale, cette nuit épouvantable, après laquelle on constata *plus de 900 cas de congélation*[2] ! Le bivouac était trop meurtrier dans ces conditions pour qu'il fût possible d'y condamner plus longtemps les troupes. Dès le 22, il fut donc décidé que toute la 2ᵉ armée, sauf les travailleurs et les gardes de tranchée, serait cantonnée dans les villages les plus voisins. Le 1ᵉʳ corps s'établit à Aubervilliers et environs ; le 2ᵉ corps à Noisy-le-Sec et Merlan ; le corps de réserve à Bobigny et au Drancy. Quant à la cavalerie, on la dissémina dans Clichy, Vincennes et Pantin.

Les travaux de sape entamés contre le Bourget progressèrent avec une extrême lenteur. Le service des

---

1. Général Ducrot, *loc. cit.*, tome III, page 191.
2 *Ibid.*, page 212.

tranchées était affreusement pénible, et les souffrances auxquelles se trouvait condamnée l'armée devenaient de jour en jour plus cruelles. « Les soldats faisaient pitié à voir... la tête entourée de chiffons, leur couverture pliée et repliée autour du corps, les jambes enveloppées de loques, n'ayant plus forme de soldats, ils allaient sous la bise glacée aux avant-postes, aux tranchées. C'était bien, suivant l'expression d'un membre du gouvernement, Moscou aux portes de Paris[1]. » Dans ces heures de dures épreuves, ils déployèrent pourtant une héroïque constance et un courage dont la patrie doit leur être reconnaissante à jamais. Mais les forces humaines ont des limites, et celles des défenseurs de Paris étaient à bout. Dans les dix derniers jours de décembre, plus de 20,000 hommes, abattus par l'anémie, minés par les privations ou terrassés par le froid, durent être évacués sur les hôpitaux de la ville. Le 26, on abandonna le projet de siège du Bourget, et on se borna à maintenir dans les villages depuis Rosny jusqu'à Aubervilliers une partie de la 2ᵉ armée, dont le service consista seulement à fournir des avant-postes dans les tranchées.

D'ailleurs, cette armée était tellement affaiblie et désorganisée, qu'elle ne possédait plus, pour le moment, aucune puissance offensive. Il n'y avait plus à lui demander d'autre effort que la passivité dans la souffrance et la résignation dans le malheur. Il est juste de constater que, à de rares exceptions près, elle donna jusqu'à la fin, avec un remarquable courage, tout ce qu'on pouvait attendre d'elle sous ce rapport.

1. Général Ducrot, *loc. cit.*, tome III, page 212.

LIVRE TROISIÈME

LE BOMBARDEMENT

CHAPITRE PREMIER

LE MOMENT PSYCHOLOGIQUE

Situation à Paris à la fin de décembre. — Le piteux échec auquel venaient d'aboutir les récents efforts de la défense de Paris avait provoqué partout un découragement profond, et les derniers jours de l'année 1870 s'écoulèrent dans une morne tristesse, à laquelle faisait cortège, pour ceux que n'aveuglait pas la passion politique, l'angoisse des plus sombres préoccupations. Les espoirs les mieux trempés s'évanouissaient devant la constatation douloureuse d'une impuissance désormais démontrée, la foi en des jours plus heureux disparaissait même chez les plus vigoureux caractères, et des hommes, habituellement très énergiques, ressentaient les premières atteintes de la démoralisation.

D'autre part, la déception était grande de tant d'illusions déçues au sujet des talents militaires du gouverneur, à qui on avait fait au début un crédit si large, pour aboutir bientôt au plus complet désenchantement. Il n'était malheureusement que trop certain, les derniers événements l'avaient prouvé jusqu'à l'évidence, que le général Trochu ne possédait aucune des qualités nécessaires pour sauver la situation compromise, et que sa direction accusait des résultats de jour en jour moins brillants. « On lui reprochait de n'avoir pas su se servir des ressources qu'il avait dans les mains et d'avoir compromis la défense par une tactique malheureuse qui consistait à engager ses troupes et à les retirer, sans jamais occuper un des points attaqués. La popularité immense dont il avait joui au commencement et pendant les trois premiers mois du siège avait fait place à une hostilité qui grandissait chaque jour[1]. » Le gouvernement lui-même, qui s'était imaginé longtemps que son président, par cela même qu'il n'était point *persona grata* à la Cour des Tuileries, devait posséder tous les mérites, commençait à s'apercevoir de son erreur et à juger dangereux « de le laisser désormais, sans guide et sans contrôle, décider souverainement des opérations qui pouvaient encore être tentées[2] ». L'autorité du généralissime, si peu effective qu'elle fût, subissait donc une grave atteinte qui menaçait de livrer le commandement militaire comme le reste à l'anarchie, tandis que ce commandement perdait le peu de prestige qui lui restât encore en se donnant en pâture, avec une longanimité qui n'était que de la faiblesse, aux divagations virulentes de la presse et des clubs.

Telle était la situation gouvernementale, qui, ainsi qu'on le voit, n'avait rien de rassurant. La suspicion où était tenu maintenant le général Trochu avait grandi à ce point qu'il était question, dans les conseils des avocats en possession du pouvoir, soit de le mettre en tutelle, soit même de le remplacer. « Le moment est venu où le gouvernement *doit lui-même conduire les opérations militaires* », disait Jules Favre, et M. Arago, qui s'opposait au remplacement du général Trochu parce qu'il entendait au préalable « réclamer de son successeur une profession de foi républicaine », adjurait le gouverneur de commander désormais l'armée

---

1. Jules Favre, *Le Gouvernement de la Défense nationale*, tome II, page 198.
2. *Ibid*.

« en *citoyen* résolu à tenter des efforts extraordinaires, *en dehors de toutes les règles militaires*[1] ». C'est à des divagations de ce genre que le gouvernement occupait ses séances, pendant lesquelles les propositions les plus fantaisistes étaient successivement présentées par des gens dont les aptitudes au rôle d'hommes d'Etat se montraient là sous leur vrai jour, mais où, somme toute, on ne résolvait rien, sinon qu'on ne confierait jamais la défense de la République à *l'ex-sénateur* Vinoy.

Cependant, les souffrances morales et matérielles de la malheureuse population parisienne atteignaient déjà un degré d'acuité terrible. Les premières avaient principalement pour cause le découragement qui, régulièrement, succédait au déluge de fausses nouvelles que propageait la presse, qu'encourageait le gouvernement, et que le public colportait de bouche en bouche, se préparant ainsi les plus amères déceptions. Tantôt on avait capturé la flotte prussienne, tantôt on avait battu l'armée entière du prince Frédéric-Charles, tantôt on annonçait l'arrivée de l'armée de la Loire aux environs de Fontainebleau. Loin de mettre la population en garde contre ces rumeurs fantaisistes, le *Journal officiel* publiait de temps en temps des communiqués rédigés par une plume habile et où la gravité de nos échecs était toujours masquée sous des artifices de langage qui trouvaient pour le présent des excuses et pour l'avenir des promesses dont on ne voyait jamais la réalisation. « Ces espérances chaque jour renaissantes, chaque jour éteintes, ces joies détruites, ces attentes anxieuses conduisaient plus sûrement au désespoir que la vérité, si triste qu'elle pût être; les esprits les mieux équilibrés tombaient dans un état violent, voisin d'une sorte de folie que l'on a appelée *folie obsidionale*[2]. » Avec cela, pas de nouvelles des parents, des amis, des pères ou des fils prisonniers en Allemagne ou combat-

---

1. *Procès-verbaux des séances du gouvernement de la Défense nationale* (Séances des 24, 25 et 26 décembre 1870).
2. Général Ducrot, *loc. cit.*, tome III, page 221.

tant en province, la claustration absolue, l'isolement complet dans la plus douloureuse des séparations!

Les tortures causées par le froid et la faim étaient devenues terribles, surtout pour la classe moyenne. Les économies une fois épuisées, il avait fallu se contenter de la ration journalière, qui se composait uniquement de 300 grammes par jour d'un pain innommable, fait de résidus et de mauvais son, avec 30 grammes de viande de cheval; car le gouvernement, après avoir, dans son imprévoyance coupable, laissé gaspiller les vivres de toute espèce au début du siège, avait dû, malgré des promesses solennelles, en venir au rationnement. Ceux qui n'avaient pas ou beaucoup d'argent, ou un fusil de garde national, ou un état reconnu d'indigence[1], ne pouvaient plus ni se chauffer ni se nourrir. La mortalité atteignait, par semaine, le total énorme de 3,600 décès; les maladies épidémiques qui s'étaient abattues sur la ville presque dès le début du siège, exerçaient des ravages de jour en jour plus terribles, et la variole principalement, du 18 septembre 1870 au 24 février 1871, date de l'armistice, faisait 64,200 victimes, soit 42,000 de plus que pendant la période correspondante de 1869-1870. Quant à la mortalité des enfants en bas âge, elle était effroyable, et elle atteignit pendant une seule semaine, la dernière du siège, le chiffre épouvantable de 2,500!

Rien de tout cela cependant n'empêchait les clubs de fonctionner, les journaux de divaguer, les sophistes de déclamer. « Les attaques les plus violentes, les appels à l'insurrection, à la guerre civile, au pillage, toutes les infamies, toutes les ignominies, toutes les obscénités ont pu être publiées, affichées dans Paris ouvertement, au grand jour[2]!... » Triste conséquence d'une faiblesse inexcusable et qui avait sa source dans les utopies dont les membres du gouvernement s'étaient nourris toute leur vie. Or, chose étrange! lorsqu'un

---
1. Ceux-ci au moins trouvaient dans la charité publique, toujours admirable, des ressources que la classe moyenne et la petite bourgeoisie ne pouvaient pas partager.
2. Général Ducrot, *loc. cit.*, tome III, page 226.

d'entre eux[1], frappé enfin des désastreuses conséquences d'une licence que rien, ni le bon sens, ni le patriotisme, ni la loi sacrée de la discrétion militaire ne pouvaient refréner, demandait enfin, au nom du salut public, la suppression pure et simple des journaux, c'était le général Trochu lui-même qui, de concert avec Jules Favre et M. Rochefort, combattait le plus ardemment cette proposition si sage[2]. Quelle aberration d'esprit chez ce soldat si complètement égaré dans la politique! Et cependant, ces journaux et ces clubs ne le ménageaient guère ; ces derniers surtout, où l'anarchie se prêchait à bureau ouvert. « Chaque jour on y demandait la destitution du gouverneur ou de tel fonctionnaire militaire ou autre, les visites domiciliaires, la levée en masse, la sortie torrentielle, la Commune. Dans les réunions se formaient des *manifestations armées* qui allaient aux mairies, à l'Hôtel-de-Ville, chez le gouverneur, conseiller, ordonner ou défendre. Enfin, dans ces réunions, était donné le mot d'ordre pour la tentative d'insurrection et s'organisaient les sociétés, telles que le *Comité central de la garde nationale* ou l'association *des délégués des 20 arrondissements*, qui avaient la prétention et l'espérance de remplacer le gouvernement, espérance que les événements de 1871 ont réalisée[3]. »

Détournons les yeux de ce triste tableau ; la tache qu'il imprime à la défense honorable de la capitale française doit être effacée par le souvenir du courage que la masse de la population a montré au milieu de ses terribles souffrances, de l'abnégation dont elle a fait preuve, du dévouement généreux qu'elle a prodigué à la patrie et au gouvernement d'occasion qui la représentait. En face de quelques braillards, « écume cosmopolite[4] », qui entendaient décréter la victoire et proclamer la déchéance du roi de Prusse ; en face des exaltés, des démagogues et des sophistes, il faut, pour

---

1. Ernest Picard.
2. *Séance du gouvernement tenue le 10 novembre 1870.*
3. *Enquête parlementaire*, rapport de M. Chaper.
4. Général Ducrot, *loc. cit.*, tome III, page 217.

être juste, évoquer la mémoire de tous ces hommes de devoir qui ont souffert sans se plaindre, de tous ces braves soldats qui sont morts héroïquement, de toutes ces femmes dont le noble dévouement jette sur ces jours de deuil comme un rayonnement de divine charité. Les Parisiennes, à quelque classe de la société qu'elles appartinssent, se sont montrées admirables. Leur courage résigné dans les privations, leur stoïcisme dans les larmes, leurs attentions délicates et raffinées auprès des blessés et des mourants sont au-dessus de tout éloge. Les riches, dont les voitures blasonnées étaient remisées faute de chevaux, venaient à pied chaque jour aux baraques des Champs-Elysées ou à l'ambulance du Grand-Hôtel, assister aux cliniques de Nélaton, de Ricord, de Péan, de tout ce que l'École de médecine comptait d'illustre, et faire les pansements les plus répugnants et parfois les plus dangereux. D'autres allaient jusqu'aux abords des champs de bataille accompagner les ambulances de la Société de secours aux blessés. Les actrices prodiguaient leurs soins aux soldats soignés dans leurs théâtres transformés en hôpitaux, et toutes, les jeunes, les vieilles, les célèbres apportaient à ce rôle de sœur de charité la même ardeur qu'elles mettaient naguère à remporter des triomphes!

Et si le dévouement de ces favorisées du sort fut admirable, combien plus admirable encore le courage stoïque des femmes du peuple, des petites bourgeoises, des ouvrières, obligées d'attendre pendant les heures glacées de l'aube, dans la boue gluante et froide, sous la pluie qui fouette ou le vent qui cingle, une maigre ration de pain de siège et un morceau de viande de cheval! Comme elles ont dû souffrir, ces pauvres créatures, rangées en file, transies et grelottantes, accablées sous le fardeau de leur pauvre ménage, et partagées entre les soucis de la vie matérielle et l'inquiétude mortelle qui les dévorait à chaque coup de canon! Elles n'ont cependant jamais fait entendre une plainte, jamais poussé un cri d'impatience : leurs seules paroles étaient des caresses pour l'enfant qu'elles portaient endormi sur leurs bras amaigris... Ces femmes qui ont souffert toutes les tortures, enduré trop souvent les tourments de la faim, dont quelques-unes, dit le général Ambert, ont dû mendier, la nuit, un morceau de pain, ces femmes ont été de vraies héroïnes, et l'histoire leur gardera un souvenir attendri.

L'essor de la charité a été merveilleux ; partout des hôpitaux, des ambulances, des fourneaux économiques, où les blessés trouvaient des soins, les malheureux du pain. Dans la pitié comme dans le patriotisme, toutes les classes, toutes les croyances, toutes les opinions se sont un moment confondues, et c'est bien là la portée la plus haute du spectacle que la France a donné au monde pendant près de cinq mois[1]. Qu'importent après cela les défaillances des peureux, les cris des énergumènes, les folies des anarchistes et des braillards ? Ne nous reste-t-il pas assez de nobles exemples pour montrer l'inépuisable fond d'héroïsme et de vitalité que ce pays possède, et pour nous laisser le droit de garder avec fierté la mémoire de ceux qui ont tant souffert ?

Bombardement et évacuation du plateau d'Avron. — Cependant la situation précaire de la capitale n'était plus un mystère pour les Allemands, qui y voyaient l'augure d'une explosion populaire et s'étonnaient même qu'elle ne se fût pas produite déjà. Pour les raisons exposées plus haut, ils avaient, depuis le 17 décembre, renoncé à entamer les travaux d'un siège, mais ils en-

---

1. Il faut ici rappeler la noble conduite de certaines maisons de charité, telles que l'*Asile des enfants délaissés*, qui distribua cent soupes par jour aux indigents, et celle des frères de la Doctrine chrétienne, qui perdirent vingt des leurs de maladies contractées au chevet des mourants. Le frère Néthelme fut tué à l'ennemi, comme un soldat, en relevant les blessés du Bourget. Pendant toute la durée du siège, ces modestes et braves religieux soignèrent près de 30,000 blessés ou malades, sans pour cela fermer leurs écoles un seul jour, sans interrompre le service de leurs fourneaux économiques, qui donnèrent à manger à tant de pauvres gens. Après la guerre, le gouvernement de la République, voulant honorer l'ordre tout entier, fit remettre par le docteur Ricord la croix de la Légion d'honneur au vénérable père Philippe, son supérieur général. Celui-ci la reçut avec émotion, puis la cacha sous sa robe de bure, où nul ne la vit jamais que le jour de sa mort.

tendaient les remplacer par une action énergique d'un autre genre, qui, en exaspérant la population parisienne déjà singulièrement surexcitée, la pousserait peut-être aux derniers excès. Or, le moment précis où cette action serait la plus efficace leur semblait arrivé maintenant. Tout espoir d'un secours extérieur semblait évanoui ; les énergies les mieux trempées s'usaient peu à peu dans les privations et les souffrances, et la faim, mauvaise conseillère, pouvait au moindre événement faire sortir de leurs repaires les émeutiers en qui M. de Bismarck voyait ses meilleurs alliés. L'homme de fer qui présidait aux destinées de l'Allemagne voulut alors profiter de ce qu'il a appelé le *moment psychologique,* et satisfaire à l'impatience de son pays, qui s'irritait d'une résistance aussi prodigieuse et aussi peu prévue. Aussitôt que tout fut prêt pour cet acte barbare, il ordonna de commencer le bombardement de Paris.

Les canons dont il pouvait disposer étaient nombreux. Outre les batteries de siège précédemment construites pour agir contre les forts du sud et les ouvrages de Saint-Denis, l'état-major allemand en avait fait, dès le lendemain des batailles de la Marne, élever d'autres sur les hauteurs de Noisy-le-Grand et de Montfermeil.

Celles-ci étaient chargées de contre-battre le plateau d'Avron, d'éteindre ses feux, de chasser les troupes qui stationnaient aux alentours, puis, ces résultats obtenus, de bombarder les forts de l'est et les villages en arrière. Après le 21 décembre, cette ligne d'épaulements fut prolongée sur tout le front du XII° corps ; mais, à la date du 26, le travail n'était pas entièrement terminé. Les batteries prêtes à tirer étaient au nombre de treize, réparties ainsi qu'il suit : quatre sur le plateau du Raincy, quatre sur le plateau de Montfermeil, cinq au-dessus de Noisy-le-Grand. C'était soixante-seize pièces de 15 et de 12 centimètres qui allaient ouvrir le feu sur le plateau d'Avron et les forts de Noisy, Rosny et Nogent [1].

---

1. L'approvisionnement en munitions de ces batteries avait pu s'effectuer sans trop de difficultés, grâce à la proximité de la gare de

Le 27 décembre, par une matinée sombre et froide, une pluie de gros projectiles s'abattit tout à coup sur nos ouvrages d'Avron et sur le camp de l'infanterie de marine, où elle provoqua une panique, bientôt réprimée d'ailleurs. Les pièces françaises établies sur le plateau ripostèrent d'abord avec énergie, secondées par les gros canons de Bondy et des forts ; mais, inférieures en nombre et en calibre, prises en rouage et même presque à revers, elles se trouvèrent bientôt très réduites par la mise hors de service de plusieurs d'entre elles, qui étaient éteintes ou démontées. Quant à l'infanterie, groupée dans des tranchées d'un relief insuffisant, et placée sur un éperon qui était le centre d'un demi-cercle formé par les batteries ennemies, elle subit de grosses pertes et supporta des souffrances inouïes, en restant toute la journée immobile sous les obus, par un froid de dix degrés, sans nourriture et sans feu. Néanmoins, le premier moment de surprise passé, elle fit bonne contenance, et le brave général d'Hugues, circulant à découvert le long des tranchées, ne cessa de lui donner l'exemple du courage et du mépris de la mort [1].

Cette première journée de bombardement nous coûta 12 officiers et 100 hommes sur le plateau ; mais nos batteries étaient fort endommagées et l'infanterie extrêmement fatiguée. Dans la crainte d'une attaque de vive force, on la renforça le soir avec des troupes de la 2ᵉ armée, offertes par le général Ducrot ; néanmoins, le général Vinoy ne crut pas devoir celer au gouverneur que la situation restait périlleuse et pouvait même, d'un moment à l'autre, devenir très critique.

La nuit se passa sans incident ; mais, dès l'aube du 28, le bombardement reprit avec une vigueur extrême et fut dirigé à la fois sur le plateau, sur les forts et sur Bondy. Quoique un peu moins meurtrier que la veille, il causa dans nos ouvrages de tels ravages que le gouverneur, venu vers midi sur les lieux, dut se convaincre qu'Avron n'était plus tenable ; les troupes

---

Lagny où aboutissait une voie de détournement embranchée sur la grande ligne au-dessus de Nanteuil.

1. Général Ducrot, *loc. cit.*, tome III, page 235.

qui l'occupaient eussent été sacrifiées sans aucun résultat. Il convoqua donc au fort de Rosny un conseil de guerre auquel assistèrent les colonels Stoffel et Guillemaut[1], et là l'évacuation complète du plateau d'Avron fut résolue. On jugea que la position ayant été occupée en vue de la sortie par le sud-est, et conservée pour appuyer le mouvement offensif du 21 décembre, il n'y avait plus nécessité de la garder après l'échec définitif de ces deux tentatives ; vouloir la conserver, c'était exposer les troupes à des pertes sanglantes et stériles ; quant à perfectionner les abris insuffisants dont celles-ci disposaient, il n'y fallait pas songer, la dureté du sol profondément gelé s'opposant à tout travail.

Dès six heures du soir commençait l'évacuation, opération des plus pénibles et des plus délicates, dont les difficultés étaient encore grandies par l'obscurité et l'épaisse couche de verglas qui couvrait les chemins en pente raide descendant du plateau. Des détachements de marins, venus des forts de Noisy, de Rosny et de Nogent, s'y attelèrent avec un dévouement admirable ; les chevaux ne pouvant pas marcher, ils durent manœuvrer à bras, et il fallut, pour venir à bout de cette rude besogne, que l'habile énergie du colonel Stoffel ait été secondée par des hommes aussi solidement trempés que l'étaient ceux des équipages de la flotte, dont on connait la ferme discipline et la vigueur[2]. Au matin, toute l'artillerie était en sûreté et il ne restait dans les magasins éventrés que quelques munitions, et sur les plates-formes détruites qu'une pièce de 24 dont le tourillon était cassé. Une pièce de 30, tombée dans le fossé à la descente, put être ramenée en arrière deux jours après.

Les troupes de la division d'Hugues et celles qui les avaient renforcées furent repliées en deçà de la ligne des forts. Quant aux Allemands, ils ne cherchèrent point à prendre pied sur le plateau, où ils se seraient

---

[1]. Commandant le génie du plateau d'Avron.
[2]. On utilisa avec avantage, dans ces manœuvres périlleuses, un système de truc fort ingénieux dont un lieutenant de vaisseau, M. Lavison, était l'inventeur.

trouvés sous le feu de nos forts de l'est; par suite, cette position demeura neutre, entre les deux camps.

Bombardement des forts. — Le bombardement du plateau d'Avron paraît n'avoir été qu'une diversion faite pour détourner l'attention de la défense des préparatifs que les Allemands exécutaient vers le sud en vue de tirer sur la capitale. Cependant il ne fut pas arrêté après l'évacuation. Le 29 au matin, soit qu'ils ignorassent encore notre retraite, soit qu'ils aient voulu nous interdire tout retour offensif, les artilleurs ennemis couvrirent de nouveau le plateau de leurs projectiles, tout en prenant également les forts en arrière pour objectifs. Celui de Rosny, en particulier, qui recevait de sept à huit coups par minute, eut beaucoup à souffrir ce jour-là, et la violence du feu, qui paraissait maintenant entretenu dans un but défini, décida le gouverneur à faire rentrer dans Paris la plus grande partie des troupes qui avaient été maintenues sur la ligne extérieure des forts. Quant au bombardement, il se prolongea, plus ou moins rigoureux, jusqu'à la capitulation, sans, pour cela, réduire les ouvrages, qu'il démolissait en détail. Cependant, dès le second jour (30 décembre), les garnisons durent se réfugier dans les casemates et évacuer les grandes casernes centrales, qui s'écroulaient. On doubla donc avec des sacs à terre les murs de ces casemates, on en blinda les entrées avec des poutres et on ouvrit à travers les cours des communications protégées. Dans le début, les Allemands cessant leur feu à la tombée de la nuit, on pouvait profiter de celle-ci pour exécuter ces divers travaux; mais bientôt le tir ennemi étant devenu continu, on dut y employer également les journées; seulement, pour garantir les travailleurs, on plaçait un guetteur qui prévenait de l'arrivée des projectiles et faisait garer tout le monde dans des niches-abris pratiquées dans les parapets.

Par une tactique assez singulière, la grosse artillerie des forts ne répondait que faiblement et par intermittence au feu de l'ennemi. Toujours à ses craintes d'attaque rapprochée, le gouverneur voulait en effet qu'on ménageât les munitions, en sorte que celles-ci, précieusement conservées, allèrent, à la capitulation, grossir le butin des Allemands [1].

Malgré tout, les projectiles de l'ennemi ne nous coûtaient pas de très grosses pertes ; grâce aux abris blindés qu'on avait ménagés dans les ouvrages, les tranchées et les villages, nos soldats recevaient sans en être matériellement trop éprouvés l'ouragan de fer qui tombait sur eux sans discontinuer ; mais le froid, qui, la nuit, atteignait 12 à 16 degrés, le manque de sommeil et l'insuffisance de nourriture les faisaient cruellement souffrir ; sous l'influence des privations et de la misère, ils fondaient à vue d'œil. Un tiers de l'effectif gisait à l'hôpital, le reste était physiquement et moralement exténué [2]. Il faut cependant constater, à l'honneur de l'armée, que son courage, à part quelques rares défaillances, se maintint intact jusqu'au bout. A Bondy, la brigade de mobiles du colonel Reille, qui était depuis le premier jour du bombardement soumise au feu le plus intense, déploya une fermeté et une solidité qui lui valurent, ainsi qu'aux troupes de Drancy et de Bobigny, un ordre du jour particulièrement flatteur du général Ducrot.

Sur ces entrefaites, les batteries destinées à agir contre les forts du sud [3], et qui étaient terminées depuis le milieu de novembre, venaient, dans les premiers jours de janvier, d'achever leur armement. Il y en avait 19 [4], inégalement distribuées sur la crête du plateau, entre Saint-Cloud et Chevilly, le long d'un arc de cercle de onze kilomètres environ [5], ayant chacune en général six pièces et pourvues de communications couvertes. Certaines d'entre elles (celles de l'éperon de Châtillon)

---

1. Dans la nuit du 2 au 3 janvier, des corvées de marins allèrent retirer du plateau d'Avron les quelques munitions qui y avaient été laissées.
2. Général Ducrot, *loc. cit.*, tome III, page 245, et tome IV, page 6.
3. Ces batteries avaient été construites, ainsi qu'il a été dit plus haut, en vue d'une attaque régulière.
4. Soit 108 pièces (50 canons de 15 centimètres, 52 de 12 centimètres, et 6 mortiers rayés de 21 centimètres).
5. Deux groupes principaux de batteries occupaient la terrasse du château de Meudon et l'éperon de Châtillon.

n'étaient pas à plus de 1,750 mètres des forts (fort de Montrouge).

Ces batteries ouvrirent le feu le 5 janvier. Les jours suivants, leur nombre s'accrut progressivement de nouveaux épaulements construits soit sur la même ligne, soit même plus en avant, à mesure que le ralentissement de notre propre feu le permettait. Il y en eut ainsi, à Châtillon et à Clamart, qui n'étaient pas à plus de 1,000 mètres de nos ouvrages extérieurs. En outre, la nuit, des pièces légères venaient canonner ceux-ci de fort près.

Mais, de ce côté de l'enceinte, la riposte fut plus énergique qu'à l'est. On avait construit entre les forts un certain nombre de batteries, dont quelques-unes, bien masquées et employant le tir indirect, purent échapper aux projectiles ennemis; on eut en outre l'heureuse idée, pour empêcher les Allemands de régler leur tir, d'opérer des déplacements fréquents dans la position des pièces; enfin, on employa avec succès une tactique malheureusement trop délaissée jusque-là, à savoir la convergence des tirs de plusieurs batteries sur un même objectif. Grâce à ces conditions diverses, nos pièces, bien que dominées de 50 à 60 mètres, purent soutenir la lutte sans trop d'infériorité. Certes les forts, et particulièrement ceux d'Issy et de Vanves, dont la situation était extrêmement défectueuse, eurent beaucoup à souffrir; le fort de Montrouge également. Cependant, sauf dans ce dernier, les Allemands ne purent nulle part établir de brèche praticable, et les ouvrages étaient tous, après un mois de bombardement, en état de soutenir une lutte de vive force[1]. Cette vigoureuse défense fait le plus grand honneur à la marine, qui y joua le principal rôle et se montra là ce qu'elle est partout et toujours, brave, intelligente et dévouée. La population parisienne a gardé avec raison le souvenir de sa participation mémorable à la défense de la capitale, et la France conserve sa reconnaissance à ce corps compact,

---

1. Les forts reçurent certains jours une moyenne de 70 à 100 coups par heure. (Général Ducrot, *loc. cit.*, tome IV, page 11.)

solide, formé de chefs remarquables et d'hommes vigoureux qui, au moment où les forces militaires régulières du pays avaient cessé d'exister, est venu apporter aux organisateurs de la lutte le concours de ses engins formidables, de son patriotisme et de sa valeur.

Bombardement de Paris. — On avait été assez surpris, dans l'après-midi du 5, de voir tomber quelques obus dans les quartiers sud de la ville. Comme ils paraissaient s'éparpiller sans but bien défini, on avait voulu admettre qu'ils provenaient d'un tir mal réglé ou de l'erreur de quelque canonnier, car la population de Paris se refusait à croire que les armées allemandes, par un acte digne des Vandales, voulussent sérieusement écraser sous leurs obus la capitale du monde civilisé. Mais bientôt la persistance des coups et leur régularité progressive ne laissèrent plus de place à l'illusion ; il fallut se rendre à l'évidence ; c'était bien contre Paris que les soldats du roi Guillaume braquaient leurs canons !

Aussitôt le gouvernement, « montrant plus de trouble et d'émoi que la population », lança une proclamation qui passa pour ainsi dire inaperçue[1] ; car les habitants de Paris supportaient cette suprême épreuve, il faut le dire très haut, avec une fermeté qui doit les absoudre de bien des erreurs. Ils eurent des accents de colère, des explosions de rage, de la haine, du mépris, même des éclats de rire ; mais de terreur, point. L'essai d'intimidation tenté par nos implacables ennemis comme leur ressource dernière ne fut qu'une inutile cruauté. Ils en recueillirent même ce léger ridicule qui s'attache toujours aux grands moyens produisant de petits résultats. Quant à la chute de Paris, elle ne s'en trouva pas avancée d'un seul jour.

Cependant, dès le 6 janvier, tous les monuments de la rive gauche avaient plus ou moins à souffrir. Les quartiers de Saint-Victor, du Jardin des Plantes, de l'École militaire, du Panthéon, des Invalides, la bibliothèque Sainte-Geneviève, le jardin du Luxembourg, où

---

1. Général DUCROT, *loc. cit.*, tome IV, page 11.

étaient des baraquements d'ambulance, l'Ecole polytechnique et le couvent du Sacré-Cœur étaient sillonnés d'obus, qui allumaient parfois des incendies qu'on éteignait en hâte. Par un redoublement de barbarie, les établissements hospitaliers étaient plus particulièrement visés, et semblaient le centre de la zone des points de chute. L'asile d'aliénés de Montrouge reçut, du 5 au 27 janvier, 127 projectiles ; l'hôpital du Val-de-Grâce, 75 ; la Salpêtrière, 31. On voit que le bombardement était méthodique. Il coûta à la population civile 396 victimes (dont 107 femmes, enfants ou vieillards), tuées sur le coup.

Mais, malgré ces effets trop regrettables, son seul résultat immédiat fut une certaine émigration des habitants de la rive gauche vers la rive droite. D'autres « se portaient en foule vers les quartiers bombardés, pour contempler curieusement la trajectoire des obus, dont les gamins allaient ramasser les éclats, qu'ils vendaient depuis 5 centimes jusqu'à 5 francs, selon leur grosseur[1]. » Comme les Allemands lancèrent en tout environ 10,000 projectiles, il en est dont les recettes ont dû être fructueuses, très certainement.

Entre temps, les assiégés tentaient quelques petites opérations contre les batteries ennemies de nouvelle construction. C'est ainsi que, dans la nuit du 9 au 10 janvier, 300 marins, sous les ordres du lieutenant de vaisseau Gervais, allèrent bouleverser les travaux du Moulin-de-Pierre et ramenèrent une vingtaine de prisonniers, n'ayant perdu, eux, que cinq blessés. Quarante-huit heures après, dans la nuit du 11 au 12, la compagnie de francs-tireurs du 122ᵉ attaquait la ferme de Nonneville[2], s'en emparait et y mettait le feu. Mais, abandonnée par deux compagnies d'éclaireurs Poulizac qui, avec de la dynamite, devaient faire sauter les bâtiments, elle resta seule en présence des avant-postes prussiens qui dirigèrent aussitôt contre elle une série de salves meurtrières. Une de ses sections qui, sous les

---

1. Général Ducrot, *loc. cit.*, tome IV, page 11.
2. Située sur la lisière occidentale de la forêt de Bondy, entre le canal de l'Ourcq et le chemin de fer de Soissons.

ordres d'un officier énergique, le sous-lieutenant Nacra, s'était aventurée dans les bâtiments qui brûlaient, ne put se replier que le lendemain, après avoir perdu 12 hommes.

Ces petites actions isolées et en général peu efficaces n'atténuaient en rien la rigueur du bombardement, et nos hôpitaux continuaient à souffrir gravement de ses effets. Le 13, le gouvernement envoya à M. de Moltke une protestation contre cette violation de la convention de Genève, mais ne reçut qu'une réponse dilatoire, où il était dit « que les faits signalés ne se reproduiraient probablement plus dès que les batteries allemandes *seraient plus rapprochées de l'enceinte de Paris*, et qu'un temps clair rendrait le but de leur tir plus apparent. » Ce même jour, les représentants du corps diplomatique, présents à Paris, adressaient au comte de Bismarck une demande tendant à ce que « des mesures soient prises pour permettre à leurs nationaux de se mettre à l'abri, eux et leurs propriétés[1]. » Le chancelier leur fit connaître, avec une raideur narquoise, que depuis longtemps il était d'avis qu'une ville assiégée ne constituait pas « une résidence convenable pour les agents diplomatiques des États neutres » ; que cependant il ne pouvait laisser en ce moment les étrangers quitter Paris ; mais que, par courtoisie, il autorisait les signataires de l'adresse à en sortir... Les agents diplomatiques n'avaient guère qu'à décliner une offre présentée sous cette forme, et c'est ce qu'ils firent, d'ailleurs unanimement. Telle fut la seule tentative d'intervention faite par les puissances neutres pour arrêter des horreurs indignes de notre temps. En dehors de cette timide protestation de leurs représentants à Paris, pas une d'elles n'éleva la voix en faveur de l'humanité, et toutes laissèrent faire ce que leur honneur de nations civilisées leur commandait impérieusement de stigmatiser.

Nous l'avons déjà dit plus haut, l'armée et la popu-

[1]. Cette demande était signée des ministres de Suisse, de Suède, de Danemark, de Belgique, des Pays-Bas, des États-Unis et des consuls généraux des autres puissances.

lation montraient dans ces pénibles circonstances un stoïcisme qui déroutait les espérances de l'ennemi. Mais il n'en était pas de même de beaucoup de francs-tireurs et de la majeure partie des bataillons mobilisés de la garde nationale, qui continuaient à donner le plus triste exemple d'indiscipline et de lâcheté. Un coup de main tenté à nouveau contre le Moulin-de-Pierre, dans la nuit du 13 au 14, échoua par la faute de ces derniers, car, après avoir opéré leur rassemblement dans un épouvantable vacarme qui donna l'éveil à l'ennemi, ils s'enfuirent au premier coup de fusil[1]. Partout leur passage était signalé comme un désastre, et ils élevaient le pillage à la hauteur d'une institution. Quant aux clubs, ils faisaient assaut de violence et d'injures contre le gouvernement, qu'ils excitaient sans cesse la garde nationale à renverser.

Faiblesse du gouvernement. — Pendant ce temps, le pouvoir, toujours aussi faible, s'effondrait peu à peu dans des discussions byzantines, où l'étonnante présomption des hommes qui avaient assumé de leur plein gré la lourde charge de résister à la puissance prussienne apparaissait dans toute sa plénitude. Témoignant maintenant autant de défiance au général Trochu qu'ils lui montraient naguère d'aveugle abandon, ils cherchaient vainement pour le remplacer quelqu'un d'assez confirmé comme capitaine pour rétablir les affaires, mais en même temps d'assez maniable pour ne pas contrecarrer brutalement leurs utopies. « Il ne manquait pas assurément, surtout parmi les journalistes, d'entrepreneurs de délivrance qui promettaient la victoire pourvu qu'on voulût bien leur obéir. Mais leurs antécédents inspiraient si peu de confiance, et ils mettaient de telles conditions à leur concours que les membres du gouvernement n'osaient pousser la logique de leurs opinions jusqu'à cet excès

---

[1]. « Je regrette, écrivait à l'amiral Saisset, le 13 janvier, le colonel Reille, je regrette de n'avoir pas plus souvent à vous rendre un compte favorable sur l'attitude des bataillons de marche qui me sont envoyés, mais je reçois à leur égard des plaintes continuelles du commandant des grand'gardes, et je dois dire que le voisinage des gardes nationaux est pour nos troupes *un motif d'appréhension et un embarras* plutôt qu'un soulagement dans le service. »

manifeste. Ils continuaient donc à chercher parmi les hommes qui avaient fait la guerre, passant en revue les plus audacieux, les plus ardents, des généraux aux colonels, des colonels aux commandants, et, profondément surpris, ils trouvaient chez tous cette opinion unanime, que les troupes ne s'improvisent pas et que la foule armée, sans instruction, sans discipline et sans cadres, quelle que soit sa foi politique, doit être certainement vaincue, dispersée par une armée régulière, fût-elle beaucoup moins nombreuse[1]. »

Aussi la lecture des séances du Conseil, à certaines desquelles étaient convoqués maintenant les généraux Ducrot, Vinoy, Tripier, de Bellemare, etc., et l'amiral de la Roncière, donne-t-elle l'impression du désarroi le plus absolu. Après une série de divagations confuses où les théories militaires les plus inattendues se trouvaient développées par des gens qui ignoraient le premier mot du métier des armes, on en arrivait à des aphorismes pareils à celui-ci, qui, émis par Jules Favre, représente bien le plus pur triomphe de la phraséologie : « Les peuples seuls peuvent se défendre à outrance ; l'offensive *constante et combinée* peut seule être menée et tenue par une bonne armée, *en entière communication d'idées avec le gouvernement de la Défense nationale*[2]. » Après avoir dit, le 26 décembre, qu'on n'usait pas assez de la garde nationale, *qui ne demandait qu'à marcher*, le général Clément Thomas[3] déclarait, le 10 janvier, qu'il y avait « beaucoup de charlatanisme dans l'étalage de courage de cette garde et que, depuis qu'elle savait devoir marcher, son enthousiasme avait beaucoup baissé. » Enfin le gouverneur lui-même, désorienté, flottant et irrésolu, parlait tantôt d'actions partielles et isolées, pour lasser l'ennemi, tantôt d'une tentative grandiose, à la fois militaire et religieuse[4] !... D'ailleurs, ce n'étaient pas les projets qui manquaient,

---

1. *Enquête parlementaire*, rapport de M. Chaper.
2. Séance du 31 décembre.
3. Clément Thomas, qui a payé de sa vie ses utopies et ses illusions, était général de la garde nationale et n'appartenait pas à l'armée.
4. Général Ducrot, *loc. cit.*, tome III, page 306.

chacun dans l'armée, le gouvernement et le public, ayant le sien qu'il croyait seul bon. C'étaient plutôt le sens exact des choses, l'autorité, la fermeté des vues et, aussi, le courage de s'avouer que la situation était irrémédiablement perdue, parce qu'on avait donné à la parole le temps qui aurait dû être consacré à l'action, parce que cette défensive active, que certains prônaient maintenant, il était beaucoup trop tard pour l'exercer avec succès.

Cependant, tandis que la presse se répandait en injures violentes et parfois même en accusations de trahison contre le gouvernement et son chef, celui-ci, qui aurait dû sévir, répondait par des proclamations, dont l'effet était nul, tant on en avait abusé. L'une d'elles, datée du 7 janvier, se terminait par cette affirmation aussi fière que maladroite : « *Le gouverneur de Paris ne capitulera pas*[1] *!* » Dans l'état actuel des choses, c'était s'aventurer beaucoup.

Sur ces entrefaites, on reçut à Paris des dépêches de province, où Gambetta, prenant avec son patriotisme enthousiaste ses espérances pour des réalités, présentait la situation générale sous un jour beaucoup plus prospère qu'elle n'était réellement. Ainsi, dans une lettre datée du 8, il annonçait que « Chanzy, après avoir disputé le terrain pied à pied aux bandes victorieuses de Frédéric-Charles et du grand-duc de Mecklembourg, *marchait sur Dreux* à la tête de ses troupes refaites, rééquipées, munitionnées ; que Faidherbe avait, le 3 janvier, battu Manteuffel à Bapaume, et que Bourbaki s'avançait rapidement à l'est, chassant devant lui Werder déconcerté[2]. » Il s'en fallait de beaucoup, hélas ! que nos affaires fussent aussi brillantes, et la

---

[1]. Cette phrase malencontreuse a été commentée et expliquée après coup ; on a dit que le général Trochu avait visé, non pas l'échéance fatale que mieux que personne il devait prévoir, mais bien les passions et les violences populaires, et que c'était à elles seules qu'il faisait allusion en promettant de ne pas capituler. C'est là un commentaire spécieux, mais assez peu probable, d'une parole à laquelle on donne très nettement, jusqu'à preuve du contraire, un sens tout différent.

[2]. Général DUCROT, *loc. cit.*, tome IV, page 43.

suite de ce récit montrera avec quel optimisme le chef de la Délégation envisageait l'échiquier militaire où se mouvaient péniblement nos armées. Mais ces favorables nouvelles exercèrent sur l'opinion et le gouvernement une influence considérable, en ce sens qu'elles provoquèrent l'éclosion des projets les plus variés pour percer les lignes ennemies. Les clubs, la presse, la population mirent le gouverneur en demeure de tenter une nouvelle sortie, pour laquelle on ne disposait plus que de soldats à bout de forces et d'une garde nationale sans discipline et sans instruction. Il fut d'abord question du plateau de Châtillon, puis du secteur Montretout-Garches-Buzenval, que proposèrent les généraux Berthaut et Schmidt. C'est ce dernier champ de bataille qui fut définitivement choisi, parce que l'opinion l'acceptait avec enthousiasme ; c'est là que la défense de Paris brûla sa dernière cartouche.

Mais avant d'aborder le récit de cette opération suprême, dont l'issue malheureuse devait fatalement aboutir à une capitulation, il nous faut revenir quelque peu en arrière pour parler d'un incident diplomatique qui montre dans quel abîme douloureux de déchéance cinq mois ininterrompus de revers venaient de précipiter la France, après tant d'années de gloire, de prestige et de puissance incontestée !

Conférence de Londres. — On sait que l'article 14 du traité signé à Paris, le 30 mars 1856, dans le congrès solennel tenu après la guerre de Crimée, interdisait à la Russie d'entretenir dans la mer Noire plus de dix bâtiments[1]. Profitant de l'impossibilité où l'une des principales parties contractantes, la France, se trouvait, après la chute de Metz, de tenir la main à l'exécution des clauses d'un contrat qu'elle avait plus que personne contribué à faire établir, et comptant d'autre part sur l'inertie forcée ou complaisante de la Prusse, le gouvernement russe, par la plume du prince Gortschakoff, déclara à l'Europe « qu'il ne se considé-

---

1. Six vapeurs de 50 mètres de longueur avec 800 tonneaux de jauge au maximum et quatre autres bâtiments à voile ou à vapeur, dont le tonnage ne pourrait dépasser 200 tonneaux.

rait plus comme lié par les stipulations du traité de 1856. » C'était là un événement auquel on pouvait et on devait s'attendre, car, l'équilibre européen, consacré par le traité en question, se trouvant tout à coup violemment rompu au profit d'un de ses signataires, il n'y avait pas de raison pour que le pays au détriment duquel il avait été établi continuât à pâtir d'un système politique dont l'axe s'était aussi brusquement déplacé. Au surplus, il s'agissait en ce moment, pour la partie occidentale de l'Europe, d'intérêts autrement graves que la liberté des détroits, et la constitution d'une escadre russe dans les eaux du Pont-Euxin semblait bien peu de chose auprès du drame qui s'achevait sur le territoire de la France agonisante, drame dont allait sortir la constitution d'un empire gigantesque et l'unité définitive du royaume italien. Par suite, la détermination prise par la Russie ne souleva guère d'émotion en Europe, et, à part l'Angleterre qui, ayant tiré autrefois les marrons du feu, devait en concevoir un dépit violent, augmenté d'un certain regret d'avoir laissé écraser la France, nul ne protesta.

Néanmoins, étant donné le formalisme des relations diplomatiques, il paraissait inadmissible qu'un changement aussi radical dans la situation réciproque des Etats européens se produisît sur une simple signification. La réunion d'une nouvelle conférence s'imposait donc, fût-ce uniquement pour enregistrer le fait acquis, et, sur l'initiative du comte de Bismarck, qui déjà remplaçait Napoléon III dans le rôle d'arbitre de l'Europe, il fut décidé qu'elle se réunirait à Londres, dans le courant du mois de janvier.

La France devait-elle se faire représenter à cette conférence, ou bien, toute à ses malheurs et à la lutte pour la vie, devait-elle se désintéresser d'une question de politique générale qui ne touchait plus à ses intérêts immédiats et directs? C'est cette dernière attitude que conseillait Jules Favre, dont l'idée fixe, absorbée dans les douleurs du temps présent, était toujours d'obtenir un armistice avec ravitaillement pour faire les élections, et qui mettait à son acceptation cette condition *sine qua non*. Mais ce n'était point l'avis de Gambetta, ni celui de M. de Chaudordy, délégué aux affaires étrangères, qui, tous deux, insistaient énergiquement pour qu'au contraire la France affirmât son existence, et qui considéraient l'abstention comme une *faute irréparable*. D'ailleurs, la Russie qui déjà avait fait allusion à *la communauté de ses intérêts* avec ceux de la France[1], l'Angleterre, qui se sentait isolée maintenant sur le terrain de la question d'Orient, les neutres en général, qui commençaient à voir quels dangers ferait courir à l'Europe la disparition de notre pays du concert des grandes puissances, tous insistaient pour qu'il participât à leur réunion et laissaient même entendre que celle-ci ne serait peut-être pas sans influence sur le plus ou moins de rigueur des conditions que nous aurions à subir. Sous la pression de ces invitations diverses, Jules Favre céda et, dans la séance du 17 décembre, le gouvernement décida que la France serait représentée à la conférence[2].

Cependant le comte de Bismarck, que cette solution ne satisfaisait qu'à demi, mais qui ne pouvait s'y opposer ouvertement, s'ingéniait, par des moyens peu dignes assurément de sa personnalité triomphante, à la rendre irréalisable. Aux demandes de sauf-conduit faites par lord Granville au nom de Jules Favre, il opposait des raisons dilatoires, traînait en longueur les négociations, et laissait ainsi s'écouler les jours, dont chacun voyait l'aggravation de notre situation[3]. Enfin, *le 10 janvier*, il fit remettre à Jules Favre, par le ministre

---

[1]. Entrevue entre M. de Chaudordy et le ministre russe Oukounief (*Enquête parlementaire*, déposition de M. de Chaudordy et rapport Chaper). — « Deux lettres de l'empereur de Russie à son oncle le roi Guillaume, restaient sans réponse, et la proposition faite par le Saint-Père d'un armistice de quinze jours, avec ravitaillement, avait été repoussée d'une manière peu obligeante. » (Général Ducrot, *loc. cit.*, tome IV, page 51.)

[2]. Jules Favre déclarait « s'abandonner à la bonne foi de l'Angleterre et au bon vouloir des autres puissances. »

[3]. Le chancelier prétendait, entre autres choses, que nos avant-postes avaient tiré sur un parlementaire allemand (ceci est bien possible, mais ne constituait en tous cas qu'une représaille), et en prenait texte pour se refuser à toute communication par parlementaire jusqu'à ce que satisfaction lui eût été donnée.

des Etats-Unis, une lettre de lord Granville, datée du 29 décembre, et annonçant la réunion de la conférence pour le 3 janvier, c'est-à-dire pour sept jours auparavant. C'était empêcher notre représentant de se trouver à Londres en temps opportun, et user d'un procédé peu correct. Mais cela n'importait guère, car à ce moment notre ministre des affaires étrangères, en proie de nouveau à ses hésitations du début, montrait pour la seconde fois une inexplicable répugnance à se rendre à l'appel des puissances.

M. de Bismarck, revenant à des prétentions antérieures, avait exigé, pour livrer le sauf-conduit, qu'il lui fût demandé par un parlementaire militaire; encore faisait-il des réserves pour l'accorder. Or, le gouvernement considérait comme attentatoire à sa dignité de céder à cette exigence, et craignait en outre que le départ d'un de ses membres au moment où Paris était bombardé, fût qualifié de désertion. Il finit par annuler sa décision primitive, et fit répondre à lord Granville que notre représentant ne se rendrait à Londres que « si la situation de Paris le permettait[1] », c'est-à-dire si le bombardement cessait. En même temps, par une extraordinaire inconséquence, il priait le ministre des Etats-Unis de demander pour Jules Favre un sauf-conduit à M. de Bismarck.

Celui-ci n'avait aucune raison de mettre fin au bombardement; il répondit en conséquence par un refus, accompagné même de commentaires ironiques et presque malséants. « Je n'aurais pu, disait-il, entrer dans une négociation officielle qui aurait eu pour base la présomption que le gouvernement de la Défense nationale fût, selon le droit des gens, en état d'agir au nom de la France, *tant qu'il ne serait pas reconnu au moins par la nation française elle-même.* » Et sa lettre, si peu conforme à la courtoisie diplomatique, se terminait par ces observations singulièrement hautaines et déplacées : « Je voudrais bien me permettre une question ; je me la permets tout de même. Serait-il à

1. Lettre de Jules Favre à lord Granville, en date du 13 janvier 1871.

conseiller que Votre Excellence quittât maintenant Paris pour prendre part en personne à une conférence sur la mer Noire, à un moment où, à Paris, il y a des intérêts en jeu qui sont plus graves pour la France et l'Allemagne que l'article 14 du contrat de 1856 ? D'ailleurs, Votre Excellence laisserait à Paris les agents diplomatiques et les sujets des Etats neutres qui y sont restés *ou plutôt y ont été retenus* après avoir reçu depuis longtemps la permission de traverser les lignes allemandes et qui, par conséquent, *en sont d'autant plus réduits à la protection et à la prévoyance de Votre Excellence comme ministre des affaires étrangères du gouvernement de fait*. Je ne puis donc guère admettre que Votre Excellence, *dans la situation critique à laquelle vous avez si essentiellement contribué*, veuille se priver de la possibilité de collaborer à une solution *dont la responsabilité incombe à vous aussi.* »

C'est sur ces paroles de mauvais goût, et d'où la déférence due à des vaincus est si complètement absente, que prirent fin les négociations. Il faut avouer qu'elles avaient été, de notre côté, bien maladroitement conduites, mais le résultat n'en était pas moins net : la France se trouvait évincée du concert européen. « Quoi ! s'est écrié M. Chaper, la France avait, pour obtenir le traité de 1856, sacrifié cent mille hommes et des centaines de millions, et les hommes qui s'étaient donné le mandat de gouverner et de représenter la France laissaient détruire ce traité sans faire un effort pour s'y opposer, sans essayer d'obtenir quelque chose en échange, sans faire au moins défendre nos intérêts dans le conseil où on allait les débattre ? Ils avaient une occasion unique de parler au nom de la France, devant l'Europe assemblée, et ils la repoussaient[1] ! » C'est, hélas ! que ces hommes, si admirablement armés pour détruire, se trouvaient sans munitions, sans ressources et comme anéantis, en face d'une situation trop lourde pour leurs épaules, et qui les écrasait !

---

1. *Enquête parlementaire.*

CHAPITRE II

BATAILLE DE BUZENVAL

Dispositions prises pour une nouvelle sortie. — Dans un conseil tenu le 16 janvier et auquel assistait le général Ducrot, il fut décidé que, conformément aux vœux de la population, de la presse et des clubs, une grande sortie serait exécutée dans la direction de Montretout, Garches et Buzenval. Comme la séance finissait, « Jules Favre se leva et dit au général Trochu :

« — Eh bien ! général, maintenant que nous avons décidé l'opération sur Versailles, il s'agit de convenir du jour ; vous savez que le temps nous presse ; il faut donc que ce soit le plus tôt possible. Quand pensez-vous faire cette opération sur Versailles ?

« Le général Trochu lui répondit : — C'est aujourd'hui lundi, ou plutôt mardi, puisqu'il est près de minuit ; nous avons des troupes à Rosny, à Bondy, qu'il faut faire revenir dans la presqu'île de Gennevilliers, c'est assez long... nous ne pourrions guère commencer l'opération que dans la nuit de jeudi à vendredi. *J'avoue que le jour de vendredi me contrarie, il inquiétera beaucoup de gens ; nous avons déjà tant de chances contre nous qu'il ne faut pas les augmenter.* On a plusieurs fois parlé des vendredis du général Trochu. Je crois donc qu'il serait bon de ne commencer l'affaire que dans la nuit du vendredi au samedi.

« — Samedi, s'écria Jules Favre, c'est toute une semaine encore ! Est-ce qu'avec beaucoup de bonne volonté vous ne pourriez pas avancer l'heure de l'action et la mettre dans la nuit de mercredi au jeudi ?

« — C'est impossible, répondit le général Trochu : il est minuit, nous sommes au mardi, songez-y ; il faut donner des ordres aux généraux des corps d'armée, les transmettre aux généraux de division ; il faut préparer un plan, et nous ne pouvons faire cela en si peu de temps.

« M. Jules Favre ne se rendit pas à ces raisons et répéta encore une fois : — Voyons, général, avec beaucoup de bonne volonté et d'énergie, ne pourriez-vous pas arriver à faire ce que je vous demande ?

« Le général Trochu, ainsi pressé, répondit : — A la rigueur, avec beaucoup d'activité et d'énergie, on y arriverait. — Eh bien ! c'est convenu, dit aussitôt M. Jules Favre, nous ferons cela dans la nuit du mercredi au jeudi[1]. »

Nous avons cité intégralement cette conversation, empruntée à l'ouvrage du général Ducrot, pour montrer à quel degré d'abdication en était arrivé le commandement. Voilà une opération suprême, après laquelle il n'y aura plus qu'à déposer les armes, si elle ne réussit pas. On choisit pour l'exécuter le terrain le plus défavorable qui soit, celui où l'ennemi a accumulé la plus grande somme de travaux défensifs, uniquement parce que l'opinion a désigné ce terrain et que quelques insensés espèrent pouvoir surprendre le grand quartier général allemand. On l'entreprend dans des conditions déplorables, sans même prendre le temps de régler d'une façon sérieuse les dispositions préparatoires et les mouvements des masses considérables qui vont s'ébranler ! Et c'est une appréhension puérile, singulière résurrection des superstitions antiques et des craintes inspirées aux Romains par l'inappétence des poulets sacrés, qui oblige à précipiter l'action au point de lui donner tous les caractères d'une improvisation !

---

1. Général Ducrot, *loc. cit.*, tome IV, pages 68 et 69.

Quelle singulière façon de comprendre la guerre! Quel fatal entêtement à tout faire fléchir devant des considérations si complètement étrangères aux nécessités du combat!

Aucun des chefs militaires de la défense, il faut bien le dire, n'avait d'illusion sur le sort réservé à la tentative qu'on allait faire. Tous la considéraient comme vouée d'avance à l'insuccès et condamnée à venir se briser contre la triple ligne des défenses formidables accumulées en avant de Versailles[1]; ils avaient dû cependant préférer ce champ de bataille à celui primitivement proposé des hauteurs de Châtillon, parce que du côté de Buzenval il n'existait pas de batteries de siège. Mais ils ne pouvaient supposer que la préparation serait aussi hâtive, aussi insuffisante, et qu'ils allaient être condamnés à se débattre dans le désordre et la cohue, comme cela devait leur arriver. Quant au gouvernement, toujours démangé du besoin de parler, il lançait une proclamation annonçant la sortie projetée, et rendait un décret nommant le général Le Flô gouverneur de Paris par intérim, en l'absence du général Trochu, qui prenait le commandement effectif des troupes. Celles-ci se montaient à environ 90,000 hommes, dont 42,000 gardes nationaux mobilisés, avec 138 pièces de campagne et 32 mitrailleuses.

En vertu des ordres donnés le 18 janvier, l'armée de sortie devait opérer en trois colonnes.

1° *A gauche*, le général Vinoy, avec les divisions de Beaufort et Courty, formées de 4 régiments plus un bataillon d'infanterie de ligne, de 9 bataillons de mobiles et de 6 régiments de garde nationale, tous rassemblés à la Briqueterie de la Croix-du-Roi (1 kilomètre au sud du Mont-Valérien), prenait comme objectifs la redoute de Montretout et la partie septentrionale de la ville de Saint-Cloud. Il disposait de 22,000 hommes, dont 8,000 gardes nationaux.

2° *Au centre*, le général Carey de Bellemare, ayant sous ses ordres trois colonnes d'attaque, respectivement

---

1. Voir la note 4 de la page 184.

commandées par les généraux Valentin, Fournès et le colonel Colonieu, et une réserve générale dirigée par le général Hanrion et le colonel Valette, devait rassembler ses troupes à la Fouilleuse pour aborder ensuite les hauteurs de Garches et la partie sud du parc de Buzenval. Il disposait de 5 régiments de ligne, de 17 bataillons de mobiles et de 8 régiments de garde nationale (16,000 hommes), formant un effectif total de 34,500 combattants.

3° *A droite*, le général Ducrot, avec les divisions Faron, de Susbielle et Berthaut, comprenant 10 régiments de ligne, 6 bataillons de mobiles et 9 régiments de garde nationale, en tout 33,500 combattants, avait ordre de se rassembler dans le ravin au sud de la batterie des Gibets, et aux abords de Rueil, puis de marcher sur le château de Buzenval et la porte de Longboyau. Ces points occupés, le général Ducrot devait gagner le plateau en arrière, et chercher à tourner par le nord la position du haras Lupin, véritable réduit de la ligne de défense prussienne, en même temps que la colonne du général de Bellemare l'aborderait de front [1].

A chacune des colonnes était adjointe une compagnie environ du génie, munie d'outils de destruction et de pétards de dynamite. En outre, elles possédaient respectivement 10 batteries de 12, de 8 et de 7, avec 2 ou 3 batteries de mitrailleuses ; le général Renault d'Ubexi commandait l'artillerie de la gauche, le commandant Tardif de Moisdrey celle du centre, le lieutenant-colonel Ladvocat celle de droite.

On voit d'après ce tableau concis, que pour former l'armée de sortie, le général Trochu avait, suivant sa coutume, bouleversé toutes les unités existantes, et réuni sous des commandements désignés en dehors de tout ordre de bataille préalable, les éléments les plus disparates et les moins homogènes ; mais nous savons qu'il se souciait peu de respecter les liens tactiques. En

---

1. La colonne de droite fournissait un détachement de flanc-garde (3 régiments de garde nationale) à la station de Rueil.

outre, il avait bien indiqué à chaque colonne un point de rassemblement, mais sans faire calculer la durée d'écoulement qui lui était nécessaire, et sans se demander si son armée, qui n'avait pour déboucher que les deux ponts de Neuilly et d'Asnières, pourrait se trouver réunie en temps opportun sur les différents points fixés. Les ordres de mouvements, qui ne désignaient ni les itinéraires particuliers, ni les zones de marche, se ressentaient donc singulièrement de la précipitation avec laquelle il avait fallu les établir. D'ailleurs trop de monde était mis en mouvement.

Pour l'attaque même de la position, a écrit très justement le général Ducrot, cette foule de combattants (dont la moitié complètement inexpérimentée) était plutôt nuisible qu'utile. Car, dans ce massif montueux, boisé, qui s'élève entre la presqu'île d'Argenteuil et le plateau de Châtillon, les lignes de défense, les mouvements de terrain se combinaient de telle sorte qu'on devait toujours fatalement arriver à un défilé, ce que nous avons appelé *un goulot de bouteille,* où le nombre ne faisait rien, où il aurait fallu, pour forcer le passage, de vigoureuses et solides têtes de colonnes, manœuvrant avec rapidité et décision. On jetait sur un champ de bataille de cinq kilomètres d'étendue (front à peine suffisant pour 25,000 hommes) plus de 100,000 hommes, avec un défilé en arrière, un défilé en avant, et ayant à enlever la partie la plus puissante des retranchements ennemis[1].

Quoi qu'il en soit, les troupes qui devaient concourir à l'action avaient, dès le 17 ou dans la journée du 18, quitté leurs cantonnements à l'est de Paris, et dans la soirée du 18, elles occupaient les points d'Asnières, Courbevoie, Puteaux, Clichy et l'avenue de Neuilly. Une portion était donc déjà sur la rive droite, mais l'autre avait encore à franchir la rivière ; telle la majeure partie de la colonne Ducrot, qui était obligée d'utiliser le pont du chemin de fer d'Asnières, seul conservé, concurremment avec les trains chargés de troupes qui ne cessaient d'y passer. Quant au terrain à aborder, il était, comme on sait, défendu depuis le commencement du siège par le V° corps prussien, qui s'étendait depuis Bougival jusqu'au ravin de Sèvres, et s'appuyait sur les trois lignes presque inexpugnables dont nous avons

1. Général Ducrot, *loc. cit.*, tome IV, page 78.

BATAILLE DE BUZENVAL 371

déjà donné le détail. Le V⁰ corps avait ses deux divisions accolées ; en première ligne, par conséquent, deux brigades ayant chacune également leurs régiments accolés fournissaient les bataillons d'avant-postes[1] et la réserve spéciale, placée sur la position principale (3ᵉ ligne de défense). La 2ᵉ brigade de chaque division, avec l'artillerie, formait réserve principale, et devait, en cas d'alerte, se rassembler sur des points désignés d'avance, en arrière de cette dernière position. Telle était la disposition des forces ennemies, quand, le 19 janvier au matin, l'armée française les attaqua[2].

La colonne de gauche entame l'action. — D'après les ordres du gouverneur, l'affaire devait être engagée à six heures, simultanément par les trois colonnes, sur un signal de trois coups de canon tirés par le Mont-Valérien. Mais le général Trochu n'étant arrivé dans la forteresse qu'à sept heures[3], c'est à ce moment seulement que le signal fut donné, trop tôt encore, malheureusement, puisque les différentes colonnes n'avaient pas encore atteint leur point de rassemblement. En effet, en l'absence de toute indication dans l'ordre de mouvement général, chaque commandant de colonne avait donné ses ordres de marche, mais n'avait pu, faute de temps, les communiquer aux états-majors des colonnes voisines ; par suite, des troupes appartenant à des groupes tactiques différents se rencontrèrent sur des chemins affectés simultanément à chacun d'eux, et il en résulta, dès le départ, des enchevêtrements, des temps d'arrêt, des bousculades qui occasionnèrent des retards considérables dont les corps des généraux de Bellemare et Ducrot eurent particulièrement à souffrir. La partie de la route de Cherbourg, comprise entre le rond-point de Courbevoie et celui des Bergères, fut suivie à la fois par les trois colonnes, et elle était obstruée

---

1. C'est-à-dire les postes d'observation sur la 1ʳᵉ ligne de défense, les grand'gardes sur la 2ᵉ.
2. Ce jour-là, les deux brigades de 1ʳᵉ ligne étaient la 17ᵉ à droite, la 20ᵉ à gauche.
3. Il avait été lui-même retardé par l'encombrement du pont de Neuilly.

par une barricade ! Comment, dans de pareilles conditions, les troupes auraient-elles pu déboucher à temps ? Le fait est qu'au moment même où le général Trochu, sans s'inquiéter de savoir si ses ordres avaient pu être exécutés, faisait tirer le troisième coup de canon, une dépêche du général Ducrot lui annonçait que ses soldats n'étaient pas arrivés !

La première idée du gouverneur fut alors de les attendre, et il dépêcha un officier de son état-major auprès du général Vinoy pour le prévenir que le signal donné était non avenu. Malheureusement le général Noël, commandant la 1re brigade de la division de Beaufort, avait déjà entamé la lutte et se trouvait très sérieusement engagé quand lui arriva l'émissaire du gouverneur, en sorte qu'il n'y eut plus qu'à laisser aller les choses. On se borna à prier les généraux de hâter l'entrée en ligne de leurs troupes (comme s'ils y pouvaient quelque chose), et à donner l'ordre au général de Bellemare d'appuyer le général Vinoy, *aussitôt qu'il pourrait disposer d'une brigade*. C'est dans ces conditions déplorables de désordre et de décousu, que se poursuivit l'action ! Voyons donc comment elle avait débuté.

La division de Beaufort, qui formait la tête de la colonne Vinoy, s'était fractionnée en trois petites colonnes, qui abordèrent simultanément, et aussitôt le signal donné, les positions de l'ennemi. Bien que le sol détrempé par le dégel fût d'un parcours difficile et rendît les mouvements extrêmement lents, le brouillard épais qui régnait aux abords de la Seine masqua complètement à l'ennemi l'approche de nos bataillons, et comme, d'autre part, le gouverneur avait eu cette fois l'heureuse idée de ne pas éveiller l'attention des Allemands par la canonnade furieuse qui était le prélude ordinaire de toutes nos attaques, la surprise fut complète. A droite, le colonel Madelor (2e brigade de la division de Beaufort[1]) s'empara, après une courte lutte, de la Briqueterie,

---

[1]. Le régiment des mobiles de la Vendée, le 2e bataillon des mobiles de la Drôme et le 11e régiment de la garde nationale.

située sur la route de l'Empereur, à l'intersection du chemin de Suresnes. Au centre, le général Noël[1] se jeta sur la redoute de Montretout et y entra, faisant prisonniers une soixantaine de Prussiens cachés dans les casemates[2]. A gauche, le commandant de Lareinty[3] aborda la villa Pozzo di Borgo, pénétra dans le parc et en chassa les avant-postes ennemis. Là, cependant, nos soldats éprouvent une vive résistance et sont obligés de s'arrêter devant les murailles de la villa ; accueillis par une grêle de balles, qui part des fenêtres, des caves et des barricades construites en travers des rues, ils se séparent ; les francs-tireurs des Ternes continuent à attaquer de front la villa, tandis que le reste essaye de prendre l'obstacle à revers. Après une lutte assez sérieuse, dans laquelle nous perdons pas mal de monde, les Prussiens se replient, et nous prenons pied dans la villa Zimmermann[4], située à l'ouest de la villa Pozzo, ainsi que dans les rues avoisinantes. Seule, la villa Pozzo tient toujours. Pendant ce temps, le 3ᵉ bataillon d'Ille-et-Vilaine et le 6ᵉ régiment de garde nationale gagnaient la partie sud de la ville, s'y installaient et établissaient de fortes barricades entre la Seine et la station.

En somme, c'était là un heureux début ; nous étions maîtres de la redoute, du parc Pozzo, de la villa Zimmermann et de toute la partie sud de Saint-Cloud, c'est-à-dire que l'ennemi était refoulé sur sa seconde position de défense ; malgré le secours de ses réserves d'avant-postes, notre fusillade l'y maintint.

Attaque de la colonne Bellemare. — Sur ces entrefaites, la colonne du général de Bellemare avait réussi à se constituer peu à peu. Au fur et à mesure de leur arrivée à la Fouilleuse, ses différents éléments se sépa-

---

1. Avec un bataillon du 139ᵉ de ligne et le 2ᵉ régiment de la garde nationale.
2. Ils appartenaient au régiment n° 58 (3ᵉ de Posen) et au 5ᵉ bataillon de chasseurs.
3. Avec les francs-tireurs des Ternes et le 4ᵉ bataillon de mobiles de la Loire-Inférieure.
4. C'est dans cette villa, appartenant au beau-père de Gounod, que l'illustre compositeur est mort au mois d'octobre 1893.

raient en trois groupes, ainsi qu'il a été dit plus haut, et, aussitôt formés, étaient lancés contre leurs objectifs respectifs. Dès sept heures et demie, la brigade Fournès[1] s'emparait de la *Maison du Curé*, et soutenant, comme elle en avait reçu l'ordre, l'attaque de la brigade Noël, dessinait une pointe hardie jusqu'aux premières maisons de Garches, où le 1ᵉʳ bataillon de zouaves s'installait, soutenu en arrière par le 2ᵉ, posté dans une tranchée.

Un peu plus tard, le colonel Colonieu lançait ses troupes contre le parc de Buzenval. En tête marchaient deux bataillons du 136ᵉ (2ᵉ et 3ᵉ) et le 9ᵉ régiment de la garde nationale; la réserve était formée par le bataillon restant du 136ᵉ et le régiment des mobiles du Morbihan; enfin, la droite était protégée par les francs-tireurs de la division de Bellemare, qui formait liaison avec la colonne Ducrot. Tout ce monde aborde le mur nord-est du parc; les sapeurs du génie, qui marchent avec les tirailleurs, pratiquent des brèches, soit à la pioche, soit à la dynamite. On pénètre dans le parc, dont les défenseurs sont refoulés; mais, s'embusquant bientôt derrière les abatis et les taillis, ils font pleuvoir sur nos soldats une grêle de balles qui arrête leurs progrès, et les condamne à entretenir une fusillade de pied ferme, pour ainsi dire au jugé.

Cette situation se prolongeait depuis quelques instants déjà, quand la colonne Valentin[2] entra en ligne à son tour, vers huit heures et demie du matin. Un bataillon du 109ᵉ pénétra dans le parc par la grille, s'empara du château que le poste prussien, menacé d'être cerné par les troupes du colonel Colonieu, abandonna sans grande résistance, et s'avança jusque vers le mur de Longboyau, dont il contint les défenseurs. A la faveur de cette action rapide, les soldats du colonel Colonieu reprirent leur offensive et gravirent les pentes du parc pour aller aborder la Bergerie, en cheminant à travers des taillis épais où la hache des sapeurs leur

1. 4ᵉ zouaves et 11ᵉ régiment de la garde nationale.
2. 109ᵉ de ligne, deux sections de génie et 16ᵉ régiment de la garde nationale, avec quelques compagnies de francs-tireurs.

frayait un passage. Ils arrivèrent à la crête dans un tel désordre qu'il fallut leur donner le temps de se reconnaître et de se ressaisir.

Il était neuf heures et demie environ, et notre situation sur le centre et sur l'aile gauche, où nous avions partout refoulé les postes avancés de l'ennemi, était assez satisfaisante. Toutefois, l'arrivée pour ainsi dire processionnelle des colonnes d'attaque avait ôté à l'action ce caractère de simultanéité qui devait, dans la pensée du gouverneur, augmenter la confusion de l'adversaire, et notre infanterie, déjà si fortement engagée, restait toujours privée de l'appui de son artillerie, arrêtée tout entière sur la route de Courbevoie. En outre, aucun mouvement offensif ne se dessinait à droite, les têtes de colonnes du corps Ducrot atteignant à peine à ce moment le village de Rueil. Par contre, les réserves ennemies accouraient de toutes parts et venaient déjà garnir la deuxième ligne de défense[1]; quatre batteries, appelées de la réserve principale, prenaient position dans des épaulements préparés d'avance, près de la Porte Jaune, de l'hospice Brézin et du haras Lupin. Enfin, trois compagnies prussiennes, arrivant à Garches, occupaient les maisons septentrionales que le 1er bataillon de zouaves venait d'évacuer sur l'ordre du général Vinoy[2], et tentaient contre la *Maison du Curé* un retour offensif qui sembla tout d'abord réussir, car ces compagnies refoulèrent le 11e régiment de garde nationale, posté au nord-est du cimetière ; mais bientôt elles furent à leur tour rejetées dans le village par le 4e bataillon des mobiles de Seine-et-Marne, qui les empêcha d'en sortir derechef.

A ce moment, le colonel Colonieu, ayant remis ses hommes en main, ordonnait d'attaquer la Bergerie et

---

1. Le Prince royal, dit la *Relation allemande*, venait d'appeler à Versailles, à toute éventualité, 6 bataillons de landwher de la Garde et une brigade du IIe corps bavarois. Il donnait l'ordre, en outre, au VIe corps de soutenir le IIe bavarois en cas de besoin. Il se porta ensuite à l'hospice Brézin, tandis que le roi allait au réservoir de Marly.
2. Le général Vinoy le jugeait, avec raison, trop exposé à être enveloppé.

la maison Craon. C'était là le morceau difficile à enlever, car il formait une sorte de réduit très solidement organisé et protégé par un mur épais, ayant devant ses créneaux une double rangée d'abatis. Néanmoins, le colonel Colonieu dirige sur la maison Craon le 1ᵉʳ bataillon du 136ᵉ et un bataillon du 9ᵉ régiment de garde nationale, avec les francs-tireurs de sa brigade, tandis qu'à sa droite le lieutenant-colonel Allard, avec le reste de ces deux régiments, marche sur la Bergerie, et qu'à sa gauche la brigade Fournès tient solidement la crête du plateau, vers la cote 155[1]. Mais à peine le bataillon de gauche a-t-il débouché devant la maison Craon, qu'il est cloué sur place par des feux partis à la fois des murs crénelés du jardin et d'une barricade qui barre la route de Saint-Cloud à Vaucresson. De même, le bataillon du centre voit son attaque échouer contre le mur nord de la Bergerie, et, après avoir perdu son chef, mortellement frappé, est obligé de reculer dans le taillis. Quant au bataillon de droite, soutenu par les francs-tireurs et quelques gardes nationaux du 105ᵉ bataillon (9ᵉ régiment), il parvient à atteindre le mur de clôture méridional du parc de Buzenval et à déboucher, grâce à des brèches immédiatement pratiquées, sur le plateau découvert qui s'étend entre la Bergerie et le haras Lupin. Mais là nos soldats sont en butte aux feux de flanc partant de ces deux positions, ainsi qu'aux feux de front dirigés sur eux par les six compagnies prussiennes qui garnissent les tranchées les reliant ; foudroyés par cette grêle de projectiles, ils s'arrêtent, s'embusquent dans le fossé qui longe la muraille et, de là, ripostent énergiquement à la fusillade de l'ennemi.

Devant l'impossibilité de pousser plus loin, tant que la Bergerie ne sera pas prise, le lieutenant-colonel Allard a l'idée de faire brèche au mur de la ferme ; deux officiers et un sergent du génie se glissent dans le fossé perpendiculaire au mur sud du parc de Buzenval et vont poser un pétard de dynamite contre la face nord

---

1. Les trois bataillons du 136ᵉ : 1ᵉʳ à gauche, 3ᵉ au centre, 2ᵉ à droite, formaient la première ligne, la garde nationale la seconde.

de l'enclos de la Bergerie. Mais ils n'ont plus d'amorces; en vain le lieutenant Azibert essaye-t-il de déterminer l'explosion en tirant à bout portant des coups de revolver sur les charges; la dynamite, gelée, n'éclate pas, et les braves sapeurs ont toutes les peines du monde à rentrer dans le parc sous un feu d'enfer. Sans se décourager cependant, ils reviennent à la maison Craon, avec quelques hommes, et tentent de faire brèche avec la pioche dans le mur nord du jardin; mais là encore ils échouent, car les coups de fusil tirés du mur ne leur permettent pas de prolonger plus longtemps les efforts de leur inutile dévouement.

Ainsi nos progrès, assez rapides au début, se trouvaient arrêtés devant l'inextricable obstacle des murailles et des tranchées de l'ennemi; notre gauche et notre centre ne pouvaient déboucher des premières positions conquises, et de même que dans Saint-Cloud le combat se maintenait sans avantages marqués ni d'un côté ni de l'autre, malgré l'entrée en ligne d'un nouveau bataillon prussien, de même sur la hauteur de la Bergerie, les deux adversaires restaient en présence, se fusillant presque à bout portant.

Entrée en action de la colonne de droite. — La situation en était là, quand tout à coup, vers dix heures, le bruit du canon retentit sur notre droite. C'étaient les premières batteries de la colonne Ducrot, qui, débouchant enfin à l'ouest du Mont-Valérien, étaient venues prendre position, deux près de la *Maison-Brûlée*, pour tirer contre la porte de Longboyau, deux près de la redoute des Gibets, face à Chatou[1]. Bientôt après apparaissaient les premières troupes d'infanterie de la division Berthaut, qui, au fur et à mesure de leur arrivée, furent lancées dans le parc de Buzenval.

On se souvient que le 109ᵉ de ligne, de la brigade Valentin, après avoir pénétré, une heure avant, dans le parc, avait dû faire face au mur de Longboyau, par les créneaux duquel les tirailleurs du régiment prussien

---

1. Général Ducrot, *loc. cit.*, tome IV, planche VIII. — Du côté de Chatou en effet, commençaient à paraître des troupes du IVᵉ corps allemand.

n° 50, aux avant-postes dans le bois, dirigeaient sur lui un feu meurtrier. Aussitôt entré dans le parc[1], le 1ᵉʳ bataillon du 120ᵉ de la brigade Bocher (division Berthaut) vient se joindre au 109ᵉ, poussé lui-même par le 110ᵉ et le 18ᵉ régiment de garde nationale. Un mouvement général d'offensive se produit, devant lequel les quelques hommes laissés par les Prussiens dans l'angle nord du parc, au pavillon de chasse, se replient précipitamment. Mais le feu qui part des créneaux est tellement violent que nos soldats, arrivés à quelques pas de l'obstacle, sont renversés; le désordre se met dans leurs rangs décimés, et est encore augmenté bientôt par des feux de flanc que font pleuvoir sur nous des fractions d'infanterie prussienne revenues, depuis un instant, dans le taillis du parc, à l'angle de la porte de Longboyau. L'attaque est complètement repoussée, de même que celle tentée de front, contre le pavillon de la Jonchère, par les francs-tireurs de la division Berthaut, aux ordres du commandant de Parseval.

Cependant nos soldats ne reculent pas; au contraire, l'arrivée de nouveaux bataillons ranime leur courage et bientôt les deux brigades Valentin et Bocher[2] tentent un nouvel effort contre le mur. C'est en vain! la fusillade des Prussiens est tellement violente que nos bataillons, rompus, sont obligés de reculer encore une fois, laissant sous les futaies une énorme quantité de morts et de mourants[3].

---

1. Par les brèches que les sapeurs de la colonne de Bellemare avaient pratiquées à l'ouest du château.
2. La brigade Bocher était formée des 119ᵉ et 120ᵉ de ligne et du 17ᵉ régiment de garde nationale. — A ce moment, « les brigades Valentin et Bocher formaient comme une vaste courbe face à la Bergerie et au mur de Longboyau. Avant tout, il fallait briser ce dernier obstacle qui arrêtait tous nos progrès, limitait notre action et empêchait de tourner sur le plateau de la Bergerie que la brigade Colonieu cherchait vainement à aborder de front. » (Général Ducrot, *loc. cit.*, tome IV, page 122.)
3. Là fut tué un ingénieur déjà célèbre, Gustave Lambert, qui préparait une expédition au pôle Nord, accueillie partout avec enthousiasme. Officier de la garde nationale au début de la guerre, il jugea que ce n'était pas suffisamment montrer son dévouement à la patrie et donna sa démission pour s'engager comme simple soldat au 119ᵉ de ligne. Le jour de Buzenval, il était sergent.

A ce moment, le reste de l'aile droite débouchait de Rueil. Immédiatement le général Ducrot envoie près de la station, pour protéger l'aile droite, la brigade Lecomte[1], avec une batterie et deux mitrailleuses qui canonnent Chatou, tandis que l'autre brigade de la division Susbielle[2] occupe Rueil et Bois-Préau. Les dernières troupes de la division Berthaut sont dirigées vers le parc de Buzenval, où lutte déjà la brigade Bocher ; enfin la division Faron est gardée en réserve aux environs de la maison Crochard. En même temps, deux mitrailleuses placées sur la hauteur, à l'angle sud du parc de Bois-Préau, couvrent la Jonchère de projectiles, et deux batteries de 12 viennent prendre position sur le plateau au sud de la Malmaison, pour tirer contre la maison de chasse et la porte de Longboyau.

C'est un assaut formidable qui se prépare contre cette position si forte et si vigoureusement défendue. Mais le général de Kirchbach, commandant du V° corps prussien, a deviné nos intentions et déjà renforcé considérablement ses troupes d'avant-postes. Treize compagnies prussiennes (régiments n°s 37 et 50), venues des réserves spéciales et de la réserve principale, garnissent maintenant le mur de Longboyau, depuis la porte jusqu'à la Bergerie, et dirigent sur nos troupes une fusillade ininterrompue. Le général Ducrot, impatienté de cette résistance, donne l'ordre au général Tripier de faire briser par la dynamite, par l'intérieur du parc, l'obstacle contre lequel deux fois déjà est venu échouer le dévouement des nôtres... Mais les sapeurs sont impuissants à en approcher[3]. En vain notre artillerie de la Malmaison essaye-t-elle de démolir les abris

---

1. 2° de la division de Susbielle (117°, 118° de ligne et 23° de garde nationale).
2. 115°, 116° de ligne et 51° de garde nationale.
3. « Sous un feu d'enfer, dit le général Ducrot, le général Tripier jette contre le mur une brigade de 10 sapeurs et d'un sergent, commandée par le lieutenant Joseph Beau, pour faire sauter le mur de Longboyau avec la dynamite. Des 10 hommes et de l'officier, aucun ne survit ; tous, victimes de leur héroïsme, sont foudroyés avant d'arriver au pied de la muraille ; seul, le sergent, atteint de trois blessures mortelles, parvient à traîner son corps sanglant jusqu'à nous. » (Général DUCROT, *loc. cit.*, tome IV, page 125.)

où s'embusquent les soldats prussiens; tranchées et blockhaus[1], protégés par des abatis et des taillis épais, résistent à la canonnade et continuent à vomir la mitraille et la mort!...

Malgré tout, le colonel de Miribel lance sa brigade[2] contre le pavillon du garde, tandis qu'à l'intérieur du parc la brigade Bocher tente un troisième effort contre le mur. Les francs-tireurs de la division Berthaut, pêle-mêle avec les mobiles du Loiret, arrivent jusqu'à quelques mètres des créneaux; mais c'est pour s'y faire décimer... En un instant, les colonels de Montbrison[3], des mobiles, et de Rochebrune, du 19ᵉ régiment de garde nationale[4], tombent mortellement frappés; la troupe, écrasée de projectiles, s'arrête en tourbillonnant, et, pour comble d'infortune, les gardes nationaux, qui marchent en seconde ligne, s'affolent, se débandent, et tirent au hasard des coups de feux qui frappent nos propres soldats[5]! Il n'y a évidemment plus rien à faire de ce côté, si ce n'est à mettre de l'ordre dans les régiments désorganisés et confondus en une inexprimable cohue. « Nombre de gardes nationaux s'en allaient par groupes sous prétexte qu'ils n'avaient plus de cartouches, qu'ils étaient blessés, etc. Il fallut tous les efforts, toute l'énergie des généraux, des officiers pour empêcher que la débandade ne gagnât les troupes de ligne et celles de la mobile, fatiguées, découragées, elles aussi, par tant d'efforts meurtriers[6]!... » La brigade

---

1. Un blockhaus était construit en plein fourré, à 200 mètres au sud de la maison du garde qui occupait le côté occidental de la porte de Longboyau.
2. Mobiles du Loiret, mobiles de la Seine-Inférieure et 8ᵉ régiment de garde nationale.
3. Le colonel de Montbrison, ancien officier, avait tout d'abord été attaché aux ambulances de la Société de secours aux blessés et fit en cette qualité la campagne de Sedan.
4. Le 19ᵉ régiment de garde nationale appartenait à la brigade de la Mariouse (division Faron). C'est donc en volontaire que le colonel de Rochebrune, déjà célèbre par la part chevaleresque qu'il avait prise en 1862 à l'insurrection de Pologne, combattait avec la brigade de Miribel.
5. Il paraît probable que le colonel de Rochebrune fut tué par un garde national, car on a retrouvé le projectile *du fusil à tabatière*, qui, après lui avoir traversé le corps, s'était arrêté contre ses vêtements.
6. Général Ducrot, *loc. cit.*, tome IV, page 127.

de Miribel se rassembla tant bien que mal dans les ravins qui descendent vers la Malmaison ; la brigade Bocher dans le chemin creux qui coupe en deux, du nord au sud, le parc de Buzenval. Toutes deux voulurent encore, quelques instants après, renouveler leur tentative; mais, convaincu de son évidente inutilité, le général Ducrot l'arrêta, pour éviter des sacrifices sans résultats.

Pendant que se déroulait cette lutte sanglante, le reste de l'artillerie du lieutenant-colonel Ladvocat, postée près de la Maison-Brûlée, entretenait une canonnade violente avec quatre batteries, du Ve corps et de la division de landwehr de la Garde, accourues sur les hauteurs de Bougival; elle contre-battait également quatre batteries du IVe corps prussien, qui avaient pris position au nord de Chatou. A la faveur de sa protection, le général de Susbielle put jeter dans le parc de la Malmaison quelques troupes et en chasser le poste prussien ; mais l'échec de la division Berthaut ne lui permit pas de pousser plus loin, et il se borna à observer l'ennemi.

Situation générale de l'armée française vers deux heures. — Ainsi, les succès partiels du début, uniquement dus à la surprise, et trop décousus pour être profitables, n'avaient pu s'accentuer nulle part. Dans le parc de la Malmaison, on était arrêté. Dans celui de Buzenval, où plus de 10 régiments s'entassaient pêle-mêle[1], le désordre, porté à son comble, devenait particulièrement dangereux. A gauche, nous gardions nos positions, et la lutte d'infanterie se prolongeait avec des fluctuations sans importance ; une partie de Saint-Cloud, la redoute de Montretout, la crête du plateau le long du chemin de la Guette nous appartenaient toujours, mais nos troupes, harassées par une lutte longue de près de six heures déjà, succédant à une nuit sans sommeil, étaient impuissantes à déboucher nulle part. A la vérité, la crête de Garches protégeait tant bien que mal

---

1. Le général Faron venait d'y envoyer successivement le 35e, le 19e régiment de la garde nationale, et le 42e de ligne.

les soldats du général Vinoy contre les coups de l'artillerie prussienne, postée au haras et au-dessus de l'hospice Brézin ; mais cette artillerie ne pouvait être délogée, car nous n'avions pas de ce côté une seule pièce en batterie. Et c'est ici qu'on peut juger des conséquences funestes qu'entraînait la mauvaise organisation des colonnes, conséquences dont il semble que le commandant en chef ne se soit pas douté un instant.

En effet, l'artillerie du général de Bellemare, déjà retardée par les encombrements du début, avait atteint, vers dix heures, la ferme de la Fouilleuse ; là, l'impossibilité de faire traîner par des chevaux épuisés des pièces trop lourdes[1], dans un terrain fangeux et complètement détrempé, l'arrêta. Elle se mit alors en batterie autour de la ferme ; mais, tirant pour ainsi dire au jugé par-dessus les futaies de Buzenval, elle ne produisit aucun effet et ne put soutenir ni sa propre infanterie, engagée contre la Bergerie et le mur de Longboyau, ni celle du général Vinoy, déployée sur le plateau de Montretout. Voyant cette situation, le général Trochu donna l'ordre à ce dernier de « soutenir énergiquement le général de Bellemare *avec son canon* et une part de ses effectifs[2]. » Or, le canon de la colonne Vinoy était derrière celui de la colonne Bellemare ; celui-ci ne réussissant pas à avancer, l'autre y parvenait encore bien moins, et les batteries venaient s'engouffrer près de la Briqueterie, où la confusion prenait tous les caractères d'une débandade lamentable[3]. De tout cela,

---

1. On se rappelle que l'artillerie française ne comptait que des pièces de 7, de 8 et de 12.
2. Général Vinoy, *Siège de Paris*, page 408.
3. « On voyait là, dit le général Vinoy, des files innombrables de voitures d'ambulances et aussi des camions de chemin de fer portant les caisses de vivres et de munitions de réserve de la garde nationale qui, bien que peu engagée, avait déjà fait une grande consommation de cartouches... La garde nationale, qui pour la première fois était admise à prendre part d'une façon sérieuse à une action militaire qu'elle avait réclamée sur tous les tons et appelée de tous ses vœux, commençait à trouver la journée un peu longue, et surtout périlleuse et meurtrière ; déjà des défaillances partielles se produisaient dans ses rangs, et des gardes nationaux n'avaient pas honte de quitter le lieu du combat pour enlever d'assaut les omnibus destinés au transport des blessés et se faire ramener par eux à Paris ! Des officiers de cette

le gouverneur, posté au sommet du Mont-Valérien, ne paraissait pas avoir le moindre soupçon !

Cependant le général Vinoy, jugeant mieux les dangers de la position, essayait, coûte que coûte, d'armer la redoute de Montretout. Par son ordre, quatre pièces de 12, amenées au prix d'efforts inouïs, furent conduites jusqu'à l'ouvrage, mais une seule put être hissée sur le parapet ; encore dut-elle cesser son feu après quelques minutes[1]. Deux autres pièces réussirent à gagner la crête de Garches et à s'installer vers l'angle oriental du mur de Buzenval pour tirer sur la maison Craon. L'épais rideau d'arbres qu'elles avaient devant elles ôta à leur tir toute efficacité. Le rôle de l'artillerie, sur notre centre et notre gauche, fut donc absolument nul. Quant aux grosses pièces du Mont-Valérien, elles demeurèrent à peu près silencieuses, par suite des scrupules du gouverneur, qui ne voulait ni tirer par-dessus la tête des troupes, ni risquer d'atteindre l'hospice Brézin, où flottait le drapeau de la convention de Genève, et dans l'axe duquel deux batteries ennemies de 20 pièces avaient intentionnellement pris position[2].

Offensive générale du Ve corps prussien. — Il était près de trois heures, et au premier élan des Français succédait depuis quelque temps une passivité caractéristique, symptôme de défaillance et d'épuisement. De

---

même garde abandonnent leurs troupes, et, sous le prétexte de blessures imaginaires, quittent aussi le champ de bataille pour retourner chez eux. Ces coupables exemples de lâcheté sont donnés surtout par des hommes appartenant aux bataillons de Belleville et autres quartiers excentriques et populeux, et qui s'étaient déjà signalés aux avant-postes par les mêmes marques d'indiscipline et de faiblesse. Les bataillons des autres quartiers de Paris ont au contraire montré, ce jour-là, devant l'ennemi, une attitude réellement solide, faisant ainsi honneur, par leur conduite, à leur position sociale, et prouvant surtout que le vrai courage se développe beaucoup plus dans les milieux où règnent l'ordre et la régularité que dans ceux où domine l'habitude du désordre et des excès. » (*Siège de Paris*, page 411.)

1. « Dans la redoute, les projectiles se succédaient sans relâche, projetant partout des éclats de fer et de pierre. Soldats de la ligne, francs-tireurs, gardes nationaux, dans la boue jusqu'à mi-jambe, étaient tapis contre le talus ou réfugiés dans les casemates ; personne ne faisait plus le coup de feu. » (Général Ducrot, *loc. cit.*, tome IV. page 129.)

2. Général Vinoy, *loc. cit.*, page 410.

leur côté, les Allemands, sûrs maintenant d'avoir l'appui des troupes de soutien envoyées par la division de landwehr de la Garde et le 11ᵉ corps bavarois, et sentant leurs réserves prêtes à entrer en ligne, comprenaient que le moment était venu de passer à une offensive générale, afin de nous refouler sur Paris et de reconquérir les positions perdues. A leur gauche, le général commandant la 10ᵉ division fit reprendre, par deux compagnies du régiment n° 37, le parc de la Malmaison, d'où les gardes nationaux s'enfuirent à la débandade [1], et les positions avoisinantes. A leur droite, le général de Sandrart, commandant la 9ᵉ, « prescrivit à l'artillerie d'allonger son tir sur le parc de Buzenval et les hauteurs de Garches, principalement sur un mur situé sur les hauteurs de Garches, derrière lequel les Français s'organisaient pour la défense, et sur les réserves qui se tenaient à l'abri en arrière des hauteurs [2] ; » puis il lança son infanterie à l'attaque des lignes que nous tenions.

Aussitôt deux compagnies, quittant l'hospice Brézin, se portent, sous les yeux du Prince royal, contre le mur sud du parc de Buzenval « dont les Français avaient fort habilement achevé en peu de temps l'organisation défensive [3]. » Mais malgré le concours que leur apportent les contingents toujours embusqués à la Bergerie, elles sont repoussées « avec des pertes sensibles [4] ». Un instant après, sept compagnies abordent la hauteur de Garches et cherchent à en déloger les soldats de la brigade Fournès, que sont venus soutenir les francs-tireurs de la division Courty ; elles sont accueillies par une telle fusillade qu'elles s'enfuient en désordre jusqu'au cimetière, où elles s'embusquent derrière les murs. Plus

---

1. *La Guerre franco-allemande*, 2ᵉ partie, page 1098. — C'étaient les 90ᵉ et 160ᵉ bataillons. — « Ils s'enfuirent dans Rueil en poussant des cris affreux. » (Général DUCROT, *loc. cit.*, tome IV, page 140.) — Fort heureusement le bataillon des volontaires de Montrouge, moins accessible à la terreur, les remplaça et contint par la fusillade les progrès de l'ennemi.
2. *Opérations du Vᵉ corps prussien*, par le capitaine STIELER VON HEYDEKAMPF.
3. *La Guerre franco-allemande*, 2ᵉ partie, page 1098.
4. *Ibid.*

à droite, le général de Bothmer, commandant la 17ᵉ brigade, dirige contre la redoute de Montretout quatre compagnies, soutenues en arrière par six autres. Ici encore, ces forces viennent se heurter contre une résistance vigoureuse, qu'exercent les troupes de la division de Beaufort, renforcées depuis un instant par la brigade Avril de Lenclos[1], de la division Courty. Un terrible feu de mousqueterie les rejette en arrière avec de lourdes pertes, et pas plus à Montretout que dans Saint-Cloud, où elles avaient dessiné un mouvement latéral, elles ne parviennent à débusquer nos braves soldats, dont l'attitude est ici digne des bandes les plus solides et les plus aguerries[2].

En somme, sauf dans le parc de la Malmaison, cette offensive générale de l'ennemi ne nous avait pas fait perdre un pouce de terrain. Mais nos soldats étaient épuisés ; dans le parc de Buzenval, où la lutte continuait de pied ferme, les troupes manifestaient d'une façon non équivoque leur lassitude et leur découragement, et il avait fallu les renforcer successivement de toutes les troupes encore disponibles de la division Faron, augmentées de six bataillons de mobiles pris à la colonne de Bellemare. Notre artillerie de l'aile droite, bien que tirant énergiquement, n'obtenait pas de résultats bien sensibles ; quant à celle de l'aile gauche, elle était toujours muette. Voyant notre situation précaire, l'ennemi crut le moment venu de renouveler l'attaque qui avait si complètement échoué un instant auparavant.

A cinq heures du soir, comme la nuit tombait partout, les contingents prussiens se lancent sur la hauteur de Garches et refoulent un instant les tirailleurs de la brigade Fournès. On envoie à ceux-ci, pour les soutenir, le 11ᵉ régiment de garde nationale, jusqu'alors

---

1. 123ᵉ, 124ᵉ de ligne et 5ᵉ régiment de la garde nationale.
2. « La 2ᵉ compagnie de chasseurs et la 12ᵉ du 59ᵉ, qui devaient exécuter un mouvement tournant par Saint-Cloud, se heurtaient, dans les maisons barricadées de la partie nord de la ville à une résistance dont elles ne parvenaient point à avoir raison, de sorte que les trois compagnies chargées de l'attaque de front ne pouvaient réussir dans cette attaque. » (*La Guerre franco-allemande*, 2ᵉ partie, page 1100.)

tenu en réserve; mais un pareil renfort ne fait que provoquer le désordre et la cohue, car les gardes nationaux, affolés par les balles, se pelotonnent, s'éparpillent et se mettent à tirer dans toutes les directions, tuant et blessant nos propres soldats. Le gouverneur, accouru de ce côté avec le général Clément Thomas « pour mettre fin à cette sanglante confusion¹ voit tomber un de ses officiers d'ordonnance, grièvement atteint, et il faut l'arrivée de la brigade Hanrion, envoyée par le général de Bellemare, pour empêcher l'ennemi de nous bousculer complètement. Grâce à elle, les Prussiens sont contenus sur le plateau, tandis que, plus au nord, la brigade Pistouley², qui s'est avancée jusqu'à la Briqueterie, les empêche de gagner du terrain sur l'aile droite du général Vinoy. Un dernier assaut qu'ils tentent contre le mur du parc de Buzenval, au nord de la Bergerie, est repoussé presque en même temps, avec des pertes sensibles, par les soldats du colonel Colonieu.

Retraite de l'armée française. — Le champ de bataille nous restait; mais quel désordre et quelle confusion partout! Français et Prussiens étaient au contact et si rapprochés qu'un officier fut enlevé par l'ennemi presque au milieu de son bataillon³. Au centre et à l'aile droite, toutes les unités étaient mélangées, et, sur toute la ligne, les hommes, harassés, semblaient tomber d'épuisement. La garde nationale, notamment, était absolument démoralisée. Là, « parmi les plus illustres comme parmi les plus obscurs, beaucoup avaient montré que le dévouement n'était pas rare dans les bataillons de Paris; mais si des personnalités savaient faire leur devoir, la masse, nullement façonnée par la discipline à soutenir les longues et émouvantes épreuves du champ de bataille, se trouvait à la fin de la journée du 19 complètement abattue, découragée et absolument impuissante⁴. » Dans de pareilles conditions, on se trouvait à la merci de la moindre alerte, qui aurait pu

---

1. Général Ducrot, *loc. cit.*, tome IV, page 143.
2. 2° de la division Courty (125°, 126° de ligne et 34° régiment de garde nationale).
3. Général Vinoy, *loc. cit.*, page 415.
4. Général Ducrot, tome IV, page 145.

provoquer une épouvantable panique. Quant à reprendre l'offensive le lendemain, il n'y fallait pas songer. Le général Trochu donna donc l'ordre de battre en retraite, en commençant par la gauche, la brigade Noël couvrant le mouvement.

A sept heures, par une nuit noire, l'artillerie du centre et de la gauche s'ébranla, sur l'unique chemin qui, passant sous le Mont-Valérien, aboutit au rond-point des Bergères. Il se produisit là un encombrement indescriptible de pièces, de voitures de transport, d'omnibus et de camions, encombrement encore augmenté par le désordre dans lequel les gardes nationaux et certains corps abandonnaient le champ de bataille. Si dans cet inextricable fouillis d'hommes, de chevaux et de convois, les Allemands avaient pointé quelques pièces, ou jeté une poignée de cavaliers, c'était une boucherie sanglante ! Heureusement, la poursuite n'était pas leur fort, et ils perdirent là une occasion unique d'anéantir les dernières forces que la capitale avait mises debout. Ils ne cherchèrent même pas à inquiéter la retraite des troupes de la colonne Ducrot, ni celles du général de Bellemare qu'ils débordaient cependant par le sud, puisque, aussitôt après le départ des brigades Noël et Pistouley, ils se trouvaient maîtres des hauteurs de Garches, et qu'à ce moment nos soldats n'avaient pas encore abandonné le parc de Buzenval et les abords de Saint-Cucufa.

Malgré le désordre qui régnait à peu près partout, l'armée française put donc quitter ce triste champ de bataille, où tant d'héroïsmes s'étaient mélangés à tant de défaillances. Mais, ainsi qu'il était à prévoir dans une confusion aussi complète, elle laissa sur le terrain certaines fractions de troupe qui ne reçurent pas à temps l'ordre de se retirer. Les mobiles du commandant de Lareinty (Loire-Inférieure), engagés dans Saint-Cloud depuis le matin, furent oubliés, ainsi que la colonne qui, sous les ordres du colonel Mosneron-Dupin, avait, dès le début de l'action, occupé la ville[1].

---

1. Elle se composait du 3ᵉ bataillon d'Ille-et-Vilaine, des gardes

De son côté, le général de Kirchbach, comprenant toute l'importance, au point de vue de la sûreté de l'aile droite allemande, de la possession incontestée de Montretout[1], avait donné l'ordre de reprendre cet ouvrage à tout prix. En conséquence, à huit heures du soir, trois colonnes se mirent en marche et prononcèrent une attaque concentrique. « La colonne de gauche, venue de Garches, et celle du centre ne trouvèrent plus dans la redoute que quelques soldats français qui furent faits prisonniers ; la colonne de droite, par contre, rencontra de nouveau dans Saint-Cloud une résistance opiniâtre. C'est en vain que les 2e et 4e compagnies du 47e s'efforcèrent, au prix de pertes très sérieuses, d'enlever quelques maisons. Finalement, et en attendant mieux, on se contenta donc de les cerner étroitement[2]. »

Cette résistance était faite par les soldats du commandant de Lareinty et du colonel Mosneron-Dupin. Le dernier eut la bonne fortune d'être enfin avisé, vers deux heures du matin, de la retraite générale, et exécuta la sienne avec beaucoup d'audace, d'habileté et un rare bonheur. Quant aux mobiles du commandant de Lareinty, complètement enveloppés dans la maison Zimmermann, ils tentèrent, à l'aube, de reprendre la lutte. Mais menacés d'être écrasés par le canon, à bout de munitions et sans espoir de secours, ils se rendirent, au nombre de 325 (dont 3 francs-tireurs et 1 garde national)[3]. Rien n'avait été fait pour les délivrer, que des projets qui n'eurent pas de suite.

Le 20 au matin, toute la plaine de Buzenval était évacuée, et les troupes regagnaient leurs cantonnements. Les Allemands, qui s'apprêtaient à reprendre l'offensive contre le mur extérieur du parc de Buzenval, s'aperçurent seulement alors de notre retraite, et cons-

---

nationaux du 6e régiment, et de quelques francs-tireurs des Ternes, auxquels était venu se joindre le 2e bataillon du 124e, de la brigade Avril de Lenclos (division Courty).
1. *La Guerre franco-allemande*, 2e partie, page 1101.
2. *Ibid.*
3. Ils eurent les honneurs militaires, et les officiers défilèrent avec leurs armes en tête de leurs soldats. (Général Ducrot, *loc. cit.*, tome IV, page 155.)

tatèrent avec satisfaction, une fois le brouillard dissipé, que les longues colonnes françaises, renonçant à la lutte, « se repliaient de la presqu'île de Gennevilliers sur Paris[1]. »

Telle fut cette bataille inutile, entreprise sans but précis, sans espoir de réussite, mal conçue et plus mal dirigée, et qui ne servit en quoi que ce soit la cause de Paris ni celle de la France. Elle nous coûtait des pertes sanglantes, dont certaines eurent un retentissement pénible et provoquèrent d'irréparables regrets[2]. Nous comptions en effet 4,070 hommes hors de combat, et, sur ce chiffre, le général Trochu a pu dire que le huitième était dû à l'indiscipline des gardes nationaux[3] ! Quant aux Allemands, ils n'avaient perdu que 610 hommes[4], et à aucun moment de la journée leur deuxième ligne de défense n'avait été entamée, ni même sérieusement menacée. Leçon cruelle, mais trop tardive, pour ceux qui croyaient pouvoir suppléer avec des masses turbulentes et sans valeur militaire aux forces compactes et maniables auxquelles la discipline et l'instruction peuvent seules donner la solidité.

1. *La Guerre franco-allemande*, 2e partie, page 1102.
2. Outre Gustave Lambert et le colonel de Montbrison, dont il a été question ci-dessus, nous perdîmes dans cette journée funeste un jeune peintre, déjà l'honneur de l'École française, Henri Regnault, frappé au moment où, la rage au cœur, il déchargeait, avant de suivre la retraite, ses derniers coups de fusil. Henri Regnault était simple garde national, comme le noble marquis de Coriolis, engagé malgré ses 70 ans, comme Me Peloux, bâtonnier de l'ordre des avocats de Valence, qui trouvèrent la mort à ses côtés.
3. Nous avions 48 officiers tués, 141 blessés ou disparus, au total 189 ; — 652 hommes tués, 3,229 blessés ou disparus, au total 3,881. — Sur le chiffre général de 4,070, on comptait 1,450 gardes nationaux.
4. 11 officiers tués, 29 blessés ou disparus, au total 40. — 162 hommes tués, 408 blessés ou disparus, au total 570.

CHAPITRE

L'ARMISTICE

Proclamation de l'Empire allemand (18 janvier). — « A la veille de cette dernière sortie désespérée de Paris, il s'accomplit un événement qui doit avoir — en bien ou en mal — de l'importance dans l'histoire du monde[1]. » Tels sont les termes, empreints d'une réserve que les faits ont déjà justifiée, par lesquels un écrivain, non suspect vis-à-vis de nos adversaires, enregistrait, dès 1872, la proclamation de Guillaume Ier, roi de Prusse, en qualité d'Empereur allemand[2]. A coup sûr, s'il ne se fût agi que de l'adjonction d'un vain titre à ceux que le vainqueur de Sedan possédait déjà ; si même cette résurrection du trône des Césars germaniques n'eût été que la consécration d'une hégémonie depuis longtemps triomphante, et dont la France venait de constater à ses dépens la puissance irrécusable, il n'y eût pas eu là motif à s'alarmer. Empereur ou président de la Confédération du Nord, le roi de Prusse

---

1. Colonel W. Rüstow, *Guerre des frontières du Rhin*. Paris, Dumaine, 1873, page 580.
2. Et non Empereur d'Allemagne ; ce dernier titre n'a jamais existé. Quand, en l'an 800, le pape ceignit de la couronne impériale le front de Charlemagne, celui-ci prit le titre d'*Empereur d'Occident*, qui se transforma plus tard en celui d'*Empereur* tout simplement, quand Othon le Grand eut constitué en 962 le *Saint-Empire romain de la nation allemande*. Pendant tout le moyen âge, et jusqu'à l'avènement de Napoléon, on disait, en parlant du chef du Saint-Empire : *l'Empereur*, parce qu'il n'y en avait qu'un. Aujourd'hui, Guillaume II s'intitule *deutsch Kaiser* (Empereur allemand).

n'en était pas moins redoutable, puisqu'il pouvait disposer, pour venger ses injures ou soutenir ses revendications, des forces réunies de tout le peuple allemand. Le concours empressé qu'il avait trouvé, au mois de juillet 1870, dans les États de l'Allemagne du Sud, était une preuve évidente de la suprématie que les événements de 1866 lui avaient acquise, et de l'unification qui s'était faite, sinon encore des sympathies, au moins des intérêts germains.

Mais la restauration de l'Empire soulevait une question beaucoup plus haute dans son essence, beaucoup plus grave dans ses conséquences, beaucoup plus inquiétante dans ses résultats. L'unité allemande, but obstinément poursuivi par M. de Bismarck, ne pouvait être assurée que par un symbole, ou, pour mieux dire, par un gage commun ; déjà en 1849, quand M. Simson, président de la Diète de Francfort, était venu offrir à Frédéric-Guillaume IV la couronne impériale, celui-ci avait répondu qu'il ne pouvait l'accepter que du consentement des princes allemands, *si elle n'était pas conquise sur le champ de bataille*. Or, la victoire n'était rien sans une augmentation de territoire, sans l'apport à l'Empire, comme don de joyeux avènement, d'un de ces nombreux territoires sur lesquels les patriotes allemands entendaient exercer un droit historique de revendication. Pour justifier la prépondérance de la Prusse, pour établir ce lien intime entre tous les États, petits ou grands, qui allaient dorénavant graviter dans son orbite, il fallait annexer à l'arbre fédéral un rameau nouveau, greffé sur le tronc même, et poussant à l'ombre des autres branches. C'était à l'Alsace-Lorraine que, dès après Sedan, et même probablement avant, le grand artisan de l'unité germanique entendait faire jouer ce rôle de lien commun, et c'est pour cela qu'à Ferrières et à Versailles il s'était montré aussi intraitable sur la question de cession de territoire. Il lançait par là l'Europe tout entière dans cet avenir d'inquiétude, de marasme, d'armement à outrance dont souffrent encore les nations, quand elles n'en meurent pas. Il imposait un arrêt, dont nul ne peut prévoir la durée, au développement normal des peuples et de la civilisation, et créait à son pays comme aux autres des obligations plus ruineuses que la guerre elle-même. Ni lui, ni ses collaborateurs ne s'y trompaient : « Pour conserver l'Alsace-Lorraine, disait un peu plus tard M. de Moltke au Reichstag allemand, il nous faudra rester armés jusqu'aux dents pendant cinquante ans encore ! » Mais devant l'œuvre qu'il avait entreprise, nulle considération humanitaire, nul obstacle ne pouvaient arrêter cet homme, dont la volonté était inflexible, et dont le bras était de fer. Il voulait enchâsser un joyau dans la couronne dont il ceignait son vieux maître, quitte à bouleverser pour jamais l'économie de l'Europe, et à parquer les peuples dans des alliances conventionnelles, contraires à leurs aspirations comme à leurs intérêts, mais destinées uniquement à garantir à l'Allemagne la jouissance paisible des pays arrachés par la violence à leur patrie de fait et d'élection. Bien des années se sont écoulées depuis cette violation des droits les plus sacrés des nations ; bien des années la France a été tenue sous la menace perpétuelle d'une attaque qui jetterait sur son territoire les forces combinées de trois puissants États, et laissée dans un isolement savamment ménagé. Grâce à Dieu ! des sympathies ardentes et spontanées, méritées par sa sagesse, sa vitalité et sa fière attitude, sont enfin venues à elle, et ont fait cesser un ostracisme dignement supporté. Mais si la paix du monde est désormais assurée par l'entente intime et profonde de deux des plus grands peuples de l'Europe, il s'en faut que l'ère des folles dépenses soit close, et que les armements exagérés aient pris fin. Jamais personne ne pourra calculer ce que nous aura coûté à tous, Français et étrangers, la possession de l'Alsace-Lorraine par l'Empereur allemand !

C'est le 18 janvier 1871 qu'eut lieu, dans la grande galerie des Glaces du château de Versailles, la proclamation solennelle du nouvel Empire, proclamation qui ne fut d'ailleurs que la consécration d'un état de choses existant déjà depuis quelque temps. Dès le mois de septembre, en effet, le gouvernement bavarois, s'appuyant sur un article de la constitution fédérale de 1867[1], avait demandé son admission dans la Confédération de l'Allemagne du Nord. Bientôt le grand-duché de Bade, le royaume de Wurtemberg et le grand-duché de Hesse-Darmstadt suivirent cet exemple, et, le 9 décembre, le rattachement de ces différents États à la Prusse par un lien constitutionnel fut sanctionné par le Reichstag. La Confédération de l'Allemagne du Nord devint la *Confédération allemande*, et Guillaume de Prusse en resta le président. Les choses en étaient là, quand tout à coup le roi de Bavière, trouvant le titre de président trop modeste, eut l'idée de proposer aux princes souverains confédérés, ainsi qu'aux bourgmestres des villes libres, de se réunir pour offrir au maître la couronne impériale, brisée au commencement du siècle par Napoléon ; il était sûr d'avance de leur réponse, et de celle du Reichstag. Personne ne fit d'opposition à cette restauration, qui, bien qu'elle absorbât dans l'hégémonie prussienne l'autonomie des différents États, affirmait cependant par une manifestation éclatante l'unité tant désirée de l'Allemagne ; une députation du Reichstag, conduite par ce même M. Simson dont il semble que ce fût la spécialité, vint donc apporter au vieux roi de Prusse l'expression du vœu général. Celui-ci répondit qu'il considérait comme « un devoir envers la commune patrie[2] » de se rendre à cet appel, et s'investit lui-même de la dignité impériale. Il y avait juste 170 ans que son aïeul, pauvre électeur de Brandebourg, avait, avec bien des difficultés, acquis celle de roi de Prusse. Il y en avait 64 que lui-même, quittant Berlin en fugitif, devant les progrès foudroyants de nos armées, s'était réfugié avec sa mère en larmes dans la forteresse de Memel, dernière citadelle qui restât à son père, de tout son royaume perdu !

Bombardement de Saint-Denis. — Cependant, la solennité des fêtes de Versailles ne détournait pas, même

1. Cet article était ainsi conçu : « L'entrée dans la Confédération des États allemands du Sud, ou de l'un d'eux seulement, aura lieu par une loi, sur la proposition du président de la Confédération. »
2. *Proclamation au peuple allemand*, en date du 17 janvier 1871.

pour une journée, les armées allemandes de leur tâche. Le bombardement continuait tout autour de l'enceinte, avec la même violence, avec la même implacable rigueur. Nos forts y ripostaient toujours aussi vigoureusement[1], mais, sauf ceux de Romainville et du Mont-Valérien, placés sur des points culminants, ils avaient énormément à souffrir, et c'est sur des amas de ruines que les braves canonniers de la marine servaient maintenant leurs pièces[2]. Chaque jour, l'ennemi démasquait de nouvelles batteries, et l'arrivée d'un parc de siège rendu disponible par la chute de Mézières lui permettait même de prononcer une attaque énergique sur une portion du camp retranché qui, jusqu'ici, avait à peu près échappé à ses coups.

Le 21 janvier, à 8 h. 45 du matin, des batteries ennemies, postées sur toutes les hauteurs qui forment au nord de Paris un vaste demi-cercle, ouvrirent à la fois le feu sur ce qu'on appelait le camp retranché de Saint-Denis[3], c'est-à-dire l'ensemble formé par les trois forts de la Briche, de l'Est, d'Aubervilliers, par la Double-Couronne, et par les tranchées ou batteries qui reliaient ces différents ouvrages entre eux. L'amiral de la Roncière, qui y commandait depuis le mois de novembre, avait cherché à en augmenter la puissance défensive par tous les moyens en son pouvoir, et bien lui en prit, car l'intensité du bombardement fut extrême. Le fort de l'Est reçut en moyenne 500 projectiles par jour ; il en tomba 4,000 dans la seule journée du 23 sur la Double-Couronne, et il en fut pour les autres à l'avenant. Chose étrange, cet ouragan de fer ne nous causait que des pertes insignifiantes ; mais il produisait dans les ouvrages des dégâts considérables, dont les progrès

---

1. Dans une seule journée (15 janvier), le fort de Montrouge tira 476 obus et 29 bombes.
2. Le 23 janvier, il se produisit une brèche praticable dans la muraille d'un des bastions de Montrouge, brèche qui fut d'ailleurs réparée dès le lendemain.
3. Les Allemands démasquèrent de ce côté 15 batteries : 3 sur la butte d'Orgemont, 2 entre Deuil et Montmorency, 4 sur la butte Pinson, 6 au Bourget, soit en tout 80 pièces de gros calibre. En outre, des batteries mobiles s'approchaient la nuit et envoyaient des projectiles jusque dans la place.

devenaient inquiétants, principalement au fort de la Briche. En outre, les Allemands, fidèles à la tactique barbare qu'ils avaient déjà employée à Strasbourg, prenaient pour point de mire la vieille basilique de Saint-Denis, et faisaient pleuvoir leurs coups sur le vénérable monument, sans respect pour les souvenirs majestueux qu'il aurait dû évoquer. C'était du pur vandalisme, par lequel du reste l'ennemi atteignait en partie son but, qui était de semer la terreur. « Les habitants de Saint-Denis avaient été absolument surpris dans leur quiétude par ce feu épouvantable auquel ils ne s'attendaient pas: la terreur était générale, et chacun s'enfuyait à Paris; l'amiral de la Roncière, d'ailleurs, dans l'intérêt de la défense, engageait lui-même les craintifs à s'éloigner du danger. La ville se désemplit si bien, qu'on ne pouvait plus trouver personne pour enlever les morts et les blessés[1]. » En même temps, l'ennemi continuait les travaux d'approche déjà entamés[2], et l'on pouvait s'attendre à avoir un jour ou l'autre, de ce côté, à courir les chances d'un assaut.

Le général Trochu abandonne le commandement. — La situation générale était donc singulièrement précaire, et se compliquait des graves inquiétudes qu'apportait la disparition rapide des dernières denrées de consommation. L'état moral de l'armée et de la population se déprimait chaque jour davantage, et à l'exaspération produite par l'échec du 19 venait s'ajouter la fureur provoquée par les abominables incendies de Saint-Cloud et de Garches, que les Allemands, on ne peut vraiment comprendre pourquoi, avaient allumés le 22. Quant au gouvernement, il continuait à s'agiter dans le vide; il en appelait à Paris et à l'histoire des reproches que lui avait faits Gambetta sur son inaction[3], et commettait la faute de laisser afficher les dépêches successives venues du champ de bataille de Buzenval, dépêches dont la dernière surtout devait évidemment provoquer par-

---

1. Général Vinoy, *L'Armistice et la Commune*, Paris, Plon, 1872, page 64.
2. La première parallèle était ouverte depuis quelque temps.
3. Séance de la nuit du 19 au 20 janvier.

tout une émotion très vive[1]. Dans Paris, où régnait un courant violent d'exaltation et de folie, attisé constamment par les journaux et les clubs, on ne parlait plus que de *sortie torrentielle*, à faire n'importe quand et n'importe où. On accablait d'injures le général Trochu, et on englobait dans un même débordement d'outrages le gouvernement, l'armée et les généraux qui la commandaient. De son côté, le gouvernement, en butte aux reproches quelquefois justifiés, mais le plus souvent excessifs que Gambetta ne cessait de lui adresser sur le peu de concours que les armées de province avaient trouvé dans celles de Paris[2], le gouvernement perdait absolument la tête, et « redoutait à la fois une nouvelle révolte de la population parisienne et une rupture violente avec la Délégation de Bordeaux[3] ». Il crut parer aux difficultés les plus pressantes de sa situation embarrassée en se séparant du général Trochu, qui, rompant enfin avec sa faiblesse habituelle, se refusait obstinément à prêter son concours à un acte de désespoir qui n'était qu'insensé !

[1]. « Il faut à présent parlementer d'urgence à Sèvres pour un armistice de deux jours, qui permettra l'enlèvement des blessés et l'enterrement des morts. *Il faudra pour cela beaucoup de temps, des efforts, des voitures très solidement attelées et beaucoup de brancardiers.* » (Gouverneur à général Schmitz, 20 janvier, 3 h. 30 matin.)

[2]. « Vous avez laissé passer l'heure, écrivait Gambetta, et l'occasion favorable pour une vigoureuse trouée, et, avec les intentions les plus pures, vous tomberez comme ceux qui sont tombés à Metz et à Sedan... » — « Le temps vous presse, disait-il encore, qu'attendez-vous pour agir ?... Retarder plus longtemps, *quel que soit le prétexte d'une pareille faiblesse*, serait un acte coupable contre le pays, contre la République. Même indirectement, je ne veux pas m'y associer. En conséquence, si le 23 je n'ai pas reçu une dépêche nous annonçant qu'une *sortie sans esprit de retour* est engagée *avec tous vos moyens*, je ferai connaître la vérité tout entière. » Malheureusement, à cette invitation comminatoire, Gambetta avait le tort de joindre un tableau de la situation en province, dont l'optimisme voulu ôtait toute valeur à son argumentation. « Si vous sortiez aujourd'hui, demain, après-demain, disait-il, *profitant du moment où les Prussiens ont dégarni leurs lignes pour opposer* 200.000 *hommes à Chanzy*, 100.000 *hommes à Bourbaki, vous réussiriez encore...* » La vérité est que les Prussiens n'avaient rien dégarni du tout, car les armées de Frédéric-Charles et de Manteuffel leur suffisaient amplement pour tenir en échec les bandes désorganisées ou affamées de Chanzy et de Bourbaki.

[3]. Général DUCROT, *loc. cit.*, tome IV, page 199.

Le 20, dans une réunion tenue au ministère des affaires étrangères, et à laquelle Jules Favre avait convié tous les maires de Paris, pour leur faire connaître la situation générale et la défaite de Chanzy au Mans, il fallut avouer que le 1ᵉʳ février on n'aurait plus « un grain de blé ». L'effet de cette déclaration si grave fut de provoquer immédiatement la demande d'une sortie en masse, avec le concours de la garde nationale, demande à laquelle tout naturellement le général Trochu opposa une fin de non-recevoir absolue. « — Que le gouverneur donne sa démission ! » s'écria quelqu'un. « — Je ne le puis dans les circonstances présentes, répondit le général, mais il est facile de me destituer. » Et il indiqua lui-même les noms des généraux susceptibles de lui succéder[1]. Les maires alors, saisis d'une ardeur enflammée, déclarèrent qu'ils étaient prêts à s'ensevelir sous les ruines de la capitale, que la population préférait mourir de faim que de honte, et qu'elle était sûre de vaincre, si on voulait la conduire à l'ennemi ! Belles paroles, assurément, mais plus vaines encore ! Après l'expérience qu'on venait de faire, ce n'était plus là que de la pure déclamation. Bien entendu, il n'en fut pas davantage ; mais la situation du général Trochu ne s'en trouva que plus ébranlée. Les discussions à son sujet au sein du gouvernement se continuaient « longues, confuses, orageuses[2] ». Le général, qui y assistait, y apportait une dignité hautaine et un calme dédaigneux qui témoignaient de la hauteur de son désintéressement. Il déclara « qu'il ne se démettrait pas de ses fonctions, mais qu'il engageait le gouvernement à le remplacer, ajoutant qu'il ne voulait plus conserver désormais d'autre titre que celui de membre du gouvernement, et qu'il renoncerait même à la présidence[3] ».

Ceci se passait le dimanche 22 janvier, à trois heures du matin. Comme le gouvernement, malgré la pression des maires et celle de l'opinion, demeurait encore per-

---

1. C'étaient par ordre de préférence, les généraux Le Flô, Ducrot et Vinoy.
2. Lettre de J. Favre à Gambetta, en date du 23 janvier 1871.
3. Général Vinoy, *L'Armistice et la Commune*, page 5.

plexe sur le parti à prendre, on vint tout à coup lui annoncer que la populace s'était ruée sur Mazas, en avait forcé les portes, et venait de délivrer Flourens avec quelques autres agitateurs de son espèce. Le spectre de l'émeute lui dicta sa résolution, et immédiatement Jules Favre écrivit au général Vinoy pour le prévenir que « *le gouvernement de la Défense nationale ayant décidé que le commandement en chef serait désormais distinct des fonctions de président du conseil du gouvernement, l'avait nommé commandant en chef de l'armée de Paris, en remplacement de M. le général Trochu* ». Cet avis parvint vers quatre heures du matin au général Vinoy, qui, dans les circonstances pressantes où l'on se trouvait, ne crut pas pouvoir décliner le lourd et périlleux fardeau dont on le chargeait ainsi, sans lui avoir, au préalable, demandé son acquiescement. Il ne l'accepta toutefois que sur les instances vives et réitérées du général Le Flô.

Au moment même où l'ancien et vigoureux commandant du 13ᵉ corps prenait possession de ses nouvelles fonctions, un événement se produisait, qui montre à quel point les hommes alors au pouvoir étaient étrangers à toute idée de discipline militaire, et quelle incompatibilité profonde existait entre leurs tendances et les nécessités de la hiérarchie. C'était une réunion, chez M. Jules Simon[1], d'un certain nombre d'officiers convoqués, *à la demande des maires*, pour donner leur avis sur la situation. Le 21, en effet, les généraux Vinoy, de Bellemare, Fournès et quelques autres, appelés en consultation, en vertu d'une décision prise la veille au sein du gouvernement, avaient déclaré aux maires assemblés avec MM. Jules Simon et Jules Favre, que toute sortie nouvelle leur paraissait impossible ; cette conclusion n'étant pas celle qu'on attendait, il fut résolu qu'on en ferait appel, le lendemain, à des *officiers d'un grade moins élevé*, et qu'un certain nombre de colonels et de commandants seraient invités, toujours en présence des inévitables maires, à donner leur avis

---

1. Au ministère de l'instruction publique.

à leur tour; ce qui fut fait, mais à l'insu de tout le monde, et surtout du général Vinoy[1]. Il est probable que si le brave soldat eût connu cette convocation singulière, il l'aurait interdite de la façon la plus formelle. Quoi qu'il en soit, on vit prendre la parole, dans cet étrange conseil de guerre, tout d'abord au général Lecomte, commandant une brigade d'infanterie, puis successivement à un commandant d'état-major, qui fit le plus grand éloge de la tenue de la garde nationale à Buzenval[2]; au colonel Warnet, qui montra moins de diplomatie et rendit à la garde nationale, en termes d'ailleurs modérés, la justice qui lui était due; au colonel Boulanger, qui déclara que son régiment était prêt à se faire tuer avec lui; au colonel Colonieu, enfin aux colonels de la garde nationale de Brancion et Germa, lesquels se livrèrent à de violentes récriminations contre la direction des opérations militaires dans la journée de Buzenval[3]. Tous, d'ailleurs, furent unanimes à reconnaître qu'il n'y avait plus rien à tenter, que la partie était perdue, que le rôle militaire devait céder la place à la diplomatie[4].

Les maires n'étaient donc pas plus avancés. « Il résultait de ce concours unanime d'opinions, provenant aussi bien des officiers généraux les plus expérimentés et les plus braves que d'officiers plus jeunes et plus portés aux actes téméraires[5] », que tout effort immédiat était d'avance condamné à l'insuccès, que pour en préparer de nouveaux il faudrait du temps et des ressources, et que ces deux choses manquaient à la fois, puisqu'on n'avait plus de vivres que pour quelques jours. C'était bien là la réalité de la situation, à laquelle il fallait se résigner, si dure et si pénible qu'elle fût!

Echauffourée du 22 janvier. — Cependant le parti de l'émeute, qui venait de retrouver ses chefs habituels,

---

1. *L'Armistice et la Commune*, page 5.
2. *Procès-verbal de la séance*, écrit par M. Tirard, maire du 2ᵉ arrondissement.
3. *Ibid.*
4. *Procès-verbal*, écrit par M. le lieutenant-colonel Warnet.
5. *L'Armistice et la Commune*, page 7.

Flourens, Millière, Léo Melliet, etc., relevait déjà la tête, et, à la faveur de ses journaux et des clubs, préparait ses munitions. Les symptômes d'effervescence populaire, qui depuis le 20 se manifestaient dans les quartiers excentriques, et n'avaient pas peu contribué à décider le général Vinoy à accepter le commandement en chef, devenaient d'autant plus graves que le gouvernement perdait plus d'autorité, et semblait véritablement se désagréger tout à fait. Le préfet de police, M. Cresson, républicain sincère, esprit loyal et droit, mais déjà profondément ébranlé dans ses illusions généreuses, commençait à comprendre son impuissance en présence des violences toujours croissantes et toujours impunies de la démagogie, et voulait absolument donner sa démission[1]. Fort heureusement, le nouveau général en chef n'était pas homme à transiger avec les fantoches du parti révolutionnaire, en qui il ne voyait que ce qu'ils étaient réellement, des ambitieux vulgaires, de pâles copistes des hommes de 93, sans la fureur patriotique et la virilité. Dès qu'il entendit gronder l'émeute, il prit immédiatement toutes les mesures nécessaires pour l'étouffer, en commençant par réintégrer dans Paris deux divisions d'infanterie, dont l'une occupa la gare Montparnasse et l'autre les Champs-Élysées.

Le 22 janvier, à une heure de l'après-midi, la place de l'Hôtel-de-Ville était tout à coup envahie par une multitude hurlante et tapageuse de gens armés, au milieu desquels s'agitait Flourens, en uniforme de la garde nationale. Bientôt débouchèrent à leur tour des bataillons descendus des quartiers excentriques et conduits par des énergumènes bien connus, Léo Melliet, Jules Alix, Montel. Tous réclamaient à grands cris la Commune, la déchéance du gouvernement, et la démission du général Trochu. Tout à coup, des rangs du 101ᵉ bataillon, partent des coups de feu dirigés sur la porte du monument, au moment où en sortait précisément une députation, précédemment admise auprès du Conseil municipal, et reconduite par trois officiers de

---

1. *L'Armistice et la Commune*, page 41.

mobiles, le colonel Vavre, le commandant de Legge et le capitaine adjudant-major Bernard. Ce dernier tombe, la tête fracassée et les deux bras percés de balles [1], et sa chute est immédiatement le signal d'une fusillade violente que les mobiles du Finistère, préposés à la garde de l'Hôtel-de-Ville, et exaspérés par cette lâche agression, entament par les fenêtres. L'effet ne s'en fait pas attendre; plusieurs gardes nationaux sont frappés, et, au milieu d'une panique inénarrable, la place se vide en un instant.

Cependant des émeutiers, embusqués dans les maisons de la place, continuaient à tirer, et lançaient même des bombes explosibles qui éclataient sur le macadam, sans produire d'effet sérieux. Il semblait difficile de les déloger, quand la gendarmerie, accompagnée de quelques bataillons de gardes nationaux amis de l'ordre, et conduite par M. Cresson, déboucha de l'avenue Victoria. Peu d'instants après, on vit arriver par le pont d'Arcole les troupes du général Blanchard, par la rue du Temple deux bataillons des mobiles du Finistère, par les quais et la rue de Rivoli les têtes de colonnes de la division Courty. C'en était assez pour éteindre l'audace de la poignée de bandits qui occupait les maisons; celles-ci furent vite évacuées, nos soldats y entrèrent presque sans coup férir, et les abords de l'Hôtel-de-Ville, complètement dégagés, furent occupés militairement. L'affaire, menée résolument, n'avait pas demandé plus d'une demi-heure, et ne coûtait que des pertes absolument insignifiantes [2].

On pouvait croire qu'après cette nouvelle explosion

---

1. Général DUCROT, *loc. cit.*, tome IV, page 232.
2. Il en est toujours ainsi quand on agit avec vigueur. — « Les assaillants, dit le général Vinoy, comptaient 27 tués ou blessés. Dans ce nombre figurait le sieur Sapia, chef de bataillon de la garde nationale, récemment destitué, et l'un des premiers chefs de l'émeute; blessé mortellement, il succomba le lendemain. A la suite de l'affaire, une douzaine de gardes nationaux et un capitaine du 101e bataillon, qui s'était fait remarquer par son exaltation et qui avait été un des premiers à commander le feu, furent saisis sur place et retenus prisonniers. » (*L'Armistice et la Commune*, page 18.) — Le capitaine dont parle le général Vinoy était le trop fameux Serizier, condamné à mort et fusillé plus tard pour sa participation au massacre des dominicains d'Arcueil.

des fureurs irréductibles de l'élément révolutionnaire, explosion d'autant plus criminelle qu'elle s'était produite dans un moment où on ne pouvait plus lui trouver d'excuse, le gouvernement allait enfin punir comme ils le méritaient des scélérats qui n'avaient pas hésité à déchaîner la guerre civile, quand Paris, bombardé, mangeait sa dernière bouchée de pain. Il n'en fut rien. On arrêta bien les principaux coupables, mais, au lieu de les déférer à une cour martiale, on les remit entre les mains des conseils de guerre, dont la procédure, forcément très longue, renvoyait les jugements à une date indéterminée. On décréta d'accusation, non sans la vive opposition de certains gouvernants, deux journalistes, dont les articles virulents équivalaient à une participation directe à l'insurrection; mais l'un, Félix Pyat, ne put être retrouvé; l'autre, Delescluze, bénéficia d'une ordonnance de non-lieu à la suite de laquelle M. Cresson donna sa démission. La seule mesure efficace qui ait été prise fut la fermeture des clubs et la suppression des deux journaux (le *Réveil* et le *Combat*) dirigés par les personnages ci-dessus nommés. Elle était bien tardive, assurément.

Fin des hostilités. — Tandis que ces soubresauts convulsifs agitaient la malheureuse cité, et que le bombardement continuait sans interruption, la pénurie des subsistances se faisait sentir chaque jour davantage. Déjà il fallait vivre d'expédients, et les réserves destinées à l'armée donnaient seules à la population parisienne les moyens de ne pas mourir de faim. Certes, la situation militaire n'était pas encore désespérée, puisque l'ennemi n'avait pu réduire aucun des forts, ni pousser ses attaques assez loin pour couronner nos ouvrages, mais la famine était imminente et la résistance à bout. La disette achevait ce que ni la puissance des armes ni l'intimidation n'avaient pu faire, et le blocus accomplissait tout seul l'œuvre avortée des canons Krupp!

C'est le 26 janvier, à sept heures du soir, que Jules Favre, en qualité de vice-président du gouvernement, prévint le général Vinoy d'avoir à faire cesser partout le feu, à partir de minuit. Il revenait de Versailles, où, d'accord avec M. de Bismarck, il avait réglé les conditions générales d'un armistice qui mettait un terme à la défense de Paris.....

Quelle histoire dramatique et poignante que celle de ces négociations conduites d'un côté par un homme pétri d'illusions généreuses, mais manquant à la fois d'adresse et d'autorité, et le chancelier tout-puissant, qui, maître des événements et de lui-même, savait mettre au service de ses intérêts une habileté aussi féconde en ressources diverses que dépourvue de tous scrupules ! Quel changement de situation depuis le jour où, à Ferrières, ces deux hommes s'étaient pour la première fois rencontrés face à face ! Des espoirs alors encore vivants dans le cœur des assiégés, il ne restait que la fumée de Champigny et de Buzenval ! La foi dans l'avenir, la confiance en des efforts possibles, les visions de relèvement et de revanche s'étaient évanouies dans les sombres tristesses de la réalité, et le même homme qui, dans un accès de lyrisme imprudent, déclarait fièrement qu'il ne voulait céder ni une pierre de nos forteresses, ni un pouce de notre territoire, était obligé maintenant de jeter aux pieds du vainqueur la capitale affamée, et la France tout entière, solidarisées par la maladresse du gouvernement qu'il représentait. Le 23 janvier, au soir, il se livrait, comme on l'a dit, la corde au cou[1].

De quelles angoisses son cœur était déchiré en accomplissant cette mission douloureuse, il nous l'a dit lui-même en des pages éloquentes, dont la sincérité commande l'indulgence pour tant de fautes, de faiblesses et d'erreurs. Mais l'état même de cette âme ravagée, qui n'avait d'autre ressource que sa candeur, la livrait pour ainsi dire sans défense à son terrible antagoniste, absolument réfractaire par tempérament et par état aux charmes du beau langage, et dédaigneux jusqu'au mépris d'un pouvoir en qui il ne voyait que l'incarnation du désordre et de la révolution. Dès les premières ouvertures de Jules Favre, qui essaye de lui

---

1. Général Ducrot, *loc. cit.*, tome IV, page 285.

donner le change sur la situation militaire, Bismarck se montre supérieurement renseigné et remet les choses au point ; puis, avec une désinvolture extraordinaire en présence d'un homme du 4 Septembre, il agite le spectre d'une restauration impériale, qu'il se dit disposé à favoriser. Il déclare que plutôt que de recourir à une Assemblée nationale, dont il ne croit pas l'élection possible dans l'état de désorganisation où se trouve la France, il va rappeler l'ancien Corps législatif, pour traiter avec lui. La garde nationale sera désarmée[1], et des otages précéderont dans les forts, qui pourraient être minés, les troupes allemandes chargées d'en prendre possession ; enfin, l'armée victorieuse entrera dans Paris, sans toutefois dépasser les Champs-Elysées. Telles sont les conditions qu'il impose pour accorder un ravitaillement.

On imagine quels pouvaient être le trouble et l'émotion du malheureux Jules Favre, en présence de semblables prétentions, émises dans la forme la plus blessante pour le gouvernement dont il était l'émissaire, et qu'il avait si puissamment contribué à fonder. Atterré, éperdu, il déployait toutes ses arguties d'orateur pour discuter pied à pied chacune de ces exigences, dont les plus exorbitantes à ses yeux étaient, sans contredit, celles qui touchaient au rétablissement du pouvoir impérial. Pendant deux jours, il tenta tour à tour d'attendrir, d'ensorceler, de convaincre ; toujours il se heurta à un positivisme froid comme une lame d'acier, à des arguments topiques et sans générosité, à une sorte d'insensibilité narquoise qui semblait se faire un jeu de l'émoi provoqué en lui par des menaces pourtant si peu sérieuses. Le terrible chancelier se faisait parfois bon enfant, pour mieux s'emparer de son interlocuteur ; il lui donnait des conseils, paraissait s'apitoyer sur ses angoisses patriotiques et, dépouillant volontiers l'appareil diplomatique ou simplement cérémonieux de cette grave entrevue, semblait vouloir la transformer en une

---

1. M. de Bismarck consentait cependant à laisser armés les 60 bataillons de la garde nationale déjà constitués sous l'Empire, bataillons dont la conduite et l'attitude n'avaient jamais cessé d'être correctes.

conversation amicale. Voyant Jules Favre mort de faim, il lui faisait apporter à manger sur la petite table devant laquelle ils discutaient, et le servait lui-même en renvoyant ses domestiques[1] ; il déployait des grâces de félin devant une proie, mais ne se laissait entamer sur aucun des sujets dont il entendait faire la base de la convention à établir.

Le 24, au soir, Jules Favre, rentré à Paris une première fois, rendait compte à ses collègues du résultat de ses deux entrevues avec M. de Bismarck. Il leur apprenait que Chanzy, battu au Mans, était en pleine retraite sur Laval ; que Faidherbe, vaincu à Saint-Quentin, se repliait sur Lille ; enfin, que Bourbaki se trouvait dans une position critique entre les deux armées allemandes de Manteuffel et de Werder[2]. Après une longue et oiseuse discussion sur les moyens à prendre pour éviter un nouveau soulèvement populaire, le Conseil se sépara sans rien décider ; mais, le lendemain 25, il chargea Jules Favre de retourner à Versailles, cette fois avec pleins pouvoirs, et avec l'assurance morale qu'il pourrait, sans crainte de se voir désavouer, faire l'impossible pour obtenir que la garde nationale ne soit pas désarmée[3].

Le 26 donc, dans la matinée, le ministre des affaires étrangères s'aboucha encore avec le chancelier. Tout d'abord, il revint sur cette malheureuse question de la garde nationale, et, à force d'insistance, finit par triompher d'une résistance qui n'était peut-être que simulée. Le naïf politique qu'il était croyait avoir ainsi remporté une véritable victoire diplomatique et sauvé

---

1. *Procès-verbal de la séance du gouvernement*, tenue le 24 janvier, à 10 heures du soir, au ministère de l'intérieur.
2. *Ibid.*
3. « M. le général Clément Thomas craint que la garde nationale ne renferme dans son sein tous les ferments de discorde qui peuvent agiter la cité... — M. le général Trochu regrette vivement qu'on n'ait point exigé que la garde nationale fût dissoute et réorganisée de façon à en éliminer tous les éléments perturbateurs. Il ne croit pas pour son compte le gouvernement possible avec cette garde nationale. — *Le Conseil repousse unanimement ce regret et cette appréciation.* » (*Procès-verbal de la séance du 25 janvier*, tenue à une heure et demie au ministère de l'intérieur.)

l'honneur de la population de Paris. Il ne devait pas tarder, hélas! à être cruellement détrompé, et à s'apercevoir qu'en dédaignant les conseils de M. de Bismarck, il venait de mettre lui-même les armes aux mains des pires ennemis de la société. Convaincu de son erreur par les faits eux-mêmes, il se frappa la poitrine, trop tard comme toujours, et s'écria un jour, dans un de ces élans déclamatoires dont il était coutumier : « Je me suis trompé... *j'en demande pardon à Dieu et aux hommes*[1] ! » Malheureusement, le mal était fait, et les suites de cet acte déplorable devaient être les plus honteuses et les plus pénibles qu'un peuple ait jamais essuyées !

En accordant le maintien de la garde nationale, le chancelier autorisait le gouvernement à conserver dans Paris, pour y assurer l'ordre, une division d'infanterie, avec 3,500 hommes de gendarmerie. Ce n'était guère pour tenir tête à 150,000 émeutiers ! Mais la satisfaction de voir en armes la milice citoyenne ne suffisait-elle pas à faire taire chez Jules Favre toutes les appréhensions? Peut-être allait-elle même jusqu'à lui faire oublier que l'armée de l'Est se trouvait, comme il l'avait dit lui-même en plein conseil, dans une position critique. En tous cas, il commit la faute impardonnable d'exclure cette armée de l'armistice, et d'attendre, pour régler sa situation militaire, jusqu'à plus ample informé[2].

Cependant M. de Bismarck réclamait la présence d'un officier français, pour s'entendre avec lui sur les clauses de la suspension d'armes. Le 27, à deux heures de l'après-midi, le général de Beaufort, envoyé par le général Trochu, se présentait donc à l'hôtel de la rue

---

1. *Séance de l'Assemblée nationale*, à Bordeaux, le 21 mars. — Il est vrai que devant la Commission d'enquête parlementaire, Jules Favre a paru regretter cette phrase, et déclaré que son indignation *l'avait peut-être entraîné trop loin*.

2. Le chancelier exigeant la reddition de Belfort, qui tenait toujours. Jules Favre crut-il que l'armée de l'Est était encore en état, malgré sa situation désespérée, de porter secours à la place ? C'est du moins ce qu'il a écrit pour sa justification. (*Gouvernement de la Défense nationale*, tome II, page 402.)

de Provence, à Versailles ; il était accompagné de Jules Favre et d'un aide de camp. Dans une conférence à laquelle assistaient M. de Bismarck, les généraux de Moltke et de Podbielsky et quelques officiers, on discuta un à un les différents articles de la convention déjà conclue en principe entre le chancelier et le ministre des affaires étrangères, et l'on s'arrêta aux points suivants :

1° L'armistice aurait une durée de vingt jours, à partir de la signature de la convention. Chacune des armées belligérantes de province devait rester sur les positions qu'elle occupait ;

2° Une ligne de démarcation, dont aucun des adversaires ne pourrait s'approcher à moins de 10 kilomètres, était tracée d'un commun accord, afin d'éviter les conflits. Elle était formée à l'ouest et au sud par les lignes de la Touques et de la Mayenne et un tracé conventionnel allant d'Angers au point de jonction des trois départements de la Côte-d'Or, de la Nièvre et de l'Yonne[1]. La question était réservée en ce qui concernait l'armée de l'Est et renvoyée au lendemain 28[2]. Dans le nord, le cours de la Somme formait la ligne de démarcation. Enfin, celle à établir entre les forces navales était constituée par le méridien de Dunkerque ;

3° Les Allemands occupaient tous les forts de Paris, sauf Vincennes, mais sans pouvoir pénétrer dans les villages de la zone suburbaine, comprise entre les forts et l'enceinte[3]. L'armée de la capitale versait ses armes, à l'exception des officiers de la garde nationale, d'une division de 12,000 hommes, et de 3,500 hommes de garde républicaine, pompiers, douaniers, etc. L'artillerie de campagne tout entière, l'artillerie de siège, qui devait être démontée de ses affûts et laissée au pied du talus des remparts, étaient livrées aux Allemands. L'introduction dans Paris d'armes, de munitions ou de matières servant à les fabriquer était interdite pendant toute la durée de l'armistice ;

1. Dans la crainte que l'Assemblée nationale ne consentît pas à traiter de la paix, M. de Moltke avait voulu absolument conserver la possession de la rive gauche de la Loire, avec l'occupation de Tours, de Blois et d'Orléans.
2. L'état-major allemand manquait de renseignements complets, paraît-il, sur la situation exacte des affaires dans l'Est. Par suite il se refusait à accepter, de ce côté, une ligne de démarcation qui aurait pu permettre au général Bourbaki de sortir de la position critique où on savait, d'une façon générale, qu'il se trouvait. Comme on ne parvenait pas à s'entendre, on dut renvoyer la question au lendemain.
3. D'après les conditions préliminaires, les Allemands devaient occuper tous les villages de la banlieue et même mettre des postes aux portes de l'enceinte. C'est grâce à l'énergie du général de Beaufort que ces conditions si dures et si grosses de danger purent être adoucies dans le sens indiqué ci-dessus.

4° Les voies ferrées et fluviales devaient seules être employées pour le ravitaillement de la capitale, les routes restant à la disposition des armées allemandes[1] ;

5° Les corps francs étaient dissous ;

6° La ville de Paris payait une contribution de guerre de 200 millions de francs.

Telles étaient les conditions, pénibles assurément, mais cependant moins draconiennes qu'on ne pouvait le craindre[2], qui étaient stipulées entre les deux partis, et dont Jules Favre donna, le soir même, communication au gouvernement. Restait à régler les points de détail pour assurer à Paris même l'exécution de l'armistice. Cette fois, ce fut le général de Valdan, chef d'état-major du général Vinoy, qui reçut la pénible mission d'accompagner à Versailles le ministre des affaires étrangères, et de terminer les négociations. Le général de Beaufort, dont, il faut bien le reconnaître, ce n'était point le rôle, avait refusé formellement de s'en charger.

Dans cette nouvelle conférence du 28, il fut tout naturellement de nouveau question de l'armée de l'Est. Mais bien que Jules Favre connût, à n'en pas douter, sa situation périlleuse, il consentit encore, sur la demande de M. de Moltke, qui se prétendait insuffisamment renseigné, à ajourner toute décision à son sujet. Il fut donc décidé que le tracé des lignes de démarcation entre les armées belligérantes serait effectué, dans les trois départements du Doubs, du Jura et de la Côte-d'Or, aussitôt que les parties contractantes seraient complètement fixées sur la situation des opérations militaires en cours d'exécution. Toutefois, *ces opérations militaires devaient continuer*, indépendamment de l'armistice, *jusqu'au moment où l'on se serait mis d'accord*. C'est-à-dire que, seule de toutes les forces

---

[1]. M. de Bismarck mettait les ingénieurs et les soldats allemands à la disposition du gouvernement français pour la réfection des voies ferrées.

[2]. Une des causes de la facilité des Allemands à accorder quelques concessions, était l'assurance donnée par Jules Favre que Paris possédait encore de la farine pour six semaines. La vérité était qu'il n'en restait même plus pour six jours.

françaises en campagne, l'armée de l'Est était exclue de l'armistice, et devait continuer ses opérations, dans les conditions les plus critiques où jamais troupe se soit trouvée !

L'accord étant complet sur tous les points, il n'y avait plus qu'à échanger les signatures. Jules Favre, qui n'avait pas de cachet, scella avec sa bague. Il demanda ensuite deux sauf-conduits, pour envoyer à Bordeaux un membre du gouvernement accompagné d'un officier; puis, séance tenante, il rédigea, pour la Délégation, le télégramme suivant : « *Nous signons aujourd'hui un traité avec M. de Bismarck. Un armistice de vingt et un jours est convenu ; une Assemblée est convoquée à Bordeaux pour le 12 février. Faites connaître cette nouvelle à toute la France. Faites exécuter l'armistice. Convoquez les électeurs pour le 8 février. Un membre du gouvernement va partir pour Bordeaux.* »

On remarquera que cette dépêche ne disait pas un mot de la situation particulière faite à l'armée de l'Est. Dans son trouble et son émotion, Jules Favre oubliait de spécifier que cette armée était exclue de l'armistice ! Quant à M. de Bismarck, *qui contresigna la dépêche et se chargea de l'expédier*, il ne fit aucune remarque sur une omission si grave, et, soit intentionnellement, soit par inattention, laissa subsister dans le document en question l'inconcevable lacune qui devait, ainsi qu'on le verra par la suite, consommer la ruine de nos infortunés soldats !

Le 26, à minuit, le dernier coup de canon avait été tiré, *par nous*[1]. Le lendemain, vendredi 27, le *Journal officiel* annonçait à la population la cessation des hostilités par une note ainsi conçue :

« Tant que le gouvernement a pu compter sur l'arrivée d'une armée de secours, il était de son devoir de ne rien négliger pour prolonger la défense de Paris.

« En ce moment, quoique nos armées soient encore debout, les chances de la guerre les ont refoulées, l'une sous les murs de

---

[1]. Sur la demande de Jules Favre, M. de Bismarck avait consenti à accorder cette satisfaction à la ville de Paris.

Lille, l'autre au delà de Laval; la troisième opère sur les frontières de l'Est. Nous avons dès lors perdu tout espoir qu'elles puissent se rapprocher de nous, et l'état de nos subsistances ne nous permet plus d'attendre.

« Dans cette situation, le gouvernement avait le devoir absolu de négocier. Les négociations ont lieu en ce moment. Tout le monde comprendra que nous ne pouvons en indiquer les détails sans de graves inconvénients. Nous espérons pouvoir les publier demain. Nous pouvons cependant dire dès aujourd'hui : que le principe de la souveraineté nationale sera sauvegardé par la réunion immédiate d'une Assemblée; que l'armistice a pour but la convocation de cette Assemblée; que, pendant l'armistice, l'armée allemande occupera les forts, mais n'entrera pas dans l'enceinte de Paris; *que nous conserverons notre garde nationale intacte* et une division de l'armée, et qu'aucun de nos soldats ne sera emmené hors du territoire. »

« L'effet de cette communication fut terrible, » a écrit Jules Favre[1]. « Paris accueillit avec assez de calme la nouvelle de la fin de la résistance », a écrit de son côté le général Ducrot[2]. La vérité est que personne ne se faisait plus illusion sur la possibilité de prolonger la lutte, et qu'à part les individualités bruyantes pour qui tout était prétexte à surexcitation, la population apprit avec tristesse, mais avec résignation, que la dernière heure des combats et des souffrances avait sonné. Seuls, quelques chefs de bataillon de la garde nationale essayèrent de provoquer de l'agitation et se réunirent pour déclarer qu'ils ne voulaient pas accepter d'armistice. Ils allèrent même jusqu'à élire l'un d'entre eux, le sieur Brunel, du 107ᵉ, en qualité de commandant de la garde nationale. Quelques heures auparavant, le 175ᵉ bataillon s'était rendu tout entier sous les fenêtres de l'Hôtel-de-Ville pour y hurler: « A bas les traîtres ! » Mais cette effervescence factice fut presque aussitôt calmée que déchaînée. On arrêta le nommé Brunel et tout rentra dans le calme.

Le 28, parut à l'*Officiel* une nouvelle proclamation du gouvernement, qui n'était qu'une confirmation de celle de la veille; puis, dans la matinée, le général Le

---

1. *Gouvernement de la Défense nationale*, tome II, page 406.
2. *La Défense de Paris*, tome IV, page 557.

Flô réunit au ministère de la guerre tous les chefs de corps, afin de leur donner connaissance des préliminaires de l'armistice. « Ce fut avec une vive et profonde douleur que tous les officiers rassemblés autour du ministre accueillirent cette cruelle communication, et les sentiments qu'ils montrèrent ou qu'ils exprimèrent alors traduisaient ceux de l'armée tout entière[1]. » Enfin, le 29, les Allemands prirent possession des forts, et organisèrent aussitôt des patrouilles pour en surveiller les abords[2] ; ces mesures de précaution faillirent même amener des incidents regrettables, car, en violation des clauses de l'armistice, certains groupes en service pénétrèrent dans les villages suburbains, dont l'entrée leur était interdite. Il fallut, de ce chef, faire des représentations qui furent, d'ailleurs, bien accueillies par les officiers allemands.

Mais la grosse question du moment était celle du ravitaillement. Déjà la population, impatiente et inquiète, se livrait à des écarts qui pouvaient provoquer des complications, et il devenait nécessaire de s'opposer

---

1. Général Vinoy, *loc. cit.*, page 101.
2. La plupart des forts étaient dans un état pitoyable ; certains même n'offraient plus que des murailles déchiquetées et croulantes, qui n'avaient plus guère force de résistance. Le fort de Montrouge, en particulier, était très éprouvé, avec un tiers de sa garnison hors de combat, et trois officiers supérieurs sur cinq tués ou morts de leurs blessures. Du reste, la défense de ce fort, dirigée avec une vigueur peu commune par le capitaine de vaisseau (depuis vice-amiral) Amet, restera comme un des plus nobles souvenirs du siège et « la marine l'enregistrera dans ses fastes célèbres. » (*Lettre officielle adressée au commandant Amet par le contre-amiral de Dompierre d'Hornoy, délégué au ministère de la marine.*) L'armée et la population furent saisies d'admiration devant ce brillant fait d'armes, et lorsque, le 28, le commandant Amet se rendit à la convocation du ministre de la guerre, son arrivée fut saluée par une manifestation spontanée d'empressement et de respect. (*La Marine au siège de Paris*, page 388.) D'ailleurs, il semblait que nos braves marins ne voulussent pas quitter ces bastions en ruines, arrosés de tant de sang généreux. Il fallut l'ordre formel du gouverneur pour les arracher à leur forteresse démantelée, et un de leurs chefs les plus braves, le capitaine de frégate de Larret-Lamalignie, désespéré des deuils de la patrie, ne voulut pas y survivre. Il se tira deux coups de revolver. (*Ibid.*, page 389.) — Lorsque les Allemands pénétrèrent dans le fort de Montrouge, le général qui les commandait demanda le nom du capitaine de vaisseau qui l'avait défendu, et manifesta hautement l'admiration que lui inspiraient sa bravoure et celle de ses matelots. (*Ibid.*, page 392.)

par la force aux nombreuses tentatives faites par des maraudeurs pour aller chercher des légumes ou de la viande dans la campagne, ainsi qu'au pillage des quelques denrées que possédaient les halles. L'autorité militaire avait bien fait distribuer à peu près tout ce qui lui restait de subsistances, sauf quelques vivres laissés, faute d'attelages, dans les forts, mais ce n'était là qu'un expédient insuffisant, et la menace d'une disette absolue se dressait dans toute son horreur. « Les renseignements qui m'étaient fournis, a écrit Jules Favre, me donnaient les plus vives inquiétudes sur la possibilité d'un ravitaillement. Sur toutes les lignes de chemins de fer, les ponts étaient rompus, plusieurs viaducs abattus. Ainsi qu'il l'avait annoncé dans une circulaire qui causa en Europe une émotion profonde, M. de Bismarck calculait qu'il ne fallait pas moins de quinze à vingt jours pour que les premiers wagons de farine entrassent à Paris. Et nous en avions devant nous tout au plus quatre ou cinq !... Le problème à résoudre semblait insoluble. Non seulement il fallait en quelques jours exécuter des travaux qui, au dire des hommes les plus compétents, exigeaient au moins deux semaines, il fallait surtout triompher des difficultés inextricables que faisaient naître pour le moindre détail la complication des consignes, la multiplicité des ordres, et l'esprit systématique de défiance de l'armée allemande. A peine l'armistice avait-il été signé, j'avais télégraphié à Londres, à Anvers, à Dieppe, pour faire acheter et expédier des vivres le plus promptement possible. Il était dit dans le traité qu'immédiatement après les signatures, *toute latitude serait laissée aux commissaires que le gouvernement français enverrait tant en France qu'à l'étranger, pour préparer le ravitaillement et faire approcher de la ville les marchandises qui lui seraient destinées.* Mais ces marchandises ne pouvaient entrer dans Paris qu'après la remise des forts, le désarmement de l'enceinte et de la garnison. Il était urgent de faire modifier sans retard une pareille clause. Le dimanche matin 29, je fis connaître à M. de Bismarck la vérité tout entière. Il en parut vivement impressionné. Il me promit de lever toutes les consignes et de permettre qu'on imprimât la plus grande rapidité aux opérations que nous allions entreprendre. Il mit même à notre disposition tous les vivres qu'il pouvait nous avancer. Ils représentaient un jour et demi environ de l'alimentation de Paris. Cette ressource n'en était pas moins précieuse. Elle nous a aidés : nous en étions à calculer les heures. A chaque instant, un embarras nouveau se révélait. La voie fluviale, sur laquelle nous comptions, nous manquait, la Seine ayant été barrée au-dessus et au-dessous de Rouen par des vaisseaux coulés et par l'établissement de torpilles.

« Nous passâmes la journée, assistés des directeurs des chemins de fer qui avaient bien voulu m'accompagner, à faire une convention relative à la réfection et à l'exploitation des lignes, qui partout se soudaient à des tronçons occupés par les Allemands. Dès le lendemain, les ingénieurs en chef conduisaient eux-mêmes leurs ouvriers sur le terrain. Les escouades se relevaient pour travailler nuit et jour. M. Magnin, ministre du commerce, se rendit, le 2 février, à Dieppe pour presser les arrivages. Enfin, dans l'après-midi du 4 février, le premier convoi qui eût franchi le mur d'enceinte depuis le 17 septembre, entrait dans la gare du Nord, chargé de denrées de toute nature que la population de Londres envoyait à la population de Paris. Ce magnifique cadeau était accompagné par deux membres délégués du comité formé à Londres, sous la présidence du lord-maire, M. le colonel Stuart Wortley et M. Georges Moore. Ces honorables gentlemen étaient porteurs d'une lettre pleine de cordialité, par laquelle le premier magistrat de la Cité m'annonçait que, à la première nouvelle de l'armistice, un meeting de banquiers, de commerçants et d'ouvriers s'était réuni à la mairie, qu'un appel avait été fait à la sympathie que, de toutes parts, faisaient naître le courage et les malheurs de la France. Une première somme de 250,000 francs avait été mise à la disposition du comité; on espérait que la souscription dépasserait deux millions de francs... Le même jour, 4 février, sur le soir, un second convoi venant de Lille, apportait 6,000 quintaux de farine et un wagon de charbon[1]. »

Paris était sauvé de la famine et l'on pouvait envisager avec plus de calme l'avenir.

Cependant l'armistice venait d'entrer en voie d'exécution, et l'armée, forte encore de 250,000 hommes, se voyait placée, pour ainsi dire, sous la surveillance des troupes prussiennes, tandis que la garde nationale, qui n'avait partagé ni ses souffrances ni ses dangers, et s'était à peine montrée sur le champ de bataille, conservait ses armes et restait une force organisée[2]. En butte aux outrages immérités des clubs, d'une certaine presse et d'une partie de la population aveuglée par le malheur et l'injustice, l'armée était envahie par une lassitude profonde, par un découragement complet, et son contact journalier avec la populace provoquait chez elle des ferments d'indiscipline que l'oisiveté favorisait encore. Dès le 19 février, elle avait achevé de rendre ses armes[3]. A dater de ce jour, les soldats, soumis à toutes les influences pernicieuses d'une détestable promiscuité et dégagés des liens salutaires de la hiérarchie et de la cohésion, se laissèrent peu à peu gagner par les théories spécieuses et funestes qu'ils en-

---

1. *Gouvernement de la Défense nationale*, tome II, pages 408, 410 et suivantes. — Ce ne fut pas là la seule marque de cordialité et de sympathie qui nous ait été donnée par les Anglais à cette triste époque. Le chef du Foreign-Office, lord Granville, envoya à Paris un fonctionnaire de son département pour aider à la distribution des secours. Quelques jours avant, le 14 janvier, un homme bien connu de la population parisienne pour sa généreuse philanthropie, sir Richard Wallace, avait versé au Trésor une somme de 100,000 francs pour venir en aide aux habitants victimes du bombardement.

2. Les pertes dues au feu de l'ennemi s'élevaient, pour les troupes de ligne, au 1/5 de leur effectif, pour la garde nationale au 1/166e seulement.

3. Voici quelle était la composition de la division de 12,000 hommes conservée sous les armes, en exécution d'une des clauses de la convention :

Commandant : Général de division FARON.
Chef d'état-major : Lieutenant-colonel BOUDET.
1re brigade. — Général DE LA MARIOUSE : 35e, 42e de ligne. 4e bataillon de mobiles du Finistère.
2e brigade. — Général VALENTIN : 109e, 110e de ligne, régiment de fusiliers marins.
3e brigade. — Général DAUDEL : 113e et 114e de ligne.

tendaient répandre autour d'eux ; leur valeur, acquise à une si rude école, et dont ils avaient, surtout dans les derniers temps du siège, donné d'éclatants témoignages, fit place à une démoralisation et à une désagrégation déplorables, en sorte que lorsque quelques semaines plus tard, il fallut faire de nouveau appel à leurs services, on en vit qui oublièrent leur devoir au point de pactiser avec l'émeute et de faire cause commune avec ceux qui les avaient traités de traîtres et de capitulards !

Quant aux Allemands, ils exécutaient les clauses de l'armistice avec une rigueur absolue et une ponctualité hautaine, du moins en ce qui nous concernait. Car, pour eux-mêmes, ils ne se faisaient point faute de les violer ouvertement, et de continuer, au mépris du droit des gens et de l'humanité, leurs réquisitions en espèces et en nature partout où ils stationnaient. Bien plus, ils entretenaient et activaient les abominables incendies allumés dans les villages de Saint-Cloud et de Garches, incendies dont les lueurs sinistres ensanglantaient l'horizon au-dessus de Paris humilié et vaincu ! C'est par des atrocités semblables, accomplies de sang-froid et sans aucune excuse que nos ennemis saluaient leur victoire, et couronnaient à la mode des barbares des triomphes assurément inespérés !...

Dans Paris, une sourde effervescence, entretenue par un certain nombre de meneurs qui s'étaient constitués en *Comité central de la Fédération républicaine de la Garde nationale*[1], montait dans les quartiers excentriques et se manifestait déjà par des symptômes inquiétants. On cherchait à pratiquer l'embauchage des soldats ; on plantait le drapeau rouge sur la colonne de la Bastille (26 février), et des énergumènes enragés jetaient dans le canal Saint-Martin un malheureux agent de po-

---

1. Ce Comité, fondé après la Révolution du 4 septembre, sous le nom de *Comité de vigilance*, avait arboré sa nouvelle dénomination le 7 décembre, après les batailles de la Marne. Il avait pour enseigne la résistance à outrance (par les autres), et pour but la mise en accusation des membres du gouvernement. Il ne cessa de fonctionner ni pendant la durée du siège, ni pendant l'armistice, et déchaîna la tempête du 18 mars, prélude de l'abominable orgie qui, pendant deux mois, devait ensanglanter Paris.

lice, nommé Vicensini, après l'avoir torturé avec un raffinement inouï de cruauté. Puis sous prétexte de ne pas livrer à l'ennemi des canons dont beaucoup provenaient de souscriptions publiques, la garde nationale afficha la prétention de réunir toutes les pièces descendues des remparts et de veiller elle-même à leur conservation. Le *Comité central* fit envahir les parcs militaires, et au bruit des pièces traînées à travers les rues, on vit se renouveler les scènes d'agitation dangereuse qui avaient signalé les journées les plus tristes du blocus. Contre ces manifestations d'une émotion qui semblait générale, le pouvoir se sentait presque désarmé ; les forces dont il disposait n'étaient certainement pas suffisantes pour réduire une population tout entière qui semblait atteinte de folie, et, de la garde nationale, la majeure partie était complètement inféodée au Comité central, l'autre semblait gagnée peu à peu, elle aussi, par l'exaltation d'un patriotisme mal compris. Le gouvernement, réduit à quatre membres[1], essaya vainement de faire des concessions. Il tremblait d'autant plus qu'il savait qu'un événement grave se préparait, et que, contrairement aux conventions primitives, les Allemands réclamaient maintenant, par suite de circonstances nouvelles, l'entrée d'un de leurs corps d'armée dans Paris. Il n'ignorait pas que le bruit de cette entrée s'était répandu, que l'agitation prenait partout, de ce fait, un caractère plus aigu, et que le *Comité central*, sous couleur de s'opposer par la force à cette humiliation inattendue, préparait tout simplement l'insurrection. Le fait certain est que la moindre collision entre les troupes allemandes et ces bandes déchaînées risquait d'amener des conséquences incalculables. Fort heureusement, la date de l'entrée des Prussiens put être tenue secrète jusqu'au 28, c'est-à-dire jusqu'à la veille du jour où elle devait s'exécuter ; en sorte que le *Comité central*, pris de court, et un peu

---

1. MM. Trochu, Jules Favre, Picard et Dorian. Les autres avaient gagné la province, soit pour aider au ravitaillement, soit pour désavouer les actes extravagants que commettait à ce moment la Délégation, relativement aux élections.

débordé lui-même par le tumulte de ces derniers jours, n'eut pas le temps de régler ses dispositions ; partout ses forces continuèrent leur manifestations bruyantes, mais la majeure partie resta postée derrière les barricades élevées pour protéger les fameux canons, bien loin, Dieu merci ! des points où l'armée prussienne allait opérer son entrée.

Entrée des Allemands dans Paris (1er mars). — La convention signée, le 28 janvier, pour une durée de 21 jours, expirait le 18 février. Or, l'Assemblée nationale ne s'étant réunie que le 13 à Bordeaux, il n'avait pas été possible de procéder encore à la discussion des préliminaires de paix, et les hostilités allaient reprendre par la force des choses, bien que l'attitude de l'Assemblée et le choix qu'elle avait fait de M. Thiers comme chef du pouvoir exécutif fussent des indices certains de sa volonté de traiter. Dans ces conditions, une prolongation de l'armistice jusqu'au 12 mars suivant fut concédée par le gouvernement allemand, mais sous la condition expresse, acceptée par M. Thiers dans le but unique de conserver Belfort à la France, qu'une fraction de l'armée prussienne entrerait dans Paris. C'était là une pure satisfaction d'amour-propre que réclamait impérieusement, paraît-il, le chauvinisme d'outre-Rhin. Cependant, après un long mois d'accalmie, une pareille manifestation, loin de ressembler à la prise de possession triomphale d'une ville conquise, se transformait en vaine bravade, dont il eût été aussi politique que généreux de s'abstenir. De fait, cette entrée fut assez piteuse, et l'orgueil allemand n'a certes pas lieu de s'en grandir. Ce n'est pas ainsi que nous sommes entrés autrefois dans les capitales de l'Europe, quand nos armées victorieuses en chassaient les souverains affolés !

La convention nouvelle qui fut signée le 26 février contenait donc deux clauses significatives dont voici la teneur :

1° La partie de la ville de Paris, à l'intérieur de l'enceinte, comprise entre la Seine, la rue du Faubourg-Saint-Honoré et l'avenue des Ternes, sera occupée par des troupes allemandes, dont le nombre ne dépassera pas trente mille hommes. Le mode d'occupation et les dispositions pour le logement des troupes allemandes dans cette partie de la ville seront réglés par une entente entre deux officiers supérieurs des deux armées, et l'accès en sera interdit aux troupes françaises et aux gardes nationaux armés pendant la durée de l'occupation.

2° Les troupes allemandes s'abstiendront à l'avenir de prélever des contributions en argent dans les territoires occupés. Les contributions de cette catégorie dont le montant ne serait pas encore payé seront annulées de plein droit ; celles qui seraient versées ultérieurement, par suite de la présente stipulation, devront être remboursées. Par contre, les autorités allemandes continueront à prélever les impôts de l'État dans les territoires occupés.

L'événement qui se préparait était grave, et imposait au gouvernement de sérieuses précautions.

La première consistait à écarter toute occasion de contact direct entre les soldats de l'émeute et ceux de l'armée d'occupation. A cet effet, on décida que deux cordons de troupes seraient établis sur les points principaux. Le premier, formé par des soldats d'infanterie de ligne, serait le plus rapproché de l'ennemi ; mais on pouvait compter sur la discipline de la division Faron qui fournissait ces troupes, et sur la solidité et la dignité de son attitude, pour n'avoir rien à craindre des quelques rapports obligés qu'elle aurait avec l'armée allemande. Une seconde ligne serait plus en arrière, et s'étendrait de la place Péreire à la place Vendôme ; elle devait arrêter au passage tout groupe armé et l'empêcher d'arriver à la troupe formant le premier cordon. On demanda à la garde nationale de faire l'important service de cette seconde ligne ; mais pour obtenir qu'elle y consentît, *il fallut payer double solde* aux gardes qu'on parvint à réunir. Cette haute paye, non moins exorbitante que scandaleuse à un tel moment, et donnée à des soldats aussi médiocres et aussi peu sûrs, ne réussit cependant pas à attirer tout d'abord, en raison du danger qui pouvait les menacer, une grande quantité de gardes nationaux ; toutefois, le lendemain, quand ils virent que tout était calme, les hommes se présentèrent plus nombreux, et, comme on va le voir, tout conflit fut heureusement évité [1].

Le 1ᵉʳ mars, à huit heures du matin, l'avant-garde d'un corps d'armée allemand [2] commandé par le général de Kameke, franchissait les fortifications par la

1. Général Vinoy, *L'Armistice et la Commune*, page 144.
2. Il comprenait six régiments et deux batteries (bavarois), trois régiments prussiens (dont un de la Garde), un escadron de hussards, un de dragons, un régiment de uhlans, le tout avec un état-major extrêmement nombreux.

porte Dauphine et la porte Maillot[1]. Chaque colonne était en ordre de marche comme devant l'ennemi, et précédée par des éclaireurs de cavalerie. L'avant-garde tourna autour de l'Arc de Triomphe sous lequel elle ne put passer, parce que les chaînes étaient mises et que le monument avait été barricadé avec des pavés et des charrettes. Un peu dépités de n'avoir pu imprimer un affront suprême à ce témoin de nos gloires passées, les Allemands descendirent l'avenue des Champs-Élysées jusqu'au Palais de l'Industrie, où ils firent halte. Alors l'état-major partit en avant, et vint faire le tour de la place de la Concorde, au milieu des statues *toutes voilées de noir*. Sur le parcours, toutes les maisons, toutes les fenêtres étaient closes ; les boutiques avaient mis leurs volets, non seulement là, mais dans les quartiers les plus lointains, et sur beaucoup d'entre elles on lisait, écrite à la main, cette inscription : « *Fermé pour cause de deuil national.* » D'espace en espace pendaient aux murs des drapeaux noirs : les rues aboutissant à la place de la Concorde étaient hermétiquement bouchées par des draperies de mort[2]... Le cortège avait défilé dans les avenues désertes, où seuls quelques grooms anglais et quelques rares étrangers étaient venus le voir. Il n'y eut à Paris, pendant ces jours de de deuil, ni Bourse ni tribunaux, ni journaux. Cependant, vers trois heures de l'après-midi, le 2 mars, quelques personnes, poussées par une curiosité peu convenable, se portèrent aux Champs-Élysées pour voir les Prussiens[3] ; pendant la soirée du 1er, des femmes sans pudeur firent mine de venir chercher fortune dans ce quartier réprouvé, et causèrent avec des officiers ou des soldats. Mal leur en prit, car certaines d'entre elles, reconnues par la foule, furent poursuivies, huées et publiquement fouettées. Une entre autres de ces malheu-

---

1. La veille, ces troupes avaient cantonné dans les villages situés autour des remparts, Boulogne, Auteuil, etc.
2. La plupart des détails de cette entrée des Prussiens dans Paris ont été empruntés par nous à l'ouvrage très intéressant et très documenté de M. Ch. Yriarte : *Les Prussiens à Paris et le 18 mars*, Paris, Plon, 1871.
3. Ch. Yriarte, *loc. cit.* page 80.

reuses, qui s'était assise sur un banc à côté d'un officier bavarois, eut ses jupons mis en pièces ; une autre faillit être jetée à l'eau [1].

A trois heures de l'après-midi, le 1ᵉʳ mars, eut lieu l'entrée à Paris du gros du corps d'armée allemand, qui venait d'assister à une revue passée à Longchamps par le roi de Prusse et le Prince royal [2]. Cette entrée se fit dans les mêmes conditions que celle de la matinée et sans amener d'incident. Mais, quelques instants plus tard, une exigence imprévue du général de Kameke faillit provoquer le conflit qu'on redoutait et mettre le feu aux poudres. Il s'agissait de laisser entrer les troupes allemandes au Louvre et aux Invalides, le lendemain, dès huit heures du matin. C'était là une complication fort grave de la situation, complication que les termes mêmes de la convention écrite permettaient d'éviter. Malheureusement, il paraîtrait que *verbalement*, et pour obtenir des concessions importantes, les négociateurs s'étaient engagés à autoriser cette visite [3], à laquelle les Allemands tenaient beaucoup, tant par amour-propre que parce qu'ils n'ignoraient pas à quel point en serait froissé le patriotisme français. D'autre part la signature de la paix était imminente, on le savait par un télégramme de M. Jules Simon [4] ; et, de fait, cinquante minutes à peine après la réclamation du général de Kameke, une nouvelle dépêche venait annoncer à Jules Favre que, par 546 voix contre 107, l'Assemblée nationale en avait ratifié les préliminaires.

Dans ces conditions, et l'occupation prussienne cessant de plein droit par cette déclaration, il n'y avait qu'à opposer une fin de non-recevoir absolue à la demande du général de Kameke. C'est ce que fit Jules Favre, en avisant, à dix heures du soir, M. de Bismarck de la nouvelle officielle qu'il venait de recevoir. Mais le chancelier, qui connaissait à fond l'arsenal du formalisme

---

1. Ch. Yriarte, *Les Prussiens à Paris et le 18 mars*, page 89.
2. Ni le roi de Prusse, ni son fils n'entrèrent dans Paris. Immédiatement après la revue, ils retournèrent à Versailles, en voiture.
3. *Ibid.*, page 68.
4. Daté de Bordeaux à 6 h. 5 m. du soir.

diplomatique, et savait à l'occasion y trouver des armes, n'eut garde de dédaigner celles qu'il lui offrait en ce moment. Sans faire de réponse à la question d'évacuation immédiate, soulevée par Jules Favre, il allégua purement et simplement, le 2 mars, à 7 heures 30 du matin, que, pour être valable, le traité de paix devait comporter un *instrument authentique*, signé de M. Thiers et des délégués de l'Assemblée, lequel instrument serait échangé avec celui qui portait la signature de l'empereur d'Allemagne.

C'était prolonger l'occupation d'au moins vingt-quatre heures, sans qu'il fût possible à nous de protester[1].

Force fut donc d'en passer par les exigences allemandes; tout ce que le général Vinoy put obtenir, après avoir montré, carte en main, à l'envoyé prussien, le colonel de Putbus, quelles conséquences désastreuses pouvait entraîner le contact de ses soldats avec une population aussi surexcitée que celle de Paris, fut l'abandon des revendications allemandes en ce qui concernait l'hôtel des Invalides[2]. On convint, par contre que la visite du Louvre se ferait par escouades, mais sans armes, et que les chevaux n'entreraient point dans la cour[3]. C'est ce qui eut lieu; mais comme il n'avait pas été possible d'écarter la foule, l'apparition des uniformes étrangers aux fenêtres du palais provoqua des rumeurs inquiétantes, et un tumulte qui menaçait d'amener les plus graves complications.

> La garnison des Tuileries, dit M. Charles Yriarte qui était présent à cette scène pénible, avait évacué la cour par les guichets du Louvre et le guichet de l'Empereur... Les grandes grilles qui donnent sur la rue de Rivoli avaient été tendues de toiles à l'intérieur, pour mieux isoler l'ennemi. La place du Carrousel était donc absolument déserte, les fenêtres du Louvre étaient vides aussi; on veilla à ce que les soldats de la ligne, cantonnés dans

---

1. M. Thiers, qui avait prévu l'argument du chancelier, était parti de Bordeaux par un train spécial aussitôt après le vote de l'Assemblée, avec l'instrument authentique. Mais il ne pouvait arriver à Paris avant midi et à Versailles avant la soirée.
2. Il est à remarquer que les Invalides se trouvant sur la rive gauche de la Seine, les Allemands n'avaient aucun droit d'y entrer.
3. Ch. Yriarte, *Les Prussiens à Paris et le 18 mars*, page 74.

le palais, ne se missent même pas aux fenêtres... Le grand état-major du général en chef occupait, sous les arcades qui touchent au pavillon de la Trémouille, les anciens appartements du général Fleury [1] ; les officiers baissèrent les stores pour ne pas assister à ce spectacle, et l'entrée des Allemands se fit comme dans une ville morte. Mais tout autour, depuis la rue de Rivoli jusqu'à Saint-Germain-l'Auxerrois, et depuis le pavillon de Marsan jusqu'à la colonnade du Louvre, la foule grondait autour du palais, et les patrouilles de cavalerie avaient peine à la contenir ; les clameurs arrivaient jusqu'à nous, et une immense tristesse s'emparait de de tous ceux qui avaient fait leur devoir en hommes de cœur et n'avaient pu épargner à Paris cette suprême humiliation [2].

Par suite d'une erreur de consigne, des officiers prussiens ayant pénétré dans les appartements et ouvert les fenêtres, furent accueillis par des cris, des interpellations, et même des injures, auxquelles ils répondirent [3]. La situation était donc fort tendue et ne laissait pas de singulièrement inquiéter le général Vinoy, quand, par bonheur, arriva de Versailles, vers deux heures et demie, l'ordre de commencer l'évacuation de la capitale. Les Allemands sortirent donc du Louvre, au moment même où leur présence allait devenir dangereuse ; le lendemain, à onze heures du matin, il n'en restait plus un seul dans Paris. Aussitôt, nos soldats allèrent reprendre possession des portes de la ville, qu'ils fermèrent, pour empêcher la population de se porter à la suite des Allemands, tandis que la foule, se ruant aux Champs-Elysées, pillait et saccageait les établissements des cafetiers et restaurateurs qui, de gré ou de force, avaient entr'ouvert leurs portes à l'ennemi [4].

Telle fut l'occupation assez mesquine et piteuse, de la capitale française par les Allemands victorieux. Certes, elle ne rappelait que de bien loin l'entrée solennelle qu'avait faite dans Berlin, le 27 octobre 1806,

---

1. Ancien grand écuyer de l'empereur Napoléon III.
2. *Les Prussiens à Paris et le 18 mars*, pages 75 et 76.
3. « Un individu de la foule ayant eu l'idée de jeter des sous à la fenêtre dite de Charles IX, où se montraient des officiers, en criant : — *Voici le commencement des cinq milliards !* — un certain nombre d'assistants suivit cet exemple. Les officiers répondirent à ces tumultes par la raillerie, par des cris et des gestes familiers aux gamins de Paris. » (*Ibid.*, page 77.)
4. Général Vinoy, *L'Armistice et la Commune*, page 169.

le triomphateur d'Iéna, entouré de sa garde et suivi par les beaux cuirassiers d'Hautpoul et Nansouty.

La garde impériale richement vêtue, était ce jour-là plus imposante que jamais. En avant les grenadiers et les chasseurs à pied, en arrière les grenadiers et les chasseurs à cheval, au milieu les maréchaux Berthier, Davout, Augereau, et au sein de ce groupe, isolé par le respect, Napoléon, dans le simple costume qu'il portait aux Tuileries et sur les champs de bataille. Napoléon, objet des regards d'une foule immense, silencieuse, saisie à la fois de tristesse et d'admiration, tel fut le spectacle offert dans la longue et vaste rue de Berlin, qui conduit de la porte de Charlottenbourg au palais des rois de Prusse. *Le peuple était dans les rues, la riche bourgeoisie aux fenêtres ; quant à la noblesse, elle avait fui, remplie de crainte, et couverte de confusion... Napoléon reçut des magistrats les clefs de Berlin*, puis il se rendit au palais, où il *donna audience à toutes les autorités publiques* [1].

Une pareille prise de possession, le vainqueur l'a peut-être rêvée en 1871 ; mais nous n'étions pas assez abattus pour qu'il ait osé en tenter l'expérience périlleuse. Il a dû reculer devant les griffes du lion agonisant !

Licenciement de l'armée de Paris. — La lutte définitivement terminée, et les forces ennemies reprenant peu à peu les chemins de l'Allemagne, il n'y avait plus qu'à licencier nos troupes, dont la présence à Paris constituait presque un danger. Ces soldats désarmés, oisifs, en butte à toutes les provocations et à toutes les tentatives d'embauchage de la démagogie, oublieux chaque jour de leur ancienne discipline, et formant d'ailleurs un assemblage absolument disparate d'hommes aguerris, militarisés, et de bandes toujours turbulentes, pouvaient parfaitement, du moins en partie, aller grossir à un moment donné l'armée de l'émeute, et il y avait urgence à les renvoyer les uns dans leurs foyers, les autres dans les dépôts de leurs corps respectifs. Mais l'opération présentait des difficultés nombreuses, tant à cause de l'occupation allemande que de l'inter-

1. A. Thiers, *Histoire du Consulat et de l'Empire*, tome VII, pages 175 et 176.

ruption du service des voies ferrées. On la commença donc par le licenciement de la garde mobile de la Seine qui se trouvait toute rendue dans ses foyers, et qui donna, jusqu'au dernier jour, des preuves de l'esprit d'insubordination et de désordre dont une campagne de cinq mois n'avait pu la débarrasser entièrement[1]. On renvoya ensuite chez eux les mobiles des départements, en commençant par les plus rapprochés de Paris (6 mars). Le départ de ces soldats occasionnels donna lieu aussi à quelques scènes regrettables, auxquelles on peut constater que ne prirent aucune part les régiments qui précisément s'étaient le plus distingués pendant le siège, sous le rapport de la discipline et de la solidité (Poitou, Bretagne et Vendée)[2]. Le 15 mars, la garde mobile était dissoute entièrement. Après elle vint le tour des forestiers et des douaniers, puis celui des marins, qui regagnèrent leurs ports respectifs à dater du 10 mars. Enfin, les 120,000 hommes restant de l'armée de ligne furent mis en route, par étapes, le 15 mars. Ils formaient trois fortes colonnes, placées chacune sous les ordres d'un général, et accompagnées d'un intendant chargé de pourvoir à leur subsistance. La première fut dirigée sur Orléans, la deuxième sur Chartres, la troisième sur Evreux ; arrivés là, les hommes libérables furent renvoyés dans leurs foyers, les autres dans les dépôts de leur ancien corps. Trois jours juste après leur départ, la Commune inaugurait ses sanglantes saturnales par l'assassinat des deux généraux Lecomte et Clément Thomas.

Conclusion. — Le siège de Paris avait pris fin, et avec lui allait se terminer aussi la lutte gigantesque que

1. Général Vinoy, *L'Armistice et la Commune*, pages 174 et 175.
2. *Ibid.*, pages 177 et 178. — Les mobiles de l'Hérault se mutinèrent ; ceux de la Côte-d'Or et de Saône-et-Loire en firent autant, parce qu'on ne les laissait pas partir aussi vite qu'ils l'auraient voulu. Le 10 mars, ceux de Saône-et-Loire incendièrent une partie de leurs baraquements du boulevard de Grenelle. On voit que le séjour à Paris, dans un désœuvrement complet, avait été singulièrement malsain pour des hommes qui, jusque-là, s'étaient bien conduits.

la France, réduite aux expédients, soutenait depuis quatre mois et demi. Un pareil résultat était-il inéluctable, ou bien l'annihilation définitive de tant d'efforts n'était-elle due qu'à une série de circonstances occasionnelles qu'il eût été possible d'éviter ? Nous n'hésitons pas à admettre la dernière hypothèse et à penser que la malheureuse issue de la défense provient en grande partie de fautes graves, que rien n'obligeait à commettre, et qu'on ne saurait excuser qu'en tenant un compte équitable du trouble jeté dans les esprits par des événements foudroyants.

La première de ces fautes, et la plus considérable de toutes, a été commise par le gouvernement de la Défense nationale quand, résistant aux instances de Gambetta, il a refusé d'abandonner la capitale à une dictature militaire, et de transférer en province le siège du pouvoir qu'il venait de s'attribuer. En restant à Paris, il rattachait par un lien indissoluble le sort de la France à celui de sa capitale, et subordonnait les résultats des efforts de la province à ceux que cette capitale obtiendrait. Car, bien que ne jouissant à l'extérieur ni d'un grand prestige, ni même d'assez d'autorité, il n'en constituait pas moins *le pouvoir*, et avait seul qualité pour parler au nom de la France, pour la représenter devant l'étranger. La Délégation de Bordeaux n'était, comme son nom l'indique, qu'une émanation de ce pouvoir ; elle ne possédait, par elle-même, aucune qualité pour négocier, et si, rendue indépendante de fait par les événements, elle a pu exercer en province, pendant toute la durée du siège, une sorte de dictature, son autonomie devait fatalement disparaître devant le gouvernement débloqué. Bien plus, cette solidarisation maladroite de la France avec Paris avait pour conséquence d'imposer aux armées de province un objectif trop étroit, qui était la délivrance de la capitale. Elle limitait donc très impérieusement le champ d'action où pouvaient s'exercer leurs efforts, et ôtait d'avance toute ampleur à leurs opérations. Autrement se fût posée la question, si, Paris n'étant considéré que comme une place forte, d'une importance incontestable, mais n'identifiant point la France, les armées levées après Sedan avaient conservé leur liberté d'action et la faculté d'agir au mieux des circonstances, soit sur les flancs, soit même sur les derrières de l'ennemi. Un champ d'activité autrement vaste se fût alors ouvert au dévouement national et aux conceptions des chefs militaires, et peut-être que la lutte, dégagée des nécessités créées par la poursuite obstinée d'un but restreint, eût pris dès le début une tendance plus logique. La situation de Paris n'en eût pas été changée, puisque la ville s'est défendue toute seule ; mais les armées de province auraient pu agir avec plus d'aisance, et, en s'affranchissant de préoccupations trop spéciales, entamer des opérations plus fécondes. Le sort d'une grande place est toujours mieux assuré par le succès des armées qui tiennent la campagne que par l'heureuse issue des escarmouches livrées sous ses remparts.

Quant au siège en lui-même, son histoire suffit à faire connaître les raisons qui ont frappé de stérilité la bonne volonté, le dévouement et le patriotisme dont était animée la grande majorité de ceux qui y ont joué un rôle, à quelque titre que ce soit. La faiblesse excessive d'un pouvoir idéologiste, qui s'imaginait pouvoir sans danger appliquer à une situation exceptionnelle des méthodes de gouvernement chimériques et exclusives de toute autorité ; une terreur immodérée de l'opinion publique, que dirigeaient seuls quelques rhéteurs professionnels, échappant à toute responsabilité et se dispensant le plus souvent de tout devoir ; l'habitude de composer avec les fauteurs de manifestations turbulentes ; la nécessité de ménager les révolutionnaires de métier, sur qui on s'était appuyé jadis et qui maintenant faisaient payer leur concours antérieur ; l'impunité d'une presse dont aucun frein ne contenait la licence, et de clubs qui s'arrogeaient tous les droits ; enfin la prédominance des raisons politiques sur celles de salut public, tels étaient les vices constitutionnels et rédhibitoires d'un gouvernement qui n'existait que pour se voir chaque jour discuté, si ce n'est bafoué.

Au point de vue militaire, nous avons maintes fois

constaté la mauvaise organisation du commandement, et la direction hésitante qui présidait aux opérations. Deux chefs agissaient parallèlement : l'un, responsable, mais sans conviction, et aussi dépourvu de fermeté que de décision ; l'autre, vigoureux, ardent, énergique, mais cédant trop aisément à son impétuosité naturelle, et témoignant parfois d'un exclusivisme dangereux. Le premier, bien qu'il ne fondât d'espérance que sur la défense rapprochée, laissait agir le second, partisan convaincu de la défense active ; cependant, loin de lui faciliter la tâche par la concentration des efforts de toutes les forces disponibles, il n'intervenait personnellement au contraire que pour limiter ses conceptions, ou en arrêter les effets par des mesures inopportunes et timides. A des erreurs militaires, qui s'expliquent par l'oubli complet où était tombée en France la science de la guerre, le général Trochu ajoutait une sorte d'indolence apathique dans l'exercice du commandement, et ne cherchait ni à améliorer ses troupes, ni même à les utiliser toutes. Alors qu'il aurait pu ramener au devoir, par une ferme discipline, les bataillons turbulents des mobiles de la Seine, militariser la garde nationale, et exiger d'elle qu'elle apportât sur les champs de bataille toute l'ardeur qu'elle dépensait à provoquer le trouble et à prêter son concours au désordre, il laissait impunis les actes les plus coupables, les manifestations les plus incompatibles avec le devoir militaire, et substituait à l'efficacité d'une répression nécessaire l'arme émoussée de ses ordres du jour inoffensifs. En résumé, l'armée de Paris, malgré sa supériorité numérique énorme, ne réussit à engager presque partout, sauf aux batailles de la Marne, que des effectifs insuffisants ou des éléments sans valeur.

Certes, il n'y a pas à se dissimuler les difficultés colossales qu'une armée, enfermée dans les murs d'une place forte, éprouve pour briser le cercle qui l'étreint. Il n'y a pas à se dissimuler davantage que les ressources accumulées dans une ville de deux millions d'âmes ne sont pas indéfinies, et que, si considérables qu'elles soient, le jour où elles seront épuisées peut être indiqué d'avance, presque infailliblement. Il serait donc injuste d'attribuer la chute de la capitale aux seuls échecs militaires qui l'ont précédée. Mais en admettant même que cette chute ait été inévitable, on est en droit de se demander si une conception différente de la défense n'en aurait pas retardé l'échéance, si une meilleure utilisation des moyens n'aurait pas amené des résultats moins négatifs. A une pareille question, la réponse n'est pas douteuse, et il suffit, pour être fixé à cet égard, de se rappeler que l'opération décisive du siège, la sortie par la Marne, a échoué en partie parce que des considérations étrangères à son exécution en avaient rendu la préparation trop hâtive ; que les autres n'ont jamais revêtu que le caractère d'incidents, sans but défini pour la plupart, et toujours sans sanction efficace ; qu'enfin les dernières tentatives ont été conçues à peu près au hasard, et exécutées de même.

Quant aux Allemands, s'ils ont déployé, pour effectuer et tenir l'investissement hermétique, une grande habileté unie à une rare vigueur, il y a lieu de constater aussi que là se borne le côté brillant de leurs opérations. Tant qu'il ne s'est agi pour eux que d'investir la place, de la bloquer étroitement, d'intercepter toute communication des assiégés avec le dehors[1], et de repousser les attaques dirigées sur leurs positions fortifiées, ils on montré une ingéniosité, une sûreté de conceptions, une netteté d'exécution et une précision de détail qui échappent à la critique. Jamais on n'a pu les prendre en défaut, et tous les efforts tentés pour les déloger d'un point ou d'un autre sont venus échouer devant la méthode et l'ordre avec lesquels ils secouraient au plus vite les troupes menacées, autant que devant les fortifications très judicieusement conçues qu'ils avaient établies pour se garantir. Mais il n'en a plus été de même quand ils ont voulu passer à la période active, et employer des moyens plus rapides pour vaincre une résistance qui

---

1. On sait que, malgré l'étendue du blocus, quelques émissaires, en très petit nombre, purent seuls le forcer. Sans les communications aériennes, Paris se serait donc trouvé à peu près complètement isolé.

durait trop longtemps à leur gré. Là, nous ne voyons plus qu'hésitations, tâtonnements, et, finalement, adoption d'une solution violente et barbare, qui ressemble plus à un aveu de colère impuissante qu'à un procédé de guerre raisonné. Un projet de siège en règle, complètement étudié et préparé, est adopté, abandonné, puis repris, du moins en partie. Les travaux d'approche, réduits au seul front du Nord, après avoir embrassé ceux du Sud, sont conduits avec mollesse, et poursuivis sans empressement. On sent que l'état-major ennemi ne sait pas exactement ce qu'il veut faire, et même lorsqu'il se décide à bombarder la place, son feu hésitant éclate dans plusieurs directions successives, sur certaines desquelles, le secteur de l'Est par exemple, la configuration du terrain le rend absolument inoffensif. On constate là une indécision dont les chefs de l'armée allemande n'étaient pas coutumiers, et qui les montre un peu désorientés devant une ténacité à la constance de laquelle ils ne s'attendaient pas. Et de fait, ni leurs travaux d'approche, à peine esquissés ailleurs que devant Saint-Denis, ni le bombardement sauvage dirigé sur les monuments de la capitale n'ont avancé d'un jour l'événement attendu. Paris ne s'est rendu que parce qu'il avait faim.

Tel qu'il est donc, avec ses héroïsmes et ses faiblesses, le drame de la défense de Paris laissera dans l'histoire un monument illuminé de rayons glorieux et de pieux souvenirs. Hélas ! ce monument, il était réservé à des Français d'en ternir l'éclat. Ces mêmes hommes, qui, le 31 octobre et le 22 janvier, avaient déjà voulu ajouter aux douleurs du blocus les horreurs de la guerre civile, ont donné à la page grandiose inscrite dans nos annales un épilogue monstrueux : la Commune.

La Commune ! il appartient à la postérité de la juger ; et ce n'est point ici le lieu d'en évoquer plus longuement le souvenir !

FIN DU TROISIÈME VOLUME

APPENDICE

Pièce n° 1.

SITUATION DES TROUPES DE LA DÉFENSE DE PARIS
A DIFFÉRENTES ÉPOQUES DU SIÈGE

Tableau n° 1. — Composition des 13ᵉ et 14ᵉ corps.

13ᵉ CORPS D'ARMÉE (Voir pièce n° 5 du tome II).

14ᵉ CORPS D'ARMÉE

Général de division RENAULT[1].
Chef d'État-major : Général de brigade APPERT.
Commandant de l'artillerie : Général de brigade BOISSONNET.
Commandant du génie : Colonel CORBIN.

1ʳᵉ Division : Général BÉCHON DE CAUSSADE.

1ʳᵉ *Brigade* : Gᵃˡ LADREIT DE LA CHARRIÈRE.	2ᵉ *Brigade* : Gᵃˡ LECOMTE.
2 compagnies de chasseurs à pied.	17ᵉ de marche : Lᵗ-Cᵉˡ SERMENSAN.
15ᵉ de marche : Lᵗ-Cᵉˡ BENEDETTI.	18ᵉ de marche : Lᵗ-Cᵉˡ BEAUFORT.
16ᵉ de marche : Lᵗ-Cᵉˡ GADUEL.	

Deux batteries de 4. — Une section de génie.

2ᵉ Division : Général D'HUGUES.

1ʳᵉ *Brigade* : Gᵃˡ BOCHER.	2ᵉ *Brigade* : Gᵃˡ PATUREL.
2 compagnies de chasseurs à pied.	21ᵉ de marche : Lᵗ-Cᵉˡ DE VANDEUIL.
19ᵉ de marche : Lᵗ-Cᵉˡ COLLASSEAU[2].	
20ᵉ de marche : Lᵗ-Cᵉˡ NIEL.	22ᵉ de marche : Lᵗ-Cᵉˡ BARBE.

Deux batteries de 4. — Une section de génie.

---

1. Le 14ᵉ corps, organisé par décision du 31 août, devait, dans le principe, être commandé par le général de Wimpffen.
2. Tué à Châtillon.

3ᵉ **Division** : Général de brigade DE MAUSSION.

1ʳᵉ *Brigade* : Gᵃˡ BENOIT.	2ᵉ *Brigade* : Gᵃˡ COURTY.
2 compagnies de chasseurs.	25ᵉ de marche : Lᵗ-Cᵈˡ JOURDAIN.
23ᵉ de marche : Lᵗ-Cᵈˡ DUPUY DE PODIO.	26ᵉ de marche : Lᵗ-Cᵈˡ LEGERE.
24ᵉ de marche : Lᵗ-Cᵈˡ SANGUINETTI.	

Deux batteries de 4. — Une section de génie.

Réserve d'artillerie : Lieutenant-colonel DE VILLIERS.
Six batteries.

Parc d'artillerie et réserve du génie : 1 section.

Tableau nº 2. — SITUATION DE L'ARMÉE DE PARIS A LA DATE DU 8 NOVEMBRE 1870.

Gouverneur de Paris : Général de division TROCHU.
Chef d'État-major, puis major général : Général SCHMITZ[1].
Sous-chef d'État-major : Général de brigade FOY.
Commandant de la place de Paris : Général de division SOUMAIN.
Commandant de l'artillerie : Général de division GUIOD.
Directeur du dépôt central : Général de brigade HELLOIN DE MÉNIBON.
Commandant de l'artillerie de la rive droite : Général de division PELLISSIER (artillerie de marine).
Commandant de l'artillerie de la rive gauche : Général de brigade RENÉ.
Commandant le génie de l'armée : Général de division DE CHABAUD-LATOUR.
Intendant en chef : Intendant-général WOLFF.
Médecin en chef : Médecin-inspecteur baron LARREY.

1ʳᵉ ARMÉE

Commandants en chef : { Général TAMISIER (de la garde nationale).
{ Gᵃˡ CLÉMENT THOMAS (*id.*)[2].

L'état-major général de la 1ʳᵉ armée ne comptait pas moins de 3 colonels, 12 lieutenants-colonels, 13 commandants, 28 capitaines, plus 29 officiers de différents grades employés comme major de place, commandants des palais, chefs de services militaires ou même civils. L'un d'eux, du grade de capitaine, était *officier d'ordonnance de M. Garnier-Pagès !*

L'armée se composait de 238 bataillons de marche de la garde nationale, répartis en 59 régiments[3]. Elle comptait en outre la légion de cavalerie (6 escadrons) et la légion d'artillerie.

---

1. Dans l'état-major, très nombreux, du gouverneur figurent deux officiers, dont les titres se résumaient en ceci : *Candidats à l'École polytechnique et à l'École de Saint-Cyr.*
2. A partir du 3 novembre.
3. Voir pour les détails l'ouvrage de M. Jules Richard, *Annuaire de la guerre 1870-1871*, Paris, Dentu, 1889.

APPENDICE 433

2ᵉ ARMÉE

Commandant en chef : Général de division DUCROT.
Chef d'État-major : Général de brigade APPERT.
Commandant de l'artillerie : Général de division FRÉBAULT (artillerie de marine).
Commandant du génie : Général de division TRIPIER (du cadre de réserve).

1ᵉʳ CORPS D'ARMÉE

Général de division BLANCHARD.
Chef d'État-major : Colonel FILIPPI.

1ʳᵉ Division : Général DESULEAU DE MALROY.

1ʳᵉ *Brigade* : Gal MARTENOT DE CORDOUX. 4 bat^{ons} de mobiles d'Ille-et-Vilaine : C^{el} de VIGNERAL. 4 bat^{ons} de mobiles de la Côte-d'Or : C^{el} de GRANCEY.	2ᵉ *Brigade* : Gal PATUREL. 121ᵉ rég^t d'inf^{ie} : L^t-C^{el} DE VANDEUIL. 122ᵉ rég^t d'inf^{ie} : L^t-C^{el} DE LA MONNERAYE.

Deux batteries de 4 de marine. — Une batterie de mitrailleuses. — Une section de génie.

2ᵉ Division : Général DE MAUDHUY.

1ʳᵉ *Brigade* : C^{el} VALENTIN (gendarmerie). 109ᵉ rég^t d'inf^{ie} : C^{el} MIQUEL DE RIU. 110ᵉ rég^t d'inf^{ie} : C^{el} MIMEREL.	2ᵉ *Brigade* : Gal BLAISE. 111ᵉ rég^t d'inf^{ie} : L^t-C^{el} D'HAUTERIVE. 112ᵉ rég^t d'inf^{ie} : L^t-C^{el} LESPIEAU.

4 bataillons de mobiles du Finistère : L^t-C^{el} DE VILLESBREY.
Deux batteries de 4. — Une batterie de mitrailleuses. — Une section de génie.

3ᵉ Division : Général FARON (infanterie de marine).

1ʳᵉ *Brigade* : C^{el} COMTE. 113ᵉ rég^t d'inf^{ie} : L^t-C^{el} POTTIER. 114ᵉ rég^t d'inf^{ie} : L^t-C^{el} VANCHE, puis BOULANGER.	2ᵉ *Brigade* : G^{al} DE LA MARIOUSE. 35ᵉ rég^t d'inf^{ie} : L^t-C^{el} MARTINAUD. 42ᵉ rég^t d'inf^{ie} : L^t-C^{el} PRÉVAULT.

4 bataillons de mobiles de la Vendée : L^t-C^{el} AUBRY.
Deux batteries de 4. — Une batterie de mitrailleuses. — Une compagnie de génie.

Réserve d'artillerie : Colonel HENNET.
6 batteries de 12.

Réserve du génie : 1 compagnie de sapeurs.

2ᵉ CORPS D'ARMÉE

Général de division RENAULT.
Chef d'État-major : Général de brigade FERRI-PISANI.

1ʳᵉ Division : Général SUSBIELLE.

1ʳᵉ *Brigade* : Gᵃˡ LADREIT DE LA CHARRIÈRE.
115ᵉ régᵗ d'infⁱᵉ : Lᵗ-Cᵒˡ CAJARD.
116ᵉ régᵗ d'infⁱᵉ : Lᵗ-Cᵒˡ PANIER DES TOUCHES.

2ᵉ *Brigade* : Gᵃˡ LECOMTE.
117ᵉ régᵗ d'infⁱᵉ : Lᵗ-Cᵒˡ MONTARU, puis GALLAND.
118ᵉ régᵗ d'infⁱᵉ : Lᵗ-Cᵒˡ DE ROCHEFORT.

Deux batteries de 4. — Une batterie de mitrailleuses. — Une section de génie.

2ᵉ Division : Général BERTHAUT.

1ʳᵉ *Brigade* : Gᵃˡ BOCHER.
119ᵉ régᵗ d'infⁱᵉ : Lᵗ-Cᵒˡ CHOLLETON.
120ᵉ régᵗ d'infⁱᵉ : Lᵗ-Cᵒˡ HECQUET.

2ᵉ *Brigade* : Cᵒˡ DE MIRIBEL.
Mobiles du Loiret : Lᵗ-Cᵒˡ DE MONTBRISON.
Mobiles de Seine-Inférieure : Lᵗ-Cᵒˡ DE BERRUYER.

Deux batteries de 4. — Une batterie de mitrailleuses. — Une section de génie.

3ᵉ Division : Général DE MAUSSION.

1ʳᵉ *Brigade* : Gᵃˡ AVRIL DE LENCLOS.
123ᵉ régᵗ d'infⁱᵉ : Lᵗ-Cᵒˡ DUPUY DE PODIO.
124ᵉ régᵗ d'infⁱᵉ : Lᵗ-Cᵒˡ SANGUINETTI.

2ᵉ *Brigade* : Gᵃˡ COURTY.
125ᵉ régᵗ d'infⁱᵉ : Lᵗ-Cᵒˡ JOURDAIN.
126ᵉ régᵗ d'infⁱᵉ : Lᵗ-Cᵒˡ NELTNER.

Deux batteries de 4. — Une batterie de mitrailleuses. — Une section de génie.

Réserve d'artillerie : Colonel MINOT.
 5 batteries de 12.

Réserve du génie : Une section.

3ᵉ CORPS D'ARMÉE

Général de division D'EXÉA-DOUMERC.
Chef d'État-major : Colonel BELGARRIC.

1ʳᵉ Division : Général CAREY DE BELLEMARE.

1ʳᵉ *Brigade* : Cᵒˡ FOURNÈS.
4ᵉ régᵗ de zouaves : Lᵗ-Cᵒˡ MÉRIC.
136ᵉ régᵗ d'infⁱᵉ : Lᵗ-Cᵒˡ ALLARD.

2ᵉ *Brigade* : Cᵒˡ COLONIEU.
Mobiles de Seine-et-Marne : Lᵗ-Cᵒˡ FRANCESCHETTI.
Mobiles du Morbihan : Lᵗ-Cᵒˡ N.

Deux batteries de 4 [1]. — Une batterie de mitrailleuses.

---

[1]. Le commandant de la 16ᵉ batterie du 10ᵉ régiment était le capitaine Bardemer, officier démissionnaire, et devenu Chartreux. Il s'était fait relever de ses vœux pour la durée de la guerre. (J. Richard, *loc. cit.*, 2ᵉ partie, page 49.)

2ᵉ Division : Général Mattat.

1ʳᵉ Brigade : Cᵒˡ Bonnet.	2ᵉ Brigade : Gᵃˡ Daudel.
Mobiles du Tarn : Lᵗ-Cᵒˡ Reille [1].	107ᵉ régᵗ d'infⁱᵉ : Lᵗ-Cᵒˡ Tarayre
106ᵉ régᵗ d'infⁱᵉ : Lᵗ-Cᵒˡ du Guiny.	108ᵉ régᵗ d'infⁱᵉ : Lᵗ-Cᵒˡ Coiffé.
105ᵉ régᵗ d'infⁱᵉ : Lᵗ-Cᵒˡ Galland.	

Deux batteries de 4. — Une batterie de mitrailleuses.

Réserve d'artillerie : Lieutenant-Colonel Delcros.
5 batteries de 12 et une batterie de 4.

Division de cavalerie : Général de Champéron.

1ʳᵉ Brigade : Gᵃˡ de Gerbrois (du cadre de réserve).	2ᵉ Brigade : Gᵃˡ Cousin.
13ᵉ régᵗ de dragons : Cᵒˡ Lothe.	1 escadron de spahis : capitaine de Balincourt.
14ᵉ régᵗ de dragons : Cᵒˡ Bonaparte-Paterson.	1ᵉʳ régᵗ de chasseurs : Cᵒˡ Gérard.
	9ᵉ régᵗ de chasseurs : Cᵒˡ Chaureyron.

1ᵉʳ régiment de gendarmerie à cheval : Cᵒˡ Allavène.

Réserve générale d'artillerie : Lᵗ-Cᵒˡ Lucet.
4 batteries de 8 (Reffye).
5 batteries de 12.
1 batterie de 4.

Réserve générale du génie : Deux compagnies de sapeurs.

3ᵉ ARMÉE

Commandant en chef : Général de division Vinoy.
Chef d'État-major général : Général de brigade Horix de Valdan.
Commandant de l'artillerie : Général de brigade Favé.
Commandant du génie : Général de brigade Javain.

1ʳᵉ Division : Général Soumain [2].

1ʳᵉ Brigade : Gᵃˡ Dargentolle.	2ᵉ Brigade : Cᵒˡ Bouthier.
Garde républicaine : Cᵒˡ Valentin, puis Allavène.	Régᵗ de douaniers : Lᵗ-Cᵒˡ Bigot.
Régᵗ de gendarmerie à pied.	Régᵗ de forestiers : Lᵗ-Cᵒˡ Caro.
Gendarmerie départementale.	Dépôts des 29ᵉ et 59ᵉ régᵗˢ d'infⁱᵉ.

2ᵉ Division : Général de Liniers.

1ʳᵉ Brigade : Cᵒˡ Filhol de Camas.	2ᵉ Brigade : Cᵒˡ de Chamberet.
Mobiles des Côtes-du-Nord : Lᵗ-Cᵒˡ Chollet.	Mobiles de Seine-et-Oise : Lᵗ-Cᵒˡ Abraham.
Mobiles des Côtes-du-Nord : Lᵗ-Cᵒˡ de Carné.	Mobiles de Seine-et-Oise : Lᵗ-Cᵒˡ Rincheval.
Mobiles de l'Hérault : Lᵗ-Cᵒˡ de Montvailland.	

1. Ce régiment comprenait trois bataillons du Tarn et un de la Seine-Inférieure.
2. Cette division, dont le chef commandait en même temps la place de Paris, ne fut jamais réunie. D'ailleurs il est à peu près impossible de donner un ordre de bataille exact de la 3ᵉ armée, en raison des changements perpétuels apportés à sa constitution. Aucune des divisions de cette armée, sauf la division d'Hugues, n'avait d'artillerie de campagne.

3ᵉ Division : Général de Beaufort d'Hautpoul.

1ʳᵉ Brigade : Gᵃˡ Dumoulin.
Mobiles de l'Aube : Lᵗ-Cᵒˡ Favreaux.
Mobiles de Saône-et-Loire : Lᵗ-Cᵒˡ Denat.

2ᵉ Brigade : Capitaine de frégate d'André.
Mobiles de l'Ain : Lᵗ-Cᵒˡ Dorte.
Mobiles de la Vienne : Lᵗ-Cᵒˡ Mabieu.

(A ces éléments, qui subirent de nombreuses mutations, s'ajoutaient deux groupes de mobiles, stationnés à Puteaux et à Courbevoie, plus un certain nombre de corps francs.)

4ᵉ Division : Général Corréard.

Bataillons de mobiles du Puy-de-Dôme, de la Marne, de la Somme, uis bataillons de gardes nationaux mobilisés, gardiens de la aix, etc. Il est impossible de donner un état régulier de cette division, dont la composition reçut des modifications incessantes.

5ᵉ Division : Général d'Hugues.

1ʳᵉ Brigade : Cᵒˡ Valette.
4 bataillons de mobiles.

2ᵉ Brigade : Capitaine de frégate de Bray.
137ᵉ régᵗ d'infⁱᵉ : Cᵒˡ Deffis.
2 bataillons de mobiles.
1 bataillon de chasseurs.

Trois batteries de 4.

6ᵉ Division : Contre-amiral Pothuau.

1ʳᵉ Brigade : Cᵒˡ Le Mains.
128ᵉ régᵗ d'infⁱᵉ : Cᵒˡ N.
21ᵉ batᵒⁿ de chasseurs : Cᵗ Pallach.

2ᵉ Brigade : Capitaine de vaisseau Salmon.
4 bataillons de marche d'infⁱᵉ de marine.

Division de cavalerie : Général Bertin de Vaux.

1ʳᵉ Brigade : Gᵃˡ de Bernis.
12ᵉ cuirassiers (formée avec les dépôts de grosse cavalerie de la Garde) : Lᵗ-Cᵒˡ Mariani.
16ᵉ dragons : Lᵗ-Cᵒˡ de Lanauze.
9ᵉ lanciers : Cᵒˡ de Berthois.

2ᵉ Brigade : Lᵗ-Cᵒˡ Blondel.
2ᵉ régᵗ de gendarmes à cheval.

CORPS D'ARMÉE DE SAINT-DENIS

Commandant supérieur : Vice-Amiral DE LA RONCIÈRE LE NOURY.
Chef d'État-major : Contre-Amiral le Normant de Kergrist.

1ʳᵉ Brigade : Gᵃˡ Lavoignet.
134ᵉ régᵗ d'infⁱᵉ : Lᵗ-Cᵒˡ Schobert.
5 bataillons de mobiles de la Seine.

2ᵉ Brigade : Gᵃˡ Hanrion.
135ᵉ régᵗ d'infⁱᵉ : Lᵗ-Cᵒˡ de Boisdenemetz.
8 bataillons de mobiles de la Seine.

3ᵉ *Brigade* : Capitaine de frégate Lamothe-Tenet.
138ᵉ régᵗ d'infⁱᵉ : Lᵗ-Cᵒˡ Colonier, puis Rabot des Pontes.
2 bataillons des mobiles de la Seine.
1 bataillon de fusiliers marins.

CORPS DÉTACHÉS

Régiments de Saône-et-Loire et de l'Hérault, Francs-tireurs de la Gironde, de la Presse, Éclaireurs de la République.

L'effectif approximatif des forces mobilisées ainsi se montait aux chiffres suivants :

	Officiers	Troupes	Canons
1ʳᵉ armée	»	133.000	»
2ᵉ armée	2.772	95.177	288
3ᵉ armée	1.698	67.631	12
Corps de Saint-Denis	748	34.239	»
Total approximatif		350.000 hommes [1].	

On sait qu'une nouvelle constitution de l'armée de sortie fut décrétée à la suite des batailles de la Marne ; le détail en a été donné dans le cours de l'ouvrage. Quelques jours avant la fin du siège, le 22 janvier, les forces de la défense furent une troisième fois organisées et formèrent une armée unique, dite *armée de Paris*, sous les ordres du général Vinoy ; il serait sans intérêt aucun de donner cet ordre de bataille *in extremis*, qui ne put même pas être pris complètement.

Pièce n° 2.

ROLE DES AMBULANCES DANS LES JOURNÉES DES 30 NOVEMBRE ET 1ᵉʳ DÉCEMBRE

(Extrait de l'ouvrage du général Ducrot, *la Défense de Paris*, tome II, pages 301 et suivantes.)

« Dès le 28 au soir, toutes les ambulances régulières ou auxiliaires étaient réunies au Champ-de-Mars, prêtes à partir le 29 au matin. L'opération ayant été retardée de vingt-quatre heures, elles ne se mirent en mouvement que le 30 à huit heures, se dirigeant vers le plateau de Vincennes.

« Pendant qu'un immense convoi (équipages particuliers, fiacres,

---

[1]. Dans ce chiffre ne sont compris ni la garde nationale sédentaire, ni la garnison des secteurs et des forts, ni les corps francs.

omnibus, chariots spéciaux) suivait le quai de la rive droite, 28 bateaux-omnibus, réquisitionnés pour aider au transport des blessés, remontaient la Seine, puis le canal Saint-Maurice, latéral à la Marne, et le canal de Saint-Maur.

« A dix heures, le convoi était réuni sur le plateau, en arrière des redoutes de Gravelle et de la Faisanderie ; la flottille était concentrée au débouché du canal, près de Joinville.

« Le général en chef désirant qu'après la première journée les services d'ambulance militaires pussent rejoindre intacts les bivouacs de l'armée, de manière à les avoir au complet pour la marche ultérieure, les ambulances de la Presse et de l'Internationale devaient seules agir le premier jour ; dans la zone d'action des forts, en communication avec Paris, ces ambulances pouvaient rendre d'utiles services ; plus loin au delà des lignes d'investissement, elles seraient devenues une source de sérieux embarras.

« Vers dix heures du matin, M. l'intendant général Wolf mettait en mouvement les ambulances auxiliaires. Toutes leurs voitures prirent place sur le terrain vague en avant de la redoute de Gravelle, non loin du chemin de fer de la Varenne : elles ne devaient pas franchir la Marne, car il fallait, avant tout, éviter l'encombrement aux abords des ponts pendant la première période de l'action.

« Des mulets avec cacolets furent conduits dans la presqu'île de Poulangis, afin d'aller chercher les blessés, et les apporter sur la rive droite de la Marne, où l'on organisait en ambulances la plupart des maisons de Joinville bordant la rivière.

« Deux groupes de médecins s'installèrent, l'un près de la voûte de Bry, en deçà du chemin de fer de Mulhouse, l'autre près du village de Champigny. Avec eux, étaient un certain nombre de frères de la Doctrine chrétienne, qui ramassaient les blessés et les apportaient aux ambulances volantes. Le premier pansement effectué, on les conduisait en cacolet jusqu'aux ambulances de Joinville. De là, les moins malades étaient emmenés par voitures dans les hôpitaux de Paris ; les plus blessés étaient transportés par les bateaux-omnibus, munis de tout ce qui est nécessaire au fonctionnement d'une ambulance.

« Du pont de Joinville, ces bateaux étaient dirigés sur les embarcadères spéciaux de leur service dans Paris. Les premiers s'arrêtaient au pont d'Austerlitz, d'où les blessés étaient portés à l'ambulance du Jardin des Plantes. Cet établissement rempli, les bateaux étaient dirigés sur d'autres débarcadères, où ils trouvaient des omnibus qui conduisaient les blessés dans les hôpitaux, hospices ou ambulances désignés par des officiers d'administration spécialement chargés de l'évacuation.

« Pendant toute la journée du 30, le transport des blessés s'opéra ainsi du champ de bataille vers Joinville, puis de Joinville à Paris, soit en omnibus, soit en bateau. Il se continua pendant la nuit.

« Dès le matin du 1er décembre, une nouvelle ambulance fut intallée par le docteur Ricord dans le village de Bry, qui regorgeait de blessés, à la suite du violent combat de la veille au soir.

« L'offensive ne paraissant plus possible, les ambulances militaires reçurent l'ordre de se rapprocher du terrain de la lutte; celles des 1er et 2e corps s'installèrent dans la presqu'ile de Poulangis; celles du 3e corps se dirigèrent sur le Perreux, à portée des ponts de Bry. »

TABLE DES MATIÈRES

Deuxième partie. — LE SIÈGE DE PARIS

LIVRE PREMIER

L'Investissement.

Chapitre premier. — Marche des armées allemandes sur Paris.	1
I. — Retraite du 13ᵉ corps	5
II. — Mouvements des armées allemandes	15
III. — Organisation des régions envahies.	26
Chapitre II. — Le 4 septembre.	32
Chapitre III. — Les premiers combats — Situation de Paris au moment de l'arrivée des Allemands	54
I. — Premières opérations. — Combat de Montmesly.	80
II. — Combat de Châtillon.	86
III. — Les Allemands achèvent l'investissement de Paris.	100
IV — Entrevue de Ferrières	110
V. — Combats de Villejuif.	115
Chapitre IV. — Chevilly et Bagneux-Châtillon.	121
I. — Combat de Chevilly.	124
II. — Nouveaux plans de défense. — Projets du général Tripier.	139
III. — État de Paris durant cette période.	147
IV. — Combat de Bagneux-Châtillon	151
Chapitre V. — La Malmaison et le Bourget.	164
I. — Projet de sortie par la basse Seine.	164
II. — Combat de la Malmaison.	171
III. — Combats du Bourget	188
Chapitre VI. — Insurrection du 31 octobre.	208

LIVRE II

Les Sorties.

Chapitre premier. — Les préliminaires.	228
I. — Situation militaire au mois de novembre 1870.	228
II. — Diversions exécutées pendant les journées des 29 et 30 novembre.	249
Chapitre II. — Batailles de la Marne.	271
I. — Bataille de Villiers-Cœuilly	271
II. — Journée du 1ᵉʳ décembre	296
III. — Bataille de Champigny.	302
Chapitre II. — Derniers efforts.	321
I. — Deuxième combat du Bourget	321
II. — Combat de la Ville-Evrard.	333
III. — Situation militaire à la fin de décembre	338

LIVRE III

Le Bombardement.

Chapitre premier. — Le moment psychologique	342
Chapitre II. — Bataille de Buzenval	366
Chapitre III. — L'armistice	390

APPENDICE

Pièce n° 1. — Situation des troupes de la défense de Paris à différentes époques du siège	431
Pièce n° 2. — Rôle des ambulances dans les journées des 30 novembre et 1ᵉʳ décembre.	437

CARTES

1. — Carte des environs de Paris.
2. — Combat de Châtillon.
3. — Combat de la Malmaison.
4. — Combat du Bourget.
5. — Carte des batailles de la Marne.

Paris. — Imp. PAUL DUPONT, 4, rue du Bouloi (Cl.) 31.6.95.

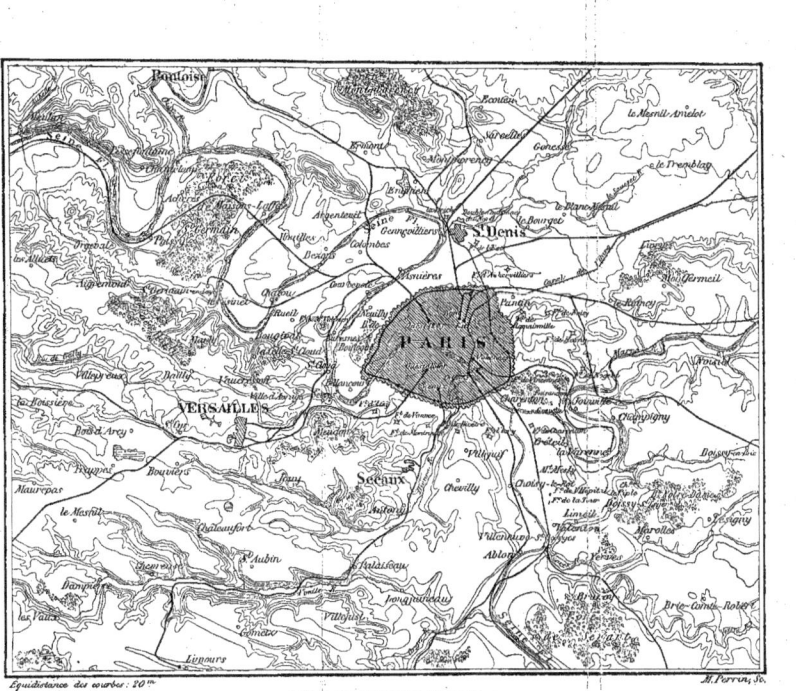

CARTE DES ENVIRONS DE PARIS

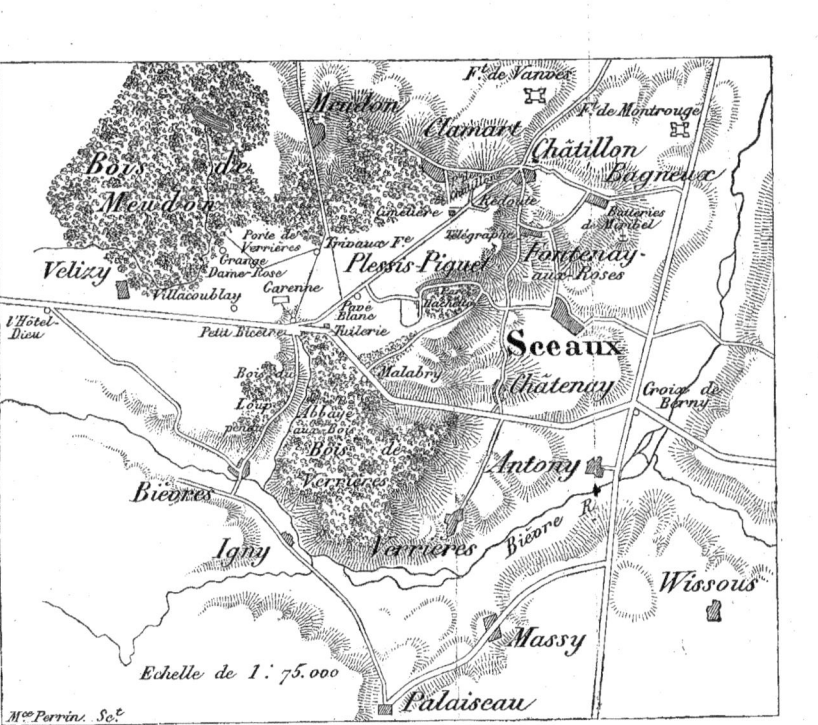

COMBAT DE CHATILLON

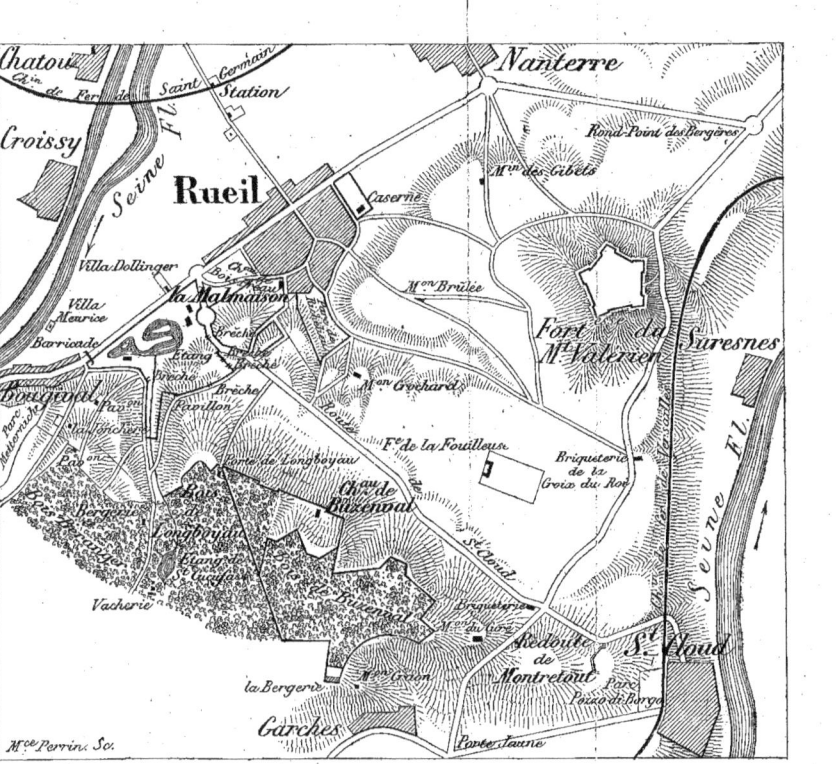

III. — 3. COMBAT DE LA MALMAISON

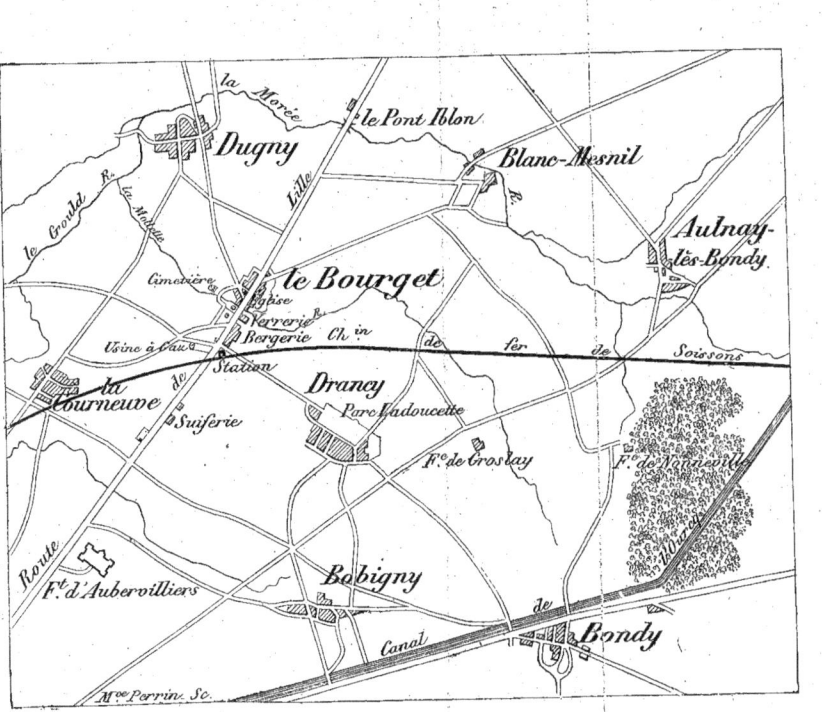

III. — 4.   COMBAT DU BOURGET

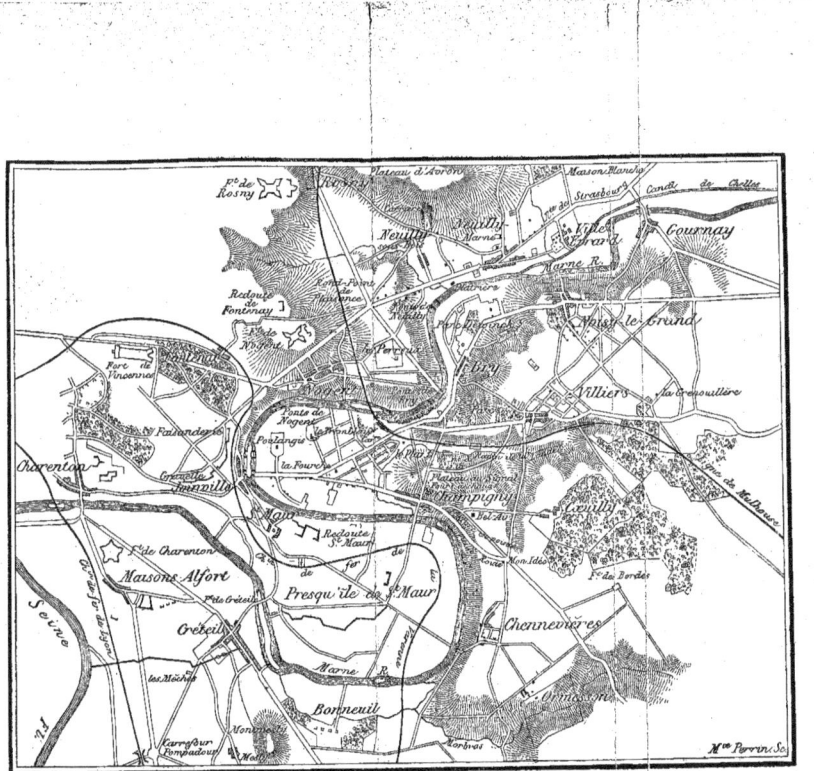

CARTE DES BATAILLES DE LA MARNE

www.ingramcontent.com/pod-product-compliance
Lightning Source LLC
Chambersburg PA
CBHW070333240426
43665CB00045B/1788